혼자서 제주 여행

혼자서 제주 여행

지은이 정용혁
초판 발행일 2025년 10월 1일

기획 및 발행 유명종
편집 이지혜
디자인 이다혜, 이민
조판 신우인쇄
용지 에스에이치페이퍼
인쇄 신우인쇄

발행처 디스커버리미디어
출판등록 제 2021-000025(2004. 02. 11)
주소 서울시 마포구 연남로5길 32, 202호
전화 02-587-5558

ⓒ 정용혁, 디스커버리미디어, 2025

ISBN 979-11-88829-53-8   13980

* 이 책은 저작권법에 따라 보호받는 저작물이므로 무단 전재와 무단 복제를 금합니다.
  이 책의 전부 또는 일부를 이용하려면 반드시 저자와 디스커버리미디어의 동의를 받아야 합니다.
* 사진을 제공해 준 제주특별자치도청과 제주관광공사, 강경필 작가님, 문신기 작가님,
  문신희 작가님, 빈중권 작가님, 송인희 작가님, 이다혜 작가님, 그 외 모든 분께 감사드립니다.
  편집상 크게 사용한 사진에만 카피라이트 표기를 했음을 밝힙니다.

온전히 나와 제주를 만나는 시간
혼자 떠나는 사람을 위한 여행책

혼자서 제주 여행

정용혁 지음

디스커버리미디어

작가의 말
혼자 떠나도 좋은데?

처음 혼자 길을 나서면, 낯선 공기가 나를 주춤하게 만듭니다. 어딘가 허전하고, 말 없는 불안이 조용히 따라붙지요. 말을 건넬 사람도, 멋진 풍경에 함께 감탄할 이도 없습니다. 교통편을 알아보는 일도, 하루 일정을 정하는 것도, 식당 문을 여는 일도 오롯이 나의 몫입니다. 하지만 그 고요한 경험이 쌓여 어느새 더 단단하고, 더 유연한 내가 되어갑니다. 그렇게 낯선 길 위를 혼자 걷는 동안, 마음 안쪽에서는 스스로에게 속삭이기 시작합니다.

"혼행도 좋은데?"

누구의 눈치도 보지 않고, 무엇을 증명할 필요도 없는 시간을 살며, 나는 처음으로 나에게 '다정'해집니다. 조금 느려도 좋고, 괜스레 눈물이 나도 괜찮습니다. 혼자 있는 시간이 생각보다 외롭지 않습니다. 내가 하고 싶고, 내가 가고 싶은 곳을, 오롯이 내가 선택한다는 사실이 무척 즐겁고 뿌듯합니다. 혼자 있는 시간이, 오히려 나를 깊이 이해하는 시간이라는 걸 이제야 깨닫습니다. 그 깨달음이 즐겁고 행복합니다.

"나도 충분히 괜찮은 사람이야."

혼자 떠나는 여행의 가장 큰 수확은 '나'를 발견하는 것입니다. '나'를 존중하고, '나'를 믿고, 마지막에는 '나'를 사랑하게 되는 것입니다. 존중, 신뢰, 사랑. 이 다정한 낱말들을 얻을 수 있었던 건, 순전히 혼자 떠났기에 가능했습니다. 떠나보세요. 그 길 위에서 당신도 곧 알게 될 겁니다. 혼자가 '불안'이 아니라 '자유'가 되고, 고요함이 '공허'가 아니라 '평안'이 되는 그 순간이 찾아옵니다. 그런 순간이 쌓여 더 담담하고 더 단단하게 일상을 살게 합니다.

<혼자서 제주 여행>이 '제주를 혼자 여행하는' 안내서를 넘어 이 책을 선택한 독자들에게 나를 찾기 위한 '인생 지도'가 되기를 바랍니다. 이번 '혼행'이 나를 발견하고, 나를 사랑하는 아름다운 여행이 되기를 소망합니다.
사랑하는 가족, 다정한 제주의 친구들, 디스커버리미디어 식구들, 사계절 내내 자신을 아름답게 피워내는 보물섬 제주에게 진심 어린 감사를 보냅니다.

2025년 가을, 제주에서
정용혁

목차

작가의 말 8

PART 1
나를 위한 맞춤 여행
마음이 향하는 곳으로 떠나세요!

① 해변 여행 오늘은 옥빛 바다에 취하자! 24
② 꽃 여행 마음까지 화사해지는 꽃의 향연 26
③ 숲속 여행 토닥토닥, 숲에서 경험하는 깊은 안식 28
④ 인생 샷 여행 카메라로 쓰는 여행 스토리 30
⑤ 시장 투어 제주의 숨결과 로컬 푸드 체험 32
⑥ 걷기 여행 나와 풍경에 몰입하는 즐거움 34
⑦ 오름 여행 제주의 곡선을 마음에 담다 36
⑧ 섬 여행 섬에서 떠나는 섬 여행 38
⑨ 체험 여행 오감으로 여행을 기억하는 방법 40
⑩ 예술 산책 감성 터치, 행복이 스며드는 순간 42
⑪ 책방 순례 잠시 책의 숲에 머물다 44
⑫ 미식 여행 최고의 맛을 찾아 떠나는 기쁨 46
⑬ 카페 투어 풍경과 커피 향에 빠져드는 즐거움 48
⑭ 빵지 순례 오감이 설레는 디저트 여행 50
⑮ 로컬 굿즈 여행 제주를 오래 기억하기 위하여 52

PART 2
제주시 도심권

제주시 도심권 지도 56

동문 시장 58
동문 시장 야시장 60
두멩이 골목 60
올리다 버거 61
브라운 백 61
서울 떡볶이 62
아베베 베이커리 62
자키 커피 63
섬 조각 63

산지천 64
김만덕 기념관과 김만덕 객주 66
옴니 피플 제주 유에스에이 66
제주 고로 산지점 67
롤링 브루잉 67

사라봉과 별도봉 68
국립 제주 박물관 70
시공 70
문게야 71
카페 물결 71

삼양 해수욕장 72
샛도리 물 74
제주 회춘 본점 74
에오마르 75
우미지 베이커리 75

삼성혈 76
제주 원도심 산책 78
전농로 벚꽃 길 79
제주도 민속 자연사 박물관 79
라스또르따스 80
라이프 이즈 에그 80
누옥 81

하빌리스 커피 로스터스 81

금요일의 아침, 조금 × 한 뼘 책방 82
소담한 봉봉 84
신설오름 84
일구 교자 제주시청 85
어반 르토아 로스터스 85

아무튼 책방 86
달세뇨 88
이재모 피자 제주점 88
모모 제이 89
세미양 89

커피 템플 90
아침 미소 목장 92
절물 자연 휴양림 93
공단 해장국 아라점 94
명도암 해장국 94
PLANT 827 × 월평 꽃시장 95
너들재 95

제주대 벚꽃 길 96
한라 생태 숲 98
산천단 99
소산 오름 편백 숲길 99
마방목지 100
관음사 100
서진향 해장국 101
피쉬 앤 돈 101
오마카세 요리 쇼고 스시 102
유지 커피 웍스 102
제주 카페 캄포 103
카페 블루 하우스 본점 103

디 앤 디파트먼트 제주 104
아라리오 뮤지엄 106

혼자서 국내 여행 11

한라 돈까스 탑동점 107
미친 부엌 제주 본점 107
ABC 에이 팩토리 베이커리 카페 108
귤 메달 하우스 108
빈투지 109
소모소 빈티지 탑동점 109

숙성도 제주 본점 126
웅스 키친 126
김금 127
잔물결 시티 로스터스 127

한라수목원 128
수목원 길 야시장 130
넥슨 컴퓨터 박물관 130
노형 수퍼마켙 131
민오름 131
연우네 132
순풍 해장국 공항 본점 132
아라파파 연동점 133
그러므로 Part 133

바라나시 책 골목 110
용담 해안도로 112
용두암 113
용연 구름다리 113
루이스 키친 114
청해야 제주공항점 115
아쿠포 115

이후 북스 제주점 116
제주목 관아 118
클래식 문구사 119
더 아일랜더 119
제주시 새우리 120
팔복 만두 120
도바나 121
카페 단단 121

제주도립미술관 134
오라동 메밀밭 136
미스틱 3도 137

내도 음악 상가 138
이호테우 해수욕장과 말 등대 140
내도동 알작지 해변 141
오 베리 굿즈 141
자매 국수 142
바이러닉 에스프레소 바 제주점 142
카페 진정성 종점 143
외도 339 143

제주시 민속오일시장 122
북 스페이스 곰곰 124
춘향이네 125
순옥이네명가 125

PART 3
제주시 서부권

제주시 서부권 지도 146

애월 해안로 148
애월 책방 이다 150
문동일 고사리 육개장 151
돌밭 애월 흑돼지 151
커피 냅 로스터즈 제주 152
노을리 152

시소 카이막 애월점 153
카페 멜록 153

청수당 애월 154
오아시스 80 156
호커 센터 157
개성 보리밥 칼국수 157
시간과 온도 158

올 댓 커피 제주 158
해지개 159

한담 해안 산책로 160
곽지 해수욕장 162
랜디스 도넛 애월점 162
카페 태희 163
애월 빵 공장 앤 카페 163

그리고 서점 164
물메 밭담 길 166
수산봉과 곰솔 167
엄지 흑돼지 168
항몽로 김가네 168
드르쿰다 제주 애월점 169
고토 커피 바 169

뚜띠 콜로리 뮤제오 170
장전리 왕벚꽃 길 172
항파두리 항몽 유적지 172
연화 키친 173
비스마일 본점 173
애월 말차 174
웃뜨리 174
로쿤 커피 175
까미노 175

소길별하 176
상가리 야자 숲 178
소길 역 178
TONKASU 서황 179
소길 다방 179

이끼 숲 소길 180
그림책 카페 노란 우산 관광대점 182
9.81파크 제주 183
애월 상잣성 길 183
블랙 이쉬레드 184
제주 빵집 184
홀츠 애월 185

새별 오름 186

아르떼 뮤지엄 제주 188
새빌 카페 189
제주당 189

금산 공원 190
연화지 192
어음분교 1963 192
비건 테이블 바람 193
쉬리니 케이크 193

협재 해수욕장과 금능 해수욕장 194
한림 공원 196
액티브 파크 제주 197
우리들의 블루스 X 김혜자의 길 197
애월 연어 협재 직영점 198
호텔 샌드 198
비양 놀 199
웨이 뷰 협재 바다 199

월령 선인장 마을 200
판포 포구 202
서플라이 죠지 202
그린 사이공 203

금 오름 204
새미 은총의 동산과 성이시돌 목장 206
금악리 자양 식당 207
라갈레트 207
카페 이시도르 208
우유부단 성이시돌 목장 본점 209

올레 13코스 210
천주교 용수 성지 212
신창 풍차 해안 213
싱게물 공원 213
신창리 포구 214
공간 연주 X 아트 바운드 214
클랭 블루 제주 215

수월봉 지질 트레일 216
수월봉 218
제주 고산리 유적 218

후우 219

저지 문화 예술인 마을 220
방림원 223

책방 소리 소문 224
저지 오름 226
알돈가 한경면 본점 227
제주 돌 창고 227

무명 서점 228
유람 위드 북스 230
비체올린 231

조수 국민학교 231
한양동 식당 232
데미안 232
오부자 돈 항아리 233
산 노루 제주점 233

산양 큰엉곶 234
환상 숲 곶자왈공원 236
만남 가든 한식 뷔페 236
양가 형제 237
하소로 커피 237

PART 4
제주시 동부권

제주시 동부권 지도 240

닭머르 해안 길 242
옥란 면옥 244
신촌 밥상 244
동카름 245
호미 245
오드랑 베이커리 신촌점 246
점점 246
피플 카페 247
북케이션 247

글로시 말차 248
관곶과 신흥 해수욕장 250
제주 항일 기념관 251
피터 펜슬 251
페이퍼 룸 252
요우르 253
무우수 커피 로스터스 253

서우봉 둘레길 254
함덕 해수욕장 256
수선화 식당 함덕점 257

선장과 해녀 257
대성 아귀찜 258
다니쉬 258
델문도 259

만춘 서점 260
함덕 민속오일시장 262
해녀 김밥 본점 263
엉클 프레즐 하우스 263

제주 북촌마을 4.3길 264
돌하르방 미술관 266
너븐숭이 4.3기념관 267
해돋이 힐링센터 267
아일로사 268
북카름 268
아라파파 북촌 269
알마 커피 제작소 269

조천읍 와흘 메밀 농촌 체험 휴양 마을 270
와흘 편백 숲길 272
밀림원 272

낭뜰에쉼팡 273
5L2F 273

선한 종이 274
사슴 책방 276
귤 다방 276
타무라 277
만나다 공원 277
카페 아나소라 278
포빈즈 로스터리 카페 278
카페 더 콘테나 279

산굼부리 280
에코랜드 테마파크 282
제주 교래 자연 휴양림 283
제주 돌문화공원 284
바농 오름 284
삼다수 숲길 285
샤이니 숲길 285
제주 맛집 칼국수 교래본점 286
교래리 금보 가든 에코랜드점 286
말로 287

거문 오름 288
교래 후박나무 길 290
선흘 방주할머니 식당 290
카페 선흘 291
베카신 291

동백 동산 292
심심 책방 앤 심리 상담 센터 294
자드부팡 295
카페 세바 296
카페 동백 297
오늘 베를린 297

청굴물 298
김녕 해수욕장 300
해맞이 해안로 301
이야기 가게 일희일비 301
김녕 월정 지질 트레일 302
김녕 미로 공원 302

김녕 나루터 303
방모루 303
런던 베이글 뮤지엄 제주점 304
김녕 빵집 304
카페 모알보알 제주점 305
김녕에 사는 김영훈 305

월정리 해수욕장 306
제주 밭담 테마 공원 308
책방 오후 309
배롱개 309
월정리 흑돼지 꺼멍스 310
제주로움 310
머문 베이커리 카페 311
토끼문 311

카멜 커피 제주점 312
코난 해변 314
언두필드 314
레이오버 315
인 카페 온 더 비치 315

숨비소리 길 316
해녀 박물관 318
세화 해수욕장 318
제주 풀무질 319
삼춘 책방 319
달 책 빵 320
여름 문구사 320
테네시 테이블 321
명진 전복 321
평대 성게 국수 322
카페 공작소 322
카페 인사리 323
다코네 323

종달리 마을 길 324
종달리 수국 길 326
소심한 책방 327
책 약방 328
종달리 746 329
소금바치 순이네 330

플레이스 엉물 330
모뉴에트 331

제주 동화 마을 332
부소 오름 334
솔트리 334
도토리 숲과 코리코 카페 제주점 335
스타벅스 더 제주 송당 파크 R점 335
블루보틀 제주 336
카페 글렌코 337

스누피 가든 338
아부 오름 340
우정원 베이커리 제주삼나무점 341

안돌 오름과 비밀의 숲 342
세미 오름 344

고사리 커피 344
헛간 더반 스위트 345
커피 러스트 345

비자림 346
다랑쉬 오름 348
용눈이 오름 349
제주 레일바이크 349
메이즈랜드 350
산토 350
으뜨미 351
치저스 351
도우 보이 352
풍림 다방 송당점 352
카페 편린 353
송당의 아침 353

PART 5
서귀포시 도심·중문권

서귀포시 도심·중문권 지도 356

쇠소깍 358
만두쟁이 360
베케 361

올레 6코스 362
허니문 하우스 364
서귀피안 브래드 베이커스 365
라임오렌지 카페 앤 플라워 365

서귀 다원 366
한라산 둘레길 수악길 368
양마 단지 상회 369

왈종 미술관 370
정방 폭포와 소정방 폭포 372
서복 전시관 372
자구리 담수욕장 373

정모시 쉼터 373

서귀포 매일 올레 시장 374
하영 올레 376
서귀포 향토 오일 시장 377
러드 378
맛있는 집 378
미리네 국수 379
제성 제과 올레시장점 379

이중섭 거리와 이중섭 미술관 380
작가의 산책길 382
오는 정 김밥 383
유동 커피 383

라바르 384
천지연 폭포 386
새연교와 새섬 387
황우지 해안 388

휘 베이글 389

취향의 섬 북앤띵즈 390
숨도 392
외돌개 392
전원일기 본점 393
비브레이브 혁신 도시점 393
식물집 카페 394
UDA 394
하라케케 395

서귀포 치유의 숲 396
인터뷰 398
엉또 폭포 399
둠비 정원 400
제니스 카페 400
감따남 401

서귀포 자연 휴양림 402
거린사슴 전망대 404
영실 탐방로 404

한라산 1100고지와 습지 405
GS25 한라산 1100고지점 405

약천사 406
대포 주상절리 408
올레 8코스 409
함쉐프 키친 짬뽕 서귀포 본점 410
볼스 카페 411
올디 벗 구디 411

엉덩물 계곡 412
중문 색달 해수욕장 414
천제연 폭포 415
여미지 식물원 416
대왕수천 예례 생태공원 416
그건 그렇고 417
류차이 417
사해방 흑돼지 418
테라로사 중문 에코 라운지 DT점 418
중문 별장 419
마노 커피 하우스 419

PART 6
서귀포시 서부권

서귀포시 서부권 지도 420

오설록 티 뮤지엄 424
이니스프리 제주 하우스 426
제주 아리온 승마장 427
신화 테마 파크 427
뱅인타코 제주본점 428
이보커 본점 428
풀베개 429
무로이 429

방주 교회 430
수풍석 뮤지엄 432
포도뮤지엄 433
왕이메 오름 433

고바진 434
소소당 양갱 434
카페 방주 435

본태 박물관 436
카멜리아 힐 438
세계 자동차&피아노 박물관 438
한라산 아래 첫 마을 439

샤계 해안과 형제 해안도로 440
송악산과 송악산 둘레길 442
바다 마르마레 443

비밀 역 444
부키니스트 북스 & 더 리트리브 446

화순 곶자왈 생태 탐방 숲길 446
화순 평양 면옥 447
미나스시 447

용머리 해안 448
산방산 450
젠 하이드 어웨이 제주점 451
제주 산방산 나들목 451
머그낭 식당 452
오라디오라 452
원 앤 온리 453

어떤 바람 454
산방산 탄산 온천 456
대정 향교 457
사계의 시간 458
오 마이 살롱 458
빵 사계 459

박수기정과 대평 포구 460
군산 오름 462
카페 루시아 463
이정의 댁 463

올레 10코스 464

화순 금모래 해수욕장 466
알뜨르 비행장 466
수눌음 467
트로피컬 하이드 어웨이 467
사일리 커피 468
이때 469

무해 470
제주 곶자왈 도립공원 472
제주 추사관과 추사 유배길 472
자올 스테이크 473
연어로만 473
벨진밧 474
크래커스 474
청춘 부부 475
벤더 마켓 475

어나더 페이지 476
모슬포 중앙시장 478
대정 오일장 478
홍성방 479
와토 커피 479
수애기 베이커리 480
미쁜제과 480
모아시 481

PART 7
서귀포시 동부권

서귀포시 동부권 지도 484

빛의 벙커 486
성산 일출봉 488
성산포 해녀 물질 공연 489
광치기 해변 489
올레 1코스 490
오조 포구 490
두산봉 491
경미네 집 492
World Class Fish & Chips 492

해일리 카페 493
프릳츠 제주 성산점 493
오른 494
도렐 제주 본점 494
보롬제과 495
목화 휴게소 495

섭지코지 496
유민 아르누보 뮤지엄 499
섭지코지 그랜드 스윙 500
아쿠아플라넷 제주 500

해왓 501
하와이안 비치 카페 501

혼인지 502
신풍 목장 505
김영갑 갤러리 두모악 505
카페 아오오 506
레이트벗 커피 로스터스 507
어니스트 밀크 본점 507

사려니 숲길 508
붉은 오름 자연휴양림 510
물영아리 오름 511
물영아리 오름 휴게소 512
랑이 식당 513

녹산로 514
조랑말 체험 공원 516
유채꽃 프라자 516
쫄븐 갑마장길 517
자연 사랑 미술관 517
수민 문화 518
따라비 오름 518
메밀밭에 가시리 519
담다 제주 519
모드락 572 520
택하다, 커피 520
모먼트 아트 521
카페 깡 521

보롬왓 522
노바운더리 제주 524
와일드 오차드 524
백약이 오름 525
성읍 민속 마을 525
목장 카페 밭디 526
목장 카페 드르 쿰다 527
초가헌 527

책계일주 528

표선 해수욕장 530
가세 오름 531

모카 다방과 푸근한 곰 아저씨 532
제주 디어 & 여행 가게 534
제주 디어 & 연필 가게 534
열대과일 농장 유진 팡 535
알맞은 시간 535

올레 5코스 536
큰엉 해안 경승지 538
남태 해안로 539
남원 용암 해수 풀장 539
취향의 섬 540
백한철 꽈배기 & 식빵 540
로빙화 541
뭄미 541

제주 동백 수목원 542
미나미 비 요리 544
위미 모녀 분식 545

북 타임 546
라바 북스 548
띄미 549
바공 식당 549
수와래 베이커리 550
하이커 하우스 보보 551
오뚜기 빵집 551

카페 담 소요 552
이승이 오름 삼나무 숲길 554
한남 사려니 오름 숲 555
머체왓 숲길 556
고살리 숲길 556
머체왓 식당 557

PART 8
섬속의 섬

우도 560
밤수지맨드라미 북스토어 564
올레 1-1코스 565
산호 해수욕장 566
하고수동 해수욕장 566
우도 망루 등대 567
안녕 육지 사람 567

가파도 568
가파도 청보리밭 570
가파도 올레 571
전망대 식당 572
오멍 가멍 쉬멍 572
가파도 봄날에 573
전망대 카페 573

마라도 574
마라도 등대 576
마라도 성당 576
최남단 기념비 577
원조 마라도 해물 짜장면집 577

비양도 578
비양도 둘레길 580
비양봉 581
쉼 그대 머물다 581

차귀도 582

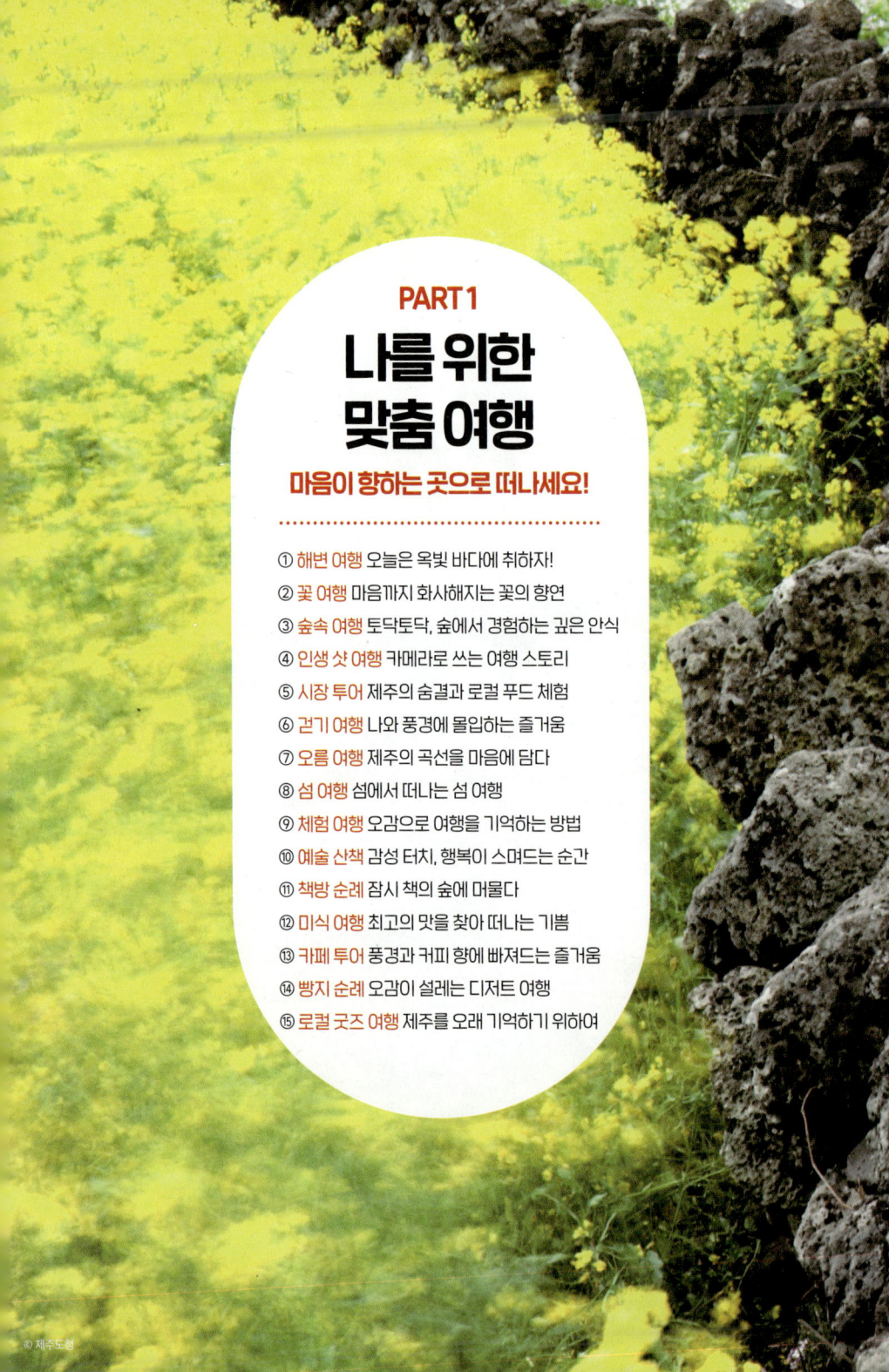

PART 1
나를 위한 맞춤 여행
마음이 향하는 곳으로 떠나세요!

① **해변 여행** 오늘은 옥빛 바다에 취하자!
② **꽃 여행** 마음까지 화사해지는 꽃의 향연
③ **숲속 여행** 토닥토닥, 숲에서 경험하는 깊은 안식
④ **인생 샷 여행** 카메라로 쓰는 여행 스토리
⑤ **시장 투어** 제주의 숨결과 로컬 푸드 체험
⑥ **걷기 여행** 나와 풍경에 몰입하는 즐거움
⑦ **오름 여행** 제주의 곡선을 마음에 담다
⑧ **섬 여행** 섬에서 떠나는 섬 여행
⑨ **체험 여행** 오감으로 여행을 기억하는 방법
⑩ **예술 산책** 감성 터치, 행복이 스며드는 순간
⑪ **책방 순례** 잠시 책의 숲에 머물다
⑫ **미식 여행** 최고의 맛을 찾아 떠나는 기쁨
⑬ **카페 투어** 풍경과 커피 향에 빠져드는 즐거움
⑭ **빵지 순례** 오감이 설레는 디저트 여행
⑮ **로컬 굿즈 여행** 제주를 오래 기억하기 위하여

01 해변 여행
오늘은 옥빛 바다에 취하자!

단언컨대, 제주 여행의 반은 바다다. 민트 블루, 에메랄드, 코발트블루….
세상의 모든 푸른색을 모아놓은 듯, 제주 바다는 색깔부터 신비롭고 특별하다.
오늘은, 푸른 바다에만 취해도 충분할 것 같다. 두 팔 벌려 바다를 가득 품자.
이윽고, 당신도 풍경의 일부가 될 것이다.

협재 해수욕장　　　　　　　　　　p194

제주 서쪽을 대표하는 해수욕장이다. 물빛은 마치 푸른 보석처럼 맑고 영롱하다. 세상의 푸른색을 다 모아놓은 듯한 물빛은 바라보기만 해도 감탄사가 절로 나온다. 해변을 산책하는 기분이 영화의 한 장면처럼 낭만적이다. 고개를 들면 아름다운 섬 비양도가 꿈결처럼 다가온다.

곽지 해수욕장　　　　　　　　　　p162

사시사철 용천수가 샘솟는 특별한 해변이다. 한라산에서 흘러내린 물이 땅속으로 스며들었다가 애월읍 곽지리 바닷가 모래밭에서 기적처럼 솟아난다. 해수욕장 중간에 용천수 노천탕과 샤워장이 있다. 낮에도 아름답지만, 하늘과 바다를 붉게 물들이는 일몰 풍경도 더없이 매혹적이다.

함덕 해수욕장　　　　　　　　　　p256

제주 동부를 대표하는 해변으로, 서쪽의 협재 해수욕장과 쌍벽을 이룬다. 야자수, 에메랄드빛 바다, 새하얀 백사장…. 해수욕장 풍경이 남국의 휴양지에 온 듯 이국적이다. 봄이면 해수욕장 바로 옆 서우봉에 노란 유채꽃이 만발한다. 푸른 바다와 노란 유채꽃을 배경으로 인생 샷을 찍을 수 있다.

김녕 해수욕장　　　　　　　　　　p300

에메랄드빛 바다가 아름다운 해변이다. 동부에서 함덕 해수욕장 다음으로 인기가 높다. 현무암과 풍력발전기까지 눈에 넣으면 제주도에서 하나밖에 없는 이국적인 풍경이 완성된다. 해수욕장 근처엔 지질 트레일이 조성돼 있어서 가볍게 산책하기 좋다. 일부 구간은 올레 20코스와 겹친다.

표선 해수욕장　　　　　　　　　　p530

제주에서 가장 넓은 백사장을 갖추고 있다. 썰물 때 커다란 원형 백사장이 만들어지는데, 그 모습이 장관이다. 맨발로 걸어 다니면 하얀 모래의 부드러운 촉감을 느낄 수 있다. 밀물 때도 수심이 평균 1m로 무척 낮은 편이다. 게다가 바다가 호수처럼 잔잔해 물놀이 즐기기 아주 좋다.

02 꽃 여행
마음까지 화사해지는 꽃의 향연

숱한 자연 중에서 꽃만큼 마음을 흔드는 게 또 있을까?
제주도엔 봄부터 겨울까지 사계절 내내 화양연화 같은 꽃의 향연이 펼쳐진다.
봄엔 유채와 벚꽃, 여름엔 수국, 가을엔 메밀꽃, 겨울엔 동백.
형형색색, 색채의 미가 펼쳐지는 화원 같은 꽃 명소 다섯 군데를 소개한다.

카멜리아 힐   p438

동양에서 가장 큰 동백수목원으로 손꼽힌다. 가을부터 봄 사이, 500여 품종의 동백꽃이 시기를 달리해 화려하게 꽃을 피운다. 하얀색부터 진한 붉은색까지 형형색색의 동백꽃이 눈길을 사로잡는다. 여름에는 수국이, 가을에는 억새와 핑크뮬리가 새로운 풍경을 보여준다.

녹산로   p514

녹산로는 옛 목장길이다. 벚꽃과 유채꽃이 동시에 활짝 피어나는 최고의 봄 드라이브 코스이다. 특히 가시리 마을 입구에서 정석 항공관까지 이어지는 약 4km 구간이 이 길의 하이라이트이다. 매년 3월 말부터 4월 초에는, 녹산로 옆 조랑말 체험 공원에서 유채꽃 축제가 열린다.

전농로   p79

제주도 최고의 벚꽃 명소이다. 이른 봄, 1.2km 전농로 양편에 일정한 간격으로 늘어선 70년 된 왕벚나무가 일제히 연분홍빛 꽃망울을 터트린다. 매년 3월 말과 4월 초에는 전농로 일대에서 '제주 왕벚꽃 축제'가 열린다. 제주대 진입로와 애월읍의 장전로도 손꼽히는 벚꽃 명소이다.

보롬왓   p522

표선면 중산간에 펼쳐진 드넓은 꽃의 정원이다. 튤립, 유채, 수국, 라벤더, 해바라기, 메밀꽃…. 보롬왓에는 사계절 내내 색채의 향연이 펼쳐진다. 꽃밭 사이를 산책하는 기분이 남다르다. 어느 방향으로 고개를 돌려도 그림 같은 화원이 시야를 가득 메운다. 꽃 카페도 운영한다.

와흘 메밀 마을   p270

공식 이름은 '조천읍 와흘 메밀 농촌 체험 휴양 마을'이다. 봄과 가을이면 와흘 메밀 마을의 너른 들에, 소금을 뿌린 듯, 송이 눈이 내린 듯 하얀 꽃송이가 환하게 피어난다. 중산간이 온통 새하얀 메밀밭이어서 탄성이 절로 나온다. 5월과 10월에 '와흘 메밀 문화제'가 2~3주 남짓 이어진다.

03 숲속 여행
토닥토닥, 숲에서 경험하는 깊은 안식

숲은 인류의 고향이다. 그래서일까?
숲에 가면 엄마의 따뜻한 품에 안긴 듯 마음이 편안해진다. 숲은 지붕 없는 성전 같다.
숲의 정령이 머물기라도 하는 듯, 한동안 숲에 머물고 있으면 자연스레 안식이 찾아온다.
토닥토닥, 나를 위로해 주는 아늑한 제주의 숲 다섯 곳을 소개한다.

© 빈중권

사려니 숲길 p508

편백과 삼나무가 울창한 10km의 명품 숲길이다. '사려니'는 제주어로 '신성하다'라는 뜻이다. 그래서일까? 숲길을 걷는 내내 마음이 차분해지고 때로는 숲의 정령이 느껴져 경건한 기분도 든다. 한동안 걷다 보면, 토닥토닥, 숲의 위로에 마음이 한결 가벼워진다. 이 길에선 시간이 천천히 흐른다.

비자림 p346

국내는 물론, 세계에서도 손꼽히는 희귀 숲이다. 500~800년 된 비자나무 2,900여 그루가 명품 숲을 만들었다. 거목들이 만든 숲은 정령이 깃든 듯 신비롭다. 안개라도 내리면 신비로움은 한층 고조된다. 약하게 비가 내려도 좋다. 사람이 적고, 나무 향이 숲을 채워 비자림을 온전히 즐기기 좋다.

절물 자연 휴양림 p93

제주도에서 가장 인기 많은 휴양림으로, 절물오름 아래에 있다. 수령 50년이 넘은 삼나무가 100만 평에 이르는 울창한 숲을 만들고 있다. 휴양림 산책 후에는 절물오름에도 올라 보자. 순수 높이 147m로 약 20분이면 오를 수 있다. 정상 전망대에 오르면 한라산과 제주 시내가 한눈에 들어온다.

서귀포 치유의 숲 p396

수령 60년이 넘은 편백과 삼나무가 숲을 이루고 있다. 사람이 가장 쾌적하다고 느끼는 해발 400~760m에 있어서일까? 걷기만 해도 몸과 마음이 치유되는 것 같다. 서귀포 치유의 숲에선 자연의 품에 안겨 오롯이 나에게 집중할 수 있다. 인터넷 예약을 통해 하루 600명만 입장할 수 있다.

산양 큰엉곶 p234

오랜 시간 사람의 발길이 닿지 않던, 비밀스러운 숲과 옛길을 요정이 사는 동화 나라처럼 꾸며 2020년대 초에 문을 열었다. 숲길 중간중간에 요정 인형이 당신을 반겨준다. 곳곳이 포토 존이라 산림욕을 즐기며 멋진 사진을 얻을 수 있다. 매년 6월 초 3주 남짓 반딧불이 탐방 행사가 열린다.

04 인생 샷 여행
카메라로 쓰는 여행 스토리

사진이다. 멋진 풍경과 잘 찍은 사진 한 장이 여행을 더 오래 기억하게 해준다. 당신의 내면에 오랜 설렘을 안겨줄 인생 사진 명소를 한곳에 모았다. 카메라로 쓰는 제주 여행 스토리, 행복한 순간과 매혹적인 풍경을 사진으로 남겨보자. 하나, 둘, 셋 찰칵!

무지개 해안 도로　　　　　p112

제주 국제공항 북쪽의 도두봉 부근에 있는 SNS 인증 샷 명소이다. 도두봉에서 동쪽으로 1km 정도 이어지는데, 빨주노초파남보 무지개색 방호벽과 에메랄드빛 바다가 어우러져 매혹적인 풍경을 연출한다. 알록달록 무지개 블록 위에 앉아 사진을 찍으면 패션 화보처럼 아름답게 나온다.

비밀의 숲　　　　　p342

2020년 무렵부터 여행자들이 두 줄로 줄지어 자란 편백 숲길을 배경으로 사진을 찍어 SNS에 올리기 시작하면서, '인생 사진 성지'로 알려졌다. 편백숲은 시처럼 아름답고, 그 옆으로는 계절을 바꾸며 노란 유채와 팝콘 같은 메밀꽃, 붉은 백일홍이 선물처럼 아름답게 피어난다.

오설록 티 뮤지엄　　　　　p424

곶자왈 돌밭 지대가 이국적인 차밭으로 변모했다. 티 뮤지엄과 옥상 전망대에서 파노라마로 펼쳐지는 차밭을 두 눈에 가득 넣을 수 있다. 세계 유명 작가의 입체 작품도 야외에 전시돼 있어서, 차밭을 배경으로 멋진 사진을 찍을 수 있다. 제주에서만 맛볼 수 있는 디저트도 선보인다.

제주 동백 수목원　　　　　p542

붉고 푸른 거대한 꽃다발처럼 생긴 애기동백 500여 그루가 겨울 내내 몽환적인 분위기를 연출해 준다. 수목원을 걷기만 해도 힐링이 되지만, 분위기가 너무 매혹적이고 몽환적이어서 인생 사진을 찍지 않을 수 없다. 전망대에 오르면 붉은 동백숲 너머로 쪽빛 바다가 반갑게 다가온다.

섭지 코지 그랜드 스윙　　　　　p500

성산 일출봉을 품은 인생 사진 명소이다. 안도 다다오가 설계한 글라스 하우스 앞 민트 가든 가운데에 있는 오렌지빛 대형 그네이다. 높이는 6m이다. 그네에 앉으면 정면으로 성산일출봉과 푸른 바다가 시원하게 펼쳐진다. 풍경과 그랜드 스윙이 하나로 어우러져 인생 사진을 남기기에 좋다.

05 시장 투어
제주의 숨결과 로컬 푸드 체험

어느 도시, 어느 지역이든, 시장은 생기가 넘친다.
명소는 공간이 주인공이지만, 시장은 공간·상인·물건·여행자가 다 주인공이 되는 특별한 곳이다. 전통시장부터 오일장, 핫 스폿으로 떠오른 야시장까지 한곳에 모았다. 제주의 생기와 숨결이 흐르는 삶의 현장으로 한 걸음 더 들어가 보자.

동문 시장　　　　　　　　　　　　　　　p58

제주를 찾는 여행자들이 가장 많이 찾는 명소이다. 귤 향기와 바다 내음, 제주의 숨결이 사람보다 먼저 달려와 반겨준다. 제주 읍성이 있던 시절, 동쪽 출입문 자리에 들어선 시장이라고 해서 '동문'이라는 이름을 얻었다. 감귤과 생선회, 기념품 등을 합리적인 가격에 구매할 수 있다.

서귀포 매일 올레 시장　　　　　　　　p374

서귀포시 중심에 자리 잡은 전통시장으로, 서귀포 여행 1번지이자 제주 올레길 6코스의 일부이다. 시장에 들어서면 달콤한 감귤 향이 먼저 여행자의 코를 자극한다. 싱싱한 생선회, 마늘 치킨, 달콤한 한라봉 주스, 쫄깃한 오메기떡, 고소한 흑돼지 꼬치도 구매할 수 있다. 김밥과 떡볶이, 튀김도 놓칠 수 없는 별미다.

제주시 민속 오일 시장　　　　　　　　p122

관광과 쇼핑, 음식, 제주 문화 체험을 한 번에 즐길 수 있는 곳이다. 끝자리 2일과 7일에 시장이 열린다. 약 2만 평의 공간에 1,200여 개 점포가 영업하고 있다. 제주 농산물과 신선한 수산물을 실컷 구경할 수 있다. 제주 전통 음식을 맛볼 수 있는 먹거리 코너도 큰 인기를 누리고 있다.

동문 야시장　　　　　　　　　　　　　p60

동문시장 8번 게이트 입구에 있다. 32개 부스를 운영 중이다. 딱새우 김밥, 꼬치구이, 전복 김밥, 우도 땅콩 호떡, 랍스터 버터구이, 애플 수박 통 주스, 단호박 식혜, 스카치 에그, 흑돼지 바비큐 등 종류가 다채로워 골라 먹는 재미가 쏠쏠하다. 초저녁에는 매대 앞에 긴 줄이 서기도 한다.

수목원 길 야시장　　　　　　　　　　p130

제주의 밤을 로맨틱하게 즐길 수 있다. 수목원 테마파크 내 오래된 소나무 숲에서 열린다. 따뜻한 조명과 아기자기한 푸드트럭, 플리마켓 부스가 야시장에 들어선다. 푸드트럭에서는 흑돼지 요리, 해산물 꼬치, 새우튀김, 맥주 등을 맛볼 수 있다. 플리마켓의 아기자기한 액세서리와 장식품 등을 판매한다.

06 걷기 여행
나와 풍경에 몰입하는 즐거움

프랑스의 미학자 롤랑 바르트는 걷기를 가장 인간적인 몸짓이라고 했다. 바닷가엔 해안 산책로, 오름엔 둘레길, 그리고 바다·포구·오름·들판을 모두 품은 올레길까지, 고맙게도 제주도엔 아름다운 산책길이 참 많다. 아름다워 감격스럽다. 그중에 온전히 나에게 집중할 수 있는 길을 엄선했다.

한담 해안 산책로　　　　　　　　p160

애월읍 애월리 한담 해변 카페 거리에서 곽지 해수욕장까지 이어지는 약 1.2km의 해안 산책길이다. 수평선을 눈에 넣으며 걷고 있으면 바람과 파도 소리가 말을 걸고, 맑은 햇살과 애월 바다의 윤슬이 인사를 한다. 현무암이 깔린 평평한 돌길이 제주의 감성을 깊게 느끼게 해준다.

송악산 둘레길　　　　　　　　　p442

푸른 바다와 제주 서남부의 절경을 감상하기 좋은 산책로이다. 제주 올레길 10코스의 일부가 송악산 둘레길과 겹친다. 둘레길 걷다가 송악산에 오를 수 있다. 송악산 동쪽의 탐방로로 길을 잡으면 송악산 제1전망대가 나온다. 한라산, 산방산, 형제섬, 가파도, 마라도까지 차례로 감상할 수 있다.

닭머르 해안 길　　　　　　　　　p242

닭머르 해안 길은 해양수산부가 선정한 '해안누리길'의 50번째 주인공이다. 약 1.8km인 닭머르 해안 길은 올레 18코스의 하이라이트이다. 화산과 파도, 바람이 만든 자연의 갤러리다. 해안선을 따라 이어진 기암괴석과 조간대 지형이 자연이 만든 예술 작품처럼 아름답다. 가을 억새도 절경이다.

서우봉 둘레길　　　　　　　　　p254

함덕 해수욕장 옆 바다를 끼고 서우봉을 반 바퀴 도는 길이다. 둘레길은 바다와 가까운 곳으로 나 있고, 서우봉 산책로는 오름 정상 쪽으로 난 길이다. 제주 올레길 19코스의 일부가 서우봉 산책로와 겹친다. 둘레길 주변에는 유채꽃, 청보리, 메밀꽃, 코스모스가 계절을 바꾸며 피어난다.

올레 10코스　　　　　　　　　　p464

올레 10코스는 제주 올레길 중에서 7코스와 더불어 가장 인기가 높은 길이다. 거리는 15.6km이고, 걷는데 5~6시간이 걸린다. 산방산, 사계 해안, 송악산, 알뜨르 비행장이 차례로 나타나 여행자의 눈길을 사로잡는다. 절경과 탁 트인 풍경이 끊임없이 이어지는 로망 같은 코스다.

07 오름 여행
제주의 곡선을 마음에 담다

제주도는 화산이 만든 섬이다. 이를 가장 특징적으로 보여주는 게 오름이다.
바다와 숲, 폭포와 한라산도 매력적이지만, 제주도가 다 보여주지 않은 매력이 있다면,
그것은 단언컨대 오름이다. 오름의 곡선은 아름답고, 분화구는 경이롭고 신비롭다.
그리고 정상에서 보는 풍경은 더없이 황홀하다.

성산 일출봉　　　　　　　　　　p488

유네스코 세계 자연 유산이자 세계 지질 공원에 등재된 명소이다. 특이하게 바닷속에서 폭발했으나, 그 위력이 엄청나 지금과 같은 멋진 오름이 되었다. 정상까지 약 25분이 걸린다. 정상에 오르면 8만 평 규모의 사발 모양 분화구가 장엄하게 펼쳐진다. 일출이 아름답지만, 낙조 또한 장관이다.

새별 오름　　　　　　　　　　p186

제주 서부를 대표하는 오름이자 가장 인기가 많은 오름이다. 경주의 대릉원을 몇 배 키워 옮겨놓은 것 같다. 능선은 부드럽게 곡선을 그리고, 가을이 되면 은빛 햇살을 받은 억새가 우아하게 춤을 춘다. 정상에 서면 동쪽으론 한라산이, 서쪽으로는 서부 풍경과 바다, 비양도가 그림처럼 펼쳐진다.

금 오름　　　　　　　　　　p204

새별 오름과 더불어 제주 서부를 대표하는 보물 같은 오름이다. 밖에서 보면 평범한 오름 같지만, 정상에 오르면 감탄이 절로 나온다. 분화구는 아름다운 산정호수를 품고 있고, 정상에서 바라보는 제주 풍광은 압도적이다. 중산간의 초록 물결, 에메랄드빛 바다, 차귀도와 비양도가 차례로 시야에 들어온다.

다랑쉬 오름　　　　　　　　　　p348

해발고도가 높아서 정상에 서면 동부의 오름 군락과 동부 해안까지 시야에 가득 잡힌다. 부드럽고 푸른 능선, 풀밭 사이에서 피어나는 들꽃, 능선 위에 오르면 만날 수 있는 수려한 전망, 백록담을 연상케 할 정도로 깊고 거대해 탄성이 절로 나오는 분화구까지 제주 오름의 매력을 다 갖추고 있다.

용눈이 오름　　　　　　　　　　p349

다랑쉬 오름과 더불어 제주 동쪽 오름을 대표한다. 용이 누운 것처럼 생겼다고 하여 용눈이 오름이다. 다른 오름과는 달리 곡선이 다양하고 매혹적이다. 사진작가 김영갑(1957~2005)은 이 매혹적인 곡선에 홀려 18년간 용눈이 오름을 촬영했다. 정상에 오르면 다랑쉬, 동거문이, 백약이 오름이 파노라마처럼 펼쳐진다.

08 섬 여행
섬에서 떠나는 섬 여행

제주도는 자체가 섬이지만, 자신 못지않게 매력적인 부속 섬을 품고 있다.
제주도가 거느린 섬이 무려 62개다. 이 중에서 멀리 떨어진 추자도를 빼면 유인도는 4개다.
우도, 가파도, 마라도, 비양도. 여기에 무인도지만 호기심을 자극하는 차귀도를 포함해
섬 속의 섬 5곳으로 당신을 초대한다.

우도　　　　　　　　　　　　　　p560

제주 동쪽, 성산 일출봉 앞바다에 떠 있는 아름다운 섬이다. 약 190만 평의 땅에 1,500여 명이 살고 있다. 한 해 200만 명이 우도를 찾는다. 본섬보다 물빛이 더 매혹적인 해변과 제주 감성을 가득 품은 푸른 들과 밭담, 집어등을 밝힌 고깃배의 서정적인 불빛 등 곳곳에서 인생 풍경을 만날 수 있다.

가파도　　　　　　　　　　　　　p568

송악산 건너, 쪽빛 바다 위에 꿈결처럼 떠 있는 섬이다. 가파도 면적은 27만 평이고, 그중의 반이 청보리 밭이다. 봄바람 따라 파도처럼 일렁이는 청보리 밭이 장관이다. 보리밭 사잇길로 난 가파도 올레를 따라 '놀멍 쉬멍' 걸어보자. 9월~10월엔 청보리 대신 해바라기와 코스모스가 선물처럼 피어난다.

마라도　　　　　　　　　　　　　p574

대한민국 최남단에 있는 바람의 섬! 넓은 초원과 억새밭, 바다와 맞닿은 절벽이 매력적이다. 자연 그대로의 아름다움을 선사한다. 약 10만 평의 푸른 땅에 등대와 앙증맞은 성당, 마라 분교 등이 자유롭게 자리하고 있다. 최남단 기념비를 만나면 세상의 끝에 서 있는 듯한 감동이 밀려온다.

비양도　　　　　　　　　　　　　p578

제주 서쪽의 협재 해수욕장 앞 바다에 작은 섬 비양도가 꿈결처럼 떠 있다. 드라마 <봄날>, <우리들의 블루스>, <폭싹 속았수다>에 등장해 호기심을 자극하곤 했다. 섬 크기는 약 15만 평이다. 커다란 분화구를 품은 비양봉에 오르면 제주도와 한라산이 손에 잡힐 듯 가까이 다가온다.

차귀도　　　　　　　　　　　　　p582

제주에서 가장 큰 무인도이다. 섬 전체가 천연기념물 제422호로 지정된 보호 구역으로, 아름다운 자연의 원형이 잘 보존되어 있다. 한경면 고산리의 자구내 포구에서 유람선을 타고 약 10분이면 닿는다. 기암괴석과 억새 언덕, 대숲이 어우러진 산책길, 새하얀 무인 등대가 당신을 반겨준다.

09 체험 여행
오감으로 여행을 기억하는 방법

여행은 보는 것만으로 끝나지 않는다. 청각, 촉각, 후각…. 오감으로 하는 체험 여행의 세계로 당신을 초대한다. 체험 여행은 감각을 열고 몸으로 하는 여행이다. 향기, 소리, 촉감은 카메라에 담기지 않지만, 우리의 몸에 또렷이 저장된다. 당신의 여행 스토리를 풍성하게 해줄 체험 여행지를 소개한다.

내도 음악 상가   p138

제주시 서쪽 내도동의 조용한 바닷가에 있는 감성 깊은 LP 바이다. 주인이 오랫동안 모아온 LP 음반을 최상의 사운드 시스템으로 감상할 수 있다. 바 한편에는 LP 음악을 체험할 수 있는 공간이 따로 있다. LP와 턴테이블을 처음 접하는 이들에겐 새로운 세계를 경험할 수 있는 공간이다.

뚜띠 콜로리 뮤제오   p170

애월읍 장전리에 있는 소품 가게이자 색채 체험장이다. 여행자가 직접 색을 조색하고 자연 속에서 그 색을 발견하는 프로그램을 운영한다. '컬러 헌팅'이라는 프로그램인데, 여행자가 직접 물감을 조색해 나만의 색을 만들고, 그 색을 실제 자연에서 발견하는 일종의 감각 탐험 프로그램이다.

이니스프리 제주 하우스   p426

오설록 티 뮤지엄 바로 옆, 숲과 푸른 녹차밭 사이에 있다. 카페와 이니스프리 상품 판매장, 체험 공간으로 구성돼 있다. 화장품 테스트, 나만의 엽서 만들기, 천연 비누 만들기 체험을 할 수 있다. 귤·콩·보리·화산 점토 등 12가지 재료로 자신의 피부에 맞는 마스크 팩 만드는 체험도 할 수 있다.

아침 미소 목장   p92

제주시 월평동 한라산 자락에 있는 체험형 목장이다. 초원에서 풀을 뜯는 젖소, 풀밭의 낮은 돌담 풍경이 무척 이국적이다. 젖소 먹이 주기와 송아지 우유 주기 체험을 할 수 있다. 목장 안에 경치 좋은 카페가 있다. 느긋하게 쉬어가기 좋다. 카페에서 우유와 요구르트, 치즈 제품을 구매할 수 있다.

열대 과일 농장 유진 팡   p535

이국적인 분위기를 느낄 수 있는 특별한 농장이다. 바나나, 파파야, 파인애플, 망고스틴 등 50여 종의 아열대 과일이 비닐하우스에서 탐스럽게 자라고 있다. 시즌에 따라 바나나, 감귤, 금귤을 직접 수확하는 체험 프로그램을 운영하고 있다. 과일잼이나 파파야 장아찌 만들기 같은 체험도 할 수 있다.

예술 산책

10 감성 터치, 행복이 스며드는 순간

제주를 여행한다고 해서 목적지가 꼭 해변이나 이름난 명소일 필요는 없다. 여유롭게 예술 산책을 즐기는 건 어떨까? 다행히 제주도엔 멋진 예술을 체험하기 좋은 곳이 많다. 우아하게 예술 체험하기 좋은 곳을 모았다. 본태 박물관과 저지 문화 예술인 마을에서는 건축 탐방도 겸할 수 있다.

아라리오 뮤지엄　　　　　　　　　　p106

세계 100대 컬렉터이자 미술가인 김창일이 운영하는 미술관이다. 극장을 리모델링한 아라리오 뮤지엄 탑동 시네마와 모텔을 개조한 아라리오 뮤지엄 동문 모텔 I·II가 있다. 데미안 허스트, 앤디 워홀, 키스 해링, 백남준, 이응노 등 이름만 들어도 입이 떡 벌어지는 대가의 작품을 감상할 수 있다.

아르떼 뮤지엄 제주　　　　　　　　p188

애월읍 어음리에 있는 몰입형 미디어 아트 전시관이다. 프로젝션으로 미디어 아트를 벽과 바닥에 쏘면, 마치 작품 안에 들어선 듯 몰입감이 남다르다. '영원한 자연(Eternal Nature)'을 주제로 해변, 파도, 폭포, 꽃, 달, 숲 등 11개의 전시 공간에서 다채로운 미디어 아트를 선보이고 있다.

빛의 벙커　　　　　　　　　　　　p486

제주 동쪽, 성산읍 고성리에 있는 몰입형 미디어 아트 전시관이다. 고흐, 모네, 르누아르, 샤갈, 칸딘스키 등 서양 미술사를 장식한 거장의 작품을 디지털 아트로 감상할 수 있다. 전시실에 입장하는 순간, 아름다운 클래식과 재즈 선율, 벽·바닥을 가득 채운 거장의 화사한 작품이 관람객을 압도한다.

저지 문화 예술인 마을　　　　　　　p220

한경면 저지리에 있는 특별한 예술 동네이다. 제주 현대 미술관, 제주 도립 김창열 미술관, 유동룡 미술관, 그리고 40여 명의 화가와 조각가, 서예가들이 작업실과 거주 공간이 마을 안에 있다. 섬 안의 예술 지구라고 해도 손색이 없다. 김창열 미술관, 유동룡 미술관은 건축 탐방지로도 인기가 많다.

본태 박물관　　　　　　　　　　　p436

세계적인 건축가 안도 다다오가 설계했다. 안도 다다오의 시그니처 스타일인 노출 콘크리트 기법으로 지어졌다. 살바도르 달리, 페르낭 레제, 이브 클라인, 안젤름 키퍼, 파블로 피카소, 백남준, 쿠사마 야요이 등 세계적인 예술가들의 작품과 안도 다다오의 건축 미니어처를 감상할 수 있다.

책방 순례

11 잠시, 책의 숲에 머물다

제주도엔 의외로 독립 서점이 많다. 제주시는 물론이고 외딴섬 우도에도 서점이 있다. 포르투의 렐루 서점, 런던의 던트 북스, 파리의 셰익스피어 앤드 컴퍼니…. 이들처럼 유명한 건 아니지만, 그래도 많은 사람이 제주의 서점을 찾아 여행의 쉼표를 찍는다. 책의 숲으로 여러분을 초대한다.

책방 소리 소문   p224

'작은 마을의 작은 글'이라는 이름처럼 아기자기하고 정감 가는 독립 서점이다. 벨기에 출판사 Lannoo가 선정한 '죽기 전에 꼭 가봐야 할 세계의 서점 150'에 우리나라 서점 중에선 유일하게 이름을 올렸다. 키워드로 책을 고르는 블라인드 북과 한정판 리커버 북의 인기가 제일 많다.

바라나시 책 골목   p110

인도 바라나시의 감성을 옮겨놓은 독립 서점 겸 북카페이다. 문을 열고 들어서면, 편안한 인도 음악이 흐른다. 책장에는 라마나 마하리쉬, 장 그르니에, 후지와라 신야 같은 작가들의 책이 꽂혀 있다. 이곳을 다녀간 사람들이 글을 남긴 노트도 있다. 이 기록 또한 이 공간의 일부이다.

만춘 서점   p260

함덕 해수욕장의 야자수와 서우봉의 유채꽃 핀 풍경을 조용히 지켜보는 서점이다. 10평 남짓한 공간에 인문, 소설, 에세이, 시, 그림책, 독립 출판물이 조화롭게 배열되어 있다. 한쪽에는 제주 작가들과 협업해서 만든 엽서와 굿즈, 중고 LP와 CD 등도 모아 놓았다. 나만의 시간을 즐기기에 좋은 공간이다.

달 책빵   p320

책과 빵을 함께 파는 곳으로, 구좌읍 평대리의 해맞이 해안로 옆에 있다. 건물이 두 채인데, 안채는 카페이고 책방은 바깥채에 있다. 책방엔 서점지기가 큐레이션 한 책들이 당신의 손길을 기다리고 있다. 시, 소설, 에세이, 그림책 등 제법 다채롭다. 오래 머물며 책을 읽고 싶어진다.

소심한 책방   p327

제주도 1호 독립 서점이다. 제주 책방 순례 코스에 꼭 꼽히는 책방이다. 베스트셀러부터 소설, 예술, 국내외 인물, 철학, 제주 관련 책들까지 전시된 책의 스펙트럼이 꽤 넓다. 서가 한편에서는 지역 예술가들과 협업한 문구류와 엽서 등 귀엽고 앙증맞은 굿즈와 디자인 소품도 판매한다.

12 미식 여행
최고의 맛을 찾아 떠나는 기쁨

여행의 반이 보는 것이라면, 나머지 반은 느끼는 즐거움이 아닐까? 느끼는 즐거움의 최고는 아마도 미식일 것이다. 시각, 후각, 미각…. 오감으로 경험하는 맛의 세계! 독자 여러분의 미식 여행을 위해 제주도에서 꼭 가야 할 맛집 다섯 군데를 꼼꼼히 따져 소개한다.

ⓒ 문신희

자매 국수　　　　　　　　　　　　　　p142

고기국수는 제주를 대표하는 음식이다. 자매 국수는 고기국수 맛집 중에서 단연 돋보인다. 돼지 뼈와 살코기를 고아 만든 육수에 면을 넣고 잘 삶은 돼지고기를 고명처럼 얹어준다. 이 집은 돼지누린내를 잘 잡아 국수가 담백하고 고소하다. 고기국수가 처음인 사람도 거부감이 없이 즐길 수 있다.

오는 정 김밥　　　　　　　　　　　　p383

서귀포시에 있는 김밥 맛집이다. 평범한 김밥처럼 보이지만, 씹을수록 입안에서 퍼지는 풍성한 맛에 자연스럽게 미소가 번진다. 예약제로 운영하는데, 워낙 인기가 많아 전화 예약이 쉽지 않다. 방문 예약을 권한다. 오는 정 김밥, 치즈김밥, 참치김밥, 깻잎 김밥, 멸치 김밥 등 메뉴가 다양하다.

숙성도 본점　　　　　　　　　　　　p126

넷플릭스 다큐 <삼겹살 랩소디>에 소개된 돼지고기 식당이다. 이곳의 가장 큰 특징은 제주 흑돼지를 건식(Dry aging)과 습식(Wet aging)으로 교차하여 숙성한다는 점이다. 메뉴에 등장하는 독특한 숫자는 숙성 시간을 뜻한다. 이 집의 대표 메뉴는 앞다릿살을 숙성한 '교차 숙성 흑돼지'이다.

명진 전복　　　　　　　　　　　　　p321

제주시 구좌읍 평대리 바닷가에 있는 전복요리 맛집이다. 돌솥밥, 회, 버터구이, 죽 등 전복을 이용한 음식을 두루 잘한다. 대표 메뉴는 전복 돌솥밥이다. 전복 내장을 섞어 만든 밥 위에 단호박과 당근을 넣고 그 위에 전복을 얇게 썰어 내온다. 달콤하고 고소한 전복 버터구이도 인기가 많다.

한라산 아래 첫마을　　　　　　　　p439

서귀포시 안덕면 광평리 한라산 중턱에 있는 메밀 전문 맛집이다. 대표 메뉴는 비빔 자작면이다. 들깨와 다채로운 고명을 곁들여 비벼 먹는 메밀국수이다. 메밀의 고소함을 들깨가 한층 살려준다. 비빔냉면, 물냉면, 메밀전, 메밀만두의 인기도 좋다. 대부분 제주 본연의 맛을 깊게 느낄 수 있다.

카페 투어

13 풍경과 커피 향에 빠져드는 즐거움

쉬는 것도 여행이다. 보고 먹고 체험했다면 이번에는 잠시 카페를 찾아 여유를 즐기자. 제주의 감성을 품은 카페부터 에메랄드빛 바다를 품은 카페와 정원이 매력적인 아름다운 카페까지, 당신의 감성 지수를 높여줄 최고 카페 다섯 곳을 추천한다.

© 이다혜

블루보틀 제주   p336

제주의 중산간 마을 송당리에 있다. 아부 오름, 안돌 오름, 백약이 오름…. 송당리는 오름의 땅이기도 하지만, 여행자를 이 마을로 이끄는 또 하나의 주인공이 블루보틀이다. 블루보틀 특유의 미니멀 감성과 제주의 문화적 특징을 살려 지은 건물도 매력적이다. 폭설, 폭우, 태풍 때는 문을 열지 않는다.

해지개   p159

제주시 애월읍 애월 카페 거리에 있다. 고즈넉함과 탁 트인 오션 뷰가 어우러진 감성적인 공간이다. 모든 좌석에서 바다를 바라볼 수 있도록 설계되었다. 1층과 2층의 모든 좌석을 바다를 볼 수 있도록 설계했다. 내부를 대나무와 창살 문, 전통 장식으로 꾸며서 한옥의 정취를 느낄 수 있다.

제주당   p189

카페가 900평, 규모가 압도적이다. 푸릇푸릇한 식물과 농기구들로 실내를 꾸며서 자연 친화적인 레트로 감성을 자극한다. 여러 농기구가 오브제로 배치되어 있어서, 단순한 카페가 아니라 하나의 전시 공간처럼 느껴진다. 새별 오름을 배경으로 조성된 인공 호수가 그림 같은 풍경을 선사한다.

원 앤 온리   p453

뒤로는 웅장한 산방산이 병풍처럼 카페를 감싸고 있고, 앞으론 에메랄드빛 바다가 펼쳐진다. 여기에 파릇파릇한 잔디와 이국적인 야자수가 어우러진 넓은 마당이 휴양지 정취를 완성해준다. 1층 실내와 야외 테이블에서도 멋진 풍경을 감상할 수 있다. 성수기에는 대기 시간이 필요할 수 있다.

베케   p361

혼자 가면 더 좋은 정원 카페이다. 바위 틈새에서 자라난 풀, 이끼, 습지 정원, 야생화 정원, 고사리로 채운 그늘 정원, 감귤 창고 벽을 그대로 살린 폐허 정원, 억새로 멋을 더한 입구 정원까지, 서로 다른 풍경이 하나로 어우러진다. 통창으로 정원을 바라보고 있으면 어느새 고요한 평온이 찾아든다.

14 오감이 설레는 디저트 여행

빵지 순례

<혼자서 제주 여행>은 많은 베이커리와 베이커리 카페를 소개하고 있다. 마카롱, 케이크, 아이스크림, 티라미수……. 이 단어들을 접하는 순간, 아마도 입에서 침이 고일 것이다. 제주도의 수많은 베이커리 중에서 '빵지 순례'를 떠나도 좋을 곳만 엄격한 기준으로 선정하여 소개한다.

© 이다혜

런던 베이글 뮤지엄 제주점   p304

대한민국에서 가장 잘나가는 베이글 맛집이다. 런던에 온 듯한 이국적인 건물이 먼저 눈길을 끈다. 베이글 종류가 무척 다양하다. 기본 맛부터 바질, 시나몬, 쪽파, 양파, 무화과, 검은깨, 초콜릿, 블루베리 등 종류가 많아 골라 먹는 재미가 있다. 평일에도 꽤 긴 시간 기다려야 한다.

아베베 베이커리   p62

동문시장 근처, 일도일동에 있다. 제주시를 빵으로 기억하게 만드는 베이커리이다. 우도 땅콩 크림 도넛, 조천 오메기 품은 단팥빵, 산방산 고구마 크림 도넛 등이 이 집을 대표하는 빵이다. 포장 전문 베이커리라서 아쉽게도 실내에서는 먹을 수 없다. 인기 빵집이라 웨이팅은 기본이다.

미쁜 제과   p480

대정읍 신도리, 바다가 보이는 곳에 자리한 한옥 베이커리 카페이다. '미쁜'은 '믿음직스럽다'라는 뜻이다. 연못과 그네, 분수를 갖춘 넓은 정원이 매력적이다. 대표 메뉴는 소금빵, 마약 빵, 옛날 팥빵 등이다. 유기농 밀가루를 사용해 3~7일간 자연 숙성한 천연 발효종으로 빵을 만든다.

랜디스 도넛 애월점   p162

애월 카페 거리에서 한담 애월 공원 사이에 있다. 커다란 창 너머로 바다가 보인다. 형형색색, 도넛의 종류가 다양하다. 대파를 활용한 색다른 도넛도 있다. 가격이 합리적인 것도 랜디스 도넛의 매력이다. 바람에 실려 오는 파도 소리와 함께 먹으면, 도넛 한 입도 더 특별하게 느껴진다.

오드랑 베이커리 함덕점   p246

제주 빵지 순례에서 빠지지 않은 베이커리이다. 최고 인기 메뉴는 '마농 바게트'다. 흔히 마늘빵이라 불리지만, 일반적인 마늘 바게트와는 식감부터 다르다. 먹물 치아바타, 고르곤졸라, 초콜릿 퐁뒤, 크림치즈가 듬뿍 들어간 어니언 베이글도 평이 좋다. 조천읍 신촌리에 신촌점을 열었다.

로컬 굿즈 여행

15 제주를 오래 기억하기 위하여

여행을 추억하기엔 스마트폰에 담아온 사진만큼 좋은 게 없다. 하지만 사진만으론 부족하다. 이럴 땐 기념품을 보며 여행을 입체적으로 재구성하게 된다. 제주를 닮은, 또는 제주를 담은 기념품이 당신의 제주 여행을 오래 기억하게 해줄 것이다.

디 앤 디파트먼트 제주　　　　　p104

아라리오 뮤지엄 탑동 시네마 옆에 있다. 유행이나 시대에 흔들리지 않는 긴 생명력을 지닌 롱라이프 디자인 상품을 엄선해 판매한다. 의류, 가구, 잡화, 제주 전통주까지 다양하게 판매한다. 제주 지역의 장인과 협업해 만든 한정판 제품도 만나볼 수 있다. 식당과 숙소도 함께 운영한다.

더 아일랜더　　　　　p119

제주목 관아 근처, 제주시 원도심 골목에 있다. 작고 감성적이며, 제주를 담은 특별한 기념품과 아트 소품이 많다. 작가와 디자이너의 감성이 담긴 소품들도 판매한다. 에코백, 감귤 향초, 해녀 모빌, 돌하르방 비누처럼 익숙하면서도 신선한 오브제들이다. 해녀와 감귤 농부 캐리커처 수첩도 인상적이다.

소길별하　　　　　p176

TV 예능 <효리네 민박>에 나왔던, 이효리 이상순 부부의 집이 제주의 라이프스타일 소품을 전시하고 판매하는 브랜드 숍으로 다시 태어났다. 제주의 색을 입힌 소품과 제주의 자연을 닮은 친환경 생활용품, 다양한 문구류, 향수와 디퓨저, 수공예품과 디자인 상품이 여행자의 손길을 기다린다.

여름 문구사　　　　　p320

구좌읍 세화초등학교 옆에 있다. 초등학교 옆에 있지만 어른들을 위한 문방구가 더 많다. 알록달록 연필과 종이 냄새 가득한 노트, 귀여운 캐릭터 마그넷, 앙증맞은 피규어, 감성 가득한 빈티지 컵들이 지갑을 열게 한다. 이곳은 단순히 문구점이 아니라 추억을 소환하고 감성을 채우는 소품 가게이다.

제주 디어 & 여행 가게　　　　　p534

서귀포시 남원읍 태흥리에 있는 소품 가게이자 북카페이다. 세계 여러 나라에서 온 차, 찻잔, 문구류, 엽서, 주인이 직접 만든 액세서리, 뜨개 소품이 시선을 잡아당기고, 다른 쪽에서는 에세이와 시집, 소설 1,000여 권이 넌지시 눈짓을 보낸다. 바로 옆에 함께 운영하는 문구점 '연필 가게'가 있다.

PART 2
제주시 도심권

> 제주시
> 도심권1

동문 시장
제주 여행 1번지

- 제주시 관덕로14길 20
- 064-752-3001
- 매일 08:00~21:00
- 동문시장 공영주차장(동문로4길 9)
- 찾아가기 제주국제공항에서 자동차로 17분
- 반려동물 동반 가능

> 제주에 가면
> 꼭 들러야 하는 시장.
> 귤 향기와 바다 내음,
> 제주의 숨결이
> 사람보다 먼저 달려와
> 당신을 반겨주는 곳!

제주 원도심엔 아직도 옛 모습을 간직한 곳이 제법 많다. 그중에서 대표적인 곳이 동문 시장이다. 정식 이름은 동문 재래시장이다. 제주 읍성이 있던 시절, 동쪽 출입문인 동성문 자리에 있던 시장이라 해서 '동문'이라는 이름을 얻었다. 1945년 무렵부터 자연스럽게 시장이 형성된 이후 지금까지 제주의 대표 재래시장으로 사랑받고 있다. 동문 로터리에서 동쪽으로 조금만 걸어가면 시장 입구가 모습을 드러낸다. 입구에 다다르면 시장 특유의 구수한 냄새가 후각을 자극하고, 제주 사람들의 일상이 생생하게 느껴진다. 제주 최대의 상설시장답게 낮에도 밤에도 활기가 넘친다. 시장은 크게 과일 시장, 수산 시장, 먹거리 골목, 기념품 존 등으로 구성되어 있다.

3번 게이트로 들어서면 좌우로 늘어선 과일 가게들이 손님을 맞이한다. 한라봉, 레드향, 황금향 등 제주의 금빛 과일이 시장을 화사하게 밝혀준다. 계절마다 제철 과일의 향이 시장을 가득 채우며 여행자의 발길을 붙잡는다. 시식할 수도 있으므로, 먹어보고 나서 입맛에 맞는 과일을 고르는 게 좋다. 상인의 인심도 넉넉하다. 흥정 끝엔 덤을 기분 좋게 얹어주기도 한다.

조금 더 안으로 들어가면 수산 시장이다. 갈치, 고등어, 전복 등 제주 바다의 진미가 가득 펼쳐져 있다. 흥정하는 소리, 생선 다듬는 소리, 파닥거리는 물고기 소리가 뒤섞여 시장 특유의 생동감이 넘친다. 시장을 그냥 걸어만 다녀도, 여행의 재미가 느껴진다. 특히 일반 횟집이나 일식집의 절반 가격으로 해산물을 마음껏 즐길 수 있어서 더욱 즐겁다. 포장해 숙소로 가져가려는 여행객들로 늘 북적인다. 시장에서 바로 먹고 싶다면 구매한 해산물을 들고 인근 음식점으로 가자. 자릿세를 내면 회를 떠주거나 구워주는 서비스를 받을 수 있다. 따뜻한 국물 요리와 반찬도 바로 준비해 주어 금세 푸짐한 상이 차려진다. 동문 시장에서는 눈으로 보고, 귀로 듣고, 손으로 만지고, 입으로 맛보는 오감의 여행이 가능하다. 시장을 걷다 보면 수제 향초나 비누처럼 아기자기한 소품을 파는 작은 가게들도 눈길을 끈다.

ONE MORE 여기도 좋아요!

낭만 한 스푼, 제주 감성 두 스푼
동문 시장 야시장

📍 제주시 관덕로 14길 20(동문시장 8번 게이트 입구)
📞 064-752-3001 🕐 매일 19:00~24:00(5~10월), 18:00~24:00(11월~4월) 🅿️ 동문 시장 공영주차장(동문로4길 9)
ℹ️ **찾아가기** 동문 시장에서 도보 1분 🐾 **반려동물** 동반 가능

동문 시장 8번 게이트 입구에 있다. 엄격한 심사를 통과한 32명의 운영자가, 해 질 무렵부터 자정까지 다채로운 먹거리와 볼거리를 선사한다. 딱새우 김밥, 꼬치구이, 전복 김밥, 우도 땅콩 호떡, 랍스터 버터구이, 애플 수박 통 주스, 단호박 식혜, 스카치 에그, 흑돼지 바비큐 등 종류가 다채로워 골라 먹는 재미가 쏠쏠하다. 손님이 몰리는 초저녁에는 매대 앞에 긴 줄이 서기도 한다. 여행지에서만 느낄 수 있는 낭만적인 분위기에 화려한 조명과 신나는 음악이 어우러져 시장 특유의 생동감이 넘친다. 5월부터 10월까지는 오후 7시에, 11월부터 4월까지는 오후 6시에 개장한다.

아련한 추억이 흐르는 벽화 마을
두멩이 골목

📍 제주시 동문로14길 13-1(구중 경로당 바로 앞 공영주차장에 주차)
ℹ️ **찾아가기** 동문 시장에서 도보 13분
※ 두멩이 골목 바닥 곳곳에 1번부터 14번까지 번호를 붙여놓았다. 탐방은 3번 골목 부근 공영주차장과 구중 경로당 있는 곳에서 시작한다.

두멩이 골목은 제주시 일도이동에 있는 벽화 마을이다. 원래는 콘크리트와 시멘트벽으로 차갑게 방치되어 있었다. 2008년 제주특별자치도 공공미술 공모전에 선정된 일도이동 주민자치위원회와 탐라 미술인 협회 공공미술 제작팀이 협업하여 따뜻한 그림들로 채우면서 서정적인 마을로 변신했다. 벽화 속에서 나비가 날아다니고, 아이들은 말타기한다. 추억의 태권 브이는 금방이라도 벽에서 뛰쳐나올 듯 생생하다. 벽화는 정감 어린 추억과 레트로 향수를 불러일으킨다. 골목 곳곳은 기억 저편에 감춰둔 어린 시절과 닮았다. 그래서 이 골목의 또 다른 이름은 기억의 정원이다.

RESTAURANT · CAFE · SHOP 동문시장 주변의 맛집·카페·숍

계절마다 다른 맛
올리다 버거

📍 제주시 남성로 154-6 📞 064-757-7837
🕐 12:00~20:30(브레이크타임 15:00~17:00, 월 휴무)
🚗 주변 골목 📍 찾아가기 동문 시장에서 자동차로 5분, 도보 10분 🌐 인스타그램 @ollydaburger 🐾 반려동물 동반 가능

제주시 구도심 삼도동 골목길을 걷다 보면, 햄버거 모양의 귀여운 간판이 눈에 띈다. 안으로 들어서면 아기자기한 소품과 힙한 인테리어가 인상적이다. 대표 메뉴는 올리다 버거이다. 소고기 패티, 해시브라운, 베이컨 등에 바비큐 소스를 조합하여 만들어 풍부한 맛을 자랑한다. 이 집은 계절 한정 메뉴로도 유명하다. 봄에는 그린 칠리소스와 콘 렐리시가 어우러진 춘춘 버거, 여름에는 파인애플과 매콤한 소스가 어우러진 하하 버거, 가을에는 메이플시럽과 파프리카 렐리시가 조화를 이루는 단추 버거, 겨울에는 크림 소스가 들어간 설 버거를 선보인다. 웨이팅이 필수이니 오픈 런을 추천한다.

정성스러운 브런치
브라운 백

📍 제주시 고전길 28-5 📞 0507-1371-4108
🕐 10:00~21:00(라스트오더 20:00, 화 휴무) 🚗 주변 골목
ℹ️ 찾아가기 동문 시장에서 자동차로 4분, 도보 10분
🌐 인스타그램 @cafe_brown.bag

구운 과자와 커피가 어우러진 브런치를 즐길 수 있는 카페이다. 카페 이름 브라운 백Brown bag은 도시락을 담은 갈색 봉투라는 뜻이다. 카페 브라운 백에서는 도시락처럼 정성스러운 식사를 맛볼 수 있다. 대표 메뉴인 블랙퍼스트 플래터는 서양식 조찬 한 상이다. 딱새우와 루콜라가 듬뿍 들어간 파스타는 직접 만든 오일을 사용해 깔끔하고 깊은 맛을 낸다. 브런치 외에도 다양한 종류의 샐러드, 파스타, 샌드위치, 라자냐 등이 있다. 음료는 커피 외에 망고 요구르트 스무디, 딸기 요구르트 스무디, 딸기에이드가 있다. 선택의 폭이 넓어 여행자들의 다양한 입맛을 충족시켜 준다.

🍴 시장 떡볶이의 정석
서울 떡볶이 서울 분식

📍 제주시 동문로4길 11
📞 064-726-9266 🕐 매일 11:30~21:00
🚗 동문 시장 근처 공영주차장
ℹ️ 찾아가기 동문 시장 12번 게이트로 들어와 104m 직진

동문 시장 안쪽에 있는 유명 분식집이다. <런닝 맨> 팀이 촬영하고, 먹방 유튜버 히밥이 다녀가면서 더 유명해졌다. 메뉴는 떡볶이, 순대, 김밥, 튀김 등이다. 분식의 기본기를 충실히 지킨다. 떡볶이는 쌀떡을 사용한다. 국물은 걸쭉하고 달콤한 맛이 특징이다. 통통한 어묵은 식감이 좋고, 순대는 속이 고슬고슬하여 맛있다. 튀김은 바삭하게 튀겨 고소하다. 여러 메뉴를 한 번에 맛볼 수 있는 '김떡순' 세트가 인기다. 김밥 반줄에 떡볶이 반 그릇, 순대 5조각이 세트로 나온다. 김떡 세트, 떡순 세트도 있어서 기호에 맞게 선택할 수 있다. 양도 넉넉해서 한 끼 식사로 손색이 없다.

🥐 웨이팅이 기본이다
아베베 베이커리

📍 제주시 동문로6길 4 📞 0507-1414-0750
🕐 매일 10:00~21:00(라스트오더 20:30)
🚗 동문 시장 공영주차장 이용
ℹ️ 찾아가기 동문 시장 12번 게이트 옆
🌐 인스타그램 @bakery_abebe

제주를 빵으로 기억하게 만드는 빵집이다. 우도 땅콩 크림 도넛, 조천 오메기 품은 단팥빵, 산방산 고구마 크림 도넛 등이 이 집의 유명한 빵들이다. 빵 이름에 제주 지명이 붙어있어서 재미를 더한다. 대표 메뉴인 크림 도넛은 크림이 듬뿍 들어 있으며, 속이 꽉 차 있다. 빵마다 완성도가 높아 취향에 맞춰 골라도 실패할 확률이 낮다. 매장은 포장 전문으로 운영되어 아쉽게도 실내에서는 먹을 수 없다. 인기 빵집이라 웨이팅은 기본이다. 붐비는 시간대에는 30분 이상 기다려야 할 수도 있다. 줄을 피하고 싶다면 배달 앱을 활용해 보자. 여행을 마치고 돌아가는 길에 소소한 선물로 챙기기도 적당하다.

동문 시장의 숨은 보석
자키 커피

📍 제주시 오현길 82 📞 070-7661-9926
🕘 09:30~18:00(일 휴무) 🚗 주변 공영주차장
ℹ️ 찾아가기 동문 수산 시장 주차장 바로 앞, 제주 은행 중앙로 금융센터에서 남쪽으로 92m 🌐 인스타그램 @jakie_coffee
🐾 반려동물 동반 가능

동문 시장 인근 골목에 있는 아늑한 카페이다. 눈에 띄는 간판이 없어서 그냥 지나치기 쉬우니 잘 살피며 찾아야 한다. 카페 문을 열고 들어가면 이곳만의 커피 문화를 즐기려는 사람들로 항상 붐빈다. 대표 메뉴는 쇼트 바닐라이다. 더블 리스트레토double ristretto에 바닐라 아이스크림을 얹은 음료로, 진한 맛을 즐길 수 있다. 커피만큼 흔한 음료가 없지만, 자키 커피는 그 흔함 속에 높은 퀄리티의 커피를 제공해서 좋다. 핸드드립 커피에 티라미수나 피낭시에 같은 디저트를 즐겨보자. 호랑이 쿠키와 다크 헤이즐 등 수제 쿠키도 맛있다. 견과류와 초콜릿이 풍부하게 들어 있어 인기가 높다.

귀엽고 아기자기한 소품들
섬 조각

📍 제주시 중앙로7길 25
🕘 매일 11:00~19:00(휴무일 인스타 공지) 🚗 주변 골목
ℹ️ 찾아가기 동문 시장에서 도보 4분
🌐 인스타그램 @somejogak 🐾 반려동물 동반 가능

동문 시장 앞 골목을 걷다 보면 유리창 너머로 따뜻한 조명이 새어 나오는 아담한 가게 하나를 만나게 된다. 소품 가게 섬 조각이다. 공간 가득 아기자기한 소품이 놓여 있고, 손님들은 저마다 마음에 드는 무언가를 발견한 듯 오래 머문다. 섬 조각의 진짜 매력은 제품 그 자체에 있다. 모든 소품은 이곳에서 직접 디자인하거나, 만든 것이다. 매장에 들어서면 가장 먼저 눈에 들어오는 것은 귀여운 키링이다. 감귤, 강아지, 곰돌이 등이 아기자기하게 녹아든 키링은 모두 다른 곳에서는 만날 수 없는 것들이다. 옆에는 수공예 액세서리, 파우치, 엽서 등이 어우러져 있어 구경하다 보면 시간 가는 줄 모른다.

제주시
도심권2

산지천
산지천 따라 제주 산책

📍 제주시 동문로2길 8(탐라문화광장)
🚗 산짓물 공영주차장(제주시 건입동 1330)
ℹ️ 찾아가기 제주국제공항에서 자동차로 20분

산지천은 한라산의 물이 동문 시장 지나 제주항으로 이어지는 물길이다. 1960년대 도시화로 복개됐으나, 2002년 바다를 향해 흐르던 개천을 다시 열어 옛 모습을 되찾았다. 겉보기엔 평범한 하천 같지만, 과거에는 주민들이 빨래하고 목욕하던 지역공동체의 중심 공간이었다. 개천을 따라 걷고 있으면 아이들이 물장구치고 아낙네들이 모여 빨래하며 정담을 나누던 옛 풍경이 자연스레 떠오른다.

하류의 산지 포구에서 낚시하는 모습을 '산포조어山浦釣魚'라 불렀다. 이는 예부터 영주십경 중 하나로 꼽힐 만큼 제주의 대표적 경관이었다. 아쉽게도 지금은 그런 풍경을 찾아볼 수 없다. 하지만, 고요한 산지천을 따라 걷다 보면 산포조어의 옛 정취가 은은히 스며드

...
산지천 따라 발걸음을
천천히 옮기다 보면,
옛 골목의 숨결과
오래된 기억들이
조용히 말을 건네온다.

는 듯하다. 하천 옆에 벤치와 정자가 있어서 잠시 쉬어가기도 좋다. 산지천 주변에는 일제 강점기에 지어진 고즈넉한 건물들과 근대 문화유산으로 지정된 건축물들이 남아있다. 덕분에 제주 근현대사의 흔적을 찾아볼 수 있다. 낡은 레미콘 창고와 옛 제주식 한옥, 기상관측소 건물 등이 훼손되지 않고 갤러리, 도서관, 복합 문화 공간으로 다시 태어났다. 단순히 오래된 건축물이 아니라, 새로운 생명을 얻은 문화유산이 된 셈이다.

산지천 부근 일도1동에는 붉은색 건물 아라리오 뮤지엄 동문 모텔이 원도심의 상징처럼 자리하고 있다. 그밖에 산지천 갤러리, 동자복 미륵, 해병혼탑, 제주 사랑방제주책방 등도 함께 둘러보기 좋다. 제주목 관아에서 제주의 명동인 칠성로 쇼핑가, 동문 시장을 거쳐 산지천까지 이어지는 산책길 또한 제주의 역사와 시간을 따라 걷기 좋은 길이다. 천변을 따라, 혹은 천변 주변 골목에 들어선 맛집과 갤러리, 카페들은 산책의 즐거움을 더해준다. 해가 진 뒤 조명이 하나둘 켜지면 도시의 또 다른 얼굴이 드러난다. 산지천 일대는 관광지의 화려함보다 제주의 일상 속 정취가 살아 있는 공간이다. 가끔 지역 예술가들의 작은 전시나 공연이 열려 발길을 붙잡기도 한다.

ONE MORE 여기도 좋아요!

나눔의 정신을 기리다
김만덕 기념관과 김만덕 객주

📍 제주시 산지로 7 📞 064-759-6090
🕐 09:00~18:00(월, 1월 1일, 설날, 추석 당일 휴무)
🚗 전용 주차장(임항로 77) ℹ️ 찾아가기 산지천 탐라문화광장에서 도보 8분 🌐 인스타그램 @bakery_abebe

조선시대 여성 거상 김만덕1739~1812의 나눔 정신을 기념하는 곳이다. 김만덕은 흉년이 들었을 때 전 재산을 털어 굶주린 제주 백성을 구해 정조로부터 '의녀 반수'라는 벼슬을 받았다. 정조의 배려로 여자로서는 특별하게 금강산 여행도 하였다. 그녀의 삶은 당시의 현실을 넘어섰다는 점에서 큰 의미를 지닌다. 기념관은 산지천 하류에 지상 3층 규모로 지었다. 1층에는 나눔 교육관과 카페가 있고, 2층에는 체험관과 메모리얼 홀이, 3층에는 상설 전시실과 기획 전시실이 있다. 기념관 관람 후에는 근처의 김만덕 객주제주 임항로 68, 0507-1470-8841에서 제주의 옛 주막을 체험해 보자.

힙한 감성의 아메리칸 빈티지 숍
옴니 피플 제주 유에스에이

📍 제주시 산지로 43 📞 0507-1497-1015
🕐 매일 10:00~19:00 🚗 전용 주차장 ℹ️ 찾아가기 산지천 탐라문화광장에서 도보 3분 🌐 인스타그램 @omnipeople_jejusa 🐾 반려동물 동반 가능

산지천 초입, 해병혼탑 앞을 지나다 보면 독특한 분위기의 숍이 눈에 들어온다. 미국 빈티지 의류를 전문으로 수입 판매하는 옴니 피플 제주점이다. 90년대 미국산 나이키 그래픽 티셔츠, 프렌치 워크 재킷, 팬츠 등 다양한 아이템이 준비되어 있다. 빈티지 패션을 좋아하는 이들에게 매력적인 가게이다. 옷걸이를 가득 채운 스웨트 셔츠는 도시, 레스토랑 이름, 미키마우스 등이 프린팅되어 있다. 특히 미국 대학교 스웨트 셔츠를 다양하게 보유하고 있어서 프레피 룩과 아메리칸 캐주얼을 좋아하는 이에게 제격이다. 옷 외에도 가방, 모자, 액세서리까지 상품 종류가 다양하다. 특별한 쇼핑을 원한다면 추천한다.

RESTAURANT & CAFE 산지천 주변의 맛집과 카페

'혼밥'하기 좋은 일식 덮밥 전문점
제주 고로 산지점

📍 제주시 산지로 5-3 📞 0507-1423-5786 🕚 11:00~21:00(브레이크타임 15:00~17:00, 수·목 휴무) 🅿 주변 공영주차장
ℹ️ 찾아가기 산지천 탐라문화광장에서 걸어서 8분, 김만덕 기념관에서 걸어서 1분 🌐 인스타그램 @jejugoro

제주시 건입동 김만덕 기념관 옆 골목에 있는 깔끔한 일식 덮밥 전문점이다. 바 테이블도 있어서 '혼밥'하기에 안성맞춤이다. 대표 메뉴는 연어, 참치, 아보카도, 달걀을 정갈하게 담아내는 고로 덮밥으로, 김과 겨자를 곁들여 먹으면 풍미가 더 살아난다. 새우 크림 우동은 진한 소스가 매력적이다. 매콤한 감칠맛과 찰진 새우 식감이 조화를 이룬다. 창가에 앉아 우동 국물 한 숟갈 뜨고 있으면, 이곳이 제주가 아니라 일본의 어느 조용한 동네에 온 듯한 착각이 든다. 아보카도 참치 덮밥, 신선한 연어 덮밥도 인기 메뉴이다. 사케와 생맥주도 마실 수 있다. 혹시 이 집이 휴무라면 산지천 건너편에 있는 웰컴 버거(제주시 중앙로1길 41-1, 0507-1355-4792)를 추천한다.

스페셜티 로스팅 에스프레소바
롤링 브루잉

📍 제주시 동문로 21-1 📞 010-9312-5222
🕚 매일 09:00~19:00(2·4주 수 휴무) 🅿 주변 골목 및 공영 주차장 ℹ️ 찾아가기 탐라문화광장에서 걸어서 2분
🌐 인스타그램 @rollingbrewing 🐾 반려동물 동반 가능

부산의 유명 로스터리 '나이브 브루어스'의 분점으로, 커피에 대한 진정성이 느껴지는 공간이다. 카페는 1층과 2층으로 구성되어 있다. 카페 분위기는 힙하다. 1층은 스탠딩 바와 소규모 테이블 좌석으로 간단히 커피를 즐기기에 좋다. 2층은 갤러리 공간으로 커피와 함께 다양한 전시를 감상할 수 있다. 모든 원두는 스페셜티 원두만 사용한다. 원두의 특성을 살리기 위해 중·약배전의 원칙을 지킨다. 대표 메뉴는 에스프레소와 콜드브루이다. 에스프레소는 적당한 산미와 쌉쌀한 맛이 조화를 이룬다. 특히, 에스프레소에 초콜릿 파우더를 얹은 콘 초콜라또와 차가운 크림이 올라간 콘파냐는 이곳만의 독특한 메뉴로, 커피의 새로운 매력을 느낄 수 있다.

사라봉과 별도봉

도심 속 오름과 해안 길 산책

- 사라봉 제주시 사라봉동길 74
  별도봉 제주시 화북일동 4472
- 사라봉 공원 주차장(제주시 건입동 697-1)
- 찾아가기 제주국제공항에서 자동차로 15분
- 반려동물 동반 가능

제주시 중심에서 그리 멀지 않은 곳에, 두 개의 오름과 해안 절경, 여기에 제주 올레길 18코스까지 함께 누릴 수 있는 산책 코스가 있다. 제주시 건입동에 있는 사라봉과 별도봉이다. 봄엔 연분홍 벚꽃이, 여름엔 푸른 소나무 숲이, 가을엔 형형색색 단풍이, 겨울엔 고요한 바다와 하늘이 당신을 반겨 준다.

제주항 옆에 봉긋 솟은 오름이 보인다. 사라봉이다. 순수 높이 약 98m로 비교적 완만하여 누구나 쉽게 오를 수 있다. 오름 전체가 공원처럼 잘 정비되어 있고, 소나무 숲길이 이어져 있어서 걷는 내내 상쾌한 공기를 마실 수 있다. 봄철엔 산책로 양옆으로 흐드러지게

도심 가까이에서 만나는
벚꽃 길과 소나무 숲길,
두 개의 오름과
해안 절경이 이어지는
최고의 산책 코스!

핀 핑크빛 벚꽃이 '벚꽃 엔딩'을 선물한다. 정상에 오르면 망양정이라 불리는 정자가 방문객을 반긴다. 이곳에선 제주 시내와 제주항, 탑동 해안, 푸른 바다가 한눈에 들어온다. 해 질 무렵이면 석양이 바다를 붉게 물들이며, 제주 10경 중 하나인 '사봉낙조'를 완성한다. 황홀한 일몰을 감상하고 싶다면 이곳을 빼놓을 수 없다.

사라봉의 정자에서 잠시 쉬었다면, 이제는 별도봉으로 향할 시간이다. 별도봉은 사라봉 동쪽에 붙은 작은 오름이다. 순수 높이는 약 101m로, 사라봉보다 살짝 더 높다. 힘들이지 않고 오를 수 있지만 굳이 정상으로 오르지 않아도 된다. 제주 올레 18코스가 정상보다 더 아름다운 까닭이다. 산지천 옆 김만덕 기념관에서 출발한 올레 18코스는 이내 제주항을 옆에 두고 사라봉으로 오른다. 정상에서 잠시 숨을 쉰 길은 별도봉 북쪽 옆구리로 방향을 튼다. 산책로는 별도봉 정상보다 풍경이 더 아름다운 해안 길로 접어든다. 별도봉 아래 해안 산책길은 마치 숨겨진 보석 같은 경치를 품고 있다. 발걸음을 멈추고 멋진 사진을 찍어보자. 18코스는 별도봉 옆구리를 돌아 조천으로 나아간다. 산책 후엔 사라봉 북쪽 해안가에 있는 산지 등대로 가보자. 1916년 처음 불을 밝힌 120년 된 등대이다.

ONE MORE 여기도 좋아요!

제주의 역사와 문화 만나기
국립 제주 박물관

- 제주시 일주동로 17(건입동 261)
- 064-720-8000
- 09:00~18:00(매주 월, 1월 1일·설날과 추석 당일 휴무)
- 전용 주차장
- 찾아가기 사라봉에서 자동차로 3분
- 인스타그램 @jeju.museum

제주를 깊이 들여다보고 싶다면 이곳을 추천한다. 고대와 중세의 제주도는 한반도와 중국, 일본을 잇는 문화 교류의 가교였다. 이를 보여주는 다양한 유물이 시대별로 전시되어 있어서 제주가 걸어온 시간을 거슬러 오를 수 있다. 탐라국의 유산, 삼별초의 항쟁, 조선 시대 제주목의 흔적까지, 한 걸음 한 걸음 따라가다 보면 어느새 제주의 역사 속으로 빠져들게 된다. 야외에서는 돌하르방, 연자매, 제주 전통 목판 배인 덕판배 같은 생활 유물을 전시하고 있다. 가볍게 산책하듯 둘러보기 좋다. 전시실 한편에서는 전통 문양 탁본 같은 체험 프로그램을 운영한다. 시간 여유가 있다면 참여해 보자.

드로잉과 뜨개질 체험하기
시공

- 제주시 고마로1길 26
- 0507-1391-7300
- 11:00~24:00(수 휴무)
- 주변 골목
- 찾아가기 사라봉에서 자동차로 4분
- 인스타그램 @jejucafe_sigong

사라봉 옆 일도이동의 오래된 건물 2층에 자리한 카페이자 복합 문화 공간이다. 계단의 빈티지 소품들이 방문 전부터 기대감을 높여준다. 계단과 실내에 있는 소품은 모두 리사이클링으로 다시 태어난 것들이다. 오래된 물건이 품은 시간과 이야기를 새롭게 구현했다. 덕분에 문을 열고 들어서면, 앉는 자리마다 독특한 감성을 느낄 수 있다. 소품들은 전시와 판매가 함께 이루어진다. 드로잉과 뜨개질 클래스 등 다양한 문화 체험 프로그램도 운영한다. 카페 한편에는 즉석 인화가 가능한 포토 박스가 있어서 여행의 추억을 사진으로 간직할 수 있다. 차, 커피, 맥주, 브런치, 디저트를 즐길 수 있다.

RESTAURANT & CAFE 사라봉 주변의 맛집과 카페

🍴 다양한 문어 요리와 활우럭 조림
문게야

- 📍 제주시 동광로23길 23
- 📞 0507-1442-0165
- 🕐 11:00~22:00(화 휴무)
- 🅿 주변 공영주차장
- ℹ 찾아가기 사라봉에서 자동차로 4분

사라봉 아래 일도이동에 있는 아담한 문어 음식 전문점이다. 여행자보다 도민에게 더 알려진 맛집이다. 신선한 제주 돌문어를 다채롭게 맛볼 수 있다. '문게'는 제주도 방언으로 문어를 뜻한다. 문어숙회, 문게 두루치기, 문게 물회, 문어라면 등 각종 문어 요리가 일품이다. 기본 밑반찬부터 푸짐하고 문게전(문어전)과 게우 밥도 추천할 만한 별미이다. 활우럭 조림 역시 맛이 좋다. 땅콩, 감자, 무가 들어간 제주도식 조림인데, 갓 잡은 우럭에 양념을 곁들여 요리하여 쫄깃하고 맛있다. 남은 양념을 밥에 넣고 비벼 먹어도 그만이다. 입식 테이블과 좌식 좌석을 모두 갖추고 있다.

☕ 바다와 등대가 보이는 풍경
카페 물결

- 📍 제주시 사라봉동길 108-1
- 📞 064-725-7799
- 🕐 매일 09:00~18:00
- 🅿 전용 주차장
- ℹ 찾아가기 사라봉에서 자동차로 4분
- 🌐 인스타그램 @cafe_waves

산지 등대 바로 앞에 자리한, 혼자 가기 딱 좋은 오션 뷰 감성 카페이다. 산지 등대와 제주항, 국제 여객 터미널이 한눈에 들어오는 전망이 매력적이다. 흰색 외관과 유럽풍 인테리어가 바다와 등대 풍경과 어우러져 이국적인 분위기를 자아낸다. 큰 창으로 햇살이 카페 깊숙이 스며든다. 바다를 바라보며 조용히 머물기 좋다. 따뜻한 커피 한 잔을 들고 앉아 있으면, 제주 여행에서 가장 포근한 장면으로 마음에 오래 남을 것이다. 카페에 다양한 굿즈와 독립 출판 도서를 갖추고 있다. 조용한 분위기에서 책을 읽으며 커피를 즐기기 그만이다. 감성적인 공간에서의 휴식은 여행을 더 깊게 만들어준다.

제주시
도심권4

삼양 해수욕장
제주의 검은 보석

📍 제주시 삼양이동 1960-4
📞 064-728-3991
🕐 개장 7월 1일~8월 31일(날씨에 따라 조기 개장 가능)
🚗 전용 주차장
ℹ️ 찾아가기 제주국제공항에서 자동차로 35분
🐾 반려동물 동반 가능

...
검은 모래가 펼쳐진
독특한 풍경,
몸과 마음을 달래주는
자연 찜질 스폿,
이국적인 감성까지 품은
화려하고 황홀한 일몰

삼양 해수욕장은 제주시와 조천 사이에 있다. 해변은 비교적 조용해서 여유롭게 산책과 휴식을 누릴 수 있다. 이곳은 제주도의 여느 해수욕장과 모래 '색깔'에서 확실히 차별성을 띤다. 다른 해수욕장은 모래가 모두 흰색인데, 이곳은 이채롭게도 검은 모래이다. 해안가를 따라 펼쳐진 깊고 부드러운 검은 모래가 시선을 사로잡는다. 한자 그대로 '흑사장'이 펼쳐진 모습은 낯설고 이국적이다. 검은 모래밭은 오래전 있었던 화산 활동의 구체적인 흔적이다. 화산 폭발 때 생긴 검은 알갱이들이 긴 시간 동안 잘게 부서져서 생긴 것이다. 늦봄부터 초가을까지, 삼양 해수욕장엔 특별한 체험을 즐기러 오는 사람들로 조용히 붐빈다. 이들이 찾는 이유는 자연 모래찜질, 제주어로 '모살뜸'을 하기 위해서다. 모래찜질은 간단한 방법으로 누

구나 즐길 수 있다. 삽으로 사람 하나가 들어갈 정도로 모래를 파낸 후, 햇볕 아래 모래를 충분히 달군다. 여름철에 달궈진 모래는 섭씨 70도까지 오른다. 이때는 긴 옷을 입고 조심히 들어간다. 검은 모래 안으로 들어가 누우면 10분도 되지 않아 몸이 후끈 달아오르고 땀이 송골송골 맺힌다. 여독에 지친 몸은 이내 가뿐해진다. 이제 시원한 바다로 들어가 모래를 씻어내면 끝이다. 바닷물에 모래를 씻어내고 나면 피부가 반질반질해지고, 몸과 마음은 사우나를 마친 것처럼 개운하다. 피부 트러블이나 관절 통증을 앓는 이들이 주로 찾지만, 그렇지 않은 사람도 이 특별한 체험을 즐긴다. 검은 모래에 발끝부터 목까지 파묻힌 채 파라솔 아래에서 얼굴만 내민 모습은 삼양 해수욕장에서만 볼 수 있는 독특한 풍경이다.

삼양 해수욕장의 또 다른 매력은 일몰이다. 제주에서 손에 꼽히는 일몰 명소로, 바다와 하늘로 붉은 노을이 퍼지는 장면은 이국적인 영화의 한 장면처럼 아름답다. 노을이 질 무렵이 되면 하나 둘 여행자들이 몰려든다. 종종 신혼부부들도 노을을 배경으로 웨딩 사진을 찍기 위해 모습을 드러낸다. 빛과 그림자, 검은 모래, 붉은 바다, 붉은 하늘이 어우러지는 풍경은 화려하다 못해 가슴이 콩닥콩닥 뛸 만큼 황홀하다.

ONE MORE 여기도 좋아요!

맑은 용천수에 발을 담그면
샛도리 물

- 제주시 삼양일동 1938-8
- 주변 골목
- 찾아가기 삼양 해수욕장에서 자동차로 1분, 걸어서 6분

삼양 해수욕장 동쪽에 있는 용천수이다. 바닥의 돌이 선명하게 보일 정도로 물이 깨끗하고 맑다. 예부터 마을 주민들의 식수원, 목욕탕, 빨래터였는데 몇 해 전 바다로 흘러가는 용천수를 막아 야외 수영장을 만들었다. 물이 얼음장처럼 차갑다. 삼양 해수욕장에서 해수욕을 마친 뒤 이곳에서 헹구면 몸이 개운하다. 용천수에 몸을 담그면 몸에 땀띠가 사라진다는 이야기도 전해진다. 만조와 간조 시각에 따라 물 수위가 다르다. 수영을 잘하지 못한다면 썰물 때 돌다리에 앉아 발만 담가도 좋다. 샛도리 물에서 동쪽으로 조금만 더 가면 돌담으로 둘러싸인 노천탕이 있다. 이곳도 이용해 보자.

RESTAURANT & CAFE 삼양 해수욕장 주변의 맛집과 카페

혼자 가기 좋다
제주 회춘 본점

- 제주시 일주동로 345
- 0507-1336-0853
- 매일 10:30~21:00(브레이크타임 15:00~16:30, 라스트오더 20:00)
- 주변 길가
- 찾아가기 삼양 해수욕장에서 자동차로 2분
- 인스타그램 @rejuvenate0853

도민들 사이에서 먼저 입소문을 탄 맛집이다. 혼밥러에게는 '고등어구이 돔베 1인'과 '옥돔구이 돔베 1인'을 추천한다. 생선구이, 돔베고기, 소고기미역국, 제철 나물 반찬, 밥, 쌈 채소, 숭늉까지 한 상 가득 차려진다. 구성만 보면 소담한 한정식 같지만, 가격은 20,000원 안팎이다. 생선구이는 비린내가 나지 않고 담백하다. 고등어는 살이 찰지고, 옥돔은 고소한 풍미가 인상적이다. 돔베고기는 부드럽고 고기 본연의 맛이 살아 있다. 삼양 해수욕장에서 자동차로 2분, 걸어서 12분 거리에 있다. 더 가까운 곳을 찾는다면 도보 1분 거리에 있는 신짜우 베트남쌀국수(제주시 원당로3길 27)를 추천한다.

삼양 해수욕장의 바다 전망 카페
에오마르

- 제주시 선사로8길 13-6 ☎ 0507-1357-2412
- 매일 09:00~21:00(라스트오더 20:30) 🚗 주변 공영주차장
- 찾아가기 삼양 해수욕장에서 걸어서 1분
- 인스타그램 @bezzange_company 🐾 반려동물 동반 가능

삼양 해수욕장의 검은 모래 해변과 파란 수평선을 품은 베이커리 카페. 에오마르는 포르투갈어로 '그리고 바다'라는 뜻이다. 모던하고 절제된 3층 건물이 인상적이다. 안으로 들어가면 통창 너머로 시원하게 펼쳐지는 바다가 시선을 붙잡는다. 공간 자체가 하나의 쉼표처럼 다가온다. 층마다 좌석을, 바다를 향해 배치했다. 창가에 앉으면 검은 모래와 푸른 바다와 바다처럼 푸른 하늘이 한 폭의 영상으로 펼쳐진다. 커피와 음료, 베이커리는 1층에서 주문하면 된다. 대표 메뉴는 삼양해수욕장의 검은 모래에서 착안한 블랙 라테와 블랙 모카, 현무암을 연상시키는 흑마농 바게트이다.

동화 속 빵집 같은
우미지 베이커리

- 제주시 설촌로12길 22 ☎ 0507-1431-0624
- 11:00~19:00(라스트오더 18:30, 월 휴무) 🚗 주변 길가
- 찾아가기 삼양 해수욕장에서 자동차로 1분, 걸어서 7분
- 인스타그램 @umijibaker

제주시 삼양이동, 삼양 해수욕장에서 도보 6분 거리의 골목 안에 자리한 조용한 베이커리이다. 실내는 화이트와 베이지 색조 인테리어에 식물과 소품이 어우러져 있어서 마치 동화에 나오는 작은 빵집처럼 느껴진다. 1층은 향긋한 디저트 향으로 가득하고, 2층으로 올라가면 더 조용하고 여유로운 분위기를 만날 수 있다. 우미지의 모든 베이커리는 당일 생산·판매를 원칙으로 하며, 신선한 재료로 정성껏 만들어진다. 특히 밤 마들렌은 고소한 밤 향과 담백한 맛이 어우러져 단골들에게도 인기 있는 대표 메뉴다. 피낭시에, 메이플 디저트 등도 깔끔하면서 깊은 풍미가 느껴진다.

제주시
도심권5

삼성혈
제주도, 이곳에서 시작되다

- 제주시 삼성로 22 📞 064-722-3315
- 매일 09:00~18:00(매표 마감 17:30, 설, 추석은 10시 개장)
- 성인 4,000원 전용 주차장
- 찾아가기 제주국제공항에서 자동차로 15분
- 인스타그램 @samsunghyeol.jeju
- 반려동물 동반 가능(케이지 혹은 안아서)

고·양·부, 세 성씨가 솟아났다는 신화의 땅, 신성한 숲에 안긴 아늑한 삼성혈에서 제주의 옛이야기에 조용히 귀 기울여보자.

삼성혈은 제주도, 그러니까 탐라국의 시작을 품은 신화의 공간이다. 제주시 도심 한가운데, 이도일동에 자리한 삼성혈은 겉으로 보면 숲이 둘러싼 작은 구멍 세 개에 지나지 않지만, 이곳은 단순한 유적지가 아니다. 제주의 기원과 정체성이 시작된 성스러운 공간이다. 아득한 옛날, 하늘의 명을 받은 고을나·양을나·부을나 세 신인이 땅속에서 솟아올랐다고 전해진다. 이들은 탐라국을 세우고, 제주의 세 지역을 나눠 다스리며 문화를 일궜다. 제주를 본관으로 하는 성씨는 지금도 고·양·부 세 성 씨뿐이다. 삼신인은 신화 속 존재지만, 동시에 제주도라는 공동체를 만든 역사적 상징으로 기억되고 있다. 삼성혈 경내엔 그 신화의 흔적이 고스란히 남아 있어서, 발걸

음 하나하나가 전설을 밟는 듯한 기분이 든다. 입구를 지나면 오래된 나무들이 하늘을 찌르듯 솟아 있고, 돌길은 고요한 운치를 자아내는 숲으로 당신을 안내한다.

수백 년을 견뎌낸 숲은 계절마다 다른 표정을 보여주며 걷는 이의 마음마저 고요히 가라앉힌다. 봄이 되면 가지를 우아하게 늘어뜨린 벚나무들이 연분홍 꽃잎을 피워내 경내 전체를 환상적인 분위기로 만든다. 삼성혈은 벚꽃 명소로도 이름나 있어서 봄철엔 많은 여행자가 멋진 사진을 남기러 찾아온다. 햇살과 벚나무, 화사한 꽃잎이 어우러져 연출하는 장면은 한 폭의 아름다운 동양화를 떠올리게 한다. 산책로를 따라 걷다 보면 단아한 기와지붕 아래, 삼신인을 기리는 위패가 모셔진 삼성전이 나타난다. 삼성전은 전통 양식의 단아함을 간직하고 있다. 매년 이곳에서는 삼신인을 향한 제례가 조용히 치러진다. 삼성전을 지나 안쪽으로 더 들어가면, 삼신인이 솟아났다는 '삼성혈'을 마주하게 된다. 삼성혈은 '品(품)'자 모양으로 뚫린 세 개의 구멍이지만, 외형보다 기운이 더 중요하다. 신비롭게도 삼성혈엔 신령한 기운이 흐른다. 대설주의보가 내려도 신기하게 삼성혈 위에는 실제로 눈이 쌓이지 않는다. 365일, 아름드리 거목들이 이 신화의 공간을 조용히 지키고 있다.

ONE MORE 여기도 좋아요!

제주의 시간을 걷다
제주 원도심 산책

- 제주시 일도이동 830(신산 공원)
- 전용 주차장
- 찾아가기 삼성혈에서 자동차로 1분, 걸어서 9분

제주 원도심 투어는 모두 3개 코스로 이루어져 있다. 그중 핵심은 1코스이다. 1코스는 과거와 현재를 잇는 도시 산책길이다. 여정은 신산 공원에서 시작된다. 곧이어 신산 공원 안에 있는 제주도 민속 자연사 박물관을 만나게 된다. 제주의 생태와 삶이 공존하는 배움의 공간이다. 박물관을 지나 다리를 건너면, 제주의 뿌리인 '삼성혈'이 조용히 자리를 지키고 있다. 삼신인의 전설이 깃든 공간으로, 신비로운 기운이 은은하게 흐른다. 삼성혈 문화의 거리를 지나면 제이각에 이르게 된다. 제이각은 옛 제주 읍성을 굽어보게 세운 누각으로, 과거 왜적 방어의 요충지였다. 지금은 제주시와 푸른 바다를 보여주는 전망 명소이다.

길은 산지천을 따라 이어진다. 오현단과 남수각을 지나면, 동문 시장이 여행자에게 생기를 불어넣는다. 산지천 끝자락에는 의녀 김만덕을 기리는 '김만덕 기념관'과 '김만덕 객주'가 있다. 여정의 마지막은 김만덕 객주 언덕 위에 있는 '동자복'이다. 이 길을 다 걷고 나면 제주시가 마음 깊이 들어와 있을 것이다.

제주 벚꽃 명소 1번지
전농로 벚꽃 길

- 제주시 이도1동 1690-4 ↔ 용담1동 2814
- 제주 왕벚꽃 축제 전농로 일대(3월 말~4월 초)
- 주변 갓길
- 찾아가기 삼성혈에서 자동차로 1분, 걸어서 3분

제주에서 '벚꽃' 하면 전농로를 최고로 친다. 1.2km에 이르는 전농로 양편으로 70년 이상 된 왕벚나무들이 자라고 있다. 이른 봄, 일정한 간격으로 늘어선 왕벚나무가 일제히 연분홍빛 꽃망울을 터뜨린다. 이때마다 벚꽃이 하늘을 덮어버리는 장관이 연출된다. 제주 왕벚꽃은 일반 벚꽃에 비해 꽃잎이 크고 화사한 것이 특징이다. 왕벚나무는 제주 자생종으로 1908년 프랑스인 에밀 타케 신부가 한라산 관음사 인근 숲속에서 처음 채집했다. 매년 3월 말과 4월 초에는 전농로 일대에서 '제주 왕벚꽃 축제'가 열린다. 축제 기간에는 자동차 출입을 금지해 벚꽃 거리를 편안하게 즐길 수 있다.

제주의 자연과 삶을 품었다
제주도 민속 자연사 박물관

- 제주시 삼성로 40 ☎ 064-710-7708
- 09:00~18:00(월, 1월 1일, 설날·추석 당일)
- 성인 2,000원 전용 주차장
- 찾아가기 삼성혈에서 자동차로 1분, 걸어서 5분

제주의 자연과 사람, 삶의 흔적을 아우르는 공간으로, 제주시 원도심 삼성혈 옆 신산 공원 안에 있다. 섬의 생태·지질·민속문화를 한자리에서 아우를 수 있다. 1층에선 곤충, 조류, 화석, 해양 생물 등 자연사 중심으로 제주의 독특한 생태계를 흥미롭게 살펴볼 수 있다. 2층 전시실에선 제주 사람들의 전통 의식주와 어로, 농경, 신앙까지 고스란히 담아내고 있다. 특히 제주 초가, 해녀 작업 도구 등은 사라져가는 일상의 풍경들을 생생히 보여준다. 조금 깊이 있는 시선으로 제주의 속살을 마주하고 싶을 때 꼭 들러볼 만한 곳이다. 박물관 관람 후에는 신산 공원을 산책해도 좋다.

RESTAURANT & CAFE 삼성혈 주변의 맛집과 카페

🍽 인생 타코 맛집, 멕시코에 온 듯
라스또르따스

📍 제주시 광양11길 8-1 📞 064-799-5100
🕙 11:00~15:00(라스트오더 14:30, 월화 휴무)
🚗 제주 시청 공영주차장 ℹ️ 찾아가기 삼성혈에서 자동차로 3분
🌐 인스타그램 @lastortas_

멕시코에서 살다 온 셰프가 현지의 타코 맛을 완벽하게 재현한 곳이다. 누가 봐도 멕시코다운 실내는 흥겨운 남미 음악과 힙한 분위기가 더해져 이색적인 바이브를 뿜어낸다. 현지 감성을 잘 담아냈다. 모든 음식은 주문과 동시에 요리되는데 대표 메뉴는 돼지고기와 양파, 고수를 넣은 기본 타코 까르니따스이다. 소스와 라임을 살짝 뿌려 즐기면 된다. 곱창으로 만드는 뜨리빠와 제주 달고기 생선튀김을 넣은 '뻬스까도'도 인기가 많다. 타코의 기본이 되는 토르티아는 매장에서 직접 구워낸다. 멕시코 쌀 음료인 오르차따나 테킬라, 맥주와 곁들이는 것도 추천한다.

🍽 혼술하기 좋은 심야 술집
라이프 이즈 에그

📍 제주시 동광로1길 21 📞 0507-1420-1253 🕙 18:00~03:00
(라스트오더 02:00, 매주 화요일과 2·4주 수 휴무) 🚗 근처 공영주차장 ℹ️ 찾아가기 삼성혈에서 자동차로 1분, 걸어서 7분
🌐 인스타그램 @lifeisegg_jeju 🐾 반려동물 동반 가능

중식, 동남아식을 가미한 요리 주점이다. 포근한 조명과 레트로한 느낌의 간판이 잘 어울리는 심야 주점이다. 힙스터의 감성 때문에 원도심에서 가장 핫한 곳이다. 대기 손님들로 꽉꽉 들어차니 일찍부터 서두르는 편이 좋다. 혼술하기 좋은 자리도 갖추고 있다. 동남아 어느 나라에서 한 번쯤은 먹어봤을 법한 메뉴도 반갑다. 동남아식 치킨 윙, 코코넛 슈림프 레드 커리, 토마토 달걀 볶음부터 중국 소도시 뒷골목 허름한 술집과 어울리는 파이 황과, 버섯 달걀탕, 마라 새우 에그 누들까지 이국적인 맛의 향연이 이어진다. 어떤 요리를 시키더라도 맛과 분위기에 취해 박수가 절로 나온다. 메뉴의 가격이 부담스럽지 않다는 점도 강점이다.

나만 알고 싶은 베이커리 카페
누옥

- 제주시 삼성로5길 21-1
- 0507-1386-7787
- 월~토 09:00~19:00, 일 10:00~17:00
- 주변 골목 주차
- 찾아가기 삼성혈에서 자동차로 1분, 걸어서 6분
- 인스타그램 @nuoc_jeju

제주시 일도이동 조용한 주택가의 감성 베이커리 카페이다. 오래된 양옥을 개조한 외관과 세련된 인테리어가 이질감 없이 어우러진다. 문을 열고 들어서면 따뜻한 조명과 감각적인 소품들이 아늑한 분위기를 만든다. 누옥의 시그니처 메뉴는 밀크티 풍미가 더해진 누옥 커피와 클래식 크루아상이다. 누옥 커피는 진한 에스프레소와 고소한 밀크티가 어우러진 독특한 맛으로 중독성이 있다. 겉은 바삭하고 속은 촉촉한 크루아상은 커피와 완벽한 궁합을 이룬다. 돌담 옆 야외 테이블은 햇살을 받으며 책 읽기 좋은 조용한 명당 자리다. 혼자 방문해도 편안한 시간을 보낼 수 있다.

봄을 닮은 카페
하빌리스 커피 로스터스

- 제주시 전농로 37
- 064-724-0037
- 매일 10:30~21:20(라스트오더 21:00)
- 주변 골목
- 찾아가기 삼성혈에서 자동차로 5분
- 인스타그램 @jeju_habilis_coffee
- 반려동물 동반 가능

왕벚꽃이 만개하는 전농로, 그 길 한편에서 꽃잎 흩날리는 풍경을 담아내는 로스터리 카페이다. 공간은 조용하다. 커피를 내리는 소리와 잔잔한 음악, 그리고 바깥의 나무들만 느릿하게 움직인다. 시그니처 커피는 벚꽃 라테이다. 엷은 분홍빛 거품이 인상적이다. 커피 맛이 단정하고 향은 맑고 은은하다. 꽃잎을 입에 머금은 듯한 느낌이 전농로의 봄과 닮았다. 국제 대회 입상 경력이 있는 바리스타의 내공이 느껴진다. 산미와 무게감을 잘 조율한 에스프레소 계열 커피도 추천한다. 독일식 팬케이크나 르뱅 쿠키처럼, 겉은 단단하고 속은 부드러운 디저트를 주문하면 더 궁합이 좋을 듯하다.

제주시
도심권6

금요일의 아침, 조금 × 한 뼘 책방
길모퉁이에서 만난 책과 피자 이야기

📍 제주시 가령골1길 12
📞 0507-1372-7446
🕐 화~금 10:00~21:00, 토 11:00~21:00(일·월 휴무)
🚗 주변 골목
ℹ️ 찾아가기 제주국제공항에서 자동차로 15분
🌐 인스타그램 @btween_fingers @friday_morning_

책과 화덕피자와
햇살 스미는 정원.
누군가에겐 휴식이
누군가에겐 여행이
조용히 시작되는 곳

제주시 원도심 이도이동의 좁은 골목, 세 갈래 길이 만나는 지점에 마음에 오래 남는 공간이 있다. 브런치 카페 '금요일의 아침, 조금' 과 독립 서점 '한 뼘 책방'이다. 두 이름을 품은 이곳은 한 사람의 취향과 삶의 결이 촘촘히 배어 있는 작은 세계다. '금요일의 아침, 조금'이라는 이름처럼 공간의 느낌이 느긋하고 설레는 기분을 닮았다. 장작불로 구워낸 이탈리안 화덕피자, 계절마다 제철 재료로 만든 파스타와 샐러드, 가볍게 곁들이기 좋은 와인과 달콤한 디저트까지, 식탁 위엔 여유로운 순간이 차려진다.

야외 테이블에 앉으면 유럽식 정원 파티에 초대된 듯한 기분이 든다. 부드러운 햇살이 스미는 낮에도, 따뜻한 조명이 번지는 저녁에도 이곳에서의 식사는 가든파티처럼 정겹다. 바람에 흔들리는 식물

들과 나무 그림자 사이로 시간이 천천히 흐른다.

그리고 또 하나의 이름인 '한 뼘 책방'은 정말로 카페 안, 한 뼘만큼의 책장에서 시작되었다. 책방지기가 좋아하는 책 몇 권을 가게 한편에 놓은 것이 시초였다. 문학과 에세이, 사회와 예술, 취향 따라 골라 온 책들이 조금씩 자리를 넓혀 지금의 모습이 되었다. 이곳 주인은 책을 읽고 커피를 마시며, 어느 날엔 화덕에서 막 꺼낸 피자와 파스타를 먹고, 이따금 글을 쓰고 주민들과 함께 라디오 방송을 만든다. 이곳은 누구에겐 작은 일상이 되고 또 누구에겐 특별한 여행의 한 장면이 된다.

책은 팔기 위한 물건이기도 하지만, 이 공간의 마음이기도 하다. 햇살이 천창으로 스며드는 오후, 그런 오후의 공기는 유난히 따뜻하다. 매주 글을 쓰고, 누군가의 이야기를 듣고, 때로는 마이크를 켜고 라디오 방송을 만든다. '한 뼘 라디오'는 그렇게 시작되었다. 제주라는 낯선 섬에서 서로 다른 사람들이 만나 마음속 이야기를 꺼내놓는 기적 같은 시간. 그 진심이 이곳을 특별하게 만든다. 누구나 마음 한편에 한 뼘만큼의 책장을 가지고 있다. 그 조그만 책장이 오늘을 살아갈 힘이 되기도 한다. 당신이 꿈꾸던 금요일의 아침을 이곳에서 발견하기를 바란다.

RESTAURANT & CAFE 금요일 아침 조금 주변의 맛집과 카페

혼자 가기 좋은 화로구이 맛집
소담한 봉봉

- 제주시 천수로42 1층　0507-1444-7011
- 17:00~24:00(일 휴무)　주변 골목
- 찾아가기 금요일 아침 조금에서 자동차로 1분, 도보 6분
- 인스타그램 @sodamhanbongbong

일본식 직화구이 야키니쿠 전문점이다. 다양한 꼬치구이와 부위별 한우구이를 즐길 수 있다. 내부는 혼자 가도 편안한 바 형태 테이블과 4인 좌석 등으로 구성돼 있다. 어두운 듯 은은한 조명이 오사카 선술집 분위기를 연상시킨다. 가성비를 생각한다면 한우 산적과 꼬치구이 세트 메뉴를 주문하는 게 좋다. 화로구이 전문점답게 상차림이 단정하다. 지글지글, 다양한 꼬치와 선홍빛이 도는 한우가 화로 위에서 맛있게 익어간다. 고기 익는 소리, 냄새, 비주얼이 오감을 자극한다. 이쯤에선 술을 시켜야 한다. 소주, 맥주, 하이볼 등 주종이 다채롭다. 인기가 많은 곳이라 예약해야 한다.

원조 몸국 한 그릇
신설오름

- 제주시 고마로17길 2　064-758-0143
- 08:00~04:00(월 휴무)
- 식당 앞, 인제 공영주차장(고마로19길 5)
- 찾아가기 금요일 아침 조금에서 자동차로 2분, 도보 9분

제주의 유명한 몸국 식당 중에서 토박이들이 많이 가는 오래된 맛집이다. 구제주의 일도이동 고마로에 자리 잡은 지 벌써 30년이 넘었다. 제주에 몸국 파는 식당이 많은데, 신설오름의 몸국이 원래의 맛에 가장 가깝다. 몸국은 모자반으로 만든 제주식 탕국이다. 메밀가루를 풀어 넣어 육수가 다른 식당 몸국보다 더 진하고 걸쭉하다. 톡톡 씹히는 모자반 식감이 참 좋다. 술 마신 다음 날 해장국으로 일품이다. 고춧가루를 취향대로 곁들이면 맛있게 먹을 수 있다. 돔베고기돼지고기 수육를 추가 주문해도 좋다. 돔베고기를 몸국에 푹 담가 먹으면 돼지고기 특유의 맛이 한층 살아난다.

🍴 만두의 새로운 발견
일구 교자 제주시청

📍 제주시 광양13길 22 📞 010-4500-8548 🕐 평일 10:30~15:00(라스트오더 14:30), 주말 11:00~17:00(라스트오더 16:30) 🚗 주변 골목 ℹ️ 찾아가기 금요일 아침 조금에서 자동차로 2분, 도보 11분 🌐 인스타그램 @ilgu_gyoza

면과 만두 전문점이다. 제주산 돼지고기와 신선한 재료를 엄선해 주문 즉시 빚는 손만두가 일품이다. 만두 마니아라면 꼭 들려야 할 곳이다. 얇은 만두피 속에 육즙이 가득한 고기만두와 알싸한 김치만두는 기본에 충실한 맛을 자랑한다. 칼국수는 어머니가 끓여주던 옛날 그 맛을 떠올리게 한다. 2시간 넘게 정성 들여 끓인 맑고 시원한 육수가 깊은 맛의 포인트이다. 만두와 칼국수의 조합은 가심비와 가성비 모두 뛰어나다. 매콤 새콤달콤한 비빔 물 쫄면과 만두의 조합도 아주 좋다. 특제 소스로 만든 비빔 물 쫄면에 만두를 자작하게 적셔 먹으면 환상의 복식조가 따로 없다.

☕ 구남동 브런치 카페의 원 티어
어반 르토아 로스터스

📍 제주시 구남동5길 36, 1층 📞 0507-1340-5525 🕐 매일 08:30~20:00(라스트오더 19:30) 🚗 주변 공영주차장 ℹ️ 찾아가기 금요일 아침 조금에서 자동차로 5분 🌐 인스타그램 @letoit_brunch

로스터리 카페이자 브런치 맛집이다. 개성 있는 카페가 모인 구남동에서 오랫동안 버텨온 내공의 카페이다. 모던한 외관이 도시의 질감을 안고 있지만, 문을 열고 들어서면 생각보다 다정한 풍경이 펼쳐진다. 누군가는 노트북을 펼치고 있고, 또 다른 이는 커피를 마시며 여유로운 시간을 보낸다. 커피는 직접 볶은 원두를 사용해서 맛이 신선하고 묵직하다. 아몬드 모카, 코코넛 커피, 크럼블 모카처럼 독창적인 시그니처 메뉴가 많다. 바스크 치즈 케이크와 함께 곁들이면, 서로 다른 풍미가 어우러져 한층 더 풍성하고 완성된 맛이 만들어진다. 토스트, 스테이크 등 브런치 메뉴도 다채롭다.

제주시
도심권7

아무튼 책방
아라동의 샘물 같은 서점

- 제주시 간월동로 12
- 064-722-2654
- 13:00~21:00(일, 월 휴무)
- 서점 앞 축협 프라자 주차장
- 찾아가기 제주국제공항에서 자동차로 17분
- 인스타그램 @ahmuteun_bookshop

제주시 아라동, 옛 이름 간드락이다. 달이 뜨는 마을이라는 뜻이다. 제주 도심과 한라산 사이에 있는 이 마을은, 제주시에서 비교적 늦게 도시화가 이루어졌다. 하지만 지금은 어느 곳보다 활기찬 동네이다. 이곳에는 오래된 마을의 온기와 도시화 이후 이주한 이들의 숨결이 함께 머문다.

아무튼 책방은 아라동의 분위기와 무척 닮아있다. 책방은 작고 소박해서 내비게이션 없이 찾기란 쉽지 않다. 책방지기는 단행본 '아무튼' 시리즈에서 영감을 받아 서점 이름을 정했다. 출판사에 직접 연락해 사용 허락도 받았다. 감당할 수 있을 만큼만 책을 들이면서 오래 서점을 하는 게 소망이다. 책방 문을 열면 원목으로 꾸민 아늑

···
사람, 마을, 연대를 소중히 여기는 작은 서점. 지금도 아무튼 책방은 조금씩 자라고 있다.

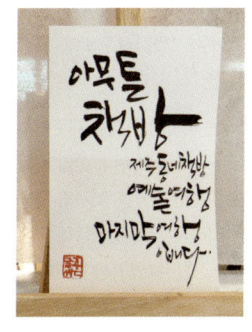

한 공간이 손님을 맞는다. 자연과 사회, 인문과 역사책이 가지런하다. 너무 무겁지도 가볍지도 않은 책들이 인사를 한다. 한 권 한 권이 오래된 친구처럼 조용히 속삭이는 듯하다. 서점지기가 책방을 운영하는 이유는 단순하지 않다. 책을 파는 것 이상으로 책을 통해 사람들과 소통하고 싶었다. 책방지기는 큐레이션을 통해 좋은 책을 소개하고, 손님과 이야기를 나누며 관계를 쌓는다.

그는 이 서점을 단순히 책을 파는 곳이 아니라 책과 사람이 공명하는 공간으로 만들고 싶다. 책방 한편엔 넉넉한 책상이 있다. 이곳은 독서 모임 공간이다. 그렇지 않을 때는 마을 사람들과 다양한 이야기를 나누는 사랑방이다. 창가 자리는 누구든 앉아 쉬어갈 수 있도록 열려 있다. 서점지기는 이곳이 사람들의 이야기가 켜켜이 쌓이는, 마을의 우물가 같은 곳이 되길 바란다. 그의 지향은 비교적 분명하다. 사람을 위한 공간, 조금 더 구체적으로는 따뜻한 환대와 느슨하지만 끈끈한 연대가 이루어지는 곳이길 희망한다. 책을 좋아하는 이들이 자연스럽게 머물고, 세상의 기준에서 조금 비켜난 이들의 이야기도 품을 수 있는 책방을 추구한다. 아무튼 책방은 그렇게 마을의 숨결과 사람들의 마음을 이어주는 다리가 되어가는 중이다. 아무튼 책방은 마치 나무처럼 지금도 조금씩 자라고 있다.

RESTAURANT & CAFE 아무튼 책방 주변의 맛집과 카페

착하고 건강한 제주 제철 밥상
달세뇨

📍 제주시 중앙로 451 📞 0507-1307-0185 🕐 월~수 10:00~15:00 목~금 10:00~21:00, 토 11:00~20:00(일 휴무) 🚗 전용 주차장, 매장 옆 '만궁 장어' 주차장 사용 가능
ℹ️ 찾아가기 아무튼 책방에서 걸어서 4분
🌐 인스타그램 @dal.segno_jeju 🐾 반려동물 동반 가능

제주의 제철 재료로 음식을 만드는 이탈리안 레스토랑이다. 메인 셰프가 미국의 요리 명문인 존스 앤 웨일지 JWU 출신이다. 메인 요리는 파스타이지만 리소토, 샐러드, 바게트샌드위치, 에그 인 헬, 파니니 등 부담 없이 즐길 수 있는 브런치 메뉴도 있다. 봄철에는 제주 고사리와 흑돼지가 듬뿍 들어간 제주 고사리 알리알리오 파스타가 일품이다. 주인이 직접 채취한 고사리와 파스타 그리고 흑돼지의 조화가 좋다. 이곳이 아니면 경험하지 못할 캄베리 로제 파스타와 흑돼지 버섯 크림 리소토도 추천한다. 오미자, 레몬즙 등 천연 재료로 만든 스파클링 에이드로 마무리하면 몸이 절로 정화되는 느낌이 든다. 월·화·수 저녁 식사는 네이버 예약을 통해서만 가능하다.

부산 피자 맛집이 제주에
이재모 피자 제주점

📍 제주시 간월동로 6 📞 064-755-1478
🕐 10:00~21:00(라스트오더 20:30, 일 휴무)
🚗 전용 주차장 ℹ️ 찾아가기 아무튼 책방에서 도보 1분
🌐 인스타그램 @lee_jae_mo_pazza

이재모 피자는 1992년 부산 광복동에서 시작되었다. 부산 시민의 인기를 독차지하는 피자를 이제는 제주에서도 맛볼 수 있게 되었다. 매장 내부는 넓고 깔끔하다. 치즈가 풍성하게 들어간 피자가 대표 메뉴다. 한입 베어 물면 입안 가득 퍼지는 진한 치즈 향과 고소한 풍미가 매력적이다. 바삭하면서도 쫄깃한 도우는 피자의 맛을 한층 더 끌어올린다. 신선한 재료를 아끼지 않고 사용하는 점도 인상적이다. 테두리까지 치즈로 가득해 마지막 한입까지 진한 맛을 즐길 수 있다. 먹고 남은 피자는 셀프 포장 코너에서 직접 포장할 수 있어서 편리하다. 직원들이 친절하다.

브런치 맛집의 최강자
모모 제이

- 제주시 인다8길 36-1 ☎ 0507-1330-6000
- 매일 10:00~22:00 (라스트오더 21:30) 🚗 주변 공영주차장
- 찾아가기 아무튼 책방에서 자동차로 5분
- 인스타그램 @_momo.j_

10년 동안 도민들에게 꾸준하게 사랑받는 브런치 카페다. 최근 리뉴얼을 마쳐서 공간이 한층 더 세련되게 바뀌었다. 깔끔하고 따뜻한 인테리어, 은은한 조명, 차분한 음악이 어우러져 편안한 분위기를 만든다. 대표 메뉴는 부드럽고 고소한 맛이 인상적인 아보카도 오픈 샌드위치, 구성이 다양한 프렌치 토스트 플레이트이다. 플레인 팬케이크는 디저트로 즐기기 좋다. 음료 메뉴도 다양하다. 묵직한 보디감이 매력적인 카페 라테, 고소한 맛이 남다른 미숫가루 라테, 상큼한 맛이 생기를 찾아주는 자몽 에이드 등을 많이 찾는다. 쉼도 여행이다. 모모 제이는 여행의 리듬을 잠시 늦춰주는 곳이다.

감귤농장을 품은 정원 카페
세미양

- 제주시 구산서길 49 ☎ 064-900-0511
- 월~토 10:00~21:00, 일 12:00~21:00 🚗 전용 주차장
- 찾아가기 아무튼 책방에서 자동차로 6분
- 인스타그램 @semiyang_1973

오천 평에 이르는 넓은 감귤 과수원 한가운데에 자리한 베이커리 카페이다. 세미양은 제주어로 샘이 솟는 땅이라는 뜻이다. 고급 원두로 만든 다양한 커피, 농장에서 직접 수확한 감귤로 만든 음료, 수제 감귤 청과 잼으로 만든 디저트, 고급 원재료로 구운 다채로운 베이커리를 즐길 수 있다. 빵은 프랑스산 밀가루와 최고급 발효 버터를 사용해 만들며, 당일 생산·판매의 원칙을 지킨다. 테라스에 앉으면 사계절마다 달라지는 한라산과 감귤농장이 한눈에 펼쳐진다. 귤 향이 은은하게 감도는 카페에 앉아 있으면 자연스레 마음이 느긋해진다. 근처에 있는 세미양 오름까지 함께 둘러봐도 좋겠다.

제주시
도심권8

커피 템플
바리스타 챔피언의 커피 미학

- 제주시 영평길 269
- 070-8806-8051
- 매일 10:00~18:00(라스트오더 17:30)
- 전용 주차장 찾아가기 제주국제공항에서 자동차로 20분
- 인스타그램 @coffeetemple_jeju
- 반려동물 동반 가능

···
햇살 좋은 오후
감귤나무 아래서 마시는
커피 한 잔,
여행의 만족도가 달라진다.

제주시 영평동, 50년 넘은 감귤농장 중선 농원에 있는 로스터리 카페이다. 감귤 창고를 리모델링해 제주 감성이 살아 있으면서도 감각적인 카페로 만들었다. 돌로 만든 제주 전통 창고와 현대식 구조의 조화가 퍽 인상적이다. 2016년 대한민국 바리스타 챔피언을 차지한 김사홍이 운영한다. 커피 템플은 카페를 넘어 감귤밭 특유의 낭만과 전원 풍경을 경험하는 곳이다. 카페는 넓지 않지만 단정하고 아늑하다. 창밖 풍경을 감상할 수 있도록 만든 바 형태의 테이블이 눈길을 끈다. 야외에도 좌석이 있다. 커피 템플의 대표 메뉴는 슈퍼 클린 에스프레소와 탠저린 카푸치노이다. 슈퍼 클린 에스프레소는 초미세 커피 입자를 걸러내서 쓴맛과 텁텁함을 최소화했다. 깔끔하고 단정한 맛이 매력적이다. 슈퍼 클린 에스프레소는 "식어

©빈중권

도 맛있다."라는 평가를 받는다. 탠저린 카푸치노는 제주 감귤에서 영감을 얻는 창작 커피이다. 커피와 우유, 감귤의 궁합이 상상 이상으로 좋다. 탠저린 카푸치노는 커피에 감귤을 적용한 최초의 커피이다. 많은 카페의 유사 메뉴는 대부분 이곳에서 영감을 받았다고 해도 틀린 말이 아니다.

커피 템플은 그저 커피만 맛있는 곳이 아니다. 그림 같은 노지 감귤밭 풍경이 창을 통해 카페 안까지 들어오는가 하면, 야외의 하귤나무 아래에 앉아 커피를 마신다면, 진짜 '귤림추색橘林秋色'의 의미를 몸소 느낄 수 있다. 귤나무 아래의 테이블은 누구나 앉고 싶어 하는 곳이다. 날 좋은 날에는 농장 풍경과 함께 여유롭게 커피를 즐기기 좋다. 귤 향이 은은하게 흐르는 테이블에 앉아 커피를 마시면, 시간이 잠시 멈춘 듯한 여운을 깊이 느낄 수 있다. 일상과는 결이 완전히 다른, 마치 한 편의 에세이 같은 풍경이 차분하게 펼쳐진다. 커피와 풍경, '나에게' 집중하기 좋은 곳, 커피 템플은 '혼행족'에게 무척 잘 어울리는 곳이다. 중선 농원은 카페 말고도 갤러리와 작은 도서관도 함께 갖추고 있다. 커피를 마신 후 조용히 산책하며 예술과 문화까지를 즐긴다면, 당신의 내면이 더 풍성해질 것이다.

ONE MORE 여기도 좋아요!

한라산 아래 동화 같은 목장
아침 미소 목장

- 제주시 첨단동길 160-30 ☎ 0507-1469-2545
- 10:00~17:00(라스트오더 16:30, 화 휴무)
- 무료(먹이 주기 별도 : 송아지 우유 주기 3,000원, 동물 먹이 주기 2,000원)
- 전용 주차장 ⓘ 찾아가기 커피 템플에서 자동차로 8분
- 인스타그램 @morningsmile_dairy_farm
- 반려동물 동반 가능(15kg 이하)

제주시 월평동 한라산 자락에 있는 체험형 목장이다. 목장은 유네스코 생물권 보존 지역인 해발 400m의 초원에 있다. 1975년 설립 이래 3대를 이어온 친환경 낙농 목장이다. 농업·축산이 우리에게 주는 소중함은 물론 동물의 체온을 통해 생명의 소중함을 느낄 수 있는 공간이다. 아름다운 경관 덕분에 CF 촬영지로 종종 등장한다. 아침 미소 목장은 감성 여행지로도 주목받고 있다. 여유롭게 풀을 뜯는 젖소, 풀밭 사이의 낮은 잣성경계를 나누기 위해 쌓은 낮은 돌담 풍경이 무척 이국적이다. 아기자기한 의자와 인디언 텐트는 풍경에 감성을 더한다. 푸른 초원을 배경으로 마련해 놓은 포토 존은 인생 사진 촬영의 필수 코스다. 젖소 먹이 주기는 카페 옆 자판기에서 사료를 구매해 자유롭게 체험하면 된다. 송아지 우유 주기 체험도 재밌다. 마찬가지로 자판기에서 우유를 구매한 뒤 송아지에게 먹여주면 된다. 목장 안엔 경치가 좋은 카페가 있다. 목가적인 분위기를 즐기며 느긋하게 쉬어가기 좋은 곳이다. 우유와 요구르트, 치즈 제품을 구매할 수도 있다.

삼나무 숲, 피톤치드의 향연
절물 자연 휴양림

- 제주시 명림로 584 064-728-1510
- 하절기(3월~10월) 07:00~18:00
  동절기(11월~2월) 07:00~17:00
- 입장료 300원~1,000원
  숙박료 40,000원~250,000원
- 전용 주차장(1,500원~5,000원)
- 찾아가기 커피 템플에서 자동차로 15분

제주시 봉개동 절물 오름 아래에 있다. 1995년 개장하였고, 휴양림 넓이는 약 100만 평이다. 휴양림 안으로 들어서면, 수령 50년이 넘은 삼나무가 울창한 숲을 이루고 있다. 피톤치드 덕에 공기가 맑다. 절물 휴양림은 삼나무를 비롯한 침엽수가 전체 수종의 90%이다. 피톤치드는 침엽수에서 많이 나온다. 휴양림 자체가 피톤치드 천연 공장인 셈이다. 삼나무 그늘 밑에는 나무 평상과 의자가 많아 삼림욕을 즐기며 힐링하기 좋다. 탐방 코스는 매표소 부근의 세 갈래 길에서 '삼울길'로 접어들어 생이 소리길, 만남의 길, 물이 흐르는 건강 산책로를 지나 분수대 쪽으로 나오면 된다. 휴양림에는 등산로와 산책로, 숲속의 집 15채 안팎, 세미나실, 잔디광장 같은 숙박과 편의시설이 잘 갖추어져 있다. 숙박 시설은 매월 1일에 다음 달 예약을 받는 데 일찍 마감되므로 서두르는 게 좋다. 휴양림 옆 절물 오름순수 오름 높이 147m까지 오르고 싶다면, 오름길 따라 분화구로 향하면 된다. 오름 정상에 오르면 한라산과 제주 시내가 한눈에 들어온다.

RESTAURANT & CAFE 커피 템플 주변의 맛집과 카페

🍴 도민들이 사랑하는 해장국 맛집
공단 해장국 아라점

📍 제주시 아봉로 91 📞 064-724-6301
🕐 화~금 08:00~14:30, 토~일 07:00~14:30(월 휴무)
🚗 전용 주차장
ℹ️ 찾아가기 커피 템플에서 자동차로 5분

제주시 아라2동에 있다. 이름에서 짐작할 수 있듯 공단 노동자들의 허기를 달래온 해장국 맛집이다. 정직한 맛과 넉넉한 인심으로 오랜 단골을 만든 도민 맛집이다. 메뉴는 해장국과 내장탕으로 구성돼 있다. 해장국은 진한 사골 육수에 푸짐한 고기와 선지가 어우러져 있어서 속을 든든하게 채워준다. 내장탕은 국물이 걸쭉하고 묵직한 맛, 내용물이 푸짐해 든든한 한 끼로 적합하다는 평이 많다. 고추냉이, 고추기름 소스 등을 더해 색다른 맛을 즐길 수 있다. 이른 아침부터 문을 열고 점심 장사까지만 한다. 여행 중 진짜 도민 맛집을 느끼고 싶다면, 공단 해장국 아라점을 추천한다.

🍴 30년 경력 셰프의 특급 해장국
명도암 해장국

📍 제주시 명림로 4 📞 0507-1303-2054
🕐 매일 06:00~16:00(라스트오더 15:30)
🚗 전용 주차장 ℹ️ 찾아가기 커피 템플에서 자동차로 6분

제주시 봉개동 명림로, 한화 리조트와 4·3 평화 공원 근처에 있다. 아침 6시부터 문을 연다. 이른 아침부터 해장하려는 사람들로 북적인다. 30년 경력의 셰프가 정성껏 만드는 해장국과 내장탕이 대표 메뉴이다. 해장국은 선지와 고기, 당면이 어우러져 진한 국물 맛을 자랑한다. 선지가 비리지 않다. 내장탕은 한우 100%로 우려낸 국물에 내장, 콩나물, 우거지 등이 듬뿍 들어가 깊은 맛을 낸다. 내장은 잡내 없이 부드럽고 쫄깃하다. 마늘을 곁들여 감칠맛이 좋고, 고추기름의 얼큰함이 돋보인다. 밑반찬으로 김치와 깍두기, 양파, 고추 등이 나오는데, 김치가 특히 맛있다는 평이 많다.

정원 카페에서 여유로운 휴식을
PLANT 827 × 월평 꽃시장

📍 제주시 월평동 827 📞 064-745-0827
🕐 매일 09:30~18:30 (라스트오더 18:10)
🚗 전용 주차장 ℹ️ 찾아가기 커피 템플에서 자동차로 3분
🌐 인스타그램 @plant827_cafe 🐾 반려동물 동반 가능

PLANT 827은 17,000평의 월평 꽃시장 정원 안에 있는 대형 베이커리 카페이다. 넓은 자연 곁에서 커피 한 잔의 여유를 즐기기에 안성맞춤이다. 정원의 다양한 식물이 사계절 내내 매력적인 풍경을 선사한다. 카페 외관은 흰색 콘크리트와 유리로 된 단순한 구조이다. 하지만 안으로 들어서면 천장이 높고 유리창이 사방에 있어서 바깥 풍경이 그대로 실내로 스며든다. 내부 곳곳에 식물이 자라고 있어서 정원의 연장선처럼 느껴진다. 시그니처 메뉴는 카페 이름을 딴 '827 라테'이다. 고소한 우유와 깊은 에스프레소의 조화가 인상적이다. 베이커리는 소금빵, 크루아상, 케이크의 인기가 높다.

온전한 나를 위한 휴식
너믈재

📍 제주시 아봉로 320 📞 0507-1408-1680
🕐 10:00~22:00 (화, 수 휴무)
🚗 전용 주차장 ℹ️ 찾아가기 커피 템플에서 자동차로 1분
🌐 인스타그램 @nmj_jeju

15년간 도민들의 쉼터였던 너믈재 휴게소를 이어가는 카페이다. 1층과 2층, 2층 테라스, 루프톱으로 구성돼 있다. 날씨가 좋은 날엔 2층 테라스 및 루프톱에서 풍경을 감상하기 좋다. 내부는 깔끔하고 단정하다. 조명과 의자와 테이블의 컬러, 곳곳에서 자라는 식물이 편안한 분위기를 연출해 준다. 커피를 제외한 모든 메뉴는 직접 담고 덖고 구워 정성껏 만든다. 사계 청귤, 유자, 대추차 같은 수제 차부터 수제 팥 라테, 너믈재 요구르트 같은 건강한 음료, 수제 양갱과 곶감 단지 같은 디저트까지 다양하게 즐길 수 있다. 너믈재는 온전히 나만의 시간을 보내기 좋은 공간이다.

제주시
도심권9

제주대 벚꽃 길
연분홍 색채의 향연

📍 제주대학교 제주시 제주대학로 102
🚗 주변 갓길
ⓘ 찾아가기 제주국제공항에서 자동차로 20분

제주시 아라동, 제주대학교 정문으로 향하는 진입로는 계절마다 색을 바꾸며 사람들의 마음을 빼앗는다. 특히 봄이면 화사하게 벚꽃이 피어난다. 워낙 매혹적이어서 '제주에서 가장 아름다운 벚꽃 길'로 꼽히곤 한다. 제주대는 1983년 개교 30주년 기념으로 제주 고유종인 왕벚나무를 심었다. 매년 봄이면, 제주대 사거리에서 정문까지 이어지는 약 1km 구간에 긴 벚꽃 터널이 만들어진다.

이 시기엔 봄을 즐기려는 사람들이 벚꽃보다 더 환한 얼굴로 제주대학교 진입로로 모여든다. 팝콘처럼 톡톡 꽃망울을 터트린 벚꽃은 3월 말에서 4월 초 사이에 절정을 이룬다. 바람이 불어 연분홍 꽃잎이 흩날리면 마음이 절로 설레어 괜스레 사랑 고백이라도 하고 싶어진다. 벚꽃 핀 풍경은 한편의 사랑 영화처럼 아름답고 매혹적이

> 봄엔 화사한 벚꽃
> 가을엔 노란 은행잎
> 이 길은 일 년에 두 번
> 황홀한 색채의 향연으로
> 당신을 초대한다.

다. 벚꽃은 교문을 지나 제주대학교 교정으로 이어진다. 교정의 벚꽃도 진입로 못지않게 화사하다. 대학생들은 벤치와 잔디밭에 옹기종기 모여 봄의 정취를 만끽한다. 그 모습은 푸릇푸릇한 봄처럼 생기가 넘친다.

제주대 벚꽃 길은 단순한 풍경이 아니라 계절의 정수를 오롯이 품은 길이다. 여행자라면 꼭 한 번은 가야야 할 곳이다. 가장 먼저 봄이 상륙한 곳이어서, 사진 한 장을 남기기에 더할 나위 없는 장소다. 드라이브도 좋고, 산책이라면 더 좋다. 한걸음, 한걸음, 천천히 걷는 것만으로도 위로가 된다.

제주대학교가 봄에만 아름다운 것은 아니다. 10월이 되면 이곳은 또 한 번 변신한다. 제주대학교 사거리에서 벚꽃 길을 따라 중간쯤 가면 오른쪽으로 난 길이 보인다. 교직원 아파트로 들어가는 길이다. 이 도로엔 하늘 향해 높이 뻗은 은행나무가 늘어서 있다. 봄에는 벚꽃이 밝혀주지만, 가을이 되면 길이 노랗게 물든다. 개천절 무렵부터 물든 잎은 시간이 갈수록 짙은 금빛을 더해간다. 가을이 깊어지면 은행잎이 노랗다 못해 노을빛을 띤다. 노랑의 향연! 은행잎이 가득 떨어진 길을 걷고 있으면 마음이 저절로 고조되어 시 한 편 쓰고 싶어진다.

ONE MORE 여기도 좋아요!

제주 숲의 매력을 고스란히
한라 생태 숲

- 제주시 516로 2596
- 064-710-8688
- 하절기 09:00~18:00, 동절기 09:00~17:00
- 전용 주차장
- 찾아가기 제주대 벚꽃 길에서 자동차로 9분

한 해 30만 명이 찾는 한라 생태 숲은 한라산 중턱 해발 600m에 있다. 목장으로 쓰다 방치된 황무지를 본래 숲으로 복원해 2009년 개원했다. 지대가 높다 보니 도심보다 평균 기온이 5도 정도 낮아 여름 피서지로도 알맞다. 또한 남녀노소 누구나 걷기에 부담스럽지 않은 숲길이라는 장점도 있다. 한라산 식생의 축소판으로 불릴 정도로 난대성 식물에서부터 한라산 고산식물까지 다양한 제주의 생태를 볼 수 있다. 숲은 구상나무 숲, 참꽃나무 숲, 꽃나무 숲, 수생 식물원, 숫모르 편백 숲길 등으로 구성되어 있다. 제주 자생식물의 아름다움을 느낄 수 있어 도민과 관광객이 두루 많이 찾는다. 4월부터 11월까지는 다양한 숲 체험 프로그램에 예약 후 참여할 수 있다. 숫모르 편백 숲길은 한라 생태 숲에서 절물 자연 휴양림까지 6.6km가 이어진다. 숲길로 접어들면 원시림처럼 우거진 편백과 삼나무 숲이 길게 펼쳐진다. 이 길은 한라산 둘레길 9구간에 해당한다. 폭설과 난폭한 날씨로 한라산 국립공원의 입산이 통제될 때는 한라산 탐방객이 대타 코스로 많이 걷는다.

신령스러운 곰솔 숲
산천단

- 제주시 아라일동 375-4
- 064-710-6652
- 전용 주차장
- ⓘ **찾아가기** 제주대 벚꽃 길에서 자동차로 2분

한라산 산신령에게 제사를 올리던 곳으로, 제주대 아라 캠퍼스 근처에 있다. 제주 사람들은 고려시대부터 신에게 제사를 올리기 위해 한라산에 올랐다. 궂은 날씨에도 산을 오르다가 죽거나 다치는 사람이 많았다. 조선 성종 때 제주 목사牧使로 부임한 이약동 선생이 산 아래에 제단을 지어, 날이 궂을 땐 산에 올라가지 않도록 했다. 신령스러운 여러 그루의 곰솔이 산천단을 둘러싼 채 자라고 있다. 그 모습이 신비롭게 아름답다. 천연기념물 160호인 곰솔은 모두 여덟 그루이다. 가장 큰 나무는 키가 무려 30m이며 가슴 높이의 둘레도 4m가 넘는다. 우리나라의 모든 곰솔 중에서 가장 큰 나무에 속한다.

힐링과 치유의 숲
소산 오름 편백 숲길

- 제주시 아라일동 산31
- 주변 갓길
- ⓘ **찾아가기** 제주대 벚꽃 길에서 자동차로 2분

아라동의 숨겨진 보석 같은 곳으로, 산천단 북쪽에 있는 오름이다. 오름 입구를 지나면 울창한 편백 숲길이 곧바로 위용을 드러낸다. 숲 전체가 해송, 편백, 삼나무로 우거져 있어서 사시사철 푸르름이 가득하다. 하늘이 보이지 않을 정도다. 숲길을 걸으면 피톤치드가 스며드는 듯 몸이 가볍고 상쾌하다. 신선한 흙 내음과 자연의 소리가 편안함을 더한다. 하늘 높이 쭉쭉 뻗어 올라간 편백 밑으로는 폭신한 흙이 반긴다. 소산 오름에서는 맨발 걷기어싱를 하는 사람을 쉽게 볼 수 있다. 흙의 촉감을 느끼며 맨발로 걷다 보면 어느새 땅의 기운이 스며들어 자연과 하나가 된 느낌을 받는다.

말이 노는 평화로운 풍경
마방목지

- 제주시 용강동 산 14-34
- 주변 갓길
- 찾아가기 제주대 벚꽃 길에서 자동차로 11분

말이 초원에서 노는 '고수목마古藪牧馬'를 보고 싶다면 5.16 도로변에 있는 제주 마방목지로 가면 된다. 고수목마는 제주의 열 가지 절경을 뜻하는 영주십경瀛州十景 중 하나로 '말들이 초원에서 한가로이 풀을 뜯는 목가적인 풍경'을 뜻한다. 마방목지에서 뛰노는 말들은 순수한 제주 조랑말천연기념물 347호이다. 말들은 생각에 잠긴 듯 조용히 풀을 뜯거나 자유롭게 뛰어논다. 맑은 날엔 풍경 하나하나가 명쾌하고, 안개가 자욱한 날에는 신비롭고 서정적인 운치가 흐른다. 넓은 초원과 조랑말을 보는 순간, 제주 여행의 특별함을 느끼게 될 것이다. 겨울에는 말을 볼 수 없지만, 그 대신 설경이 압권이다.

이국적이고 고즈넉하다
관음사

- 제주시 산록북로 660
- 064-724-6330
- 전용 주차장
- 찾아가기 제주대 벚꽃 길에서 자동차로 7분

제주시 북쪽 아라동의 한라산 기슭에 있다. 절의 구조와 디자인이 조금 낯설지만, 더없이 고즈넉하다. 천왕문으로 가는 길, 양편으로 곧게 뻗은 삼나무와 삼나무 아래에 나란히 앉아 있는 108개 석불이 절로 가는 당신을 당당하게 호위해 준다. 이국적이고 매력적인 절이지만, 관음사는 슬픔의 기억을 안고 있다. 1948년 제주 4.3 당시 군경 토벌대와 민간 봉기대 사이에 교전이 벌어져 절이 그만 전소되고 말았다. 지금의 절은 1969년에 복원했다. 관음사에선 템플 스테이, 걷기 치유 명상, 명상 여행 등에 참여할 수 있다. <이상한 변호사 우영우> 촬영지로 알려지면서 많은 사람이 찾고 있다.

RESTAURANT & CAFE 제주대 벚꽃 길 주변의 맛집과 카페

제주식 해장국의 신흥 강자
서진향 해장국

- 제주시 제주대학로 183 064-721-0300
- 06:00~15:00(라스트오더 14:30, 화 휴무)
- 전용 주차장 찾아가기 제주대 벚꽃 길에서 자동차로 1분

제주대학교 인근에 있는 해장국의 신흥 강자이다. 주말에도 문을 열고, 주차 공간도 넉넉해 차를 이용하는 여행자에게 편리하다. 메뉴는 선지해장국, 맑은 해장국, 내장탕 세 가지이다. 선지해장국은 깊고 진한 국물이 가장 큰 매력이다. 얼큰하면서도 깔끔한 맛이 입안을 감싼다. 한 숟갈 떠먹으면 자연스레 '크아!'라는 감탄사가 나온다. 부드러운 선지와 아삭한 콩나물, 쫄깃한 당면이 어우러져 다양한 식감을 느낄 수 있다. 함께 나오는 달걀을 풀어 먹으면 고소함이 더해져 맛이 한층 부드러워진다. 여느 집과 마찬가지로 잘 익은 김치와 깍두기 외에 따뜻한 공깃밥이 기본으로 나온다.

재료가 돋보이는 돈가스와 생선가스
피쉬 앤 돈

- 제주시 곰방매길 5 0507-1302-6292
- 11:30~20:00(브레이크타임 15:00~17:30, 일, 월 휴무)
- 전용 주차장 찾아가기 제주대 벚꽃 길에서 자동차로 5분
- 인스타그램 @fish_and_don

제주산 흑돼지로 만든 돈가스와 자연산 생선으로 만든 생선가스로 유명한 맛집이다. 신선한 재료와 정성스러운 조리로 제주 시민들에게 오랜 시간 사랑받는 집이다. 한적한 골목 끝, 고소한 튀김 냄새를 따라가면, 전원주택을 개조한 식당이 나온다. 흑돼지 돈가스는 안심과 등심 중 선택할 수 있다. 생선가스는 그날그날 잡히는 어종에 따라 생선이 달라질 수 있다. 제주 바다에서 잡은 신선한 재료를 즉시 튀겨내 바삭한 식감과 고소한 맛이 제대로 살아난다. 여러 가지 음식을 맛보고 싶다면 모둠 가스를 고르면 된다. 혼자 찾은 여행자도 어색하지 않게 식사를 즐길 수 있어서 좋다.

🍴 제주 최강 가성비 오마카세
오마카세 요리
쇼고 스시

📍 제주시 인다13길 39 📞 064-755-7585
🕐 11:30~21:00(브레이크타임 14:00~17:30, 라스트오더 20:00, 토·일 휴무) 🚗 매장 옆 공영 주차장
ℹ️ 찾아가기 제주대 벚꽃 길에서 자동차로 5분

오마카세를 합리적인 가격에 즐길 수 있는 곳이다. 제주대학교 아라캠퍼스 아랫마을, 아라2 근린공원 옆에 있다. 1인 기준으로 기본 코스는 33,000원, 스페셜 코스는 45,000원이다. 코스는 어죽으로 시작하여 다양한 초밥과 요리로 이어진다. 초밥 재료는 연어, 참돔, 부시리, 한치, 생새우, 아귀 간, 낙지, 피조개, 참다랑어, 우삼겹, 살치살 등 무척 다양하다. 초밥의 간이 적절해 간장 없이도 재료 본연의 맛을 느낄 수 있다. 백합국, 샐러드, 전복 게우밥도 맛이 좋다. 식사 후에는 나가사끼 짬뽕과 디저트로 마무리된다. 제주에서 이 가격에 이만한 구성과 맛을 즐길 수 있는 곳이 드물다.

☕ 자연과 건축이 빛나는 공간
유지 커피 웍스

📍 제주시 오남로 297 📞 064-901-3999
🕐 매일 10:00~21:00(라스트오더 20:30)
🚗 전용 주차장
ℹ️ 찾아가기 제주대 벚꽃 길에서 자동차로 12분
🌐 인스타그램 @yuji_coffee_works

건축가 이성범이 설계한 카페로 자연과 건축이 조화를 이룬 특별한 공간이다. 원래 있던 팽나무와 배롱나무를 그대로 살린 점이 돋보인다. 건축가의 세심한 배려 덕분에, 카페의 내부와 외부가 자연스럽게 연결된다. 건축과 정원도 매력적이지만, 커피 맛도 좋다. 직접 로스팅한 스페셜티 등급 원두로 커피를 내리는 까닭에 보디감이 깊고 담백하다. 아몬드 라테와 아이스 아메리카노의 인기가 높다. 디저트도 훌륭한데, 모든 빵은 대한민국 제과 기능장이 만든다. 빵과 샌드 쿠키 그리고 제주산 당유자로 만든 무스 케이크의 인기가 많다. 건축과 자연의 조화가 좋은 카페를 찾는 이들에게 추천한다.

시티 뷰가 매혹적인
제주 카페 캄포

- 제주시 아란서길 170 📞 0507-1372-1376
- 매일 10:00~22:00 (라스트오더 21:30) 🚗 전용 주차장
- 찾아가기 제주대 벚꽃 길에서 자동차로 5분
- 인스타그램 @campo_x.x 🐾 반려동물 동반 가능(실외)

제주대학교 병원 근처에 있는 대형 베이커리 카페이다. 외관은 모던하고 심플하다. 내부는 독특한 목재 가구와 자연광의 조화가 아름답다. 전면을 가득 채운 통창을 통해 제주 시내 전경이 시원하게 펼쳐진다. 루프톱에 오르면 뒤로는 한라산, 앞으로는 바다까지 한눈에 담긴다. 저녁 8시 무렵, 석양과 야경이 어우러지는 풍경도 인상적이다. '가시버시 공방'과 협업한 지하의 원목 가구들도 눈길을 끈다. 공간 자체가 전시장처럼 느껴진다. 월 1회 열리는 플리마켓과 전시, 공연도 특별한 경험이 된다. 캄포에서는 핸드드립 커피와 다양한 음료, 직접 구운 베이커리와 디저트를 즐길 수 있다.

홍콩 스타일의 밀크티
카페 블루 하우스 본점

- 제주시 아란1길 57 📞 0507-1393-1688
- 월~금 08:00~19:00, 토~일 10:00~19:00 🚗 주변 골목
- 찾아가기 제주대에서 자동차로 7분
- 인스타그램 @cafebluehaus_official

홍콩식 밀크티와 에그타르트를 전문으로 하는 카페이다. 홍콩의 작은 찻집에 온 기분이 든다. 시그니처 메뉴는 '동윤영'이다. 홍콩식 밀크티에 에스프레소를 더한 음료로, 진한 홍차의 풍미와 커피의 쌉싸름함이 조화를 이루어 독특한 맛을 선사한다. 에그타르트는 겉은 바삭하고 속은 부드러워, 커피나 밀크티와 함께 즐기기에 안성맞춤이다. 갓 구운 타르트 특유의 고소한 향이 공간 전체를 은은하게 채운다. 또한, 러스크, 초콜릿 페이스트리도 밀크티와의 궁합이 훌륭하다. 카페 한쪽에는 홍콩 감성을 담은 스티커와 굿즈들이 진열돼 있다. 잠시 구경해보자. 캔 형태의 밀크티 세트는 기념품으로 사 가기에 좋다.

제주시
도심권10

디 앤 디파트먼트 제주 D&DEPARTMENT JEJU
롱 라이프 디자인 산책

- 제주시 탑동로2길 3
- d-Room 064-753-9901, Store 064-753-9902
- 11:00~19:00(수 휴무) 주변 공영주차장
- 찾아가기 제주국제공항에서 자동차로 15분
- 인스타그램 @d_d_jeju 반려동물 동반 가능(캐리어 필수)

제주를 찾는 MZ 세대가 공항에 도착하자마자 가장 먼저 들르는 곳이다. 2020년에 문을 열었다. 디 앤 디파트먼트 제주는 팔리는 제품이 아니라 팔고 싶은 제품을 파는 새로운 형태의 편집숍이다. 여기에 지역다움을 더해 식당과 숙소를 함께 운영하고 있다. 편집숍에서는 오래도록 지속 가능한 기능과 디자인을 담은 제품을 엄선해 판매한다. 일본의 유명 디자이너 나가오카 겐메이의 프로젝트 중 하나이다. 전 세계 10곳에서 유행이나 시대에 흔들리지 않는 긴 생명력을 지닌 롱 라이프 디자인을 발굴해 소개하고 있다. 롱 라이프 디자인은 지속 가능한 삶의 방식을 의미하기도 한다. 의류, 가구, 잡화, 제주 전통주 컬렉션과 간식까지 다양하게 판매한다. 또한, 제주 지역의 소규모 장인과 협업해 만든 한정판 제품도 만나볼 수 있

디 앤 디파트먼트 제주는
편집숍에 식당, 숙소도 있어서
제주에서의
특별한 하루를 꿈꾸는
여행자들이 즐겨 찾는다.

다. 상품 구성이 매 시즌 바뀌어 방문할 때마다 새로운 즐거움을 선사한다. 이곳에서만 만날 수 있는 독특한 디자인 제품은 선물용으로도 인기가 높다.

식당에서는 제주에서 자란 신선한 식재료로 요리한 음식을 맛볼 수 있다. 음식을 맛보며 제주 자연과 식재료의 본질을 체험하기 좋다. 카페에서는 직접 로스팅한 원두로 내린 커피와 제주 제철 재료로 만든 디저트를 맛볼 수 있다. 3층 숙박 공간은 제주의 문화와 지속 가능한 라이프 스타일을 경험하고 싶은 사람들을 위한 공간이다. 예약 손님의 옷과 신발의 크기에 맞춰 룸웨어를 제공하여 더욱 편안한 숙박을 돕는다. 내부 곳곳이 포토 존이며, 특히 건물 외벽 'd' 로고 앞 벽면은 인증 샷 명소로 유명하다. 인증 샷을 남기며 여행의 추억을 특별하게 만들 수 있다.

디 앤 디파트먼트에서는 다양한 워크숍과 문화 프로그램도 정기적으로 열린다. 직접 참여하여 배울 기회를 제공하는 것이다. 덕분에 이곳은 젊은 여행자들이 지속 가능성을 고민하며 즐겨 찾는 공간으로 자리 잡았다. 조용하고 아늑한 분위기로 혼자서도 편안하게 시간을 보내기 좋다. 자연 친화적인 인테리어와 따뜻한 조명이 마음을 편안하게 만든다.

ONE MORE 여기도 좋아요!

ⓒ문신기

문화를 주도하는 원도심 핫플
아라리오 뮤지엄

아라리오 뮤지엄 탑동 시네마 📍 제주시 탑동로 14 📞 064-720-8201
⏰ 10:00~19:00(월 휴관) ₩ 6,000원~15,000원
🚗 건너편 공영주차장 ① 찾아가기 디 앤 디파트먼트 제주에서 도보 1분
아라리오 뮤지엄 탑동 시네마 📍 제주시 산지로 37-5 / 산지로 23
📞 064-720-8202 ⏰ 10:00~19:00(월 휴관) ₩ 8,000원~20,000
원(탑동+동문 모텔Ⅰ·Ⅱ 통합권 9,000원~24,000원) 🚗 인근 공영주
차장 ① 찾아가기 디 앤 디파트먼트 제주에서 13~14분

아라리오 뮤지엄은 아트넷Artnet이 선정한 세계 100대 컬렉터이자 미술가인 김창일 회장이 제주시 원도심의 낡은 건물을 인수해 재탄생시킨 미술관이다. 한때 극장, 병원 및 모텔로 쓰이던 건물들이 아라리오 뮤지엄 탑동 시네마, 아라리오 뮤지엄 동문 모텔Ⅰ·Ⅱ라는 이름으로 재탄생했다. 전시장을 채운 작품은 모두 현대미술의 거장이라 불리는 이들의 것이다. 데미안 허스트, 앤디 워홀, 키스 해링, 백남준, 수보드 굽타, 이응노 등 이름만 들어도 입이 떡 벌어지는 대가의 작품을 감상할 수 있다. 건물은 외관부터 남다르다. 수많은 작은 구멍이 뚫린 빨간 철판이 건물 벽을 둘러싸고 있어 어디서도 눈에 띈다. 외관은 몰라보게 바뀌었지만, 내부는 예전 건물의 콘크리트를 그대로 드러내 사용하고 있다. 아라리오 뮤지엄 동문 모텔은 5층짜리 구조를 그대로 살려 두었는데 오래된 모텔 욕실과 그때 사용하던 가구가 아직도 있어서 이색적이다. 탑동 시네마에 비해 규모는 작지만, 개장 10년 차에 어느새 구도심의 문화를 주도하는 핫플레이스가 되었다.

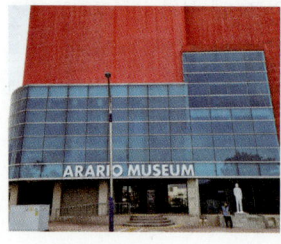  

RESTAURANT · CAFE · SHOP 디 앤 디파트먼트 주변의 맛집·카페·숍

추억의 경양식 돈가스 전문점
한라 돈까스 탑동점

- 제주시 탑동로 27 0507-1316-2697
- 매일 11:00~20:00 (라스트오더 19:30)
- 주변 골목 찾아가기 디 앤 디파트먼트 제주에서 도보 4분
- 인스타그램 @halladonkas

탑동 해안 산책로 근처에 있다. 옛날 경양식 돈가스 정식 전문점이다. 대표 메뉴는 제주산 생등심으로 만든 수제 왕돈가스이다. 넓고 얇게 튀긴 돈가스와 아삭한 청양고추를 함께 내놓는데, 느끼함이 전혀 없고 맛이 깔끔하다. 그 맛이 정겨워 어릴 적 부모님 손을 잡고 따라가 먹던 경양식집의 기억이 저절로 떠오른다. 직접 만든 매운 소스를 곁들인 매운 왕돈까스는 매콤한 맛을 즐기는 이들에게 인기가 높다. 크림수프, 코울슬로, 마카로니, 밥 등과 함께 나온다. 추억의 크림 수프는 리필이 가능해 만족감을 더한다. 냉 모밀, 냉 우동, 대파 매운 치즈 돈가스 등의 메뉴도 있다.

줄 서서 기다리는 이자카야
미친 부엌 제주 본점

- 제주시 탑동로 15 0507-1328-6382
- 17:30~24:00 (라스트오더 23:00, 월 휴무)
- 탑동 해변 공연장 옆 주차장 찾아가기 디 앤 디파트먼트 제주에서 도보 2분 인스타그램 @mechinkitchen

아라리오 뮤지엄 탑동 시네마 맞은편에 있는 이자카야이다. 제주에서 가장 인기가 많은 이자카야 가운데 한 곳이다. 시그니처 메뉴는 공오빠 크림 짬뽕이다. 크림의 진한 풍미와 얼큰한 국물의 조화가 인상적이다. 크림 짬뽕뿐 아니라 고등어 초회, 치킨 가라아게, 김초밥도 인기가 좋다. 오픈 키친이라 주방과 조리하는 셰프들을 구경하는 재미가 쏠쏠하다. 인기 많은 맛집이 그렇듯 30분 정도 기다리는 것은 각오해야 한다. 시간적 여유가 없다면 포장 전용인 애주가 세트를 추천한다. 제주의 싱싱한 회, 창란 크림치즈, 짬뽕, 맥주를 부르는 치킨 가라아게가 작은 사이즈로 세트 메뉴에 포함되어 있다. 노형동에 신제주점이 있다.

소금빵에서 비건 빵까지
ABC 에이 팩토리 베이커리 카페

- 제주시 관덕로7길 39
- 064-720-8223
- 08:00~16:00(수 휴무)
- 주변 골목
- 찾아가기 디 앤 디파트먼트 제주에서 도보 3분
- 인스타그램 @abc_bakery_jeju

탑동로의 연회색 건물 1층에 들어선 베이커리이다. 실내는 인더스트리얼 스타일로 꾸몄다. 오픈 주방이라 밀가루 반죽이 부풀고, 오븐에서 빵이 노릇하게 익어가는 과정을 눈앞에서 지켜볼 수 있다. 대표 메뉴는 소금빵과 크루아상 샌드위치다. 소금빵은 겉은 바삭하고 속은 촉촉하며, 고소한 버터 향이 입안을 가득 채운다. 크루아상 샌드위치는 결이 곱게 살아 있으며, 풍성한 식감을 선사한다. 에그타르트, 쿠이아망 같은 디저트류도 인기다. 우유, 달걀, 버터, 꿀 등 동물성 재료를 사용하지 않은 비건 빵도 있다. 빵 나오는 시간이 정해져 있어서 확인하고 방문하면 편리하다.

귤의 모든 것을 담은 카페
귤 메달 하우스

- 제주시 탑동로 17, 1층
- 0507-1412-0753
- 11:00~19:00
- 건물 바로 옆 전용 주차장 및 인근 공영주차장
- 찾아가기 디 앤 디파트먼트 제주에서 도보 3분, 칠성로 사거리에서 도보 5분
- 인스타그램 @gyulmedal

탑동 광장을 따라 걷다 보면 빨간 벽돌 건물 유리창 너머로 커다란 시트러스 조형물이 눈에 들어온다. 카페 귤 메달 하우스다. 감귤을 테마로 한 라이프 스타일 브랜드 귤 메달이 만든 첫 번째 오프라인 매장이기도 하다. 귤 메달 하우스는 30여 종의 시트러스를 당도, 산미, 보디로 나누어 소개한다. 매장 가운데에는 시트러스의 다양성을 체험할 수 있는 테이스팅 바가 놓여 있다. 감귤부터 윈터 프린스, 블러드 오렌지까지 6가지 시트러스 주스를 직접 따라 마실 수 있는 주스 탭도 마련되어 있다. 그밖에 귤 아이스크림과 오리지널 귤 스무디 등의 메뉴도 있다. 귤 메달 하우스에서 나만의 귤 취향을 찾아보자.

☕ 바다를 품은 앤틱한 휴식 공간
빈투지

📍 제주시 서부두길 26 📞 0507-1366-4752
🕐 매일 10:00~21:00(라스트오더 20:30) 🚗 카페 옆 공터, 주변 도로 ℹ️ 찾아가기 디 앤 디파트먼트 제주에서 도보 9분
🌐 인스타그램 @beantoz.cafe

탑동 방파제 인근에 있는 카페이다. 카페는 2층짜리 건물에 들어서 있다. 1층은 앤티크 가구와 인테리어가 어우러져 있어서, 유럽의 어느 작은 카페에 들어선 듯한 느낌이 든다. 게다가 샹들리에와 피아노가 있어서 감성적인 분위기를 돋아준다. 2층은 넓은 통창 너머로 탁 트인 오션 뷰가 펼쳐진다. 창가 좌석은 바다를 바라보며 커피 한 잔의 여유를 즐기기 좋다. 옥상 전망대도 있다. 제주 바다를 한눈에 담을 수 있다. 시그니처 메뉴인 스윗 아워 라테는 부드러운 크림과 진한 커피가 완벽한 조화를 이룬다. 테트라포드 모양의 치즈 케이크, 수플레 치즈 케이크 같은 개성 넘치는 디저트도 함께 즐길 수 있다.

🛍️ 빈티지 의류와 소품이 가득
소모소 빈티지 탑동점

📍 제주시 중앙로2길 21 📞 0507-1441-0230
🕐 매일 12:00~20:00 🚗 주변 골목 ℹ️ 찾아가기 디 앤 디파트먼트 제주에서 도보 3분 🌐 인스타그램 @somoso.tapdong

빈티지 의류와 소품을 판매하는 숍이다. 아날로그 감성이 물씬 풍기는 독특한 분위기이다. 의류는 주로 80~90년대 스타일의 빈티지 제품들이다. 청바지, 재킷, 티셔츠 등 다양한 아이템들이 있으며, 세월의 흔적이 묻어 있어서 특별한 매력이 느껴진다. 특히 빈티지 리바이스 데님이 인기다. 직원들은 각 제품에 얽힌 사연과 스타일링 팁을 친절히 전해주며, 방문객과 소통하는 데 열정적이다. 마치 오래된 친구의 옷장을 들여다보는 듯한 따뜻함과 편안함이 느껴진다. 매장 곳곳에는 옛날 라디오, 타자기, 필름 카메라 등 다양한 소품들이 진열되어 있어서, 시간 여행을 하는 기분이 든다.

바라나시 책 골목

쉼과 영감을 주는 북카페

- 제주시 동한두기길 35-2
- 0507-1379-9720
- 11:00~18:30 (토, 일 휴무)
- 주변 갓길
- 찾아가기 제주국제공항에서 자동차로 17분
- 인스타그램 @varanasi_jeju

인도 바라나시의 감성을 제주에 담아낸 독립 서점 겸 북카페이다. 인도의 성스러운 도시 바라나시처럼, 사람들에게 내면의 평화를 선사하기를 바라는 마음을 담았다. 문을 열고 들어서면, 낮고 편안한 인도 음악이 흐르고 볕이 잘 드는 창가엔 사람들의 나지막한 숨소리가 흐른다. 앉은뱅이 좌식 구조에 방석이 놓여 있고, 담요까지 마련되어 있어 편히 앉아 책에 집중할 수 있다.

바라나시라는 이름에 걸맞게, 책방은 시끄럽고 빠른 것들보다 느리고 깊은 것들을 담고 있다. 벽면을 가득 채운 책장에는 인도 철학, 티베트 불교, 실존 문학, 현대 인문학, 독립 출판물까지 다양한 서적이 채워져 있다. 라마나 마하리쉬, 장 그르니에, 후지와라 신야 같은

...
바라나시 책 골목은
짜이 한 잔과 책 한 권으로
사유의 세계로 안내한다.
이곳에서 잠시
삶의 속도를 늦춰보자.

작가들의 책이 그득하고, 절판된 책들도 심심찮게 보인다. 주인장이 수년간 차곡차곡 모은 컬렉션을 구경하다 보면 사유의 숲을 거니는 기분이 든다.

책방은 조용한 책 읽기를 원칙으로 한다. 대화를 삼가고, 각자 자신만의 자리를 찾아 고요히 책으로 들어간다. 책상에 놓인 작은 노트에는 이곳을 다녀간 사람들이 남긴 단상이 적혀 있다. 누군가는 짧은 시를, 누군가는 오래된 기억을 남긴다. 그 기록들 또한 이 공간의 일부이다.

이 책방에서 빼놓을 수 없는 것이 하나 있다면, 바로 '짜이'다. 책방지기는 10년간 1만 잔 넘는 짜이를 끓여냈다. 이 집 짜이는 진하고 향이 깊다. 짜이는 직접 졸여낸 우유와 향신료, 적절한 온도와 타이밍으로 완성된다. 이 한 잔으로 책방의 시간은 더 특별해진다. 그 외에도 라씨, 인도식 핸드드립 커피, 허브차 등이 있다. 하나같이 이국적인 향과 맛으로 이곳만의 분위기를 만들어낸다.

바라나시 책 골목은 목적 없이도 들를 수 있는 곳이다. 책을 읽지 않아도 좋고, 누군가를 기다리며 앉아 있어도 좋다. 삶의 리듬이 너무 빠르게 흐른다고 느껴질 때, 이곳에서 잠시 속도를 늦춰보자. 마음이 머무는 법을 잊은 이들에게, 바라나시는 조용히 말을 건넨다.

ONE MORE 여기도 좋아요!

인생 사진 명소가 많은 드라이브 코스
용담 해안도로

📍 도두봉 제주 제주시 도두항길 4-17
용연 구름다리 제주시 용담이동 2581
🚗 주변 갓길
ℹ️ 찾아가기 바라나시 책 골목에서 도두봉까지 자동차로 13분, 바라나시 책 골목에서 용연 구름다리까지 도보 10분

용담 해안도로는 용연 구름다리에서 도두봉에 이르는 약 6km 정도의 해안도로이다. 올레 17코스의 일부이기도 하다. 공항과 가깝고 인생 사진 명소가 많아서, 제주 여행의 시작점 혹은 마지막 지점으로 많이 선택한다.
용연 구름다리에서 도보 4분 거리에 용 머리 모양 바위 용두암이 있다. 해 질 무렵에, 용두암에 도착하면 감동을 주는 아름다운 풍경을 감상할 수 있다. 용두암에서 2.6km 정도 가면 바닷가의 공원 어영 소공원에 도착한다. 경관이 멋져서 잠시 쉬어가기 좋다.
어영 소공원에서 2.2km 정도 가면 도두봉이다. 도두봉순수 오름 높이 55m 정상에 서면 도두항, 마을 전경, 드넓은 바다까지 조망할 수 있다. 전망대 부근의 인생 사진 명소, 키세스 존도 잊지 말고 들러보자. 도두봉에서 동쪽으로 1km 정도 이어지는 무지개 해안도로도 SNS 인증샷 명소이다. 빨주노초파남보 무지개색 방호벽과 에메랄드빛 바다가 어우러져 매혹적인 풍경을 연출한다. 푸른 바다와 하늘을 배경으로 알록달록 무지개 블록 위에 앉아 사진을 찍으면 화보가 되어 추억으로 남는다.

제주시의 대표 명소
용두암

📍 제주시 용두암길 15
🚗 인근 공영주차장
ℹ️ 찾아가기 바라나시 책 골목에서 도보 8분

오랜 세월 파도와 바람에 깎여 용의 머리를 닮은 형상이 된 바위다. 제주를 대표하는 명소 중 하나로 꼽힌다. 공항과 가까워 여행 시작할 때나 끝날 때 들르기에도 좋다. 전설에 따르면 한라산 신령의 옥구슬을 훔쳐 달아나던 용이, 신의 화살에 맞아 바다에 떨어졌고, 몸은 물속에 잠기고 머리는 하늘을 향한 채 바위로 굳었다고 전해진다. 바위의 높이는 약 10m이고, 물속에 잠긴 바위까지 포함한 전체 길이는 약 30m에 이른다. 용의 얼굴을 가장 또렷하게 볼 수 있는 위치는 서쪽으로 약 100m 떨어진 지점이다. 특히 파도가 거세게 몰아치는 날이면 바닷속에서 용이 솟아오르는 듯한 광경이 펼쳐진다.

로맨틱한 야경 명소
용연 구름다리 용연 계곡

📍 제주시 용담2동 2581
🚗 용두암 공영주차장
ℹ️ 찾아가기 바라나시 책 골목에서 도보 4분

용연 계곡 위에 놓인 철제 아치형 보도교이다. 용연 계곡과 기암절벽이 어우러져 있으며, 바다와도 연결되어 이국적인 풍경을 자아낸다. 너비 2.2m, 길이 42m의 현수교이다. 건너는 순간 발밑으로 펼쳐지는 자연이 색다른 감동을 전한다. 에메랄드빛 바다와 구름다리가 어우러져 평화로운 풍경을 선사하기 때문이다. 특히 날씨가 맑으면 물빛이 투명하게 보여서 사진 찍기 좋다. 해가 지고 나면 다리 위로 은은한 조명이 켜져 야경 명소로도 사랑받고 있다. 잔잔한 물결과 형형색색의 불빛이 어우러져, 로맨틱한 정취의 밤 산책 코스로 제격이다. 제주 올레 17코스에 포함되어 있어 가볍게 들르기도 좋다.

RESTAURANT & CAFE 바라나시 책 골목 주변의 맛집과 카페

미국 서부 정통 가정식
루이스 키친

- 제주시 흥운길 101 2층 0507-1369-6673
- 11:00~21:00(브레이크타임 14:00~17:30, 수요일 11:00~15:00). 매주 일요일 휴무
- 주변 갓길 찾아가기 바라나시 책 골목에서 도보 5분
- 인스타그램 @louiskitchen_2f 반려동물 동반 가능

미국 서부 가정식을 맛볼 수 있는 곳이다. 제주의 제철 식재료와 미국 사우스 웨스턴 스타일 음식의 조화가 근사하다. 식당은 용두암과 용연 구름다리 사이, 바닷바람이 살랑이는 길목에 있다. 덕분에 정갈한 식사를 하면서 압도적인 풍경을 즐기기 좋다. 통창 너머로 보이는 바다와 용연 구름다리 그리고 저녁노을은 그 자체로 영화의 한 장면 같다. 해 질 무렵 와인 한잔 곁들이면 여기가 제주인지, 미국 샌디에이고인지 헷갈린다.
메뉴는 부드럽고 고소한 크림 파스타부터 매콤하고 강렬한 남부 스타일 잠발라야까지 폭넓게 선택할 수 있다. 식전 빵, 살사소스는 물론 요리 하나하나마다 셰프의 정성이 느껴진다. 특히 한우 1등급 채끝 스테이크는 겉은 바삭하고 속은 촉촉해 첫입부터 인상적이다, 허브 오일에 구운 제철 채소 가니쉬도 아낌없이 듬뿍 내와서 만족스럽다. 피스타치오 베이컨 파스타는 고소함과 짭짤함이 절묘하게 어우러지고, 라자냐는 겹겹이 쌓인 맛이 깊게 느껴진다. 특별한 한 끼를 원한다면 꼭 들러보자.

만원으로 맛보는 바다 한 상
청해야 제주공항점

- 제주시 서해안로 646 📞 0507-1429-4585
- 매일 11:00~23:00 🚗 전용 주차장
- 찾아가기 바라나시 책 골목에서 자동차로 5분

용담 해안도로에 있다. 신선한 해산물과 다양한 한식 메뉴를 합리적인 가격에 즐길 수 있는 맛집이다. 특히 11시부터 13시까지만 맛볼 수 있는 점심 특선은 절대 놓쳐서는 안 된다. 점심 특선 메뉴는 돔지리, 매운탕, 전복뚝배기, 회덮밥, 모둠물회, 성게미역국 등이다. 이 메뉴를 단돈 만 원에 맛볼 수 있다. 그야말로 만 원의 행복이다. 간장게장을 비롯한 제철 재료로 만든 반찬들도 깔끔하고 맛있다. 내부는 깨끗하고 아늑한 분위기로 혼밥을 즐기기에도 적합하다. 갈치조림과 고등어구이, 무한 리필 회 등 다양한 해산물 요리도 맛볼 수 있다. 제주공항에서 가까워 비행기 탑승 전후로 들르기 좋다.

감각적인 분위기의 힙한 카페
아쿠포

- 제주시 북성로 57 📞 0507-1449-1704
- 09:00~19:00(라스트오더 18:30, 화 휴무) 🚗 카페 뒤편과 왼쪽의 공영주차장
- 찾아가기 바라나시 책 골목에서 도보 8분, 자동차로 1분 🌐 인스타그램 @acupo_jeju
- 반려동물 동반 가능

제주시 원도심에 자리한 감각적인 분위기의 카페이다. 외관은 소박하지만, 문을 열고 들어서면 미니멀한 인테리어와 감각적인 브루잉 스테이션이 어우러져 세련된 분위기를 자아낸다. 시그니처 메뉴인 아쿠포 크림 라테는 부드러운 브라운 치즈와 바닐라 크림이 조화를 이루어 풍미가 특별하다. 계절에 따라 엄선된 원두를 사용하는 핸드드립 커피는 각기 다른 풍미로 커피 애호가들의 입맛을 만족시킨다. 디저트로는 초콜릿 맛이 진한 초콜릿 쿠키와 얇은 반죽 위에 제철 과일을 얹어 구운 갈레트가 인기 좋다. 브루잉 바 옆에 진열된 다양한 원두와 굿즈를 구경하는 재미도 쏠쏠하다.

제주시
도심권12

이후 북스 제주점
제주 원도심을 밝히는 독립책방

- 제주시 관덕로4길 3
- 0507-1421-8520
- 매일 12:00~18:00(휴무 별도 인스타 공지)
- 성내지구 공영주차장
- 찾아가기 제주국제공항에서 자동차로 13분
- 인스타그램 @jeju_afterbooks
- 반려동물 동반 가능

서울 마포구 망원동의 독립 서점 이후 북스의 분점이다. 예전 미래 책방이 있던 자리를 그대로 이어 받았다. 그 이전부터 달려 있던 수화식당 간판을 그냥 두고, 그 옆에 책방 이름을 조그맣게 새겨 넣었다. 책방 바닥과 천장 등 웬만한 것들도 원래 쓰던 것을 그대로 살렸다. 책방지기는 낡은 흔적을 지우기보다 안고 가기로 했다. 오래된 것들이 주는 위로를 잘 알기 때문이다.

책방 이름 이후 북스는 책을 읽은 이후의 삶을 상상하게 한다. 책을 통해 세상을 다르게 보고, 작은 실천으로 변화를 끌어내기를 바라는 마음이 담겨 있다. 그래서인지 이곳의 책들은 상품이기 이전에, 책방지기의 고민과 취향이 담긴 큐레이션의 결과물로 보인다. 서

...
이후 북스 제주점은
책을 통해
사람들과 이야기를 나누고
새로운 시선을 얻고
마음을 채우는 곳이다.

가에는 여성, 환경, 라이프 스타일 등 다양한 주제의 독립 출판물과 일반 도서가 조화롭게 배치되어 있다. 특히 일반서점에서 쉽게 접하기 어려운 독립 출판물이 눈에 띈다. 책마다 담긴 이야기와 결이 제각각이라 책장을 넘길 때마다 새로운 세계를 만나는 기분이 든다. 자본보다 진심이 먼저인 책들이기에, 천천히 들여다볼수록 마음을 움직이는 문장이 하나씩 발견된다.

이후 북스는 책을 새로운 방식으로 경험할 수 있는 프로그램도 마련했다. '책을 찢다' 전시가 대표적이다. 책에 밑줄을 긋고, 감상을 남기고, 찢어서 붙여 전시하는 프로그램이다. 이후 북스는 책을 매개로 한 다양한 모임과 워크숍을 통해 사람들과의 연결을 추구한다. 그래서 글쓰기 모임, 독립 출판물 제작, 책방 창업 워크숍 등 다양한 프로그램을 진행한다. 또한, 일일 책방지기 프로그램을 통해 제주에서의 특별한 경험을 제공한다. 책을 좋아해서 책방에서 일해 보고 싶은 이들에게 책방 운영의 일상을 체험할 기회를 주고, 숙소도 함께 지원하는 것이다. 여행 중 잠시 들러, 생각지 못했던 인생 책을 찾고 마음의 여유도 누려보자. 이후 북스에서 책을 통해 얻은 경험은, 세상에 대한 새로운 시선을 얻고, 그 시선이 다시 일상으로 이어지는, 특별한 경험으로 남을 것이다.

ONE MORE 여기도 좋아요!

제주의 혼이 살아 숨 쉬는 곳
제주목 관아

- 제주시 관덕로 25 📞 064-710-6714
- 매일 10:00~18:00(입장 마감 17:30)
- 성인 1,500원 🚗 전용 주차장
- 찾아가기 이후 북스 제주점에서 도보 1분

제주목 관아濟州牧 官衙는 탐라 시대부터 조선 시대에 이르기까지 제주 행정의 중추 역할을 해왔던 곳이다. 일제 강점기에 관덕정만 남기고 모두 훼손되었다. 복원의 움직임이 일기 시작한 것은 1990년에 들어서면서부터이다. 1993년부터는 목관아 주변 약 2만㎡를 사적 제380호로 지정하여 보호하고 있다. 2002년에 바깥 대문, 제주 목사의 집무실인 홍화각, 집정실인 연희각, 연회장 우연당, 휴식 공간인 귤림당, 2층 누각인 망경루가 복원되었다.

보물 제322호인 관덕정은 세종 30년1448 병사들의 훈련장으로 사용하기 위해 만든 것이다. 이후 제주를 관통하는 역사의 현장이 되었다. 대표적인 예가 '이재수의 난'과 '4·3항쟁'이다. 1901년 여름, 이재수가 이곳에서 참수당했고, 4·3항쟁 때는 무장봉기 세력의 마지막 유격 대장 이득구가 이곳에서 처형당했다.

5월부터 10월까지는 야간에도 개장되어, 제주목 관아를 중심으로 정기 공연, 버스킹, 수문장 교대 의식, 자치경찰 기마대 거리 행진 등 다양한 볼거리가 진행된다.

RESTAURANT·CAFE·SHOP 이후 북스 주변의 맛집·카페·숍

아날로그 감성의 문구 편집숍
클래식 문구사

- 제주시 관덕로4길 1-2 0507-1441-5128
- 매일 11:00~19:00(임시휴무는 인스타에 안내)
- 인근 공영주차장(삼도이동 839) 찾아가기 이후 북스 제주점에서 도보 1분 인스타그램 @classic.moongusa

아날로그 감성을 간직한 문구 편집숍이다. 외관부터 클래식한 분위기를 풍긴다. 내부로 들어서면 따뜻한 조명과 우드 인테리어와 잔잔한 음악이 마음을 차분하게 만들어 준다. 덕분에 편안한 분위기에서 쇼핑을 즐길 수 있다. 연필, 지우개, 노트 등이 아기자기하게 배치되어 있어서, 어린 시절의 학교 앞 문방구를 떠올리게 한다. 블랙윙 연필, 미도리 MD 노트, 트래블러스 노트 등 고급 문구류도 만나볼 수 있다. 제주를 테마로 한 소품들도 판매한다. 각 아이템은 세심하게 선택되어, 실용성과 감성을 동시에 만족시킨다. 문구를 하나하나 살피며 구경하는 재미도 느낄 수 있다. 여유롭게 혼자 시간 보내기 좋다.

여행의 여운이 오래 남는 기념품
더 아일랜더

- 제주시 관덕로4길 7 0507-1317-5562
- 매일 10:30~19:00(설·추석 당일 휴무)
- 주변 공영주차장 찾아가기 이후 북스 제주점에서 도보 1분 인스타그램 @jeju_the_islander 반려동물 동반 가능

원도심 골목을 걷다 보면 더 아일랜더를 만날 수 있다. 여행의 여운이 오래 남을 만한 분위기의 소품 숍이다. 제주시 도심 속에 있지만 작고 감성적이며, 제주를 담은 특별한 기념품과 아트 소품이 가득하다. 화려하진 않지만 섬세하고 따뜻한 온기를 품고 있어 여행자는 매료되지 않을 수 없다. 더 아일랜더는 작가와 디자이너의 감성이 담긴 소품들을 소개한다. 에코백, 감귤 향초, 해녀 모빌, 돌하르방 비누처럼 익숙하면서도 신선한 오브제들이다. 캐리커처 수첩은 해녀나 감귤 농사꾼을 형상화하여 유쾌한 상상력을 더해 만들었다. 이 숍에서는 제주의 이미지가 색다르게 마음에 남는다.

🍴 꼭 맛봐야 할 딱새우 김밥
제주시 새우리

- 📍 제주시 무근성7길 24 📞 064-900-2527
- 🕐 매일 09:00~19:30(재료 소진 시 마감)
- 🚗 식당 주변 ℹ️ 찾아가기 이후 북스 제주점에서 도보 6분
- 🌐 인스타그램 @sewoori_jeju

어느 지역이나 김밥 맛집이 존재한다. 제주에도 갈치, 흑돼지, 전복 등 제주의 식재료들을 활용한 개성 있는 김밥집이 많다. 제주시 새우리는 여행자들 사이에서 김밥 맛집으로 인기가 급상승 중인 곳이다. 특히 딱새우 김밥의 선두 주자다. 건강한 재료들을 듬뿍 넣어 만든다. 한 끼 식사로도 손색이 없다. 딱새우 김밥과 잘 어울리는 새우 꼬막무침과 함께 먹으면 더욱 맛있다. 양념 새우와 간장 새우를 넣은 컵밥과 딱새우 모둠 튀김, 김밥과 함께 먹기 좋은 성게미역국까지 사이드 메뉴들도 다양하다. 피크닉을 즐길 수 있게 예쁘게 포장도 해준다. 원도심 제주목 관아에서 가깝다.

🍴 신선한 재료로 만든 수제 만두
팔복 만두

- 📍 제주시 관덕로 11-1 📞 0507-1369-6673 🕐 11:00~19:00
- (브레이크타임 14:00~16:00, 월 휴무) 🚗 관덕정 서쪽의 공영주차장 ℹ️ 찾아가기 이후 북스 제주점에서 도보 2분
- 🌐 인스타그램 @palbokmandu 🐾 반려동물 동반 가능

SNS에서 핫한 만두 맛집이다. 젊은 사장님을 보고 미리 실망할 필요는 없다. 맛만큼은 웬만한 만두 노포에 밀리지 않기 때문이다. 만두피가 쫄깃하고 얇아서 담백한 만두소의 맛을 온전히 음미할 수 있다. 손만두라 크기는 조금씩 다르지만, 한입에 먹기 편하다. 시그니처 만두는 고기 듬뿍 만두와 묵은지 만두이다. 주문과 동시에 바로 찜기에서 쪄 내온다. 자극적이지 않고 담백한 맛이 특징이다. 바삭함과 쫄깃함을 동시에 느끼게 해주는 마파 만두와 시원하고 개운한 육수의 팔복 만둣국도 도전해 보자. 가게가 협소해 대기 시간이 있다. 재료 소진으로 조기 마감할 수 있으니 방문 전 연락은 필수이다.

제주의 자연을 닮은 차
도바나

📍 제주시 서사로 29 📞 064-787-6788
🕐 매일 10:30~21:00(라스트오더 20:30, 매월 마지막 날 휴무)
🚗 전용 주차장 🚶 찾아가기 이후 북스 제주점에서 도보 8분
🌐 인스타그램 @dovana_official

제주시 원도심에 자리한 티 하우스다. 안으로 들어서면 우드톤 가구와 초록빛 소품이 어우러져 분위기가 따뜻하다. 공간은 넓고 좌석 배열이 다양해 혼자서도, 여럿이서도 편히 머무를 수 있다. 도바나에서 사용하는 찻잎은 제주 동쪽의 표선 다원에서 직접 재배하고 블렌딩 한 것이다. 대표 메뉴인 달그림자는 흑차 베이스로 깊고 부드러운 맛이 인상적이다. 차는 모래시계와 함께 제공되며, 찻물이 우러나는 시간을 기다리는 동안 자연스레 마음이 느긋해진다. 계절마다 다른 블렌딩 차가 준비되어 있어서, 방문할 때마다 새로운 맛을 만날 수 있다. 예약제로 운영되는 프라이빗 룸도 있다.

빈티지와 미니멀리즘의 조화
카페 단단

📍 제주시 관덕로4길 1-6 📞 0507-1336-2846
🕐 11:00~18:00(수·목 휴무) 🚗 주변 길가, 공영주차장
🚶 찾아가기 이후 북스 제주점에서 도보 1분
🌐 인스타그램 @cafedandan

제주목 관아의 관덕정 건너편 구도심 골목을 가다 보면 낡은 벽돌 건물 사이로 작은 간판이 눈에 띈다. 원도심 골목을 지키는 로컬 스페셜티 커피숍 카페 단단이다. 실내는 빈티지한 감성과 현대적인 미니멀리즘이 조화를 이루고 있다. 낡은 가구와 소품들이 자연스럽게 어우러져, 마치 오래된 친구의 집에 온 듯한 편안함을 준다. 커피는 직접 로스팅한 원두를 사용하여 깊은 풍미를 자랑한다. 바나나 푸딩, 딸기 판 타코타 등 계절에 따라 다양한 디저트가 준비된다. 특히 제주 금귤 치즈 바게트는 제주산 재료를 활용하여 만들어 여행자들에게 특별한 맛을 선사한다. 벽에는 지역 예술가들의 작품이 전시되어 있다.

제주시 민속 오일 시장

제주의 숨결이 살아 있다

- 제주시 오일장서길 26
- 064-743-5985
- 08:00~18:00(매월 2, 7일로 끝나는 날)
- 전용 주차장
- 찾아가기 제주국제공항에서 자동차로 6분

제주시 민속 오일 시장은 제주에서 가장 오래된 전통 재래시장이다. 1905년에 처음 문을 열어 여러 곳을 옮겨 다니다가 1998년 현재 도두1동 부지에 자리 잡았다. 약 2만 평의 넓은 공간에 1,200여 개 점포가 모여 있으며, 전국 최대 규모를 자랑한다. 매월 2일과 7일, 5일 간격으로 열린다. 제주 사람들의 삶과 숨결을 고스란히 담고 있으며, 장날이면 많은 사람이 찾아와 활기찬 분위기를 만든다.

시장에서는 제주 특산 농산물과 신선한 수산물을 저렴한 가격에 만날 수 있다. 하우스 귤, 용과, 감귤, 고사리를 비롯하여 옥돔, 갈치 등 제주 바다에서 잡은 해산물도 있다. 제주 전통 음식을 맛볼 수 있는 먹거리 코너도 인기다. 오메기떡, 전복죽, 갈치조림 등의 메뉴

를 부담 없이 맛볼 수 있다. 또한, 만 65세 이상 어르신들을 위한 할망 장터가 별도로 운영되어 푸근한 정을 느끼게 한다.

제주시 민속 오일 시장은 장터를 넘어 제주 문화와 역사를 체험할 수 있는 공간이기도 하다. 말테우리, 아기구덕, 복 돼지 등 제주 전통문화를 상징하는 조형물이 설치되면서 사진 명소로 인기를 얻고 있다. 해녀 춤과 풍물놀이 등 다양한 문화 공연도 정기적으로 열린다. 최근에는 방치된 공간을 오일 문화 광장으로 재탄생시켰다. 광장은 누구나 편히 쉴 수 있는 휴식 공간이다. 그밖에 쇼핑의 편의를 위해 무료 주차장과 쇼핑 카트, 휠체어, 유모차, 수유실 등 편의시설도 갖추었다.

...
제주시 민속오일시장은
관광과 쇼핑,
제주 문화 체험을
한 번에 즐길 수 있는 곳이다.

제주시 민속 오일 시장은 날짜만 잘 맞는다면 제주 여행 첫날이나 마지막 날 부담 없이 들르기 좋은 곳이다. 제주국제공항과 가까우며 일주 도로와 인접해 접근성이 뛰어나기 때문이다. 또한, 이곳에서는 다양한 품목의 상품과 먹거리를 구매하면서, 사람들과 따뜻한 정을 나눌 수 있다. 제주만의 삶의 방식과 문화를 직간접적으로 체험하게 되는 것이다. 최근에는 문화 관광형 시장 육성 사업 대상 시장으로 선정되어, 전통과 현대가 조화를 이루는 공간으로 발전하고 있다.

ONE MORE 여기도 좋아요!

정감 가는 그림책 전문 책방
북 스페이스 곰곰

📍 제주시 우평로 45-1 바인빌딩 1층
📞 010-5105-7433
🕐 12:00~19:00(일 휴무) 🚗 서점 앞 주차장
ℹ️ 찾아가기 제주시 민속 오일 시장에서 자동차로 10분
🌐 인스타그램 @gomgom_jeju

북 스페이스 곰곰은 그림책 전문 책방이다. 동네 사랑방처럼 아기자기하고 정감 가는 책방을 탐닉하는 스타일이라면 곰곰이 제격이다. 서가엔 보기만 해도 마음이 평화로워지는 그림책들이 가득 차 있다. 서가에 빽빽이 꽂혀 있는 책들을 가만히 보고만 있어도 설렘이 증폭된다. 천천히 구경하고 탐색하기 좋은 분위기다. 문화·예술 클래스 공간 대여도 활발히 이뤄지고 있다. 동네 책방이자 문화 사랑방인 셈이다.
책방지기는 그림책 분야 편집자로 10년 가까이 근무했으며, 실제 책을 쓰기도 한 작가이다. 생각할 거리를 던져주는 책들만 신중히 선정해 입고시키는데 책방 이름에 '곰곰'이 들어간 이유와도 같다. 서가에 큐레이션 된 책 한 권 한 권에는 책방지기의 소망이 묻어있다. 그녀는 이곳을 드나드는 손님들이 그림책을 통해 더 넓은 세상을 만나고, 더 큰 꿈을 꾸고, 따뜻한 시선으로 세상을 바라보게 되기를 바라고 있다. 책방 한쪽에서는 제로 웨이스트zero waste, 무낭비를 실천할 수 있는 친환경 다회용품을 판매하고 있다.

RESTAURANT & CAFE 제주시 민속 오일 시장 주변의 맛집과 카페

장날에만 문 여는 맛집
춘향이네

📍 제주시 오일장서길 26 제주시 민속 오일 시장 內
📞 010-2696-4064 🕐 07:00~20:00(매달 2일과 7일로 끝나는 날) 🚗 전용 주차장 ℹ️ 찾아가기 시장 안의 식당들이 몰려 있는 구역, 제주시 민속오일시장 3 주차장 입구에서 남쪽으로 도보 1분

제주시 민속 오일 시장 장날에만 문 여는 소문난 맛집이다. 여행자들이 꼭 가고 싶어 하는 오일장 성지이기도 하다. 가게는 작고 허름하지만, 시끌벅적한 노포의 정취가 가득하다. 대표 메뉴는 모둠 순대와 갯장어(곰장어)구이다. 모둠 순대는 찰순대와 부위별 내장, 부속 고기가 한 소쿠리 가득 나온다. 여기에 신선한 부추가 어우러져 입맛을 제대로 돋운다. 1만 원대에 이 정도 푸짐함이라면, 그저 감사할 따름이다. 먹장어구이도 놓칠 수 없다. 쫄깃한 식감에 적당히 매콤한 양념은 자극적이지 않으면서도 중독성이 있다. 밥과 함께 먹거나 술안주로 곁들여도 훌륭하다. 가격 또한 합리적이어서, 혼자서도 부담 없이 즐길 수 있다.

가성비 끝판왕 전복요리
순옥이네 명가

📍 제주시 도공로 8 📞 064-743-4813
🕐 매일 09:00~21:00(브레이크타임 15:30~17:00)
🚗 관길가, 근처 공영주차장 ℹ️ 찾아가기 제주시 민속 오일 시장에서 자동차로 5분 🌐 인스타그램 @soonok_jeju

순옥이네 명가는 제주도에서 전복이 가장 푸짐하게 나오는 곳이다. 여사장님이 해녀이고 남편은 전복 전문 도소매상을 하고 있어서 가능한 일이다. 전복죽과 전복물회가 맛있기로 유명하며, 전복뚝배기와 성게미역국, 한치물회도 뒤지지 않는다. 물회는 전복물회와 순옥이네 물회, 이렇게 두 종류가 있다. 전복물회는 전복 3개와 해삼이 들어가고, 순옥이네 물회는 전복 2개와 소라 그리고 해삼이 들어간다. 가격이 같으므로 취향대로 고르면 된다. 밥은 게우밥전복 내장 밥과 흰쌀밥 중 선택할 수 있다. 또똣한따뜻한 전복죽도 추천한다. 제주공항에서 가깝다. 식사 시간을 피해 방문하자.

교차 숙성 흑돼지의 깊은 맛
숙성도 제주 본점

- 제주시 제원길 30
- 0507-1335-5211
- 매일 11:30~22:00(라스트오더 21:10)
- 전용 주차장 및 주변 공영주차장
- 찾아가기 제주시 민속 오일 시장에서 자동차로 6분

숙성도는 넷플릭스 다큐 <삼겹살 랩소디>에 한국 대표 삼겹살 식당으로 소개된, 유명한 돼지고기 식당이다. 이곳의 가장 큰 특징은 건식 숙성Dry aging과 습식 숙성Wet aging을 교차하여, 제주 흑돼지를 숙성한다는 점이다. '960 숙성 뼈 등심' 같은 메뉴에 등장하는 독특한 숫자는 숙성 시간을 뜻한다. 매장에 들어서면 대형 냉장고 속에 삼겹살, 항정살, 앞다릿살 등 다양한 부위의 돼지고기들이 숙성의 시간을 보내고 있다. 이 집의 상징과도 같은 대표 메뉴는 '교차 숙성 흑돼지'다. 기름기가 적은 앞다릿살을 숙성한 것인데, 삼겹살이나 목살이 구이의 중심이라 여겼던 생각을 교정하게 해준다.

두툼하고 육즙 가득한 함박스테이크
웅스 키친

- 제주시 대동길 17-1
- 0507-1340-1177
- 11:00~20:30(라스트오더 20:00, 화 휴무)
- 식당 앞
- 찾아가기 제주시 민속 오일 시장에서 자동차로 3분
- 인스타그램 @woongskitchen_jeju

퓨전 이탈리안 요리를 선보이는 곳이다. 12년 동안 도민들의 사랑을 받아온 검증된 레스토랑이다. 빈티지 소품과 우드 화이트 인테리어의 조합으로 아늑하고 편안한 분위기이다. 데이트, 가족 모임 하기도 좋지만, 무엇보다 혼밥하기도 좋은 곳이다. 대표 메뉴는 제주 흑돼지로 만든 수제 함박스테이크다. 두툼한 패티 위에 달걀 반숙이 올려져 나오는데, 진한 스테이크 소스와 어우러져 깊은 맛을 낸다. 이 외에도 파스타, 샌드위치, 치아바타 등 다양한 메뉴가 준비되어 있다. 모든 요리는 신선한 재료로 정성껏 만들어진다. 사장님을 비롯하여 직원분들은 매우 친절하다. 공항에서도 가깝다.

혼자서 사색하기 좋은 카페
김금

- 제주시 도령로 18, 3층(송월타월 건물)
- 12:00~18:00(화, 수 휴무) 주변 골목
- 찾아가기 제주시 민속 오일 시장에서 자동차로 5분
- 인스타그램 @kimkeum

카페이자, 도자기 빚고 사진 찍는 사장님의 개인 작업실 겸 전시 공간이다. 사장님의 이름 김금金이 그대로 카페 이름이 되었다. 카페 김금은 제주시 노형동 번화한 거리 한쪽의 오래된 건물 3층에 자리하고 있다. 1990년대 을지로 어딘가에 있을법한 다방을 닮았다. 터벅터벅 계단을 올라 문을 열고 들어서면 절제된 조명과 작은 식물들이 눈에 들어온다. 혼자서 사색하기 좋은 분위기이다. 커피와 차, 술 외에 호지차 푸딩이나 레어 치즈 케이크 같은 디저트도 있다. 프렌치토스트와 커피, 감자수프로 이루어진 홍콩식 차찬텡도 준비되어 있다. 이곳의 커피는 진한 풍미와 깊은 맛을 자랑한다.

정성 가득한 커피 한잔
잔물결 시티 로스터스

- 제주시 다랑곳4길 36 070-8899-5564
- 매일 08:00~18:00 주변 골목
- 찾아가기 제주시 민속 오일 시장에서 자동차로 1분, 도보 10분
- 인스타그램 @little.waves.coffee

제주 커피 전문점 잔물결의 두 번째 매장이다. 좋은 생두를 찾아 로스팅하고, 정성껏 내리는 곳이다. 잔물결 시티 로스터스는 협재 본점의 차분함을 그대로 담아내면서도, 시티 중심의 활기찬 분위기를 더했다. 실내 바에는 커피 향이 가득하고, 손님들의 대화는 활기차다. 우드톤과 아늑한 조명이 어우러져 모던하면서도 편안한 느낌이다. 바리스타들은 세심하고 친절하게 손님을 맞이하며, 커피 한잔마다 정성을 쏟는다. 시그니처 메뉴인 시티 라테는 부드럽고 진한 풍미로, 크림과 커피의 조화가 인상적이다. 마카롱 등 디저트는 다양한 블렌딩의 커피 맛을 더욱 풍부하게 해준다.

한라 수목원

마음이 행복해지는 수목원 산책

📍 제주시 수목원길 72
📞 064-710-7575
🕐 야외 09:00~23:00, 실내 09:00~18:00
　　(12월~2월 09:00~17:00, 설날·추석 당일 휴관, 입장료 무료)
🚗 전용 주차장
ℹ️ 찾아가기 제주국제공항에서 자동차로 16분

한라 수목원은 제주시 연동에 자리한, 도심 속 자연을 품은 대표적인 휴식처다. 제주시 남쪽 광이오름과 남조순오름 기슭에 위치해, 도심에서 차로 10분이면 닿을 수 있다. 1985년 조성을 시작하여 1993년 개원한 이후, 제주 고유의 식물과 세계 각국의 희귀종을 함께 전시해 왔다. 7만여 평에 달하는 부지에는 관목원, 수생 식물원, 야생 화원, 이끼원, 죽림원 등 10여 개의 테마정원이 마련되어 있다.

수목원에서는 1,300여 종, 12만여 본의 식물이 계절마다 서로 다른 매력을 뽐낸다. 봄이면 왕벚꽃과 철쭉이 흐드러지고, 여름엔 연꽃

한라 수목원은
제주의 식물을 만나고,
숲길을 산책하고,
오름 탐방도 즐길 수 있는,
도심 속 휴식처이다.

과 짙푸른 녹음이 우거진다. 가을에는 단풍과 억새가 어우러져 여행자를 반기고, 겨울엔 눈 덮인 수목의 고요함이 특별한 정취를 더해준다. 꽃과 나무 사이를 천천히 걸으며 햇살을 맞고, 맑은 공기로 호흡하는 것만으로도 몸과 마음이 정화된다.

수목원 안에는 산책로뿐 아니라 삼림욕장도 별도로 마련되어 있다. 삼림욕장에는 1.7㎞ 길이의 산책 코스가 조성돼 있으며, 이 길은 광이오름 정상까지 이어진다. 광이오름은 순수 오름 높이 77m로, 부담 없이 오를 수 있는 완만한 코스다. 오름 정상까지 산책로가 잘 정비돼 있어서 가볍게 땀 흘리며 트레킹을 즐기기 좋다. 이마에 땀이 송골송골 맺힐 즈음, 어느덧 정상에 도착한다. 정상에는 쉼터가 있어 시원한 바람을 맞으며 땀을 식히고, 제주 시내를 한눈에 조망할 수 있다. 전망대에서는 날씨가 좋으면 멀리 바다까지 보인다.

한라 수목원은 낮뿐 아니라 야간에도 개방한다. 가로등이 잘 정비되어 있어서 23시까지 점등 어두운 시간에도 안전하게 산책할 수 있다. 특히 여름밤에는 시원한 바람과 함께 반딧불이도 종종 만날 수 있다. 입장료가 무료라 부담 없이 들를 수 있는 것도 장점이다. 한라 수목원은 제주의 식물, 오름, 숲길을 한 번에 만날 수 있는 도심 속 명소이다.

ONE MORE 여기도 좋아요!

로맨틱한 밤마실
수목원 길 야시장

📍 제주시 은수길 69(수목원 테마파크 일대)
📞 010-8189-6495 🕐 매일 18:00~23:00(6~9월), 18:00~22:00(10월~5월) 🚗 전용 주차장 ℹ️ **찾아가기** 한라 수목원 안내소에서 도보 6분, 자동차로 1분 🐾 **반려동물** 동반 가능

수목원 길 야시장에서는 제주의 밤을 로맨틱하게 즐길 수 있다. 비가 올 때를 제외하고 매일 밤 시장이 열린다. 야시장은 수목원 테마파크 내 오래된 소나무 군락지에 조성되어 있다. 숲을 밝힌 따뜻한 조명과 아기자기한 푸드트럭, 프리마켓 부스가 야시장에 들어선다. 야시장이 아니라 숲속으로 소풍이나 캠핑을 온 듯한 기분이 든다. 푸드트럭에서는 흑돼지 요리, 해산물 꼬치, 햄버거, 새우튀김, 생 파인애플주스, 수박 주스, 맥주 등을 맛볼 수 있다. 플리마켓의 아기자기한 액세서리와 장식품, 공예품, 의류 등을 구경하는 재미도 쏠쏠하다. 노란 백열등이 야시장 곳곳을 수놓고 있어서 사진 찍기도 좋다.

디지털 체험과 놀이
넥슨 컴퓨터 박물관

📍 제주시 1100로 3198-8 📞 064-745-1994
🕐 10:00~18:00(월요일과 설·추석 당일 휴관) 💰 성인 8,000원
🚗 전용 주차장 ℹ️ **찾아가기** 한라 수목원 안내소에서 도보 12분, 자동차로 1분 🌐 **인스타그램** @nexoncomputermuseum

과거와 미래가 공존하는 특별한 공간이다. 단순히 전시를 보는 것을 넘어, 직접 만지고 체험하며 컴퓨터와 게임의 역사를 살펴볼 수 있다. 세계에 단 몇 대밖에 남지 않은 Apple I을 비롯한 초기 컴퓨터들이 관람객을 맞이한다. 어릴 적 추억의 오락실 게임부터 최첨단 VR까지 갖추고 있어서 추억에 잠기룐다. 퀘스트를 따라 미션을 수행하며 관람하는 색다른 방식도 흥미롭다. 전시만으로 끝나지 않는다. 코딩 체험, 월별 워크숍 등 다양한 콘텐츠가 가득하다. 기술의 발전이 어떻게 세상을 바꿔왔는지를 한눈에 볼 수 있다. 더불어 앞으로 어떤 미래가 펼쳐질지 상상해 보는 것도 이곳의 묘미다.

일상과 비일상이 공존하는 미디어 아트
노형 수퍼마켙

- 제주시 노형로 89 📞 064-713-1888
- 매일 09:00~19:00(입장 마감 18:00)
- 성인 15,000원 청소년 13,000원 어린이 10,000원
- 전용 주차장 찾아가기 한라 수목원에서 자동차로 8분
- 인스타그램 @jeju_nohyung_supermaeket

노형 수퍼마켙은 국내 최대 규모의 몰입형 미디어 아트 전시 공연장이다. 약 1,200평의 면적에 건물 최대 높이 20m6층 높이로 압도적인 규모를 자랑한다. 전시관에는 노형 수퍼마켙 프리쇼, 베롱베롱, 뭉테 구름, 와랑 와랑, 곱을락 등 5개의 테마 전시 공간이 있다. 전시관에는 프로젝터 46대와 7.1채널 EAW 스피커를 투입해 화려한 시각적 효과와 웅장한 사운드를 구현한다. 노형 수퍼마켙의 미디어 아트 영상은 '일상과 비일상이 공존하는 공간 속에서 자신만의 아이덴티티를 발견하는 여정'을 주제로 구성된다. 지루하고 반복적인 일상에서 벗어나 새로운 세계를 체험하는 내용을 선보인다.

아름다운 야생화가 가득
민오름

- 주소 및 주차 제주시 봉개동 2750-2(사려니숲 주차장)
- 찾아가기 한라 수목원에서 자동차로 30분

제주에는 민오름이 다섯 개나 있다. 이중 절물휴양림 입구 맞은편에 있는 봉개동 민오름해발 641m은 아름다운 야생화를 감상할 수 있는 오름이다. 비자림로 방면 사려니숲길 주차장에서 내리면 바로 민오름 둘레길로 들어설 수 있다. 제주도의 진짜 봄은 야생화로부터 싹 튼다. 그중 민오름의 야생화가 가장 화려하고 아름답다. 탐방로 주변으로 수많은 야생화가 자생하는데 세복수초, 새끼노루귀, 제비꽃, 변산바람꽃 등이 대표 수종이다. 야자나무 껍질 매트와 목재 덱이 설치되어 있어서 탐방하기도 편리하다. 민오름 둘레길을 걷다 보면 자연스레 한라산 둘레길절물 조릿대길과 사려니 숲길과도 연결된다.

RESTAURANT & CAFE 한라 수목원 주변의 맛집과 카페

맛있고 건강한 자연 밥상
연우네

- 제주시 은수길 110
- 064-712-7546
- 11:00~15:20(라스트오더 14:35, 화 휴무)
- 전용 주차장
- 찾아가기 한라 수목원 안내소에서 도보 10분, 자동차로 1분

한라 수목원 근처에 있는 웰빙 한정식 맛집이다. 화학조미료를 사용하지 않고 제주산 농산물 재료의 맛을 그대로 살려 요리한다. 건강한 요리이면서 맛도 좋아 많은 사람의 사랑을 받고 있다. 녹차 들깨 수제비는 고소하고 담백하다. 도토리묵무침은 도토리의 풍미가 살아 있다. 바삭하고 찰진 부추전도 인기가 좋다. 좁쌀밥에 7가지 나물을 버무린 비빔밥과 찹쌀 들깨 옹심이도 빼놓을 수 없는 메뉴다. 2인 이상 방문했다면 수제비와 옹심이가 포함된 수옹 정식을 추천한다. 수옹 정식에는 부추전과 도토리묵무침이 포함되어 있어 가성비가 좋다. 메뉴 대부분이 채식 식단이어서 비건도 음식 고르기 편하다.

아침 식사하기 좋은 곳
순풍 해장국 공항 본점

- 제주시 진군남4길 7-8
- 0507-1426-9944
- 06:00~20:00(브레이크타임 15:00~16:00, 화 휴무)
- 전용 주차장
- 찾아가기 한라 수목원에서 자동차로 3분
- 인스타그램 @soonpoong.official

제주공항 근처에 있는 해장국 전문점이다. 실내는 깔끔하고 서비스는 친절하다. 공항 근처라 이른 아침 제주로 출발한 여행자의 아침 식사 장소로 적합하다. 진한 국물과 부드러운 고기가 어우러진 소고기 해장국은 속을 편안하게 해준다. 특히, 하루 200그릇 한정 판매되는 고사리 육개탕은 깊은 맛으로 인기 있는 메뉴이다. 고사리 육개장 스타일에 소양을 넣어 식감이 쫄깃하다. 그밖에 고기국수, 전복 뚝배기, 도깨비 고기돔베고기 등의 메뉴도 있다. 여름에는 계절 메뉴인 해녀 톳 비빔국수와 콩국수도 맛볼 수 있다. 이 집은 현지인과 여행객 모두에게 사랑받는 맛집이다.

유기농 밀가루로 만든 수제 빵
아라파파 연동점

- 제주시 국기로3길 2
- 0507-1491-8207
- 매일 08:00~21:00(라스트오더 20:30)
- 카페 앞 공영주차장
- 찾아가기 한라 수목원에서 자동차로 4분
- 인스타그램 @alapapa_jeju

아라파파는 제주도 빵의 성지이다. 아라파파à la papa는 프랑스어로 '천천히', '한가롭게'라는 뜻이다. 하지만 아쉽게도 빵이 금방 동나 가능하면 오전에 방문해야 다양한 빵을 맛볼 수 있다. 어느 빵이든 유기농 밀가루와 신선한 채소, 과일을 사용해 만든다. 인기 메뉴는 18시간 동안 저온 숙성한 빵에 채소와 모차렐라 치즈를 더해 만든 샌드위치이다. 크루아상과 마들렌, 치아바타도 맛있다. 홍차 밀크 잼, 한라봉 잼, 구좌 당근 잼도 인기가 좋다. 홍차 밀크 잼은 홍차를 은근한 불에 조려 만든다. 비스킷, 빵 위에 올려 먹으면 맛있다. 베이커리 옆에 빵과 커피, 음료를 즐길 수 있는 카페가 따로 있다.

수목원 옆 그 카페
그러므로 Part 2

- 제주시 수목원길 16-14
- 070-8844-2984
- 10:00~21:00(라스트오더 20:30, 월 휴무)
- 전용 주차장
- 찾아가기 한라 수목원 안내소에서 도보 8분
- 인스타그램 @glomuro_coffee
- 반려동물 동반 가능

한라 수목원 가는 길에 있는 정원이 넓은 카페이다. 그러므로 Part 2는 인기 좋은 카페의 조건을 모두 갖추고 있다. 진입로엔 잔디와 돌을 깔았다. 차에서 내리면 제주의 감성이 흐르는 키 낮은 돌담이 카페로 안내한다. 카페는 간결미를 한껏 드러낸 회색 벽돌 건물이다. 갤러리 같은 분위기로 모던하면서도 따뜻한 느낌을 준다. 실내는 테이블 사이에 간격이 넓어 여유가 넘친다. 시그니처 메뉴는 메리 하하이다. 일종의 차가운 커피인데, 한 모금 길게 마시면 부드러운 우유 맛과 고소한 커피 맛을 차례로 느낄 수 있다. 타르트, 케이크, 마들렌 등 디저트도 제법 다양하다. 블루베리 타르트의 인기가 가장 좋다.

제주시
도심권15

제주도립미술관

한라산 아래 숲속 미술관

◎ 제주시 1100로 2894-78 📞 064-710-4200
🕘 09:00~18:00(월요일·1월 1일·설·추석 휴관)
₩ 성인 2,000원, 청소년 1,000원, 어린이 500원
🚗 전용 주차장 ℹ️ 찾아가기 제주국제공항에서 자동차로 22분
🌐 인스타그램 @jeju_museum_of_art

제주도립미술관은 제주의 자연과 현대미술을 함께 즐길 수 있는 곳이다. 제주시에서 서귀포시로 넘어가는 중산간 지역에 있다. 신제주 도심과 가까우면서도 수려한 풍광을 자랑하는 한라산 기슭에 자리하고 있어서 도민들에게도 인기가 많다. 제주도청에서 자동차로 약 10분 거리로 접근성이 좋다. 미술관 인근에는 여행객들에게 유명한 '신비의 도로'가 있다. 이 도로에서는 차량이 오르막을 내려가는 것처럼 보이는 착시현상이 나타난다.

제주도립미술관은 2009년 개관하였고, 같은 해 한국건축문화대상 우수상을 받았다. 노출 콘크리트 외벽이 인상적인 현대적 건축물이다. 심플하면서도 견고한 외벽은 제주 바람과 빛을 있는 그대로 받아들이며, 동시에 세련된 분위기를 자아낸다. 그러면서도 건물은 주변 자연경관과 조화를 이루고 있다. 제주도립미술관은 건

제주도립미술관은 노출 콘크리트 외벽이 인상적이다. 그러면서도 주변 자연과 조화를 이루고 있다.

축과 자연이 조화를 이룬, 대표적인 제주 현대 건축의 명소이다. 미술관 앞에는 넓은 연못이 펼쳐져 있어서, 건물이 물 위에 떠 있는 듯한 느낌을 준다. 주변의 조경과 수면에 비친 건물의 그림자가 어우러져 아름다운 장면을 만든다. 연못 주변에는 제주의 상징을 담은 조형물이 설치되어 있다. 조형물 소재는 해녀, 물고기, 배, 현무암 등이다. 이 모든 풍경을 가만히 보고 있으면 마음이 정화된다. 1층은 실내 전시 공간으로 상설전과 기획전이 열린다. 특히 연중 다양한 기획전이 진행되며, 홈페이지를 통해 전시 정보를 확인할 수 있다. 주제는 제주의 자연, 역사, 문화, 인간과 생명의 조화 등 다양하다. 전시 장르는 회화, 사진, 조각, 설치미술 등으로 폭넓게 다룬다. 계절과 주제에 따라 달라지는 기획전은 올 때마다 새로운 감동을 준다.

2층에는 옥외 정원이 있어서, 한라산의 아름다운 풍경을 전망하기 좋다. 옥외 정원은 휴식과 산책 공간으로 활용도가 높다. 맑은 날엔 한라산의 푸른 능선이 선명하게 보인다. 흐린 날엔 산등성이에 구름이 낮게 걸려 몽환적인 분위기를 감상할 수 있다. 옥외 정원에서 한라산의 바람을 느끼며 걷다 보면, 제주의 아름다운 풍경이 천천히 마음에 들어와 한 폭의 그림이 된다.

ONE MORE 여기도 좋아요!

봄엔 유채와 청보리, 가을엔 메밀꽃
오라동 메밀밭

📍 제주시 오라이동 산76
🕘 매일 09:00~18:00
　　청보리 4월 말~5월 말, 메밀꽃 9월 중순~10월 중순
₩ 성인 4,000원 🚗 전용 주차장
ℹ️ 찾아가기 제주도립미술관에서 자동차로 7분

오라동 메밀밭은 메밀밭도 아름답지만, 이곳에서 내려다보는 풍경이 무척 매력적이다. 너른 들판에는 사계절 내내 계절 꽃들이 흐드러지게 피고, 그 너머로는 제주 시내가 훤히 내려다보인다. 한라산을 등지고 서면 30만여 평의 농장이 펼쳐져 있다. 농장은 해발 500m 지점에 있다. 얕은 돌담과 나무로 둘러싸여 있어 누구나 자유롭게 드나들 수 있다.

한라산 중턱에 자리한 광활한 농장은 계절에 따라 유채, 청보리, 메밀꽃 명소로 탈바꿈하며 여행객을 맞이한다. 4월이면 유채꽃과 청보리가 장관을 이루고, 가을에는 메밀꽃이 만개한다. 봄에는 청보리 축제가 열리고, 노란 유채꽃이 산허리를 수놓는다. 유채꽃밭 사이로 포토 스폿인 소나무가 우뚝 서 있고, 뒤로는 한라산이 펼쳐져 있어서 인생 사진 남기기 좋다. 가을에는 메밀꽃 축제가 열린다. 새하얀 메밀꽃이 햇볕을 듬뿍 받고 흐드러지게 피어나 들판을 가득 채운다. 메밀밭 가장 높은 언덕 위에 오르면 멀리 바다까지 시원하게 한눈에 들어온다.

CAFE 제주도립미술관 주변의 카페

☕ **한라산 아래 정원이 멋진 카페**
미스틱 3도

📍 제주시 1100로 2894-49
📞 0507-1312-2905
🕐 매일 08:30~19:00(라스트오더 18:30) 🚗 전용 주차장
ℹ️ 찾아가기 제주도립미술관에서 도보 8분, 자동차로 1분
🌐 인스타그램 @mystic3_cafe 🐾 반려동물 동반 가능

미스틱 3도는 도깨비 도로로 알려진 신비의 도로 옆에 있다. 한라산을 배경으로 펼쳐진 제주 최대 규모의 가든 뷰 카페이다. 카페 1층은 따뜻한 분위기이며, 커다란 통유리창이 있다. 루프톱에 오르면 한라산이 한눈에 펼쳐진다. 이렇게 카페도 유명하지만, 미스틱 3도는 특별한 정원 때문에 더 유명하다. 인스타 감성의 넓은 조각 정원을 갖추고 있기 때문이다.

5,000평 규모의 조각 공원을 거닐다 보면 부잣집 개인 정원을 구경하는 듯한 기분이 든다. 정원 곳곳에 설치된 야외 테이블에서 커피를 마실 수 있다. 정원의 테이블은 커피를 마시며 대화를 나누는 사람들로 북적인다. 날씨가 좋은 날이면 한라산이 손에 잡힐 듯 가까이 다가온다. 커피 타임이 끝났다면 넓은 정원을 거닐며 산책해 보길 권한다. 정원에서는 도깨비를 모티브로 한 귀엽고 익살맞은 조각상들을 만나볼 수 있다. 또 정원에는 노니는 미니 말 포니가 있으니, 먹이 주기 체험을 해보는 것도 좋다. 정원에서 작은 제주를 만나는 기분이 든다. 공항과도 가까워 여행을 마무리하기 좋다.

내도 음악 상가
음악과 바다 사이에, 감성 LP 바

- 제주시 테우해안로 106
- 0507-1338-9262
- 매일 17:00~24:00
- 건물 주차장 혹은 이면도로, 해안도로 갓길 주차
- 찾아가기 제주국제공항에서 자동차로 15분
- 인스타그램 @recordbar.naedo

제주국제공항과 이호테우 해수욕장 서쪽, 제주시 내도동의 조용한 바닷가에 자리한 레코드 바이다. 주인이 오랫동안 모아온 LP 음반을 최상의 사운드 시스템으로 감상할 수 있다. 시끌벅적한 대화보다는 조용히 취향에 맞는 음악을 들으며 편하게 술과 분위기를 즐기고, 그 순간의 기분과 감정에 집중할 수 있는 곳이다. 술과 음악에 더해 창밖으로는 아름다운 바다가 펼쳐지니, 꿈꾸는 세계에 온 듯 마음이 황홀해진다.

LP 바 입구에 '조용히 속삭여주세요'라는 안내문이 붙어있다. 간격을 두어 좌석을 배치한 점도 눈에 띈다. 주인의 이런 노력 덕분에 음악에 집중할 수 있다. LP의 트랙을 넘기는 사이의 짧은 정적

마저 음악처럼 느껴진다. 한편에는 LP 음악을 체험할 수 있는 공간도 있다. 나무 책상과 의자 두 개가 있다. 책상 위에는 음반 몇 장과 턴테이블이 있고, 책상 왼쪽 벽에는 음악을 들을 수 있는 헤드폰이 걸려 있다. LP 음반과 턴테이블을 처음 접하는 이들에겐 새로운 세계를 경험할 수 있는 아주 유용한 공간이다.

내도 음악 상가는 낮과 밤의 매력이 다르다. 낮에 가면 푸른 바다를 원 없이 눈에 넣을 수 있어서 좋다. 해가 질 무렵 찾아가면, 석양이 바다와 하늘에 만들어 내는 황홀한 색채의 향연을 감상할 수 있다. 해가 지기 전에 방문하여 두 시간 남짓 머문다면 두 가지 분위기를 모두 느낄 수 있다. LP 바가 대부분 그렇듯 이곳에서도 듣고 싶은 음악을 신청할 수 있다. 음악 이름을 적어 카운터에 내면 된다. 자신이 좋아하는 음악을 타인과 공유하는 재미가 남다르다. 멋진 음악이 흐르는데, 술이 빠질 순 없다. 이곳에서는 맥주와 하이볼, 위스키, 와인까지 두루 즐길 수 있다. 무알코올 음료도 있다. 좋은 음악은 술맛을 돋우고 걱정과 고민을 잠시 잊게 해준다. 내도 음악 상가는 혼자만의 시간을 보내기 더없이 좋은 곳이다. 내도동과 이호동 바닷가를 산책하며 LP 음악의 여운을 이어가도 좋겠다.

...
바다가 보이는
감성 깊은 LP 바
음악과 바다가 만드는
황홀한 저녁

ONE MORE 여기도 좋아요!

초승달처럼 생긴 해변
이호테우 해수욕장과 말 등대

📍 **이호테우 해수욕장** 제주시 이호일동 1665-13
　말 등대 제주시 이호일동 374-1
📞 064-728-3994
🕐 **개장** 7월 1일~8월 31일(날씨에 따라 조기 개장 가능)
🚗 **전용 주차장** ⓘ **찾아가기** 내도 음악 상가에서 자동차로 2분, 걸어서 9분 🐾 **반려동물** 동반 가능

부드러운 곡선을 그리는 해안 풍경이 초승달처럼 아름다운 해변이다. 이호 지역민들이 뗏목 배 '테우'로 고기를 잡았다고 해서 '이호테우'라는 이름을 얻었다. 해수욕장 주변으로 멋스러운 카페와 맛집이 많이 들어서 있다. 캠핑족들이 많아서 야간에도 사람들로 북적인다. 해수욕장 동쪽 끝 얕은 바다에는 제주어로 '원담'이라 부르는 돌담이 있다. 밀물에 몰려든 고기떼들이 썰물 때 빠져나가지 못하도록 둥글게 쌓은 담이다. 원담은 돌을 활용한 자연 그물이었다. 매년 여름이면 열리는 이호테우 축제에서 원담을 체험할 수 있다. 축제 기간에 테우 노 젓기 대회, 원담 고기 잡기, 윈드서핑 및 요트 시연, 테우 모형 만들기 대회 등이 열린다.

해수욕장에서 멀지 않은 방파제에 조랑말 모양을 한 빨간색과 하얀색 쌍둥이 등대가 서 있다. 높이가 12m인 등대는 그리스 신화 속 '트로이의 목마'를 떠올리게 한다. 2008년 등대를 세운 이후 이곳은 사진 촬영 명소가 되었다. 해가 질 무렵 바다를 배경으로 서 있는 등대의 모습이 특히 아름답다.

파도가 만든 둥글둥글한 쉼표
내도동 알작지 해변

📍 제주시 테우해안로 60
🚗 주변 도로
ℹ️ 찾아가기 내도 음악 상가에서 자동차로 1분, 걸어서 7분

동글동글한 자갈이 깔린 해변이다. '알작지'란 알처럼 둥글고 작다는 뜻이다. 해변의 몽돌을 이렇게 표현한 것이다. 이 자갈은 한라산 계곡을 따라 물에 운반된 바위 조각들이 오랜 시간 파도에 닳아 형성된 것이다. 몽돌은 파도가 밀려올 때마다 청아한 소리를 낸다. 해변은 해수욕에는 적합하지 않다. 하지만 한없이 푸른 바다, 파도와 시간이 만든 몽돌이 독특한 풍경을 보여준다. 고요한 정취와 이국적인 풍경 덕분에 사계절 여행자의 발걸음이 이어진다. 해변 안쪽에 마을 사람들이 소원과 희망을 돌에 담아 쌓은 방사탑이 있다. 한적한 마을 내도동과 함께 둘러보자.

제주 감성을 데리고 가자
오 베리 굿즈

📍 제주시 테우해안로 46, 2층
📞 0507-1404-3278
🕐 월~금 10:00~18:00, 토~일 14:00~18:00 🚗 주변 갓길
ℹ️ 찾아가기 내도 음악 상가에서 자동차로 1분, 걸어서 9분
🌐 인스타그램 @5verygoods

오 베리 굿즈는 제주를 주제로 한 의류와 디자인 소품을 판매하는 체험형 편집숍이다. 알작지 해변 길 건너에 있다. 직접 디자인한 다양한 소품과 의류가 매장 곳곳을 채우고 있다. 제주 지역 작가들의 개성 있는 작품들도 전시·판매되어 예술적인 감성을 더한다. 매장에 들어서는 순간, 제주만의 색과 질감을 오롯이 느낄 수 있다. 창의적인 카피와 독창적인 디자인이 돋보이는 옷들을 이곳에서만 만나볼 수 있다. 일상에서 입기 좋은 실용적인 디자인부터 개성 넘치는 한정판까지 다양하다. 레진 아트, 실크스크린, 커스텀 머그잔 등 어른들을 위한 다양한 체험 프로그램도 운영 중이다.

RESTAURANT & CAFE 내도 음악 상가 주변의 맛집과 카페

담백하고 고소한 국수 한 그릇
자매 국수

- 제주시 항골남길 46 📞 064-746-2222
- 09:00~18:00 (브레이크타임 14:30~16:30, 수 휴무)
- 전용 주차장 찾아가기 내도 음악 상가에서 자동차로 3분

고기국수는 제주를 대표하는 음식이다. 건면 국수가 나오기 시작한 1910년대 초부터 제주도에선 돼지 뼈를 우린 국물에 국수를 삶아 먹기 시작했다. 잔칫날엔 빠짐없이 고기국수를 내왔다. 자매 국수는 고기국수 맛집 중에서 단연 돋보인다. 돼지 뼈와 살코기를 고아 만든 육수에 면을 넣고 잘 삶은 돼지고기를 고명처럼 얹어준다. 돼지고기엔 비계가 도톰하게 붙어있다. 이 집은 돼지누린내를 잘 잡아 국수가 담백하고 고소하다. 고기국수가 처음인 사람도 거부감이 없이 즐길 수 있다. 고기국수가 낯설거나 부담스럽다면 매콤하고 달콤한 양념장이 일품인 비빔국수를 추천한다.

이국적인 오션 뷰 카페
바이러닉 에스프레소 바 제주점

- 제주시 테우해안로 96 📞 0507-1377-5975
- 09:00~20:30 (라스트오더 20:00)
- 전용 주차장 찾아가기 내도 음악 상가에서 자동차로 1분, 걸어서 1분 인스타그램 @byronic_jeju
- 반려동물 동반 가능

내도 음악 상가에서 걸어서 1분 거리인 해안가에 있는 오션 뷰 카페이다. 프랭크 게리의 건축을 연상시키는 이국적인 외관이 시선을 붙잡는다. 1층은 주문과 픽업 전용이고 2, 3층은 바다를 바라보며 커피를 마실 수 있는 공간이다. 4층 루프톱은 탁 트인 주위 풍광을 감상하기 좋다. 날이 좋을 때는 건물 야외 자리도 명당이다. 시그니처 메뉴는 에스프레소, 마카다미아 라테, 꺼멍 라테, 달콤하고 부드러운 바이러닉 푸딩이다. 에스프레소와 입안에 들어오는 순간 사르르 녹는 쫀득한 푸딩의 조합이 아주 좋다. 3층 한편엔 사진 스튜디오가 있다. 상주하는 포토그래퍼가 사진을 찍어준다.

밀크티에 진심이다
카페 진정성 종점

- 제주시 서해안로 124 📞 064-747-7624
- 매일 09:00~21:00 🅿 전용 주차장
- 찾아가기 내도 음악 상가에서 자동차로 4분
- 인스타그램 @cafe_jinjungsung

조랑말 등대와 도두봉 사이 바닷가에 있다. 본점이 있는 김포 시절부터 깔끔한 밀크티로 이미 입소문이 자자한 곳이다. 밀크티는 우유에 홍차를 우려내서 만드는데, 이 집은 차가운 우유에 홍차 잎과 비정제 설탕을 넣고 긴 시간 동안 우려내는 방식을 고집한다. 이렇게 해야 밀크티 맛이 깔끔하고 차향이 깊게 배어나기 때문이다. 밀크티뿐 아니라 커피, 차, 제주산 감귤과 당근으로 만든 음료 등도 판매하는데, 맛이 흠잡을 데 없다. 카페에서 마당으로 나가면 야자수와 푸른 바다가 이국적인 풍경을 연출해 준다. 카페와 마당 사이, 회랑 한편에 자라는 '나 홀로 나무'도 눈여겨보자.

아름다운 바다, 맛있는 디저트
외도 339

- 제주시 일주서로 7345 📞 0507-1345-0339
- 매일 09:00~22:00 (라스트오더 21:30)
- 🅿 전용 주차장
- 찾아가기 내도 음악 상가에서 자동차로 4분
- 인스타그램 @oedo339_jeju 🐾 반려동물 동반 가능(실외)

오션 뷰가 매혹적인 베이커리 카페다. 통창 너머로 펼쳐지는 바다 풍경이 이곳의 시간을 한층 특별하게 만든다. 이곳의 빵은 서울 3대 빵집 출신 셰프가 직접 구워낸다. 모든 빵과 케이크는 당일 생산·당일 판매를 원칙으로 한다. 커피는 스페셜티 원두를 블렌딩해서 깊고 균형 잡힌 맛을 낸다. 제주 수박으로 만든 시원한 땡모반과 제주 애플망고 주스도 인기다. 푸른 바다를 감상하며 보디감 좋은 커피와 달콤한 디저트, 제주 감성이 담긴 음료를 즐기다 보면 이 시간이 더 소중하게 느껴진다. 여행을 더 오래 기억하고 싶다면 밖으로 나가 바다를 배경으로 멋진 사진을 찍어보자.

PART 3
제주시 서부권
애월읍·한림읍·한경면

> 애월읍
> 해안권1

애월 해안로
환상 드라이브, 서쪽 바다 제대로 즐기기

◎ 제주시 애월읍 애월 해안로 991
ⓘ **찾아가기** 제주국제공항에서 자동차로 20분

> 바다를 품은 애월 해안로
> 라이더와 올레꾼이 인사하고
> 쪽빛 바다와 붉은 노을이
> 당신의 마음을 빼앗는다.

애월 해안로는 제주 북서부 해안선을 따라 남쪽으로 달린다. 푸른 바다와 불타는 일몰을 감상할 수 있는 명품 드라이브 코스이다. 1989년부터 조성되기 시작하여 1997년에 완공되었다. 출발 지점은 애월읍 하귀리의 가문동 포구이다. 길은 약 8km를 달려 애월항에서 마침표를 찍는다. 해안선을 따라 부드러운 곡선을 그리며 달리는 도로는, 단순한 도로를 넘어선다. 애월 해안로는 수시로 여행자를 에메랄드빛 바다로 안내한다. 여행자는 누구나 자연스럽게 창문을 연다. 파도 소리에 귀 기울이게 되고, 바다는 민트 블루, 에메랄드, 코발트블루로 색깔을 달리하며 한 폭의 풍경화를 만든다. 바다 풍경에 반한 당신은 연신 환호성을 지를 것이다. 바다만 매력적인 게 아니다. 도로를 따라가다 보면 저마다 다른 매력을 지닌 마을과 포구들

이 이어진다. 소금 마을로 불리는 구엄리는 그중에서도 특히 유명한 장소다. 이곳에서는 제주에서 보기 드물게 남은 돌염전이 특별한 풍경을 자아낸다. 돌염전이란 바닷가 현무암 위에 약간의 인공을 가해 만든 염전이다. 돌염전과 푸른 바다 풍경도 아름답지만, 염전 물웅덩이에 비친 하늘은 마치 여행 엽서의 한 장면 아름답다. 게다가 구엄 포구와 구엄리 해변에서 바라보는 석양은 여행자의 감탄을 자아낸다. 조금 더 서쪽으로 달리면 신엄리 방파제가 나온다. 이곳은 낚시꾼들에게도 인기 있는 스폿이다. 고요한 바다에 낚싯대를 드리운 풍경은 제주만의 정취를 담고 있다. 근처에 남도리 쉼터도 있다. 이곳은 바다와 인접한 휴식 공간으로, 잠시 차를 멈춰 세우고 바닷바람 맞으며 쉬어가기 좋다. 그 아래 고내 포구는 해녀와 어민들의 생생한 삶의 현장이다.

애월 해안로는 단순한 통과 지점이 아니라, 그 자체가 하나의 목적지다. 가도 가도 끝없는 풍경이 펼쳐지고, 가는 길목마다 오션 뷰 카페와 감성적인 맛집이 여행자들을 반긴다. 특히, 카페 테라스에서 바라보는 석양은 일상에서 벗어나 온전히 자연에 머무는 기분을 느끼게 해준다. 해안도로 중간중간에는 독채 펜션이나 소규모 숙소들도 다양해, 하룻밤 묵어가기 좋다.

ONE MORE 여기도 좋아요!

집처럼 아늑하다
애월 책방 이다

📍 제주시 애월읍 고내북길 15 📞 0507-1342-9728
🕙 10:00~18:00(화 휴무) 🚗 주변 골목 주차
ℹ️ 찾아가기 애월읍 가문동 포구에서 자동차로 12분
🌐 인스타그램 @aewol_bookshop

애월읍 고내리는 올레 16코스가 지난다. 해안과 중산간 풍경이 어우러지는 마을이다. 골목마다 따뜻한 사연이 숨어있어서 오래 머물수록 그 진가를 느낄 수 있다. 고내포구 인근 골목에는 소품 가게, 카페, 음식점 등 개성 있는 로컬 상점들이 조용한 매력을 뿜어낸다. 이 마을에는 무계획 여행 중 잠시 들르기 좋은 '애월 책방 이다'가 있다. 책방지기가 2층 양옥집을 리모델링해 연 책방은 마치 친구 집처럼 아늑하다. 나무 바닥과 천장, 직접 만든 패브릭 소품, 빈티지 인테리어가 어우러져 집 안 서재 같은 편안함을 준다. 신발을 벗고 들어가면 햇살이 드는 공간에서 커피 향과 책 내음이 반긴다. 인문, 에세이, 시, 소설 중심의 서적들이 책방을 지키고 있다. 책방지기가 손 글씨로 남긴 추천 글이 따뜻함을 더한다. 책방 한편에 마련된 작은 좌식 공간은 혼자 책을 읽거나 조용히 사색하기에 제격이다. 계절마다 조금씩 달라지는 내부 풍경도 이곳을 자주 찾게 만드는 이유다. 여유롭게 둘러본다면 조용한 감동과 함께 마음이 정화되는 경험을 하게 될 것이다.

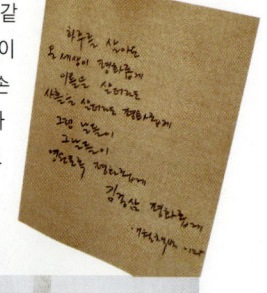

RESTAURANT & CAFE 애월해안로 주변의 맛집과 카페

🍴 제주 로컬 푸드의 대표 선수
문동일 고사리 육개장

📍 제주시 애월읍 하귀동남4길 13-1 📞 0507-1425-1781
🕐 09:00~17:00(라스트오더 16:30, 화 휴무)
🚗 식당 옆 공영주차장 ℹ️ 찾아가기 애월읍 가문동 포구에서 자동차로 5분 🌐 인스타그램 @moon_dongil

녹차 고을은 프랑스 유명 요리 학교 르 꼬르동 블루 출신 문동일 셰프가 운영하는 제주 로컬 푸드 전문점이다. 지역 식재료를 활용하여 제주 전통음식을 현대적 감각으로 재해석한 정갈한 밥상을 선보이고 있다. 대표 메뉴는 들깨 녹차칼국수와 흑돼지 떡갈비다. 두 메뉴를 모두 맛보고 싶다면 녹차칼국수 세트를 주문하자. 특허받은 쫄깃한 면과 고소한 국물이 일품인 들깨 녹차칼국수, 간장 꾸지뽕 소스로 만든 흑돼지 떡갈비, 이 둘의 궁합이 훌륭하다. 특히 들깨 녹차칼국수의 진득하면서 고소한 맛은 많은 손님이 다시 찾고 싶어 하는 이유 중 하나다. 제주의 감성이 스며든 고사리 육개장도 인기 메뉴이다.

🍴 오션 뷰로 즐기는 제주 흑돼지
돌밭 애월 흑돼지

📍 제주시 애월읍 애월해안로 249 📞 0507-1375-1255
🕐 11:30~22:00(브레이크타임 15:30~17:00, 라스트오더 21:00, 4번째 화 휴무) 🚗 전용 주차장 ℹ️ 찾아가기 애월읍 가문동 포구에서 자동차로 12분 🌐 인스타그램 @dottbat

고내 포구 바로 앞에 있다. 넓게 펼쳐진 바다 풍경을 바라보며 고기를 구워 먹는 경험은 제주 여행을 특별하게 만들어 준다. 자체 농장에서 직접 기른 흑돼지 중에서도 최상급만을 선별하여 사용한다. 입구에 들어서면 고기 숙성 냉장고가 시선을 끈다. 손님은 눈으로 고기의 신선도를 확인할 수 있어 믿음이 간다. 대표 메뉴는 돌밭 스페셜로, 흑돼지 오겹살과 목살 500g이 함께 제공된다. 고기는 직원이 직접 구워주기 때문에 가장 맛있는 타이밍에 가장 맛있는 방식으로 먹을 수 있다. 직접 개발한 멜젓이 고기의 풍미를 배가시킨다. 식사 후에는 파도 소리 벗 삼아 고내 포구를 꼭 산책해 보자.

애월읍 해안권2

청수당 애월
오션 뷰 카페에서 여백 같은 휴식을

📍 제주시 애월읍 애월로1길 19
📞 070-4121-2782
🕐 매일 10:30~21:00(라스트오더 20:00)
🚗 전용 지하 주차장
ℹ️ 찾아가기 제주국제공항에서 자동차로 25분
🌐 인스타그램 @cheongsudang_aewol

돌담과 정원이 아름다운 애월의 오션 뷰 카페에서 여백 같은 휴식을 조용히 즐겨보자

서울시 종로구 익선동에서 시작된 감각적인 베이커리 브랜드 청수당이 제주 애월에 분점을 열었다. 세련된 현대 감성과 한옥 이미지에서 영감을 얻은 고즈넉한 아름다움이 어우러진 공간으로, 애월 카페 거리에 새로운 결을 더했다. 한담 해변과 도보로 가까운 거리에 있어서 산책 후 들르기에 좋다. 입구에 들어서면 낮은 제주 돌담과 아름다운 정원이 반겨준다. 대나무와 초록 식물 사이를 걷는 것만으로도 마음이 맑아지는 기분이 든다.

외부 정원을 지나 내부로 들어서면, 한옥 구조를 현대적으로 재해석한 넓고 개방적인 공간이 펼쳐진다. 나무의 온기가 느껴지는 실내엔 탁 트인 창을 통해 햇살이 스며든다. 무엇보다 매력적인 건, 실내로 끌어들인 정원이다. 연못과 대나무, 돌, 수풀이 조화를 이룬

실내 정원은 전통을 현대적이고 감성 깊게 재해석했다. 전통 정원의 미학을 현대적으로 아름답게 구현했다.

카페 곳곳에는 옛 물건과 모던한 소품이 매력적인 분위기를 연출한다. 감각적인 공간이 많아서, 발길 닿는 곳이 어디든 인생 사진을 남기기 좋다. 복층 구조로 이루어진 2층에서는 애월 바다가 시원하게 펼쳐진다. 반짝반짝 윤슬이 인사한다. 가만히 바다를 내려다보며 앉아 있으면, 제주 바람과 파도 소리가 그대로 전해져 오는 것 같다. 창밖 풍경과 따뜻한 커피 향이 은은하게 행복감을 느끼게 해준다. 혼자만의 사색을 즐기기에도, 연인이나 친구와 여유로운 대화를 나누기에도 더없이 좋은 공간이다.

청수당 애월의 시그니처 디저트는 당근과 땅콩으로 만든 프로마쥬이다. 제주 재료의 신선함과 달콤함, 고소함이 입안에서 작은 향연을 펼친다. 할망 아이스티, 달걀 커피도 이 집의 시그니처 메뉴이다. 이 밖에 다양한 음료 메뉴와 브런치 메뉴도 있어서 선택의 폭이 넓다.

황혼 무렵, 바다가 붉게 물들고 조명이 하나둘 켜지면, 청수당 애월엔 한옥 인테리어의 깊이와 제주 자연의 감성이 겹치며 이곳만의 시간이 흐르기 시작한다. 속도를 늦추고 싶은 순간, 오션 뷰 카페에 앉아 조용한 여백 같은 휴식을 누려보자.

ONE MORE 여기도 좋아요!

감각적인 카페에서 튀르키예식 샌드 커피를
오아시스 80

- 제주시 애월읍 애월로1길 26-7
- 070-4119-6693
- 매일 10:00~20:00
- 애월 카페 거리 1, 2, 3 주차장
- 찾아가기 한담 해변의 애월 카페 거리에서 걸어서 1분, 자동차로 1분
- 인스타그램 @oasis80_official

한담 해변 옆 애월 카페 거리에 있는, 분홍빛 외벽이 이국적인 카페이다. 배우 이동건이 직접 기획하고 운영에 참여한 카페로, 오래된 주택을 개조해 만들었다. 내부로 들어서면 고풍스러운 색감의 가구와 앤티크 소품들이 어우러져 독특한 감성을 전한다. 차분한 조명 아래 자리한 테이블마다 이야기가 깃든 듯하고, 벽면에 놓인 장식품이 눈길을 끈다. 공간 전체에서 느껴지는 따뜻함은 처음 찾는 이들에게도 낯설지 않은 인상을 남긴다. 이곳에서 가장 눈에 띄는 메뉴는 튀르키예 전통 방식으로 내리는 샌드 커피이다. 뜨거운 모래 위에서 천천히 추출되는 커피는 깊고 진한 풍미를 지녔다. 피스타치오 와플과 카이막 밀크 같은 이색적인 디저트를 함께 곁들이기 좋다.

오아시스 80은 단순한 카페를 넘어 문화와 예술을 접목한 공간으로 확장되고 있다. 전시, 공연 등 다양한 이벤트도 계획 중이다. 제주의 아름다운 자연과 이국적인 감성을 더불어 느끼고 싶다면, 오아시스 80에서 잠시 멈추어 보자. 천천히 여행하고, 천천히 마시며, 마음이 머무는 시간을 만나게 될 것이다.

RESTAURANT & CAFE 청수당 애월 주변의 맛집과 카페

🍽 제주에서 즐기는 싱가포르의 맛
호커 센터

📍 제주시 애월읍 애월로11길 25-2 📞 0507-1405-8989
🕐 11:30~20:00(브레이크타임 15:30~17:00, 수 휴무)
🚗 주변 골목 ℹ️ 찾아가기 한담 해변의 애월 카페 거리에서 자동차로 3분 🌐 인스타그램 @aewolhawker

싱가포르의 호커 센터Hawker Center를 연상시키는 독특한 분위기와 다양한 아시아 요리로 여행자들의 입맛을 사로잡는 곳이다. 원래 호커 센터는 시장처럼 떠들썩한 분위기 속에서 식사하는 즐거움을 누릴 수 있다. 제주 애월의 호커 센터도 싱가포르의 호커 센터와 매우 닮았다. 식당의 메뉴는 싱가포르, 말레이시아, 태국 등 동남아시아의 대표 요리들로 구성되어 있다. 대표적인 메뉴로는 칠리크랩, 바쿠테, 사테, 솜땀, 발리 폭립 등이 있으며, 각 요리는 현지의 맛을 최대한 재현하여 제공된다. 식당 근처에 애월항과 제주 바다가 펼쳐져 있어서, 식사 후 산책을 즐기기 좋다.

🍽 정이 담긴 따뜻한 한 끼
개성 보리밥 칼국수

📍 제주시 애월읍 애월로11길 17
📞 064-799-8342
🕐 09:30~18:00(일 휴무) 🚗 주변 길가
ℹ️ 찾아가기 한담 해변의 애월 카페 거리에서 자동차로 3분

애월읍 시내에 있는 보리밥과 칼국수 전문 식당이다. 고소한 보리밥에 신선한 나물과 직접 만든 양념장을 곁들여 비벼 먹는 보리 비빔밥은 담백한 풍미가 은은하게 감돈다. 쫄깃한 면발과 진한 멸치 육수가 어우러진 칼국수는 뜨끈한 국물 한 숟갈만으로도 속이 풀린다. 두 메뉴 모두 제주산 채소와 재료를 아낌없이 사용해 건강한 맛을 느낄 수 있다. 매일 아침 정성껏 준비하는 반찬들은 소박하지만, 깊은 맛을 담고 있다. 오래된 단골이 많아 점심시간이면 금세 자리가 차는 인기 맛집이다. 제주의 한 끼를 천천히 음미하며 여행의 속도를 잠시 늦춰보기에 딱 좋은 공간이다.

☕ 느리게 흐르는 시간의 온기
시간과 온도

📍 제주시 한림읍 귀덕남동3길 27 📞 0507-1324-4630
🕐 10:00~16:30 (목 휴무) 🚗 전용 주차장
ℹ️ 찾아가기 한담 해변의 애월 카페 거리에서 자동차로 12분
🌐 인스타그램 @time_temp_jeju

여행자에게 잠시 숨 고르는 시간을 선사해 주는 곳이다. 외관은 소박하고 단정하며, 실내는 아늑하다. 창밖으로는 평온한 제주 농촌의 풍경이 펼쳐지고, 그 너머로 느릿한 하루가 흐른다. 커피 한 잔을 곁에 두고 창가에 앉아 있노라면, 지친 몸과 마음이 천천히 풀리는 것을 느낄 수 있다. 시그니처 메뉴는 스페셜티 원두로 내린 핸드드립 커피다. 함께 내어주는 샤브레 쿠키는 깊은 풍미의 커피와 절묘한 조화를 이룬다. 이곳은 빵 맛집이기도 하다. 최고급 프랑스 밀가루로 구운 사워 도우 캉파뉴, 탕종 베이글과 치아바타로 만든 잠봉뵈르까지 정성 가득한 빵들이 진열장을 채운다. 시간과 온도에서 느린 시간의 흐름을, 그 따뜻한 온기를 천천히 경험해 보자.

☕ 제주 바다와 유럽 감성이 만나는 곳
올 댓 커피 제주

📍 제주시 애월읍 애월로1길 26-4 📞 0507-1390-1215
🕐 매일 10:00~20:00 🚗 전용 주차장
ℹ️ 찾아가기 한담 해변의 애월 카페 거리에 있음
🌐 인스타그램 @allthatcoffee.jeju
🐾 반려동물 동반 가능 (2층 실내 제외)

유럽풍 감성과 제주 바다 풍경이 어우러진 공간이다. 유럽 작은 골목을 옮겨놓은 듯한 외관과 인테리어가 인상적이다. 카페 외관이 자연스럽게 여행자의 발길을 멈추게 한다. 넓은 잔디 마당도 매력적이다. 카페 안으로 들어서면 앤티크한 소품과 고풍스러운 가구들이 공간을 채우고 있다. 잔잔한 재즈 음악까지 흐르고 있어서 마치 미국이나 유럽 여행 중 잠시 들른 카페 같은 느낌을 준다. 이곳의 루프톱은 꼭 올라가 보자. 탁 트인 애월 바다 풍경이 한눈에 들어오고, 그 바다를 배경으로 여유로운 시간을 보낼 수 있다. 햇살 좋은 오후, 커피 한 잔을 마시는 일은 그 자체로 여행의 쉼표가 된다.

애월 바다를 품은 감성 카페
해지개

- 제주시 애월읍 애월북서길 52
- 0507-1358-8586
- 매일 09:00~21:00 (라스트오더 20:20)
- 카페 앞 및 하이월드 제2주차장
- 찾아가기 한담 해변의 애월 카페 거리에 있음
- 인스타그램 @haejigae_jeju

제주시 애월읍에 자리한 카페 해지개는 고즈넉한 분위기와 시원하게 펼쳐진 오션 뷰가 어우러진 감성적인 공간이다. 한담 해안 산책로에서 가까워, 산책 후 들러 휴식하기 좋다. '해가 넘어가는 곳'이라는 이름처럼, 에메랄드빛 바다가 매혹적이고, 바다 위로 붉게 물드는 노을을 감상하기에 더없이 좋은 곳이다. 카페는 1층과 2층으로 구성되어 있으며, 모든 좌석을 탁 트인 바다를 바라볼 수 있도록 배치했다. 내부는 대나무와 창살 문, 전통 장식으로 꾸며져 있어서 한옥의 정취와 현대적인 감각이 자연스럽게 조화를 이룬다. 대표 메뉴는 현무암 빵, 오메기 빵, 사과빵 등 제주 재료로 만든 베이커리로, 방문객들에게 호평을 받는다. 빵은 당일 생산·당일 판매를 원칙으로 한다. 음료는 커피와 티는 물론 에이드, 미숫가루, 쑥 라테, 검정깨 라테까지 다양하게 준비되어 있다. 바다와 노을, 그리고 제주만의 맛이 어우러진 해지개는 애월에서 꼭 들러야 할 카페다. 잠시 앉아 차 한 잔을 마시는 것만으로도 제주의 시간과 풍경이 온전히 내 곁에 머문다.

애월읍 해안권3

한담 해안 산책로
파도가 말을 거는 매혹적인 바닷길

◎ 제주시 애월읍 애월리 2459-1(애월 한담 공원)
🚗 한담 주차장 1, 애월 한담 공원 주차장, 애월 한담 주차장
ℹ️ **찾아가기** 제주국제공항에서 자동차로 25분

한담 해안 산책로는 제주시 애월읍 애월리 한담 해변 카페 거리에서 시작해 곽지 해수욕장까지 이어지는 약 1.2km의 구불구불한 해안 산책길이다. 드넓은 제주 바다를 바로 곁에 두고 걷는 이 길은 바다와 가장 가까운 산책로이다. 탁 트인 수평선을 눈에 넣으며 걷다 보면 바람과 파도 소리가 다가와 말을 걸고, 맑은 햇살과 애월 바다의 윤슬이 인사를 한다. 그뿐이 아니다. 해안 절벽에 부딪히는 물결, 그리고 간간이 들려오는 갈매기 소리가 산책길을 음악처럼 채운다. 아스팔트도, 나무 덱도 아닌 현무암이 깔린 평평한 돌길이 발걸음마다 제주의 감성을 느끼게 해준다. 계절마다 색이 달라지는 풍경도 한담 해안 산책로의 매력 중 하나다. 봄이면 유채꽃과 야생화가 길가를 물들이고, 여름에는 푸른 바다와 짙은 초록이 어우러진다. 가을이면 노랗게 변한 들풀과 은은한 햇살 아래 억새가 손을

...
파도와 윤슬이 인사하는
바다와 가장 가까운 길
제주의 자연과 감성을
오감으로 느끼는 여정

흔들고, 겨울엔 바다가 묵직한 푸르름으로 반겨준다. 한담 해안 산책로는 2009년 '제주시 숨은 비경 31' 중 한 곳으로 선정되며 입소문을 타기 시작했고, 그 무렵 올레길 코스로 지정되며 주목받기 시작했다. 올레길 15-B 코스가 이 길을 지난다. 이곳이 본격적으로 주목받은 건 드라마 〈맨도롱 또똣〉이 방영되면서부터다. 드라마 속 강소라와 유연석이 함께 걷던 길이 바로 이 산책로였고, 그 배경이 시청자들의 감성을 자극했다. 그 무렵 카페 봄날과 몽상드 애월이 더해지며 젊은 여행자들의 발길이 이어지기 시작했다. 또 하나의 결정적 계기는 〈효리네 민박〉이었다. 이효리와 아이유가 해 질 무렵 바다를 바라보며 나란히 앉아 대화를 나누던 장면, 기억하는가? 그 장면이 찍힌 곳이 바로 이 한담 해변이었다. 그 이후 이 길은 단순한 산책로가 아닌, '제주의 감성 포인트'로 자리매김하게 되었다. 한담 해안 산책로는 혼자 조용히 걷기에도, 친구와 담소를 나누기에도 더없이 좋은 길이다. 산책로를 걷다 보면 고래 바위, 하마 바위 같은 독특한 현무암 지형들도 만날 수 있다. 그 형태 하나하나가 마치 자연이 빚은 조각 작품 같다. 제주의 자연과 감성을 오롯이 담은 한담 해안 산책로는, 단순한 길 그 이상의 특별한 여정이다. 오래 기억에 남는 산책이 될 것이다.

ONE MORE 여기도 좋아요!

용천수가 샘솟는 특별한 해변
곽지 해수욕장

📍 제주시 애월읍 곽지리 1565
📞 064-728-3995 🚗 전용 주차장
ℹ️ 찾아가기 애월 한담 공원에서 자동차로 2분

애월읍 곽지리에 있는 해수욕장이다. 길이 350m, 폭 70m의 넓은 백사장에 평균 수심이 1.5m여서 해수욕하기 좋다. 예전 명칭은 곽지 과물 해변이다. 과물은 한라산에서 흘러내리기 시작한 물이 땅속으로 스며들어 바닷가에서 솟는 달콤한 감수다. 모래밭에서 솟아나는 용천수라 생각하면 쉽다. 지금도 해수욕장 중간에 용천수가 솟아나는 천연 샤워장 과물 노천탕이 있다. 과물 노천탕은 해수욕장 개장 시기에만 운영된다. 해수욕 뒤 용천수로 샤워하며 더위를 날려 보내자. 일몰 때면 아름다운 석양이 바다를 붉게 물들인 절경을 감상할 수 있다. 소나무 숲과 야영장이 있어서 차박도 할 수 있다.

CAFE 한담 해변 산책로 주변의 카페

바다 감상하며 도넛 즐기기
랜디스 도넛 애월점

📍 제주시 애월읍 애월로 27-1 📞 0507-1458-0610
🕐 매일 09:30~18:30 🚗 전용 주차장
ℹ️ 찾아가기 애월 한담 공원에서 자동차로 1분
🌐 인스타그램 @randysdonutskr1952kr

애월 카페 거리 근처에 있다. 커다란 창 너머로 보이는 바다를 바라보며 도넛을 즐길 수 있다. 도넛은 매일 신선하게 구워지며, 다양한 토핑과 함께 제공된다. 특히 대파와 같은 이색적인 재료를 활용한 도넛은 색다른 재미와 독특한 맛을 선사한다. 달콤함에 유쾌한 반전을 더한 메뉴는 랜디스 도넛만의 매력이다. 2,800원부터 시작하기에, 합리적인 가격에 다양한 도넛을 즐길 수 있다. 바람에 실려 오는 파도 소리와 함께라면, 도넛 한 입도 더 특별하게 느껴진다. 바다와 카페 거리 말고도 근처엔 곽지 해수욕장과 한담 해안 산책로가 있다. 이런 배경이 랜더스 도넛을 더 매력적인 장소로 만들어 준다.

고소하고 부드러운 피시앤드치프스
카페 태희

- 제주시 애월읍 곽지3길 27 (곽지리 1575-3)
- 064-799-5533 매일 10:00~21:00 (라스트오더 20:40)
- 카페 앞 공영주차장
- 찾아가기 곽지 해수욕장에서 걸어서 1~2분

곽지 해수욕장 바로 앞에 있는 카페 겸 맥줏집이다. 일찍부터 자리를 잡은 곽지 해수욕장의 터줏대감 같은 감각적인 공간이다. 전직 호텔 셰프가 운영하기에 메뉴 하나하나에 정성이 담겨 있다. 대표 메뉴는 생맥주 반죽으로 튀긴 정통 영국식 피시앤드치프스이다. 담백한 흰살생선과 두 가지 특제 소스의 조화가 입맛을 사로잡는다. 다양한 수입 맥주와 함께 곁들이면 그 맛은 배가 된다. 넓은 통창 너머로 곽지 바다가 한눈에 들어와 실내에서도 시원한 풍경을 즐길 수 있다. 분위기 있게 맥주를 마시길 원한다면 해 질 무렵 방문하는 것도 좋다. 커피와 수제버거도 수준급이다.

곽지 해수욕장 옆 베이커리 카페
애월 빵 공장 앤 카페

- 제주시 애월읍 금성5길 42-15
- 매일 09:00~20:00 (라스트오더 19:30) 전용 주차장
- 찾아가기 곽지 해수욕장에서 자동차로 1분, 걸어서 4분
- 반려동물 동반 가능

곽지 해수욕장 옆에 있는 베이커리 카페이다. 카페 규모가 무척 크다. 현무암 쌀 빵, 고구마 빵, 화산석 쇼콜라, 홍차 라테, 한라봉 무스 등 특이하고 제주 감성이 스며든 메뉴가 많다. 신선한 빵을 만들기 위해 방부제와 화학 보존제를 사용하지 않는다. 유기농 밀가루를 사용하여 천연 발효종으로 빵을 만든다. 건강한 빵을 만들기 위해 100% 순수 우유 버터와 무가당 생크림을 사용한다. 건강과 자연주의를 강조해서일까? 디저트 대부분이 신선하고 담백하다. 제주 현무암 쌀 빵은 달콤한 시럽과 고소한 호두, 쫀득한 치즈의 조화가 좋다. 고구마 빵은 식감이 쫄깃해서 좋다. 빵지 순례하기에 손색이 없다.

그리고 서점
애월읍 중산간의 샘물 같은 책방

📍 제주시 애월읍 엄수로 167(애월 로컬 푸드 협동조합 바로 옆)
📞 010-7942-9111
🕐 10:00~16:00(토·일 휴무, 방문 전 전화 필수)
🚗 서점 앞 주차장
🧭 찾아가기 제주국제공항에서 자동차로 30
🌐 인스타그램 @and_bookshop

제주공항에서 중산간서로를 타고 서쪽으로 30분 정도 달리면 애월읍 구엄리와 신엄리 사이 중산간 마을 수산리에 닿는다. 물 맑고 산이 아름답다고 해서 수산리水山里인데, 옛 이름은 물메이다. 이름처럼 곳곳에서 샘물이 솟는 덕에 촌락이 넓게 펼쳐져 있다. 작은 오름 수산봉과 3만여 평의 저수지, 그리고 400년 된 천연기념물 곰솔이 마을을 지키는 풍경은 수묵화처럼 고요하다.

조용한 마을에 책방이 생긴 건 2021년 6월이다. 애월읍 납읍리에서 '그리고 서점'을 운영하던 정현덕 대표가 자리를 옮겨 물메초등학교 앞 애월 로컬 푸드 협동조합이 사용하는 공간 한편에 새 둥지를 틀었다. 책방의 존재를 알리는 간판이 서점 이름만큼 수줍게 서 있다. 자세히 살펴보지 않으면 눈에 띄지 않아 헤매는 분들이 종종 있

...
물이 맑은 동네 수산리 조용한 동네 한편에 책방 하나 자리 잡았다. 샘물 같은 책방 이름은 '그리고 서점'

다. 이곳이 책방일까 싶어 조심스럽게 문을 열고 들어가면 어릴 적 동네서점 분위기가 나는 아기자기한 공간이 마음을 편안하게 해준다. 소박하고 정겹다.

서가엔 2,000여 권의 책이 가득하다. 소설, 시집, 에세이, 인문 도서, 독립 출판물까지 종류가 다양하다. 책방지기가 읽었거나 읽고 싶은 책들을 큐레이션 했다. '그리고 서점'은 이상한 힘이 있다. 한번 들어온 손님들은 대부분 책을 사서 서점을 나간다. 서점뿐 아니라 책방지기가 주는 묘한 매력 때문일 거다. 지역 예술인들이 제작한 굿즈도 제법 잘 팔린다. 하지만 이보다 더 눈길을 끄는 건 굿즈 옆자리를 차지하고 있는 학생들 문제집과 문구류이다. 조금 뜻밖이다 싶지만, 사실 이 코너는 배려의 공간이다. 제주 시내까지 나가 참고서와 문제집 사는 불편을 덜어주려고 서점 한편에 작은 공간을 마련했다.

'그리고 서점'이 특별한 점이 또 하나 있다. 1년에 20회 넘게 책방 프로그램을 운영한다. 기후 위기 시대의 먹거리, 아이와 함께하는 역사 공부, '시야 넌 참 아름답구나!' 같은 프로그램과 수산리의 자연환경과 지역의 가치를 주제로 하는 지역 상생 특별 행사도 열고 있다. 물이 샘솟는 동네에 있어서일까? '그리고 서점'은 수산리의 마르지 않는 지식의 샘물이 될 것 같은 예감이 든다.

ONE MORE 여기도 좋아요!

제주 시골의 소박한 정취
물메 밭담 길

- 제주시 애월읍 하소로 157
- 수산리사무소 주차장
- 찾아가기 그리고 서점에서 자동차로 1분, 걸어서 7분

물메 밭담 길은 제주 시골 마을의 정취를 느끼기 좋은 고즈넉한 길이다. 밭담은 그저 흔한 돌담이 아니다. 척박한 자연환경을 극복한 제주 사람들의 정신이 깃든 곳이다. 밭담의 길이는 무려 지구 반 바퀴로, 2만 2,000㎞나 된다. 구불구불 이어지는 길이 검은 용을 닮았다고 해서 흑룡만리黑龍萬里라고 부르기도 한다. 제주 밭담은 유엔 식량 농업 기구가 선정한 세계 중요 농업 유산이다. 제주도는 밭담의 의미를 되새기고자 8개의 밭담 길을 조성했다.

물메 밭담 길은 아름다운 물과 산을 배경으로 펼쳐진 고즈넉한 제주 농촌의 풍경을 고스란히 담고 있다. 밭길을 따라 걷다 보면 해변 마을과 푸른 바다가 내려다보이고, 귤밭 사이로 한라산이 모습을 드러낸다. 걷는 내내 눈이 즐겁다. 감각적인 분위기의 카페도 곳곳에 자리하고 있다. 2016년 한국 시인 협회와 함께 밭담 길에 세운 시인 100인의 시비詩碑가 문학의 향기까지 선물해 준다. 잠시 발길을 멈추고 시를 읽어보자. 소소한 행복감과 평화로운 기운이 마음 가득 차오를 것이다.

마을을 지키는 400살 소나무
수산봉과 곰솔

📍 제주시 애월읍 수산리 산1-1
🚗 전용 주차장
ⓘ 찾아가기 그리고 서점에서 자동차로 5분(수산봉), 자동차로 2분(제주 수산리 곰솔)

물메 마을의 수산봉은 원뿔꼴 오름이다. 오름 정상부에 연못이 있어서 물이 있는 산, 즉 물메 오름이라고 부른다. 조선 시대엔 정상에 봉수를 설치해 동으로 도원(도두) 봉수, 서쪽의 고내 봉수에 응했다. 오름 초입에서 정상까지는 500m가 채 안 되어 걷다 보면 어느새 정상에 다다른다. 경사도 가파르지 않아서 남녀노소 누구나 쉽게 오를 수 있다. 분화구에는 소공원이 조성되어 있다. 수산봉 정상에 서면 한라산과 중산간 풍경이 중후하게 다가온다. 한라산이 보이는 그네를 배경으로 찍은 사진이 인스타그램에 많이 올라온다. 그네 너머 보이는 평화로운 풍경이 매력적이다.

오름에서 내려왔으면 곰솔의 정취를 느낄 차례다. 평온한 수산 저수지의 풍광을 따라 걷다 보면 커다란 소나무가 눈에 들어온다. 2004년 천연기념물 제441호로 지정된 수산리 곰솔이다. 높이는 12.5m이고, 둘레는 4m에 달하며 수령은 400년이 넘는 고목이다. 밑동보다 저수지 쪽으로 가지가 2m 정도 낮게 드리운 모습이 독특하다. 곰솔과 수산 저수지를 배경으로 지는 일몰이 무척 아름답다.

RESTAURANT & CAFE 그리고 서점 주변의 맛집과 카페

🍴 숯불 위에 피어나는 흑돼지의 진수
엄지 흑돼지

- 📍 제주시 애월읍 일주서로 6701　📞 0507-1397-0013
- 🕐 11:00~22:00(브레이크타임 14:00~16:30, 1·3주 수 휴무)
- 🅿 식당 근처 공영주차장
- ℹ 찾아가기 그리고 서점에서 자동차로 5분

제주 흑돼지의 참맛을 느낄 수 있는 곳이다. 지역 주민과 여행객 모두에게 특별한 식사 경험을 선사한다. 대표 메뉴는 점심 특선인 자투리 고기 정식이다. 오전 11시부터 14시까지만 운영하고 재료 소진 시 조기 마감한다. 고기의 풍부한 육즙과 쫄깃한 식감이 일품이어서 먹다 보면 금세 동이 난다. 고기는 숯불로 굽는다. 직원들이 고기를 구워주기에, 편안하게 식사할 수 있다. 잡내가 없고 숯불의 향이 더해져 깊은 맛을 낸다. 식사 후에는 김치말이 국수를 추천한다. 시원하고 깔끔한 맛으로, 고기의 느끼함을 잡아주며 입가심으로 제격이다. 아쉽게도 고기는 2인분부터 주문할 수 있다.

🍴 청국장과 주꾸미볶음 맛집
항몽로 김가네

- 📍 제주시 애월읍 항몽로 109-3　📞 0507-1422-3105
- 🕐 11:00~21:00(라스트오더 20:00, 일 휴무)
- 🅿 전용 주차장　ℹ 찾아가기 그리고 서점에서 자동차로 4분

청국장과 주꾸미볶음으로 소문난 식당이다. 노형동에서 청국장 맛집으로 인정받은 뒤 애월로 확장 이전했다. 청국장은 첫 숟갈부터 깊은 발효의 풍미가 퍼진다. 청국장을 좋아하지 않는 사람도 고개를 절로 끄덕이게 만든다. 뚝배기에 보글보글 끓여 낸 청국장은 밥 한 공기를 금세 비우게 할 만큼 진하고 담백하다. 주꾸미볶음도 맛도 좋다. 매콤한 양념이 입맛을 돋운다. 반찬은 정갈하고, 정성스럽게 차린 청국장과 주꾸미볶음은 마치 집밥 같은 따뜻함을 느낄 수 있다. 제주 서부를 여행하다가 집밥처럼 포근한 한 끼가 필요하다면 애월읍 상귀리의 항몽로 김가네로 차를 돌리자.

저수지와 한라산 뷰 카페
드르쿰다 제주 애월점

- 제주시 애월읍 수산서3길 28
- 0507-1410-1917
- 매일 09:00~18:00 (라스트오더 17:30)
- 전용 주차장
- 찾아가기 그리고 서점에서 자동차로 2분
- 인스타그램 @delekoomda
- 반려동물 동반 가능

수산 저수지 서쪽 끝에 있다. 감귤 색 지붕을 이고 있는 모습이 멀리서도 눈에 띈다. 실내도 이와 비슷해서 오렌지색 인테리어로 장식했다. 의자, 벽, 천장, 쿠션, 쟁반, 테이블 등 곳곳이 감귤 색이라서 상큼한 느낌을 준다. 넓은 통창을 통해 정원과 수산저수지, 수산봉과 한라산까지 감상할 수 있다. 봄이면 정원에 유채꽃이 노랗게 피어서 산책하는 기분이 특별하다. 카페는 본관과 별관으로 나뉘어 있다. 별관에는 좌식 테이블과 침대 포토존이 마련되어 있어서 편안한 시간을 보낼 수 있다. 대표 메뉴로는 애월 선셋 오렌지 에이드, 제주 천혜향 스무디이다. 한라봉을 활용한 음료도 인기가 많다.

사색, 비움, 여유
고토 커피 바

- 제주시 애월읍 구엄동3길 56
- 070-4416-4250
- 매일 10:00~18:00 (라스트오더 17:50, 월·화 휴무)
- 카페 입구 좌우 담벼락 옆
- 찾아가기 그리고 서점에서 자동차로 4분
- 인스타그램 @goto_coffeebar

고토 커피 바는 도피처, 사색, 비움의 공간을 지향한다. 올레 16코스가 지나는 한적하고 평화로운 구엄 마을에 있다. 평범한 주택을 개조했기에 자칫 잘못하면 그냥 지나칠 수 있다. 제주 옛 가정집의 분위기를 최대한 살리면서도 우드 톤의 가구와 스테인드글라스로 고토 커피 바만의 앤티크한 분위기를 살렸다. 카페는 이름처럼 일본 교토의 이름 모를 카페가 떠오르는 곳이다. 내부 공간은 큰 방, 작은 방, 바 테이블로 구성되어 있다. 아담한 야외 정원도 있다. 커피 바에서 바리스타가 내려주는 커피를 마주하고 담소를 나누어보자. 필터 커피와 아인슈페너, 카페 라테를 추천한다.

애월읍 중산간2

뚜띠 콜로리 뮤제오

제주의 색을 담은 매혹적인 소품 가게

- 제주시 애월읍 장전로 109-12
- 0507-1398-5009 13:30~18:00(일 휴무)
- 골목 입구 새마을금고 주차장 찾아가기 제주국제공항에서 자동차로 25분
- 인스타그램 @tutticolori_official 반려동물 동반 가능

뚜띠 콜로리 뮤제오Tutti Colori Museo는 제주 감성을 담는 사회적 기업 컬러 랩 제주의 브랜드 숍이다. 제주의 바다, 오름, 한라산, 동식물, 농작물, 문화유산의 색에서 영감을 받아 디자인한, 제주 감성을 감각적으로 담은 다양한 생활 소품을 만날 수 있다. 뚜띠 콜로리 뮤제오는 '모든 색'이라는 뜻의 이탈리아어 뚜띠 콜로리Tutti Colori에서 따왔다.

제주시 애월읍 장전리의 오래된 돌담길을 따라가다 보면, 사람보다 색이 먼저 말을 거는 작은 공간을 만나게 된다. 모든 색이 머무는 집, 뚜띠 콜로리 뮤제오이다. 이곳은 제주 곳곳의 빛과 기운을 색으로 풀어낸다. 100년이 넘은 농가를 개조해 가게로 만들었다. 시간이 겹겹이 쌓인 벽과 서까래가 이 집의 시간을 말해준다. 수선화, 망초꽃, 장미, 수국, 양귀비, 들국화… 돌담 안 작은 마당에는 계절마다 들꽃이 피어난다. 마당은 작지만 아름답고 매혹적인 화원이다.

...
사계절 꽃밭이 아름다운
돌담길 옆 작은 소품 가게
단순한 쇼핑을 넘어
제주의 색이 말을 거는
감성과 색채 체험 공간

소품 가게로 들어서면 우아한 색채의 향연이 펼쳐진다. 가방, 앞치마, 손수건, 패브릭 포스터, 노트, 메모 패드, 행주, 피크닉 용품이 각자 자리에서 조용히 색채의 아름다움을 조용히 뽐낸다. 어느 것 하나 탐나지 않는 물건이 없다. 뚜띠 콜로리 뮤제오는 디자인 소품을 판매하지만, 상품만 파는 단순한 상점이 아니다. 제주의 색을 수집하고 기록하는 감성 아카이브이자 디자인 상품에 구현한 색을 보여주는 색채 전시장이다. 더불어 여행자에게는 색과 디자인을 감각하는 체험 공간이다.

실제로 뚜띠 콜로리 뮤제오는 여행자가 직접 색을 조색하고 자연 속에서 그 색을 발견하는 프로그램을 운영하고 있다. '컬러 헌팅'이라는 색채 체험 프로그램이다. 여행자가 직접 물감을 조색해 나만의 색을 만들고, 그 색을 실제 자연에서 발견하는 일종의 감각 탐험 프로그램이다. 특별한 공간과 색채 체험 때문일까? 뚜띠 콜로리 뮤제오에서 물건을 사는 행위는 단순한 쇼핑이 아니라 감각과 감성을 포장해 가는 기분이 든다. 이곳은 공간도, 상품도, 체험 프로그램도 조용하지만 강렬하다. 뚜띠 콜로리 뮤제오에서 걸어서 4분 거리에 핸드드립과 콜드브루 커피를 마실 수 있는 뚜띠 콜로리 살롱이 있다. 같이 둘러보길 추천한다.

ONE MORE 여기도 좋아요!

왕벚꽃이 선사하는 봄의 낭만
장전리 왕벚꽃 길

📍 제주시 애월읍 장전로 106(장전리사무소)
🚗 축제 기간 주차장 일시 운영. 평상시 갓길 및 골목 주차
ℹ️ 찾아가기 뚜띠 콜로리 무제오에서 자동차로 1분, 걸어서 2분

장전리는 제주 시내에서 멀지 않은 중산간 마을이다. 마을 동쪽은 고성리, 서쪽은 상가리, 북쪽은 수산리, 남쪽은 유수암리와 소길리다. 이곳에서는 매년 왕벚꽃 축제가 열린다. 왕벚꽃 축제가 시작되면 오래된 벚나무 가로수길을 즐기기 위해 사람들이 장전리로 모여든다. 시골 마을에서 즐기는 꽃놀이 정취는 무척이나 특별하다. 축제는 장전리사무소 앞부터 장전로 일대 약 200m 거리에서 열린다. 짧지만 오래 머물고 싶은 길이다. 도로변을 따라 왕벚나무가 벚꽃 터널을 만드는데, 하늘까지 뒤덮는 꽃 무리가 황홀경을 자아낸다. 바람이 불면 벚꽃이 봄비처럼 내린다. 그 모습이 퍽 낭만적이다.

사계절 꽃이 피는 아픔의 현장
항파두리 항몽 유적지

📍 제주시 애월읍 항파두리로 50
🚗 전용 주차장
ℹ️ 찾아가기 뚜띠 콜로리 무제오에서 자동차로 4분

항파두리는 750여 년 전 몽골에 저항한 삼별초의 기상이 서린 곳이다. 몽골과의 굴욕적인 화친을 반대한 김통정 등 삼별초 잔여 병력이 전남 진도를 거쳐 제주도로 들어와 몽골군과 싸우기 위해 토성을 쌓았다. 길이는 3.87km이다. 삼별초는 고려와 몽골 연합군에게 저항했으나 끝내 전멸했다. 역사의 현장엔 계절마다 유채, 청보리, 양귀비, 수국, 해바라기, 코스모스, 화살나무 등이 아름답게 자란다. 이곳의 진짜 매력은 사람 키를 훌쩍 넘는 토성 곁을 걸어보는 것이다. 문화 관광 해설사와 함께하는 탐방로 걷기 프로그램도 있다. 중산간 지대라 아름다운 해안 풍경이 시야 가득 잡힌다.

RESTAURANT & CAFE 뚜띠 콜로리 뮤제오 주변의 맛집과 카페

🍴 통오징어 치즈 떡볶이 전문점
연화 키친

📍 제주시 애월읍 상가로 51 📞 0507-1406-9733
🕐 10:30~20:00(라스트오더 19:00, 수 휴무) 🚗 전용 주차장
ℹ️ 찾아가기 뚜띠 콜로리 무제오에서 자동차로 7분
🌐 인스타그램 @yeonhwa_jeju

애월읍 상가리 더럭초등학교 근처에 자리한 즉석떡볶이 전문점이다. 가게 안은 블록 장난감과 피규어, 아기자기한 소품들로 꾸며져 있어서 눈이 즐겁다. 대표 메뉴는 통오징어 안에 치즈와 파스타를 넣어 즉석에서 끓여 먹는 통오징어 치즈 떡볶이다. 팬 위에서 천천히 익어가는 오징어와 떡, 치즈를 보면 기다리는 시간조차 즐겁다. 시간이 지날수록 깊어지는 양념 맛이 매력적이다. 상추 튀김 쌈이나 크림소스를 곁들인 순대 같은 독특한 메뉴도 인기다. 공간은 작지만, 개성이 가득하며 혼자 와도 편안한 분위기다. 식사 후에는 벽면을 가득 채운 피규어나 장난감들을 둘러보며 잠시 쉬어가기 좋다.

☕ 귤밭을 품은 크로플 맛집
비스마일 본점

📍 제주시 애월읍 하소로 358 📞 064-803-0078
🕐 10:00~17:00(일 휴무) 🚗 근처 공영주차장
ℹ️ 찾아가기 뚜띠 콜로리 무제오에서 자동차로 1분, 걸어서 4분
🌐 인스타그램 @bsml_jeju 🐾 반려동물 동반 가능

애월읍 장전리의 장전초등학교 길 건너편에 있는 디저트 카페이다. 제주의 옛집을 개조해 만든 공간으로, 돌담과 귤밭이 어우러져 있어서 제주 감성을 진하게 전한다. 카페 내부에는 알록달록한 소품이 가득하다. 아기자기한 감성을 추구하는 이들이 좋아할 만한 공간이다. 외부에는 인디언 텐트와 플라스틱 상자 테이블이 놓여 있다. 날씨가 좋은 날엔 야외 자리를 찾는 사람이 많다. 이곳에서는 시나몬 크로플 등 다양한 크로플을 맛볼 수 있다. 커피 중에서는 달콤하고 부드러운 버터 캐러멜 라테의 인기가 많다. 하귤 자몽 티와 감귤 착즙 주스도 많은 사람이 찾는다.

녹차 향이 머무는 고요한 시간
애월 맛차

- 제주시 애월읍 하광로 183
- 0507-1344-2737
- 11:00~18:00 (라스트오더 17:30, 화 휴무)
- 다원 입구 및 주변 갓길
- 찾아가기 뚜띠 콜로니 무제오에서 자동차로 6분
- 인스타그램 @@jeju_aewol_matcha

유기농 녹차와 한라봉을 활용한 음료와 디저트를 선보이는 곳이다. 카페 내부는 제주 전통의 미를 살린 소박한 인테리어로 꾸몄다. 자연스럽고 편안한 분위기를 자아낸다. 작은 소품 하나하나에도 제주의 감성이 담겨있다. 이곳의 하이라이트는 넓은 창을 통해 보이는 녹차밭 풍경이다. 녹차밭을 천천히 한 바퀴 둘러볼 수 있는 산책길도 조성되어 있다. 대표 메뉴는 제주산 재료로 정성스럽게 만든 말차 빙수이다. 진하고 향기로운 녹차의 풍미와 한라봉의 상큼함이 절묘한 균형을 이룬다. 그 위에 부드럽고 고소한 팥이 곁들여져 한입 한입이 풍성한 여운을 남긴다.

애월 중산간의 베이커리 카페
웃뜨리

- 제주시 애월읍 광성로 213
- 0507-1372-2044
- 매일 08:00~19:00 (라스트오더 18:30)
- 전용 주차장
- 찾아가기 뚜띠 콜로니 무제오에서 자동차로 6분
- 인스타그램 @jeju_wootri
- 반려동물 동반 가능

애월읍의 중산간 마을 광성리에 있는 베이커리 카페이다. 카페 이름 '웃뜨리'는 중산간을 뜻하는 제주 방언에서 따왔다. 탁 트인 전망과 1,000여 평의 감귤밭이 어우러진 카페는 맛과 풍경 모두를 즐기고 싶은 여행자에게 제격이다. 겨울철에는 감귤 수확 체험도 가능해 제주의 감성을 온몸으로 느낄 수 있다. 지하 1층에는 앤티크한 좌석과 프라이빗 영화관이 있어서 여유로운 시간을 보내기 좋다. 테라스는 애월 바다를 감상하기 안성맞춤이다. 웃뜨리의 모든 빵은 제주의 전통 발효 음료인 쉰다리를 활용해 만든 천연 효모 종으로 48시간 이상 저온 발효하여 만든다. 화학적 효모를 쓰지 않아 건강하고 깊은 풍미를 자랑한다.

커피가 예술이 되는 곳
로쿤 커피

- 제주시 애월읍 넙은밧길 1-1 070-4242-1836
- 10:00~17:00(라스트오더 16:30. 화·수 휴무)
- 전용 주차장 찾아가기 뚜띠 콜로리 무세오에서 자동차로 4분 인스타그램 @rokuncoffee

커피를 사랑하는 이들에게 특별한 경험을 선사하는 곳이다. 카페의 이름은 'Roast Kunst'의 줄임말로 '기술이 모여 예술이 된다'라는 슬로건을 바탕으로 한다. 1층에서는 로스팅과 브루잉 커피를 판매하며, 주문 시 테이스팅을 통해 최상 컨디션의 커피만 제공한다. 2층은 에스프레소 바이다. 바다를 바라보며 커피를 즐길 수 있다. 커피는 고소한 맛과 신맛 중 선택할 수 있다. 페루 게이샤 워시드와 콜롬비아 비야라조 카스티요는 이곳의 대표적인 스페셜티 커피로 꼽힌다. 디저트로는 바스크 치즈 케이크와 캐러멜 피낭시에, 에그타르트 등이 있으며 맛과 비주얼 모두 뛰어나다.

중산간 들녘을 눈에 넣으며
까미노

- 제주시 애월읍 고하상로 91-12 0507-1351-9789
- 매일 10:30~20:00(라스트오더 19:00)
- 전용 주차장 찾아가기 뚜띠 콜로리 무세오에서 자동차로 6분 인스타그램 @lifeman21 반려동물 동반 가능

부산한 바다 전망 카페에서 벗어나 조용히 여유를 즐기고 싶다면 애월읍 하가리에 있는 까미노로 가자. 까미노에선 유리창 너머로 바다 대신 제주의 푸른 들녘을 만날 수 있다. 이곳에선 시간이 천천히 흐른다. 동네는 조용하고, 카페는 여유가 넘친다. 제주의 평화로운 풍경을 즐기며 힐링하기 딱 좋은 곳이다. 주변 풍경을 눈에 넣고 나면 여유를 부리고 싶어진다. 세상에서 가장 편안한 자세로 느긋하게 책을 읽거나 음악을 듣기에 안성맞춤이다. 까미노는 하늘이 맑은 날도 좋지만, 비가 오는 날엔 더 괜찮은 곳이다. 대지가 촉촉하게 젖는 모습을 보고 있으면 저절로 마음이 편안해진다. 연꽃이 아름다운 연화지가 가까운 곳에 있다.

애월읍
중산간3

소길별하
효리네 민박집이 로컬 소품 가게로

📍 제주시 애월읍 소길남길 34-37 📞 0507-1430-4838 🕛 12:00~17:00(휴무일 인스타그램 공지) ₩ 6,000원(사전 예약제, 입장료·주차료·1인 음료 포함) 🚗 전용 주차장
ℹ️ 찾아가기 제주국제공항에서 자동차로 27분
🌐 인스타그램 @sogil_bh 🐾 반려동물 목줄 필수. 내부는 안고 입장 가능

애월읍의 중산간 마을 소길리, TV 예능 <효리네 민박>에 나왔던, 이효리 이상순 부부의 집이 소길별하라는 이름으로 다시 태어났다. 바람이 스미고 햇살이 머무는 이곳은 특색있는 제주의 라이프스타일 소품을 전시하고 판매하는 브랜드 숍이다. 건물 외관에 큰 변화가 없고, 실내도 <효리네 민박>에서 보았던 공간 구획이 대부분 그대로여서, 소길별하에 발을 내딛는 순간부터 기억 속 따스했던 장면들이 조용히 살아난다. 다만, 식탁이 있던 곳과 부부 침실은 상품 진열 공간으로 바뀌었고 2층 샤워실은 피팅룸으로 변신했다.

소길별하는 지역, 곧 제주의 고유한 매력과 가치에 집중한다. 제주에 사는 창작자가, 제주의 이미지와 자원을 활용하여, 제주다움을 잘 담아낸 라이프스타일 상품의 효능과 아름다움을 여행자들에게 전한다. 제주의 빛과 색을 입힌 소품과 제주의 자연을 닮은 친환경 생활용품, 다양한 문구류, 향수와 디퓨저, 수공예품과 디자인 상품

...
효리네 민박의 온기가
고요히 흐르는 소길별하
제주의 색과 감성을 담은
쉼표 같은 소품 가게

이 감성 깊은 매장을 조용히 채우고 있다. 이곳은 단순한 쇼핑 장소가 아니라, 제주의 감성과 이야기를 경험하는 특별한 공간처럼 느껴진다. 매장 안팎에 여백이 많기에 여행자는 상품을 구매하는 행위를 뛰어넘어 조용히 제주다움을 체험하고, 제주의 빛과 공기를 천천히 누리기 좋다.

<효리네 민박>에서 이상순의 작업실로 사용했던 별관은 카페로 변신했다. 소길별하 입장권에는 음료 1잔 가격이 포함되어 있다. 소품 가게 이용 전후엔 카페에 들러 차 한 잔의 여유를 즐겨보자. 야외도 커피 마시기에 좋다. 빛이 스며드는 테라스, 넓은 잔디 마당과 나무가 자라는 정원도 느긋한 고요를 즐기기에 안성맞춤이다. <효리네 민박>의 기억 때문일까? 가만가만 산책하다 보면 이곳이 소품 가게가 아니라 오래된 집에 초대된 친밀함이 느껴진다. 소길별하는 잠시 쉼표처럼 들를 만한 장소이다.

소길별하는 100% 사전 예약제로 운영된다. 하루 다섯 차례 방문객을 맞이하는데, 차례마다 25명까지 출입할 수 있다. 이용 시간은 1시간이다. 관람, 구매, 커피 타임과 산책까지 해야 하므로, 시간을 잘 조절해야 한다. 성수기에는 예약이 빠르게 마감되므로 여유 있게 준비하자.

ONE MORE 여기도 좋아요!

이국적인 인생 사진 명소
상가리 야자 숲

- 제주시 애월읍 고하상로 326
- 0507-1380-9738
- 매일 09:00~18:00
- 7,500원
- 전용 주차장 및 입구 도로 양옆 갓길
- 찾아가기 소길별하에서 자동차로 8분
- 반려동물 동반 가능

상가리 야자 숲은 금세 여행자를 남국의 숲으로 안내한다. 이정표가 없어서 그냥 지나칠 수 있으므로 주소지로 정확히 찾아가야 한다. 원래는 야자수를 판매하는 개인 농장이었는데 포토 존으로 소문이 나면서 여행자들의 발길이 이어지고 있다. 야자 숲에 도착하면 이국적 풍경에 놀란다. 넓은 야자수 군락지가 열대우림을 방불케 한다. 하늘로 치솟은 키 큰 야자수 사이를 거닐다 보면 마치 정글 탐험을 하는 듯한 기분이 든다. 푸르른 야자수가 제주의 파란 하늘과 무척이나 잘 어울린다. 낯설고도 신비로운 야자 숲을 탐방하며 색다른 인생 사진을 남겨보자.

RESTAURANT & CAFE 소길별하 주변의 맛집과 카페

혼밥하기 좋은 스키야키 맛집
소길 역

- 제주시 애월읍 소길2길 53
- 010-4197-6763
- 17:30~21:00(라스트오더 20:00, 매월 1, 2, 11, 12, 21, 22, 31 휴무)
- 식당 옆
- 찾아가기 소길별하에서 자동차로 4분
- 인스타그램 @sogilyeuk

일본에서 오랜 시간 산 주인이 직접 운영하는 정통 일본 요리 전문점이다. 가게 이름과 달리 철도역은 아니지만, 여행자에겐 아늑한 정류장 같은 곳이다. 대표 메뉴는 샤부샤부, 스키야키, 그리고 덮밥과 카레 우동이다. 그중에서도 스키야키의 인기가 제일 좋다. 얇게 썬 고기를 간장 베이스의 육수에 살짝 익혀 날달걀에 찍어 먹는 방식이다. 자극적이지 않고 은은한 단맛과 감칠맛이 어우러져 누구나 편하게 즐길 수 있다. 하루 20인분만 판매한다. 음식 하나하나에 정성을 들이고, 재료의 질에도 타협이 없다. 분위기 덕분에 혼자 여행하는 사람들에게 인기가 높다.

🍴 소문난 돈가스 맛집
TONKASU 서황

- 📍 제주시 애월읍 장소로 205-2 📞 064-799-5458
- 🕚 11:30~20:00(브레이크타임 15:00~17:30, 월·화 휴무)
- 🚗 전용 주차장 ℹ️ 찾아가기 소길별하에서 자동차로 3분
- 🌐 인스타그램 @tonkatsu_seohwang

<효리네 민박> 촬영할 때 이효리가 들렸던 돈가스 맛집이다. TV 방송에 나간 지 한참 지났지만, 여전히 기다리는 시간이 길다. 그러나 이 집 돈가스 한 입 먹는 순간 기다리며 지루했던 순간이 바로 잊힌다. 시간적 여유가 없다면, 오픈 런을 하는 것이 최선의 방법이다. 대표 메뉴는 부드러운 안심과 담백한 등심을 반반씩 즐길 수 있는 '서황 카츠'다. 제철 생선과 왕새우로 만든 '생선 카츠'와 흑돼지 안심과 생선이 모두 포함된 '모둠 카츠'도 인기가 많은 편이다. 서황의 돈가스는 튀김옷이 얇다. 겉은 바삭하며 속은 촉촉하고 부드럽다. 육즙이 풍부하고 고소한 맛이 인상적이다.

🍴 고요한 오후에 어울리는 작은 찻집
소길 다방

- 📍 제주시 애월읍 소길2길 45-3 📞 0507-1483-5641
- 🕚 10:00~18:00(라스트오더 17:30, 화 휴무) 🚗 주변 갓길
- ℹ️ 찾아가기 소길별하에서 자동차로 4분
- 🌐 인스타그램 @sogil_dabang 🐾 반려동물 동반 가능(야외)

애월읍 소길리 마을 안쪽에 자리한 소길 다방은 옛집을 개조해 만든 조용한 카페이다. 민트색 지붕과 낮은 돌담, 나무 창틀이 어우러져 제주다운 정취를 물씬 풍긴다. 동백나무와 고양이들이 여유로운 분위기를 더해준다. 대표 메뉴는 카이막 크림과 꿀을 얹은 바게트 '소길막'으로, 담백하면서도 은은한 단맛이 매력적이다. 핸드드립 커피는 사장님이 직접 설명하며 천천히 내려준다. 내부는 아기자기한 소품들이 포근한 분위기를 자아낸다. 날씨가 좋을 때는 마당의 인디언 텐트와 플라스틱 상자 테이블에서 야외 커피를 즐길 수 있다. 창밖으로는 돌담과 귤밭 풍경이 펼쳐진다.

이끼 숲 소길

이끼 숲이 매력적인 정원 카페

📍 제주시 애월읍 장소로 621 📞 0507-1359-9603
🕐 매일 09:00~17:30(라스트오더 17:15)
🚗 전용 주차장 ℹ️ 찾아가기 제주국제공항에서 자동차로 31분
🌐 인스타그램 @ikki_cafe

**자연 속에 깃든
2만 평 정원 카페
자연이 만들고
사람이 가꾼 몽환적인
이끼 숲을 보는 즐거움**

제주시 애월읍의 중산간 마을 소길리 숲속에 고요하게 자리 잡은 큰 대형 카페이다. 상호에서 알 수 있듯이 신비로운 이끼 정원을 품은 카페로, 매장과 정원, 산책로까지 포함하면 규모가 무려 2만 평에 이른다. 이끼 숲 소길은 카페, 이끼 숲, 숲 터널, 잔디 공원으로 이루어져 있다. 카페 주변은 사계절 내내 맑고 푸르다.

특히나 자연적으로 생긴 곳에 사람의 손길을 더해 가꾼 이끼 숲이 무척이나 신비롭고 몽환적이다. 이끼가 빼곡한 숲은 분위기까지 고요해 신비로움이 배가 된다. 이끼 숲은 공기도 맑아서 흔히 '폐 세척 코스'라고 불린다. 실제로 이끼 숲을 걷다 보면 유난히 공기가 맑고 깨끗해 어느 순간 숨을 절로 깊이 쉬게 된다. 이끼 숲을 경험한 사람은 왜 이곳이 '폐 세척 코스'라 불리는지 알게 된다. 이끼 숲

에서 보게 되는 풍혈風穴·현무암 사이 땅속에서 바람이 나오는 구멍도 땅이 숨을 쉬는 것 같아 무척이나 신비롭고 몽환적이다. 맑은 날에는 12시부터 17시까지 30분 간격으로 스프링클러로 숲에 물을 뿌린다. 이끼 숲에 물안개가 피어나고, 여기에 햇살이 내려앉는 순간은 자연의 예술 공연을 보는 것 같다.

벽돌로 지은 카페 건물은 무척 길고 크다. 하지만 외관이 소박하고 단순해 숲과 이질감 없이 조화를 이룬다. 카페 안은 널찍하고 개방적이며, 많은 좌석이 숲을 향해 배치되어 있어서 '숲멍'하기 딱 좋다. 나뭇잎이 흔들리는 풍경과 햇살의 그림자놀이, 현무암을 포근하게 감싼 푸른 이끼가 눈을 즐겁게 한다. 이끼 숲 소길의 시그니처 메뉴는 레몬에 말차를 더해 청량감을 높인 이끼 숲 소길 에이드, 달콤한 유자 향을 더한 유자 커피이다. 두 음료 모두 숲의 기운을 담은 듯 상큼하고 부드럽다. 포카치아, 크루아상, 시나몬롤 등 저온발효로 만든 베이커리도 인기가 많다. 커피나 음료, 베이커리를 주문하면 카페 주변에 조성된 숲길은 무료로 이용할 수 있다. 계절 따라 동백, 철쭉, 수국, 단풍, 설경이 눈을 즐겁게 해준다. 이끼 숲은 카페이면서 자연과 사람이 공동 창작한 치유의 장소 같다. 이끼 숲 소길은 내 삶을 돌아보고, 느림의 가치를 조용히 사색하기 좋은 곳이다.

ONE MORE 여기도 좋아요!

그림을 읽는 동네 책방

그림책 카페 노란 우산 관광대점

📍 제주시 애월읍 평화로 2715 제주관광대학교 행복기숙사 2호관 2층 📞 0507-1369-9313
🕘 09:00~18:00 (일 휴무) 🚗 주변 길가
ℹ️ 찾아가기 카페 이끼 숲 소길에서 자동차로 8분
🌐 인스타그램 @jinyalllim

제주관광대학교 기숙사동 상가에 있는 그림책 전문 서점이자 카페이다. '0세부터 100세까지' 모두를 위한 그림책을 전시·판매한다. 희귀 그림책과 병풍처럼 연결된 작품 등 다양한 책들이 서가를 채우고 있다. 어린이뿐만 아니라 어른들도 읽고 공감할 수 있는 그림책이 준비돼 있으며, 제주 관련 서적과 일반 도서도 함께 갖췄다. 그림책 관련 굿즈와 기념품도 전시돼 있어서 보는 재미를 더한다. 그림책은 새로운 영감과 정서적 평안함을 준다. 문장이 짧아 여행 중 들러 휴식하듯 읽기 좋다. 책방지기에 따르면, 어릴 때 부모님 손잡고 왔던 독자가 성인이 되어서 다시 찾는 예가 부쩍 늘었다고 한다.

책방지기는 그림책 작가이기도 하다. 그는 이곳을 그림책 커뮤니티로 키우기 위해 작가 초청 강연과 독서 모임을 꾸준히 진행하고 있다. 이들 프로그램의 핵심 방향은 공감과 소통이다. 카페는 커피 감별사인 남편이 담당하고 있다. 커피 감별사가 로스팅한 질감 좋은 커피와 수제 차를 마실 수 있다.

제주에서 가장 핫한 스마트 레이싱 테마 파크
9.81파크 제주

- 제주시 애월읍 천덕로 880-24 📞 1833-9810
- 매일 09:00~18:20 (레이싱 이용 종료 40분 전 마지막 탑승)
- 전용 주차장 찾아가기 카페 이끼 숲 소길에서 자동차로 7분 ₩ 34,500~52,500원 인스타그램 @9.81park

속도감을 느끼며 스트레스 풀기 딱 좋은 어른들의 놀이터이다. 9.81파크의 메인 액티비티는 '레이스 981'이다. 친환경 중력 레이싱Gravity Racing 파크로, 별도의 동력장치 없이 중력 가속도만으로 다운힐 레이싱을 즐길 수 있다. 운전면허가 없어도 이용할 수 있다. 속도감이 상당해 전문 레이서가 된 듯한 즐거움을 선사한다. 초급 코스는 시속 40km, 고급 코스는 시속 60km까지 속도를 낼 수 있다. 속도는 속도대로 즐기고, 화석 연료를 사용하지 않으니 청정 제주도에 딱 어울리는 카트 파크이다. 15가지 스포츠를 즐길 수 있는 실내 게임장과 VR 카트장도 갖추고 있다.

목장과 숲길과 오름 걷기
애월 상잣성 길

- 제주시 애월읍 유수암리 산 138 (족은 녹고메 오름 입구)
- 족은 녹고메 오름 입구 공터
- 찾아가기 카페 이끼 숲 소길에서 자동차로 19분

잣성은 제주 중산간에 쌓은 목장 경계용 돌담이다. 해발 150~250m의 돌담을 하잣성, 350~400m의 잣성은 중잣성, 450~600m에 쌓은 돌담을 상잣성이라 한다. 하잣성은 말들이 농경지에 들어가는 걸 막기 위해 세웠고, 상잣성은 말들이 겨울철에 한라산 삼림 지역으로 들어가 얼어 죽는 것을 방지하기 위해 세웠다. 애월 상잣성은 족은 녹고메 오름에서 시작해 궷물 오름 그리고 큰 녹고메 오름까지 이어진다. 입구 찾기가 쉬운 족은 녹고메 오름에서 출발하는 걸 추천한다. 돌담과 숲길이 어우러진 풍경은 제주에서만 경험할 수 있는 특별한 정취이다. 동시에 그것은 중산간 사람들의 삶의 흔적이다.

CAFE & BAKERY 이끼 숲 소길 주변의 카페와 베이커리

숲속 옆 밀크티 카페
블랙 이쉬레드

- 제주시 애월읍 하소로 769-10
- 1533-3251
- 10:00~18:00(라스트오더 17:45, 일 휴무)
- 전용 주차장
- 찾아가기 카페 이끼 숲 소길에서 자동차로 6분
- 인스타그램 @blackishred.jeju
- 반려동물 동반 가능(중소형 견)

애월읍 유수암리의 숲속 옆에 있는 밀크티 전문 카페이다. 유리창 너머로 계절에 따라 변하는 숲의 모습을 그대로 감상할 수 있다. 카페 주변을 산책하며 자연을 배경 삼아 인생 샷을 남기기에도 그만이다. 실내는 탁 트인 구조에 좌석 간격이 넉넉해 개방감이 좋다. 2층에는 프라이빗 공간이 있어서 조용히 대화를 나누거나 책을 읽기에 좋다. 대표 메뉴는 세계 3대 홍차 중 하나인 스리랑카산 우바를 저온 침출하여 만든 밀크티다. 멘톨 향과 장미꽃 향이 어우러진 우바 특유의 향미가 인상적이다. 세 가지 원두를 블렌딩한 커피도 판매한다. 고소한 블렌딩, 약 산미 블렌딩, 콜드브루 스페셜을 추천한다.

숲속의 베이커리 카페
제주 빵집

- 제주시 애월읍 상가목장길 84 송훈 파크
- 070-4042-5090
- 매일 08:00~19:00(라스트오더 18:30)
- 전용 주차장
- 찾아가기 카페 이끼 숲 소길에서 자동차로 6분
- 인스타그램 @jeju._bread
- 반려동물 동반 가능

숲속의 오두막 같은 베이커리 카페이다. 30년 경력의 기능장이 직접 구운 프리미엄 베이커리와 질감이 좋고 향긋한 커피를 즐길 수 있다. 넓은 창문을 통해 햇살이 가득 들어와서 좋다. 야외 잔디밭에도 테이블이 있어서 자연을 만끽하며 여유로운 시간을 보낼 수 있다. 이른 아침 8시부터 문을 열기에 간편하게 아침 식사도 할 수 있다. 반려동물과 함께 방문할 수 있는 점도 큰 장점이다. 자연 속에서 따뜻한 빵과 커피를 즐기며 여유로운 시간을 보내기 안성맞춤이다. 커피 원두, 드립백, 머그잔을 기념품으로 구매할 수 있으며, 다양한 유럽식 식료품도 판매한다.

제주의 자연과 독일식 베이커리의 조화
홀츠 애월

- 제주시 애월읍 하소로 681-13
- 0507-1460-2071
- 10:30~18:00(라스트오더 17:00, 월 화 휴무)
- 골목 진입 시 좌측 공터
- 찾아가기 카페 이끼 숲 소길에서 자동차로 7분
- 인스타그램 @holz.aewol 반려동물 동반 가능(야외)

애월읍 유수암리 한적한 숲속, 한라산 자락 아래 자리한 작은 통나무집이 있다. 홀츠(Holz)라는 독일식 베이커리 카페이다. 홀츠는 독일어로 '나무' 또는 '목재'라는 뜻이다. 이 멋진 통나무 카페는 부모님이 20년간 운영하던 펜션의 작은 공간을 개조하여 만들었다. 나무 향이 은은한 실내에 앉아 있으면 마치 숲속 작은 오두막에 머무는 느낌이 든다. 야외에도 테이블이 있어서 자연을 만끽하며 여유로운 시간을 보낼 수 있다. 한라산을 조망할 수 있는 산책로도 갖추고 있다.

홀츠 애월의 대표 메뉴는 독일산 유기농 밀가루, 비정제 원당, 프랑스산 버터를 사용해 천천히 발효한 크루아상, 이탈리아산 무표백 밀가루와 프랑스산 재료로 만든 브레첼과 퀸아망을 꼽을 수 있다. 이 중에서도 촉촉하고 고소한 브레첼은 특히 많은 사람의 사랑을 받고 있다. 빵뿐만 아니라 커피도 수준급이다. 향이 깔끔하고 깊이가 있다. 커피는 늘 빵과의 조화를 고려해 로스팅한다. 커피 원두, 드립백, 머그잔, 유럽산 식료품 등도 판매한다. 여행 기념으로 구매하기 좋다.

ONE MORE 여기도 좋아요!

©빈중권

몰입형 미디어 아트 전시관
아르떼 뮤지엄 제주

📍 제주시 애월읍 어림비로 478
📞 1899-5008
🕙 매일 10:00~20:00(입장 마감 19:00)
₩ 18,000~20,000원 🚗 전용 주차장
ℹ️ **찾아가기** 새별 오름에서 자동차로 8분

아르떼 뮤지엄 제주는 몰입형 미디어 아트 상설 전시관이다. 미디어 예술 작품을 프로젝션으로 벽과 바닥에 쏘면, 마치 작품 안에 들어선 듯한 느낌을 준다. 이런 몰입형 미디어 아트는 MZ세대를 중심으로 꾸준히 인기를 끌고 있다. 제주에는 아르떼 뮤지엄 말고도 빛의 벙커, 노형 수퍼마켙 등 미디어 아트 전시Media Art가 관광산업의 한 축으로 자리를 잡아가고 있다. 국내 최대 규모를 자랑하는 아르떼 뮤지엄 제주는 2020년 9월 개관했다. 과거 스피커 제조 공장으로 사용하던 약 4천628㎡1,400평, 최대 10m 높이의 공간을 전시관으로 개조했다. '영원한 자연'Eternal Nature을 주제로 해변, 파도, 폭포, 꽃, 달, 숲 등 11개의 전시 공간에서 다채로운 미디어 아트를 선보이고 있다. 관객들의 몰입감을 극대화하기 위해 아나몰픽, 퍼스펙티브 뷰, 프로젝션 매핑, 홀로그램, AR증강현실, VR가상현실 등 다양한 디지털 미디어 기술을 적용하고 있다. 뮤지엄 카페에서도, 찻잔 안에서 꽃이 피어나는 신기한 체험을 하며 커피를 즐길 수 있다. 패키지 티켓을 구매하면 카페 미디어 아트 체험을 할 수 있다.

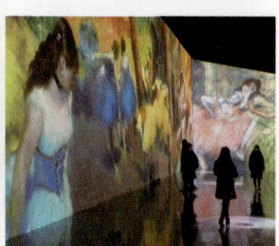

RESTAURANT & CAFE 새별 오름 주변의 카페

새별 오름 감상하며 커피 한잔
새빌 카페

- 제주시 애월읍 평화로 1529 064-794-0073
- 매일 09:00~19:00(라스트오더 18:30) 전용 주차장
- 찾아가기 새별 오름에서 자동차로 1분, 걸어서 6분
- 인스타그램 @saebilcafe 반려동물 동반 가능(야외)

새별 오름에서 동북쪽으로 150m 거리에 있는 베이커리 카페이다. 오름을 눈앞에서 감상하며 커피를 마실 수 있는 카페는 드물다. 게다가 그 오름이 가장 인기가 많은 새별 오름이라면 말 다 한 거나 마찬가지다. 카페는 리조트로 사용하던 공간을 리모델링하였다. 새별 오름과 바깥 풍경을 감상할 수 있도록 의자와 테이블을 창가 방향으로 배치했다. 봄부터 가을까지는 창밖 풍경이 초원 같고, 주변에 심은 핑크뮬리 덕에 가을에는 사방이 황홀한 분홍빛으로 변한다. 핑크뮬리와 새별 오름이 어우러진 풍경은 여행 엽서처럼 아름답다. 전망은 1층보다 2층이 더 좋다.

레트로 감성을 자극하는 대형 카페
제주당

- 제주시 애월읍 월각로 927 0507-1474-1487
- 10:00~21:00 전용 주차장
- 찾아가기 새별 오름에서 자동차로 2분 인스타그램 @jejudang_official 반려동물 동반 가능(실외 공간)

농업과 휴양을 중심에 둔 테마 파크 그린 스케이프greenscape 안에 있는 대형 카페이다. 900평, 규모가 압도적이다. 푸릇푸릇한 식물과 농기구들로 실내를 꾸며서 자연 친화적인 레트로 감성을 자극한다. 여러 농기구가 오브제로 배치되어 있어서, 단순한 카페가 아니라 하나의 전시 공간처럼 느껴진다. 외부로 나가면 새별 오름을 배경으로 조성된 인공호수가 그림 같은 풍경을 선사한다. 호수 주변에는 벤치와 산책길도 있어서 커피 한 잔을 들고 천천히 풍경을 감상하기 좋다. 카페 옆 유리온실은 스마트 팜이다. 판매하는 일부 음료와 빵, 샐러드는 이곳에서 생산한 농작물로 만든다.

애월읍
중산간6

금산 공원
천연 원시림 탐방하기

📍 제주시 애월읍 납읍리 1457-1
🚗 납읍초등학교 정문 앞 주차장
ℹ️ 찾아가기 제주국제공항에서 자동차로 37분

…
종가시나무는 높이 자라고, 팽나무는 숲의 수호신 같다. 곰솔, 푸조나무, 후박나무가 앞다투어 하늘을 가리는 정글처럼 이국적인 원시림

금산 공원은 애월읍 납읍리에 있는 약 1만 평에 이르는 울창한 숲이다. 천연기념물 제375호로 지정된 난대림 지대로, 제주에서도 드물게 잘 보존된 원시림 중 하나이다. 금산 공원은 동남쪽으로 9km 남짓 떨어진 노꼬메 오름과 깊은 연관이 있다. 먼 옛날 화산 폭발로 노꼬메 오름에서 흘러내린 용암이 애월 곶자왈 지대를 만들며 서북쪽으로 나아가다가 잠시 멈춰 부풀어 올라 지금과 같은 독특한 지형을 만들었다. 실제로 공원 주변은 지대가 낮은데, 유독 금산공원만 불쑥 솟아 있다. 이 숲에는 상록교목을 비롯해 60여 종의 난대성 식물이 자라고 있다. 덩굴이 감긴 종가시나무들이 높이 자라고, 구불구불한 팽나무들은 마치 숲의 수호신처럼 신령한 기운을 자아낸다. 곰솔, 푸조나무, 후박나무도 하늘을 가릴 정도로 빼곡하

게 들어서 있어서, 마치 동남아의 정글 속에 들어온 기분이 든다. 직접 이 숲에 들어서면 낯설고 이국적인 느낌이 더 깊고 생생하게 다가온다. 숲이 아늑하고 고요한 데다 이국적인 정취가 잔잔히 흐른다. 한편으로는 신기하고, 다른 한편으로는 오래 머물며 숲을 탐방하고 싶은 마음이 든다. 숲속에는 다양한 조류와 곤충도 서식하고 있어서 자연 관찰을 즐기는 이들에게도 안성맞춤이다. 입구에 있는 탐방로 계단을 올라가면 길은 세 갈래로 나뉜다. 가운데 길은 나무 덱이 깔리지 않은 옛길이고, 양옆으로는 순환형 산책로가 이어진다. 순환로를 따라 한 바퀴를 도는 데 약 30분 정도 걸린다. 숲을 걷다 보면 마을에서 제사를 지낸 제단을 만날 수 있다. 지금도 해마다 음력 정월 초에는 마을 사람들이 이곳에 모여 제를 지낸다.

숲길을 걸으면 계절마다 피어나는 야생화가 발걸음을 붙잡는다. 봄에는 진달래와 철쭉이, 가을에는 붉게 물든 단풍이 여행자의 눈을 즐겁게 해준다. 길 중간에 있는 쉼터와 벤치에 앉아 잠시 숨을 고르며 숲의 소리를 들어보자. 새들의 지저귐과 바람 소리, 바람의 힘으로 연주하는 나뭇잎 소리가 마음을 다독인다. 입장료는 무료이고, 반려동물은 출입할 수 없다. 금산 공원으로 제주 올레길 15-A 코스가 지난다.

ONE MORE 여기도 좋아요!

시간이 잠시 멈춰가는 곳
연화지

- 제주시 애월읍 하가리 1569-2
- 주변 길가
- 찾아가기 금산 공원에서 자동차로 6분

연화지는 제주도에서 가장 넓고 깊은 연못이다. 연못이 자리한 마을의 이름을 따서 '하가못'이라 부르기도 한다. 연못 중심부에는 고요히 앉은 전통 정자가 하나 있는데, 연못과 연화지 주변의 야자수가 어우러져 한국적이면서도 은근히 이국적인 정취를 느낄 수 있다. 연못 둘레길을 따라 천천히 걸어보자. 바람에 흔들리는 물결과 나무 그림자가 길동무가 되어 주고, 계절마다 달라지는 빛과 소리를 느낄 수 있다. 아침이면 물안개가 피어오르고, 해 질 무렵이면 노을이 연못을 물들이며 황혼의 색을 완성한다. 잠시 발걸음을 멈추고 물가에 앉아 있으면, 바쁜 일상에서 벗어나 마음까지 깊이 쉬어가는 순간을 만날 수 있다.

추억을 만나러 가는 길
어음분교 1963

- 제주시 애월읍 어림비로 376
- 0507-1306-2919
- 매일 10:00~17:30
- 전용 주차장
- 찾아가기 금산 공원에서 자동차로 7분
- 인스타그램 @eoeum_1963

제주시 애월읍 어음리, 오래된 초등학교 분교가 특별한 문화 공간으로 다시 태어났다. 1963년에 문을 연 어음분교는 1999년 폐교된 후, '어음분교 1963'이라는 이름으로 새 삶을 얻었다. 외관이 옛 학교 모습 그대로여서 마치 시간 여행을 온 듯한 감성을 전해준다. 교실은 현대적인 감각으로 리모델링하여, 카페와 갤러리, 펜션, 소규모 체험장이 공존하는 곳으로 만들었다. 커피 한 잔을 마시며 아이들 웃음이 가득했을 운동장을 바라보면, 잊고 지낸 기억이 서서히 떠오른다. 공간 곳곳엔 제주 로컬의 역사와 이야기가 녹아 있어, 단순한 휴식 이상의 의미 있는 시간을 보낼 수 있다.

RESTAURANT & CAFE 금산 공원 주변의 맛집과 카페

맛과 건강도 더불어 챙기는
비건 테이블 바람

- 제주시 애월읍 납읍동1길 18-14 ☎ 0507-1348-3216
- 🕙 10:00~15:00(라스트오더 14:00, 일 휴무)
- 🅿 카페 주변 ℹ 찾아가기 금산 공원에서 자동차로 3분
- 🌐 인스타그램 @vegantablebaram 🐾 반려동물 동반 가능

몸뿐 아니라 마음도 쉬어가기 좋은 비건 전문 브런치 맛집이다. 모든 음식은 100% 식물성 재료로 만든다. 유기농과 지역 농산물을 사용하기에 믿을 수 있다. 밥은 경북 상주의 유기농 현미로 짓는다. 빵은 우유, 달걀, 버터를 넣지 않고 유기농 밀가루로 만든다. 대표 메뉴로는 현미 두부 덮밥, 오일 파스타, 비건 버거를 꼽을 수 있다. 재료와 맛이 익숙해서 비건 식단이 처음인 사람도 부담 없이 즐길 수 있다. 비건 테이블 바람의 음식은 자극적이지 않고, 깔끔하면서도 맛이 풍부해서 한 끼 식사 이상의 만족감을 준다. 식사 후에는 따뜻한 커피나 차 한 잔 마시며 조용한 시간을 이어가 보자.

모든 축하의 시간을 위하여
쉬리니 케이크

- 제주시 애월읍 애납로 175 ☎ 0507-1342-9353
- 🕙 12:00~17:00(화, 수 휴무) 🅿 전용 주차장, 만차 시 가게 앞 갓길 ℹ 찾아가기 금산 공원에서 자동차로 1분
- 🌐 인스타그램 @shirinicake_jeju 🐾 반려동물 동반 가능(야외)

맛있기로 소문난 케이크 전문 카페다. 금산 공원에서 자동차로 1분 거리, 중산간서로 근처에 있다. 꽃, 책, 커튼, 포인트 조명 등을 활용해 공간을 감성적으로 꾸몄다. 유리창으로 들어온 햇빛이 의자와 나무 테이블에서 한가롭게 노는 모습이 여행자에게 마음의 안식을 준다. 쉬리니 케이크는 기분 좋은 달콤함과 신선하고 건강한 맛을 동시에 느낄 수 있는 케이크를 선보인다. 제철 꽃과 제철 과일로 만들어 케이크가 꽃처럼 화려하고 사랑스럽다. 커피는 산미가 강하지 않아서 좋다.

한림읍 해안권1

협재 해수욕장과 금능 해수욕장
옥빛 바다와 꿈결 같은 비양도

📍 **협재해수욕장** 제주시 한림읍 한림로 329-10
금능해수욕장 제주시 한림읍 금능길 119-10
ⓘ **찾아가기** 제주국제공항에서 자동차로 40분

물빛이 투명한 해변을 찾고 있다면, 한림 지역의 협재 해수욕장을 빼놓을 수 없다. 제주에서도 손꼽히는 에메랄드빛 바다로, 처음 보는 순간 감탄이 절로 나오는 풍경을 자랑한다. 한국관광공사의 빅데이터에 따르면 협재 해수욕장은 검색 순위가 제주도에서 함덕 해수욕장 다음으로 두 번째로 많았다. 협재 해수욕장의 물빛은 마치 푸른 보석처럼 맑고 영롱하다. 바다는 민트 블루, 에메랄드, 코발트블루로 짙어지다가 수평선에 이르러서는 하늘과 바다의 경계를 지워버린다. 세상의 푸른색을 다 모아놓은 듯한 물빛은 바라보기만 해도 감탄사가 절로 나온다. 경사가 완만하고 수심이 낮아 썰물 때면 백사장이 넓게 드러나고, 조개껍데기가 수정처럼 박힌 은빛 모래사장이 길게 이어진다. 신발을 벗고 백사장을 걸어보자. 해

...
맑은 하늘과 쪽빛 바다,
한없이 투명한 물결!
이 아름다운 풍경에
온전히 나를 맡기면
어느새 번잡했던 마음이
스르르 씻겨 나간다.

변을 걷는 기분은 마치 영화 속 한 장면처럼 낭만적이다. 협재 해수욕장 건너편에는 동화에 나올법한 아름다운 섬이 그림처럼 떠 있다. 오래전 화산이 폭발하면서 생긴 비양도이다. 한림항에서 배로 단 10분이면 도착하는 비양도는 멋진 배경이 되어 협재 해수욕장의 풍경을 완성해 준다. 해변을 따라 걷다 보면 협재와 나란히 붙어 있는 금능 해수욕장이 나타난다. 규모가 협재 해수욕장보다 조금 작고 모래사장 폭이 더 좁지만, 물빛과 풍경은 전혀 뒤지지 않는다. 오히려 바다 건너 비양도는 협재보다 더 잘 보인다. 사람이 비교적 덜 붐비는 이곳은 조용하고 한적한 분위기를 선호하는 이들에게 제격이다. 혼자 여행하는 이들에게 추천하고 싶은 해수욕장이다. 주차장 바로 앞이 해변이어서 접근성도 뛰어나다. TV 드라마 <우리들의 블루스>에서 김우빈과 한지민이 사랑을 속삭이던 해변이 바로 이곳이다. 잔잔한 파도 소리와 함께 낯익은 드라마의 장면이 눈앞에 떠오른다.

맑은 하늘과 푸른 바다, 투명한 물결! 이 멋진 풍경에 나를 맡기면 번잡했던 생각이 스르르 가라앉는다. 제주 여행을 눈부시게 기억하게 해줄 장소, 협재와 금능 해수욕장이, 당신을 기다리고 있다.

ONE MORE 여기도 좋아요!

아름답고 신비한 낙원
한림 공원

제주시 한림읍 한림로 300　064-796-0001
매일 09:00~17:30(매표 마감 16:30)　성인 15,000원
전용 주차장　찾아가기 협재 해수욕장에서 자동차로 1분
반려동물 동반 가능 (7kg 미만)

협재리 바닷가의 황무지가 녹색의 낙원으로 바뀌었다. 1971년의 일이다. 한림 공원은 아열대 식물원, 야자수 길, 산야초원, 협재·쌍용·황금굴, 분재원, 사파리 조류원, 연못 정원 등으로 구성돼 있다. 공원에는 제주도 자생 식물과 워싱턴 야자수, 선인장 등 세계 각국에서 수집한 3천여 종의 아열대 식물이 자라고 있다. 1981년에는 공원 안에 매몰되었던 협재 동굴의 출구를 뚫고 쌍용 동굴을 발굴하여 두 동굴을 연결해 공개했다. 이들 동굴에는 용암동굴에는 생기지 않는 석회질 종유석과 석순 등이 자라고 있어서 용암동굴과 석회동굴의 특징을 한꺼번에 볼 수 있다.

한림 공원이 특별한 또 다른 이유는 바로 꽃이다. 1년 열두 달 언제 가도 꽃을 구경할 수 있다. 봄엔 매화와 튤립이 마음을 흔든다. 여름엔 수국이 매혹적이고 가을엔 국화와 코스모스, 핑크뮬리가 공원을 아름답게 장식한다. 겨울엔 동백과 수선화가 여행자를 반겨준다. 악어와 앵무새를 비롯한 다양한 동물, 화려한 날개를 편 공작도 만날 수 있다. 관람 시간은 1시간 30분에서 2시간 정도 걸린다.

카트부터 클라이밍까지
액티브 파크 제주

- 제주시 한림읍 금능남로 76
- 0507-1461-0881 매일 09:30~18:00
- 25,000~30,000원 전용 주차장
- 찾아가기 협재 해수욕장에서 자동차로 2분
- 인스타그램 @activeparkjeju

활동적인 재미를 만끽할 수 있는 체험형 레저 공간이다. 대표적인 액티브 시설로는 카트, 클라이밍을 꼽을 수 있다. 암벽 등반은 전문성이 필요한 레저 활동이지만, 이곳에서는 누구나 손쉽게 클라이밍을 즐길 수 있다. 실내 클라이밍은 유산소와 무산소 운동 효과를 동시에 낼 수 있다. 액티브하고 짜릿한 도전적인 레포츠를 즐기고 싶다면 도전해 보자. 실내 암벽장 밖에는 야자수와 천연 잔디로 조성한 친환경 카트 체험장이 있다. S자 곡선과 직진 구간, 스피드 구간 등 다양하게 코스를 설계해 마치 서킷에서 레이싱을 펼치는 것 같은 기분이 든다. 짜릿한 질주를 즐겨보자.

<우리들의 블루스> 촬영 스폿
우리들의 블루스 X 김혜자의 길

- 제주시 한림읍 금능리 1516-3
- 주변 길가
- 찾아가기 협재 해수욕장에서 자동차로 3분

금능 해수욕장 옆 한림읍 금능리 1516-3번지는 삶의 끝자락에 있는 사람들의 달고도 쓴 인생을 응원한 드라마 <우리들의 블루스>의 촬영 장소다. 이곳에서 극 중 강옥동 할머니(김혜자)가 버스정류장에서 버스를 기다리다가 애증의 관계인 아들 동석(이병헌)에게 전화를 거는 장면을 촬영했다. 해변을 따라 산책로가 조성되어 있어서 가볍게 걸어도 좋고, 에메랄드빛 제주 바다와 비양도를 배경으로 인생 사진을 찍기에도 좋다. 이 지점을 중심으로 금능리 마을 곳곳에서 <우리들의 블루스>를 촬영했다. 가볍게 바닷가 마을을 산책하며 깊은 감동을 준 드라마의 여운을 되살려 보자.

RESTAURANT & CAFE 협재 해수욕장 주변의 맛집과 카페

갈치 말고 연어 어때요?
애월 연어 협재 직영점

- 제주시 한림읍 명재로 155
- 0507-1496-8936
- 11:00~21:00(브레이크타임 15:00~17:00, 라스트오더 20:10, 일 휴무)
- 전용 주차장
- 찾아가기 협재 해수욕장에서 자동차로 5분
- 인스타그램 @aewol_salmon_hj

협재 해수욕장 동쪽, 한림읍 명월리에 있는 연어 전문 음식점이다. 연어 특유의 비릿함 때문에 꺼리던 사람들도 이곳의 연어 요리는 깔끔한 맛 덕분에 만족스럽게 즐긴다고 한다. 매일 공수한 최상급 생연어와 제주산 채소로 만든 요리는 건강하고도 맛있는 한 끼 식사를 원하는 여행객에게 제격이다. 눈 덮인 한라산을 치즈로 형상화한 스노우 초밥은 이 집의 시그니처 메뉴로, 비주얼과 맛 모두 만족도가 높은 메뉴다. 불에 살짝 구운 생연어에 데리야키와 크림 소스를 더한 불땡이 초밥도 맛보길 추천한다. 식사를 마친 후엔 셀프 바에서 커피와 차를 무료로 즐길 수 있어서 마무리까지 기분이 좋다.

협재 해수욕장 앞 오션 뷰 카페
호텔 샌드

- 제주시 한림읍 한림로 339
- 010-8879-8010
- 매일 09:00~21:00
- 전용 주차장
- 찾아가기 협재 해수욕장에서 걸어서 2분
- 인스타그램 @hotelsand_
- 반려동물 동반 가능

해외 휴양지에 온 듯한 이국적인 분위기를 자아내는 오션 뷰 카페다. 넓은 통창 너머로 펼쳐지는 에메랄드빛 협재 바다와 비양도 풍경은, 여유로운 시간을 더욱 특별하게 만든다. 카페 내부는 베이지 톤의 따뜻한 색감과 라탄 소재의 소품들로 꾸며져 있어서 휴양지 느낌이 물씬 풍긴다. 야외 테라스에는 파라솔과 선베드가 마련되어 있어 바다를 바라보며 휴식을 취하기에 안성맞춤이다. 특히 일몰 시각에는 노을과 함께하는 낭만적인 순간을 경험할 수 있다. 야외 좌석은 카운터에서 예약 후 이용 가능하며, 1인당 1메뉴 주문 시 한 시간 동안 사용할 수 있다. 음료 메뉴는 커피를 비롯해 다양한 티와 주류가 있다. 디저트로는 무화과 타르트의 인기가 많다.

비양도가 보이는 풍경
비양 놀

- 제주시 한림읍 한림해안로 311 ☎ 0507-1328-4962
- 매일 11:00~20:00(라스트오더 19:30) 🚗 주변 길가
- 찾아가기 협재 해수욕장에서 자동차로 9분
- 인스타그램 @biyangnol 반려동물 동반 가능(케이지)

한림항 북쪽, 평수 포구 근처에 있는 오션 뷰 카페이다. 카페의 통창 너머로 애월 바다와 비양도의 풍경이 한 폭의 그림처럼 펼쳐진다. 실내는 차분한 톤의 나무 가구와 은은한 조명으로 꾸며져 있어서, 외부 풍경을 더욱 편안하게 감상할 수 있다. 창가 자리에 앉아 날씨에 따라 달라지는 섬의 표정을 바라보는 게 큰 즐거움이다. 맑은 날에는 섬과 푸른 바다, 맑은 하늘이 수채화처럼 다가오고, 흐리거나 비 오는 날에는 감성적인 정취가 매력적이다. 해 질 무렵 풍경 또한 놓칠 수 없다. 노을에 물드는 바다와 비양도 광경은 그 자체로 광염 소나타이다. 비양 놀의 대표 메뉴는 수제 바닐라콩 크림이 듬뿍 올라간 비양 놀 비엔나와 카페 라테이다.

바다와 마주하는 시간
웨이 뷰 협재 바다

- 제주시 한림읍 옹포7길 25-3 ☎ 0507-1312-8767
- 매일 09:00~20:00(라스트오더 19:30)
- 🚗 전용 주차장 찾아가기 협재 해수욕장에서 자동차로 5분
- 인스타그램 @cafe_waview
- 반려동물 동반 가능(케이지, 유모차)

협재 해수욕장과 한림항 사이, 옹포리 바닷가에 있는 오션 뷰 카페이다. 카페 이름부터 특별하다. 파도를 뜻하는 웨이브wave와 전망을 뜻하는 영어 단어 뷰view를 더해 '웨이 뷰'라고 이름을 지었다. 이곳은 이름 그대로, 제주 바다를 가장 가까이에서 마주할 수 있는 오션 뷰 베이커리 카페다. 카페는 1층과 2층, 그리고 루프톱까지 모두 3층으로 이루어져 있다. 어느 층, 어느 자리에서든 창밖으로 펼쳐지는 바다를 감상할 수 있다. 바다를 바라보면 마음도 자연스레 느긋해진다. 카페 앞에는 프라이빗 해변이 펼쳐져 있고 시선을 조금 위로 올리면 비양도가 한눈에 들어온다.

한림읍
해안권2

월령 선인장 마을 제주 월령리 선인장 군락

낯설고 놀랍고 이국적인

📍 제주시 한림읍 월령3길 27-4
🚗 월령포구 해안가
ℹ️ **찾아가기** 제주국제공항에서 자동차로 45분

제주 서부 해안의 끝자락, 한림읍 월령리는 시간이 느리게 흐르는 바람의 마을이다. 바다가 뭍으로 쑥 들어온 지형이 반달 같아서 '월령'이라는 이름을 얻었다. 이 마을에는 우리나라에서 유일하게 야생에서 자라는 선인장 군락이 있다. 해안가 길옆, 바위틈, 텃밭, 담장 아래 등 마을 곳곳에서 선인장이 자란다. 그 풍경이 낯설고 무척 놀랍고 이국적이다. 손바닥처럼 납작하고 둥글게 생긴 이 선인장을 마을 사람들은 '손바닥 선인장'이라고 부른다.

선인장의 원산지는 북미와 멕시코이다. 이런 선인장이 왜 제주도, 그것도 바닷가 모래밭과 바위틈에서 자라게 되었을까? 놀랍게도 여기엔 특별한 사연이 숨어있다. 먼 옛날, 멕시코 해안의 선인장 씨앗이 해류를 타고 서쪽으로, 서쪽으로 여행을 시작했다. 씨앗은 마침내 태평양을 건너 대만 동쪽 바다에까지 이르렀다. 씨앗은 그때, 방향을 북동쪽으로 틀었다. 구로시오 해류에 올라탄 것이다. 해류는

...
멕시코에서 해류를 타고 제주도로 건너온 선인장 수천, 수만 그루의 선인장이 자라는 해안 풍경 제주에서 가장 독특한 자연 유산으로의 초대!

오키나와와 동중국해를 지나 제주도 서쪽 한림의 월령 마을에 선인장 씨앗을 내려주었다. 씨앗은 멕시코에서 제주도까지, 약 1만 4천 km를 여행한 후 제주도에서 닻을 내렸다. 아주 긴 여행이었다.

이 작고 가벼운 씨앗은 월령 마을 풍경을 완전히 바꿔 놓았다. 지금 월령리에는 수천, 수만 그루의 선인장이 바다를 배경으로 자라고 있다. 6월에 노란 꽃을 피워내 월령리를 예쁜 그림엽서로 바꾸어 놓는다. 가을이 되면 붉은 열매가 주렁주렁 달린다. 이 열매를 '백년초'라고 부르는데, 천연 소염제이자 피부 미용과 골다공증에 좋다고 알려져 있다. 한림농협에서 백년초를 활용해 꿀, 과립 같은 상품을 만들어 판매한다.

나무 덱 길을 걸으며 선인장이 자라는 해안 풍경을 눈앞에서 감상할 수 있다. 이 길은 제주 올레길 14코스와 겹친다. 선인장이 자라는 이국적인 풍경은 제주에서 가장 독특한 자연 유산 가운데 하나이다. 걷다 보면 새하얀 풍력 발전기가 보인다. 옥빛 바다와 푸른 하늘, 선인장과 하얀 바람개비가 어우러지는 풍경은 더없이 특별하다. 선인장 군락은 단순한 자연 명소를 넘어 선인장의 생명력과 제주의 자연이 더불어 빚어낸 아름답고 소중한 서사이다. 나라에서는 이곳을 천연기념물제429호로 지정해 보호하고 있다.

ONE MORE 여기도 좋아요!

청정 제주 바다를 오롯이
판포 포구

📍 제주시 한경면 판포리 2877-3 🚗 주변 길가
ℹ️ 찾아가기 월령리 선인장 마을에서 자동차로 4분

월령리 선인장 마을 아래, 한경면 초입에 있는 작고 아름다운 포구이다. 수심이 얕아 어선 출입이 드문 덕에 오래전부터 주민들의 물놀이 장소로 더 유명했다. 몇 해 전부터 조용한 포구가 물놀이 명소로 입소문이 나면서 지금은 여행자들이 더 많이 찾는 물놀이 스폿이 되었다. 포구 주변은 스노클링 명소로도 손꼽힌다. 이제는 스노클링 장비를 든 여행자들이 하나둘씩 물속으로 들어가는 풍경이 낯설지 않다. 바닷물은 투명하고 깨끗해, 물고기와 해조류가 눈앞에 생생히 펼쳐진다. 해가 질 무렵, 수평선 너머로 물드는 석양은 그 자체로 감동이다. 잊기 힘든 풍경으로 남을 것이다.

RESTAURANT 월령리 주변의 맛집

제주에서 만나는 아메리칸 스낵바
서플라이 죠지

📍 제주시 한경면 홍수암로 560 가동 1층 🕐 11:00~17:00
(라스트오더 16:30, 휴무는 인스타 공지) 🚗 주변 길가
ℹ️ 찾아가기 월령리 선인장 마을에서 자동차로 10분
🌐 인스타그램 @supply.joji 🐾 반려동물 동반 가능

시골길 모퉁이에 자리한 수제버거 맛집이다. 회색 벽면과 아담한 규모가 오히려 이국적인 분위기를 자아낸다. 미국 영화에 등장하는 주유소 옆 스낵 바를 연상시킨다. 가게 내부는 미국 감성이 물씬 풍기는 소품들로 꾸며져 있다. 테이블은 3~4개 정도로 많지 않지만, 그만큼 조용하고 아늑한 식사가 가능하다. 메뉴는 치즈버거, 비프 베이컨 버거, 하와이안 버거 등 6가지로 구성되어 있다. 패티는 직접 구워내며, 불향이 가득한 육즙이 인상적이다. 특히 비프 베이컨 버거는 구운 양파가 곁들여져 풍미를 더한다. 포장 주문도 활발하다. 영업 정보는 인스타를 통해서만 공지하며 비정기적으로 휴무하므로 방문 전 확인이 필요하다.

🍽 한입에 담긴 베트남
그린 사이공

📍 제주시 한경면 두신로 38 📞 064-773-1377
🕐 11:00~16:00 (라스트오더 15:30, 일 휴무)
🚗 주변 길가
ℹ️ 찾아가기 월령리 선인장 마을에서 자동차로 8분
🌐 인스타그램 @greensaigon2019

상호에서 알 수 있듯이 베트남 쌀국수와 반미를 전문으로 하는 식당이다. 한경면 소재지가 있는 신창리, 바닷바람이 조용히 부는 마을에 있다. 이곳은 제주도를 여행하다가 색다른 한 끼가 생각날 때 가기 좋은 곳이다. 그린 사이공의 시그니처 메뉴는 반미이다. 겉은 바삭하고 속은 촉촉한 바게트에 절임 채소, 고기, 고수, 특제 소스를 조화롭게 채워 넣었다. 첫입은 고소하고, 뒷맛은 향긋하다. 좋은 반미를 만드는 집들은 대체로 빵 굽는 온도와 속 재료의 균형이 조화롭다. 이곳도 예외가 아니다. 작은 디테일까지 정성을 들여 챙긴 덕에 그린 사이공의 반미는 길거리 음식 이상의 의미를 지닌다.

쌀국수는 깊고 맑은 육수에 고기와 허브가 잘 어우러져 담백하면서도 풍부한 맛을 낸다. 재료 본연의 맛을 해치지 않는 조리법 덕분에 먹고 나서도 속이 편하다. 식당 내부는 아담하고 소박하지만, 친절한 서비스 덕분에 편안한 식사를 즐길 수 있다. 기본에 충실하면서도 정갈한 맛이 꾸밈없이 전달된다.

한림읍
중산간

금 오름

산정 호수, 일몰, 압도적인 풍경

제주시 한림읍 금악리 산 1-1
전용 주차장
찾아가기 제주국제공항에서 자동차로 50분

금 오름은 제주 서부의 보물 같은 오름이다. 봉우리가 그리 높지 않고, 밖에서 보면 제주에서 흔히 보이는 평범한 오름 같지만, 정상에 오르면 감탄이 절로 나온다. 이 오름을 전국적으로 알린 건 바로 가수 이효리이다. TV 예능 프로그램 <효리네 민박>에서 그녀가 금오름에서 일몰을 감상하는 장면이 전파를 탄 뒤로, MZ세대의 필수 방문 성지로 떠올랐다. 트와이스의 뮤직비디오에 등장하며 또 한 번 화제가 되었다.

오름 정상에서 바라보는 제주 풍광은 그야말로 압도적이다. 가까이엔 중산간의 초록 물결, 멀리는 에메랄드빛 바다, 맑은 날엔 차귀도와 비양도까지 시야에 들어온다. 정상엔 움푹 파인 분화구가 있다.

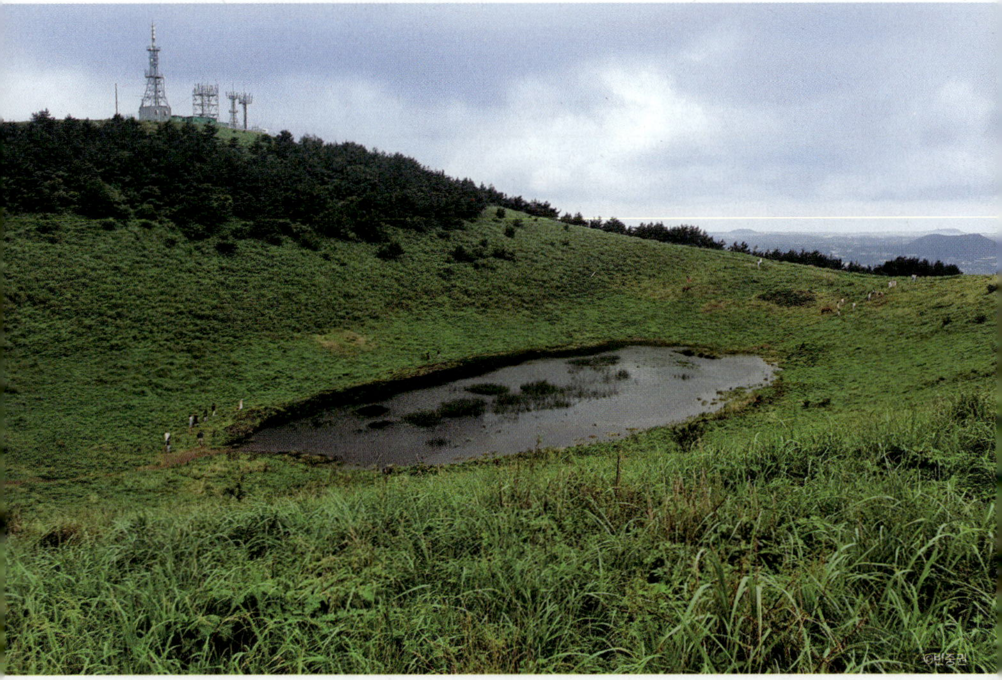

ⓒ변종권

...
신비로운 산정 호수
멀리는 에메랄드빛 바다
금 오름은 제주 서부의
보물 같은 오름이다

분화구는 마치 백록담의 축소판처럼 아담하고 신비롭다. 분화구는 금악담 또는 왕매라고 부른다. 분화구엔 호수처럼 물이 고인다. 그러나 이 산정호수는 안타깝게도 매일 볼 수는 없다. 비가 많이 오면 물이 고이지만, 그렇지 않을 때는 물이 땅속으로 스며들어 호수가 말라버리기 때문이다. 산정호수가 생길 때는 푸른 하늘이 분화구 안에 고스란히 담긴다. 금 오름의 해발 높이는 해발 427.5m이지만, 순수 오름 높이는 178m이다. 주차장에서 오름 정상까지는 천천히 걸어도 30분이면 오를 수 있다. 길은 완만해서 걷기 편하다. 평소에 등산을 즐기지 않는 사람도 부담이 없다. 금 오름에 올랐다면 잊지 말고 둘레길도 걸어보자. 둘레길 길이는 약 1.2km이다. 둘레길은 부드러운 능선이 원을 그리듯 이어진다. 걷는 내내 시야가 탁 트여서 마음이 상쾌해진다. 들판과 바다, 하늘이 맞닿은 풍경이 너무 아름답다. 눈으로만 보는 게 아쉬워 장면마다 카메라에 담고 싶어진다. 일몰 시각이 가까워지면 렌터카들이 속속 모여든다. 노을빛에 물드는 금 오름과 오름 정상에서 바라보는 석양이 매혹적이기 때문이다. 눈으로 보고, 사진으로 담는 순간에도, 이 감동적인 장면은 믿기지 않는다. 금 오름은 그저 걷고, 머물고, 풍경을 바라보는 것만으로도 큰 위로를 주는 곳이다.

ONE MORE 여기도 좋아요!

예수의 삶을 생각하며
새미 은총의 동산과 성이시돌 목장

○ 새미 은총의 동산 제주시 한림읍 새미소길 15
성이시돌 목장 제주시 한림읍 산록남로 53
📞 064-796-4181
🚗 전용 주차장
ⓘ 찾아가기 금 오름에서 자동차로 4분

새미 은총의 동산은 경건함이 가득한 곳이다. 신자가 아니더라도 편안하게 둘러보기에 좋다. 예수의 생애를 조각 작품으로 살펴볼 수 있도록 조성했다. 가장 압권은 '십자가의 길'이다. 예수 탄생 후 세례를 받고 오병이어의 기적, 사마리아 여인을 만나고, 열두 제자를 세우고, 나사로를 살리고, 최후의 만찬까지 성경 속 12가지 주요 사건을 동선에 맞추어 조형적으로 배치했다. 박상훈 조각가의 세심한 묘사와 사실감이 어찌나 뛰어난지 마치 성화 속으로 들어선 듯한 느낌이 든다. 새미 은총의 동산에서 성이시돌 목장까지는 걸어서 갈 수 있다. 이시돌은 스페인의 농부 수호 성자 이시도르Isidore에서 따왔다. 목장은 테시폰Ctesiphon 주택이 유명한데 맥그린치한국명 임피제 신부가 1960년대 초, 목장을 개척하는 과정에서 지은 '간이 셸 구조체' 공법 건축물이다. 메소포타미아 지역 고대 도시 유적인 크테시폰Ctesiphon : 바그다드 인근 옛 도시의 아치 구조물의 형태를 참고하여 창안해 낸 건축 유형이다. 목장에서는 젖소들이 생산한 유기농 우유와 아이스크림도 맛볼 수 있다.

RESTAURANT & CAFE 금 오름 주변의 맛집과 카페

🍴 치킨 탕수육과 닭 짬뽕의 향연
금악리 자양 식당

📍 제주시 한림읍 금악로 18 📞 0507-1448-2252
🕐 10:30~15:30(라스트오더 15:00, 토 휴무)
🚗 식당 맞은편 공터 ℹ️ 찾아가기 금 오름에서 자동차로 2분
🌐 인스타그램 @chicken_jjamppong

닭 짬뽕 전문점이다. <백종원의 골목식당> 금악마을 프로젝트에 출연한 최 씨 형제가 운영한다. 메뉴는 단출하다. 닭 짬뽕, 닭 짬뽕밥, 치킨 탕수육 세 가지다. 세 음식은 돼지고기 대신 국내산 냉장 닭 다리 살을 사용한다. 닭 특유의 부드럽고 담백한 식감 덕분에 짬뽕과 탕수육 모두 부담 없이 즐길 수 있다. 짬뽕 국물은 마치 닭 곰탕을 연상케 할 만큼 진하고 깊으며, 주문 즉시 불 쇼와 함께 조리해 불 향이 살아 있다. 치킨 탕수육은 겉은 바삭하고 속은 촉촉해 소스를 곁들이지 않아도 고소한 맛이 일품이다. 주방은 손님에게 열린 구조로 되어 있어 요리 과정을 그대로 볼 수 있다.

☕ 건강하고 맛있는 브런치
라갈레트

📍 제주시 한림읍 산록남로 55 📞 070-8801-8688
🕐 09:00~17:00(라스트오더 16:30, 월 휴무)
🚗 전용 주차장 ℹ️ 찾아가기 금 오름에서 자동차로 3분
🌐 인스타그램 @lagalette_jeju 🐾 반려동물 동반 가능

프랑스식 브런치와 디저트를 즐길 수 있는 카페이다. 이시돌 피정의 집 안에 있다. 목장과 자연이 옆에 있어서 분위기가 한적하고 여유롭다. 카페 외관에서 오래된 유럽식 건물 이미지가 느껴진다. 내부로 들어서면 유럽의 산장과 같은 분위기를 느낄 수 있다. 대표 메뉴는 갈레트이다. 제주산 메밀을 활용해 만든 프랑스식 크레프로, 맛이 담백한 게 특징이다. 게살 아보카도 샌드위치와 베이컨 에그 샌드위치 등 다양한 브런치 메뉴도 즐길 수 있다. 디저트로는 벨기에 와플과 인절미 팥빙수가 인기가 많다. 청귤 에이드와 감귤주스처럼 제주산 과일을 활용한 음료도 맛볼 수 있다.

유럽의 목장 카페 온 듯
카페 이시도르

- 제주시 한림읍 금악복로 353
- 064-796-0677
- 매일 08:30~16:50 (라스트오더 16:30, 일 14:00 마감)
- 전용 주차장
- 찾아가기 금 오름에서 자동차로 3분

카페 이시도르는 새미 은총의 동산과 이시돌 피정의 집 사이, 성이시돌 센터 안에 있다. 새미 은총의 동산과 이시돌 피정의 집, 넓은 초원이 펼쳐진 성이시돌 목장이 주변을 둘러싸고 있어서 주변 풍경이 유럽의 한적한 수도원 같다. 카페로 들어서면 차분한 공기가 공간 전체를 감싸고 있어서 마음이 절로 가라앉는다. 아침에 직접 구운 빵이 진열장에 가지런히 놓여있다. 버터 향이 은은하게 배어든 크루아상부터 건강한 통밀빵까지 종류도 다양하다. 이곳의 커피는 깊고 향긋하다. 성이시돌 목장의 유기농 우유를 사용해 만든 라테를 특히 많이 찾는다. 자리에 앉아 창밖을 바라보면 넓은 목장과 푸른 들판이 시원하게 펼쳐진다. 유럽의 목장 마을처럼 창밖 풍경이 여유롭다. 조용한 카페에 머물다 보면 일상에 지친 마음이 조금씩 맑아지는 기분이 든다. 제주를 여행하다가 반나절, 또는 하루쯤 조용히 쉬면서 지내고 싶다면 카페 이시도르로 가자. 창밖 풍경이 따뜻한 위로를 건넨다.

우유가 주인공이다
우유부단 성이시돌 목장 본점

📍 제주시 한림읍 금악동길 38
📞 064-796-2033
🕐 매일 10:00~18:00 (설, 추석 당일 휴무) 🚗 전용 주차장
ℹ️ 찾아가기 금 오름에서 자동차로 4분
🌐 인스타그램 @uyubudan 🐾 반려동물 동반 가능

유기농 우유와 수제 아이스크림, 밀크티 등 '우유'를 주제로 하는 테마 카페이다. 우유부단은 '넘칠 우, 부드러울 유, 아니 부, 끊을 단'을 합성하여 만든 조어로, '너무 부드러워 끊을 수 없다'라는 의미를 담고 있다. '우유를 향한 부단한 노력'이라는 중의적인 뜻도 있다. 카페 내부는 우드 톤 가구와 흰색 벽이 어우러져 마치 우유처럼 깨끗하고 따뜻한 느낌을 준다.

메뉴 하나하나에 브랜드의 정체성이 잘 드러난다. 모든 메뉴에서 건강한 맛을 즐길 수 있지만, 그중에서 수제 아이스크림이 으뜸이다. 인공첨가물을 최대한 배제하고 우유 본연의 고소한 풍미를 살려 매일 신선하게 제조한다. 봄 시즌에는 제주 보리가 들어간 보리개역 아이스크림을 한정 판매한다. 커피, 당근주스, 밀크티도 판매한다. 밀크티는 진한 우유 베이스에 고급 홍차 향을 더해 맛이 부드럽고 풍미가 깊다. 카페 주변을 우유 팩 의자 등 아기자기한 설치 작품으로 꾸며놓아 여행객의 발길을 멈추게 한다. 곳곳에 마련된 포토 존은 목장 풍경과 무척 잘 어울린다.

한경면
해안권1

올레 13코스
바다에서 내륙의 숲으로!

◎ 출발 제주시 한경면 용수리 4241-5 절부암
☎ 064-762-2190
🚗 주변 길가
ⓘ 찾아가기 제주국제공항에서 자동차로 60분

올레 13코스는 바다에서 출발해 숲으로 스며드는 길이다. 출발지는 용수 포구의 '절부암' 앞이다. 시작점에서 짙은 푸른빛의 바다에 잠시 인사를 건네고는, 길은 곧장 내륙으로 방향을 튼다. 이 코스는 바닷길을 따라 이어지던 올레가 중산간 숲길에서 끝나는 첫 번째 코스이다. 코스의 성격이 다르고, 분위기 전환이 뚜렷해 새로운 감상을 준다. 걷다 보면 '용수 저수지'를 지나 고요한 숲길이 시작된다. 조금 더 가면 작은 마을 두모리가 모습을 드러낸다.

숲길 중간에 '특전사 숲길'이라 불리는 구간이 나타난다. 50여 명의 특전사 대원들이 힘을 모아 사라진 옛길을 복원한 곳이다. 총 3km에 이르는 이 길은 원시적인 아름다움이 살아 있다. 우거진 나무 사이로 햇살이 스며들고 곳곳에는 대원들이 만들어놓은 작은 쉼터가

옥빛 바다에서 시작해
고요한 숲으로 스며드는 길
길의 끝자락에서
서남부의 풍경을 거느린
저지 오름이 당신을 반겨준다.

숨어있어서 걷는 재미를 더한다. 이어지는 '고사리 숲길'은 이름처럼 길 양쪽으로 고사리가 무성하게 자라나 있다. 그 속에는 조수리 청년회가 여행자를 위해 마련한 아담한 쉼터도 있다. 물과 가스레인지, 간이 의자가 준비되어 있고, 누군가 남긴 감사의 쪽지들이 벽면을 따뜻하게 채우고 있다. 고요한 숲속에서 잠시 쉬어가는 시간은 이 길에서만 느낄 수 있는 특별한 순간이다.

조금 더 걸으면 낙천리 '아홉 굿 의자 마을'이 나타난다. 이 마을은 제주도 최초의 대장간이 있던 곳이다. 마을 주민들이 직접 만든 수많은 의자가 공원과 들판, 돌담 곁에 놓여 있다. 누구든 자유롭게 앉아 쉴 수 있다. 앉은 자리마다 보이는 풍경이 달라 그 자체로 하나의 설치미술처럼 느껴진다. 도시의 삶에 지친 이들에게 넉넉한 마음과 쉼을 전해주고자 시작된 이 프로젝트는 지금도 조용히 이어지고 있다.

길의 끝자락에는 '저지 오름'이 기다리고 있다. 전망대에 오르면 한라산과 송악산, 비양도, 가파도까지 제주의 서남쪽 풍경이 한눈에 펼쳐진다. 올레 13코스는 역방향으로 걸어도 매력이 뚜렷하다. 저지 오름을 오르고 낙천리를 지나 바다로 향하는 여정은 오히려 점점 탁 트인 풍경을 마주하게 돼 또 다른 감동을 준다.

ONE MORE 여기도 좋아요!

김대건 신부의 발자취를 따라
천주교 용수 성지

- 제주시 한경면 용수1길 108
- 064-772-1252
- 09:00~18:00(월 휴무, 미사 시간 화~일 오전 11시)
- 전용 주차장
- 찾아가기 절부암에서 자동차로 1분, 걸어서 4분

우리나라에서 처음으로 사제 서품을 받은 김대건 신부의 흔적이 남아 있는 천주교 성지다. 김 신부는 1845년 중국 상하이 김가항 성당에서 사제 서품을 받았다. 이후 페레올 주교와 다블뤼 신부 및 조선 신자 등 일행 13명과 함께 '라파엘 호'를 타고 귀국길에 올랐다. 이 배는 무동력 범선으로 원래는 제물포를 향했으나 풍랑을 만나 28일 표류 끝에 제주시 용수리 포구에 닿았다. 풍랑 덕에 제주도가 조선 첫 신부의 입국 장소가 되었다. 이곳엔 김대건 신부의 제주 표착漂着을 기념하는 성당과 기념관이 있다. 전문가의 고증을 거쳐 라파엘 호도 복원, 전시하고 있다. 한경 풍차 해안로를 달리다 보면 용수 포구에 닿는다. 포구 건너편 뾰족한 탑 위로 십자가가 보이는데, 이곳이 김대건 신부 표착 기념 성당이다. 성지 입구에서 김 신부 동상이 반긴다. 김 신부가 항해 중에 간직했던 '기적의 성모 상본'을 바탕으로 제작한 성모상이 그 곁을 지키고 있다. 안으로 들어가면 햇빛을 받은 스테인드글라스가 성당의 분위기를 온화하게 해준다.

이국적인 인생 사진 명소
신창 풍차 해안

제주시 한경면 신창리 1322-1
싱계물공원 주차장
찾아가기 절부암에서 자동차로 5분

바닷가를 따라 줄지어 들어선 풍력 발전기가 무척이나 이국적이다. 한경면 신창리의 해상 풍력 단지에서 차귀도 포구까지 이어지는 6㎞의 해안도로는 제주도에서도 이름난 드라이브 코스다. 구불구불한 해안선을 따라 서 있는 풍력 발전기의 모습은 특별한 풍경을 선사한다. 일몰 때에는 드라이브가 더 낭만적이다. 하얀 풍차와 붉게 물든 하늘이 달리는 차를 멈춰 세운다. 산책로가 잘 조성돼 있어서 걸으면서 황홀한 일몰을 감상할 수 있다. 산책로 한 바퀴를 도는 데엔 30분 이상 걸린다. 풍차 해안과 해안도로 옆 차귀도, 수월봉의 장엄한 낙조를 카메라에 담는 것도 잊지 말자.

풍차, 노을, 바다 산책
싱계물 공원

제주시 한경면 신창리 1322-1
신창 풍차 해안 공영주차장
찾아가기 절부암에서 자동차로 5분

신창리 포구와 신창 풍차 해안에서 남쪽으로 조금만 가면 싱계물 공원이 나온다. 싱계물은 제주어로 '새로 발견한 갯물'이라는 뜻이다. 이름처럼 싱계물엔 바닷가 땅속에서 맑고 시원한 용천수가 솟아난다. 예전에는 남탕과 여탕으로 구분하여 목욕탕으로 이용하였다. 지금도 남탕, 여탕으로 구분되어 있지만, 실제로 이용하지는 않는다. 지금은 이국적인 풍력 발전 단지 전망 명소이자 일몰 명소로 더 알려져 있다. 또 공원 안에는 바다에 놓은 다리와 원담을 따라 걷는 산책로가 있어서 바다와 풍차를 동시에 즐길 수 있다. 특히 노을이 질 때, 바다와 풍차가 어우러진 풍경은 황홀하기까지 하다.

평화로운 포구와 풍력발전기
신창리 포구

- 제주시 한경면 신창리 348-8(신창항)
- 포구 주차장
- 찾아가기 절부암에서 자동차로 7분

제주시 한경면의 신창리 포구는 맑은 용천수가 솟아나 예전에는 '왕깅이물'이라 불렀다. 포구의 서쪽 끝에는 마리여 등대가 있고, 동쪽에는 마을 사람들이 풍어와 안녕을 기원하는 기도처 해신당이 있다. 마리여 등대 근처에서는 12~13세기 중국 도자기와 금제 장신구가 대량으로 발굴되었다. 이로 미루어 신창리 포구는 고려 시대에 중국과 해상 무역을 하는 중요한 항구였음을 짐작할 수 있다. 포구 서북쪽 해상에 펼쳐진 풍력 발전 단지는 신창리의 특별한 볼거리이다. 아담한 포구와 포구에 정박한 작은 배, 바다 위의 풍력 발전기를 한 프레임에 넣으면 아름다운 사진을 얻을 수 있다.

예술, 제주 서쪽에서 피어나다
공간 연주 X 아트 바운드

- 제주시 한경면 두신로 77-1
- 인스타그램 @gongganyeonjuxartbound
- 찾아가기 절부암에서 자동차로 7분

신창리에 가면 단연 눈에 띄는 귤색 2층 건물이 있다. 40년이 넘은 낡은 건물에 예술적 숨결을 불어 넣은 '공간 연주×아트 바운드 갤러리'가 그 주인공이다. 과거 포목점이었던 공간을 부산의 이연주 갤러리와 조각을 중심으로 활동하는 아트 바운드가 뜻을 모아, 자유로운 창작 활동의 거점으로 마련했다. 7.8평의 아담한 규모지만 3.8m의 높은 층고를 활용해 회화, 조각, 판화, 사진 등 다양한 장르의 작품을 폭넓게 전시한다. 신진 작가의 실험적인 시도부터 거장들의 깊이 있는 예술 세계까지 조망하며 역동적인 예술 플랫폼으로 나아가려는 의지를 제대로 보여주고 있다.

CAFE 올레 13코스 주변의 카페

바다와 예술이 만나는 창
클랭 블루 제주

📍 제주시 한경면 한경해안로 552-22 📞 0507-1335-5338
🕐 매일 11:00~20:00(라스트오더 19:40)
🚗 전용 주차장 ⓘ **찾아가기** 절부암에서 자동차로 6분
🌐 인스타그램 @kleinblue_jeju

클랭 블루는 바다와 예술이 어우러진 특별한 공간이다. 신창리 포구와 싱계물 공원 사이에 있다. 신창 풍차 해안도로를 따라가다 보면 비주얼이 남다른 건물 하나를 만날 수 있다. 예술성을 인정받아 제주 건축 대전 본상을 받았다. 카페 내부는 조용하고 차분하다. 공예품과 미술 작품으로 꾸며놓아서 갤러리를 연상케 한다. 2층에는 다양한 미술 작품을 전시하고 있어서 실제로 예술 작품을 감상할 수 있다. 예술품도 멋지지만, 실제 작품보다 더 감동적인 풍경이 창밖으로 펼쳐진다. 특히 해가 질 녘 붉은 노을과 풍차 해안 풍경은 단연 압도적이다. 이 카페의 2층은 사진 촬영 명소로 손에 꼽힌다.

클랭 블루 제주의 음료 메뉴로는 우도 땅콩 라테, 제주 한라봉 주스가 유명하다. 디저트로는 바스크 치즈 케이크, 말차 롤케이크 등이 준비되어 있다. 카페 외부에는 꽤 넓은 잔디 정원이 있어서 바다를 바라보며 여유로운 시간을 보내기에 더없이 좋다. 카페 바로 앞이 해안가이므로 가볍게 산책하고 와도 좋다. 클랭 블루 제주에서, 제주 서쪽 풍경을 만끽해 보자.

수월봉 지질 트레일
불의 시간을 걷다

📍 제주시 한경면 고산리 3760
📞 064-722-3334 🚗 주변 갓길
ℹ️ **찾아가기** 제주국제공항에서 자동차로 1시간 5분

수월봉 지질 트레일은 제주 서쪽 바다를 바라보며, 화산의 흔적을 따라가는 여정이다. 제주시 한경면 고산리 바닷가에 자리한 수월봉은 해발 77m의 낮은 오름이지만, 그 지질적 의미와 경관은 절대 작지 않다. 약 1만 8,000년 전 차귀도와 수월봉 사이에서 마그마가 분출했다. 떡 케이크처럼 켜켜이 쌓인 해안 절벽이 이때 생겼다. 시루떡 같은 절벽 단면이 긴 세월 쌓인 퇴적층 같지만, 사실은 짧은 시간 화산 분출물이 쌓여 생겨난 것이다. 이를 화산쇄설층이라고 하는데, 수월봉처럼 이렇게 뚜렷한 예는 세계 최고 수준이다. 이런 가치를 인정받아 천연기념물제513호과 유네스코 세계 지질 공원에 오르고, 세계 화산 백과사전에도 실렸다. 수월봉이 '화산 교과서'라고 불리는 까닭이다.

수월봉 지질 트레일은 이처럼 특별한 땅을 천천히 걷는 길이다. 수

월봉 지질 트레일의 길이는 모두 10km이고, A, B, C 코스로 나누어져 있다. 가장 많이 찾는 코스는 3.3km에 이르는 A 코스 엉알길이다. 엉알길은 화산재 절벽과 해안선을 따라 걸으며 가장 많은 지질 구조를 관찰할 수 있다. 절벽을 따라 걸으면 층층이 쌓인 화산재 지층이 펼쳐진다. 화산 분출 당시 날아간 바위 조각이 지층에 박힌 모습도 관찰할 수 있다. 엉알길을 걸으면 마치 다른 행성에 온 기분이 든다. 소요 시간은 1시간 30분 안팎이다.

B 코스는 당산봉까지 이어지는 4.2km의 코스로, 바다를 품은 오름과 푸른 목초지가 어우러진 아름다운 길이다. 소요 시간은 약 2시간이다. 당산봉은 제주 서부의 전망대 같은 곳이다. 이곳에 오르면 수월봉과 푸른 바다, 차귀도, 당산봉 아래 펼쳐진 고산 평야, 신창리의 이국적인 풍력 발전 단지까지 차례로 시야 가득 다가온다. C 코스는 배를 타고 차귀도로 향하게 된다. 약 1.5km에 이르는 짧은 산책로로, 섬의 야생성과 고요함을 동시에 느낄 수 있다.

수월봉 지질 트레일은 단순한 산책길이 아니다. 이 땅에 남겨진 불과 바다의 시간이 켜켜이 쌓인, 화산의 길이다. 자연의 경이를 경험하는 특별한 산책로이다. 매년 늦가을에 지질 트레일을 함께 걷는 축제가 열린다.

ONE MORE 여기도 좋아요!

세계의 화산 교과서
수월봉

📍 제주시 한경면 노을해안로 1013-61
🚗 수월봉 전망대 아래 주차장
ℹ️ 찾아가기 수월봉 지질 트레일에서 걸어서 1분

천연기념물제513호이자 2010년 유네스코가 지정한 세계 지질 공원이다. 국내에서 유일하게 화산학 백과사전에 수록된 지질 명소다. 수월봉은 제주도의 가장 서쪽에 있는 높이 77m의 오름이다. 1만 8000년 전 바다에서 화산이 폭발할 때 나온 화산재와 분출물이 층층이 쌓여 만들어졌다. 바닷가의 거대한 수직 절벽에서 그 모습을 생생히 살펴볼 수 있다. 마치 얇게 차곡차곡 쌓아 만든 크레이프 케이크 같다. 나이테처럼 켜켜이 쌓인 수직 절벽은 경이로움 그 자체다. 수월봉은 손에 꼽히는 노을 명소이기도 하다. 지질 해설사의 설명을 들으며 수월봉을 탐사하는 프로그램도 있다.

국내에서 가장 오래된 신석기 문화
제주 고산리 유적

📍 제주시 한경면 노을해안로 1100 📞 0507-1406-0061
🕐 09:00~17:00(월, 법정공휴일 휴무)
🚗 전용 주차장 ℹ️ 찾아가기 수월봉 지질 트레일에서 자동차로 3분 🌐 인스타그램 @gosanriyujeok

수월봉과 당산봉 사이, 제주도에서 가장 넓은 들인 고산 평야의 북서쪽 바닷가에 있다. 우리나라에서 가장 오래된 신석기 시대 유적이다. 구석기와 신석기를 잇는 중요한 유적으로, 한국 신석기 문화의 시작을 8,000년에서 1만 2,000년 전까지 끌어올렸다. 1987년 한 주민의 신고 이후 진행한 발굴 과정에서 약 10만 점의 석기와 1천여 점의 토기 조각이 나왔다. 특히 섬유질이 섞인 적갈색 토기는 우리나라 최초의 토기이다. 당시 사람들은 사냥과 채집을 이어가면서도 농경과 정착의 삶을 시작했다. 석기를 깎아 만든 찌르개와 화살촉, 곡식을 갈던 갈돌과 갈판은 그들의 삶을 생생하게 전해준다.

CAFE 수월봉 지질 트레일 주변의 카페

햇살이 머무는 유럽풍 감성 카페
후우

- 제주시 한경면 칠전로 145 ☎ 0507-1447-1799
- 11:00~18:00(라스트오더 17:30, 목 휴무)
- 주변 공터 및 길가 찾아가기 수월봉 지질 트레일에서 자동차로 6분 인스타그램 @hoowoo_jeju
- 반려동물 동반 가능(가방이나 유모차 필수)

고산 평야 북쪽 칠전로 옆에 있다. 제주 옛집의 고즈넉한 정취와 유럽풍 인테리어가 어우러진 감성 카페다. 문을 열고 들어서는 순간부터 마음이 편안해진다. 소품 하나하나, 벽과 서까래까지 세심하게 꾸며서 눈과 마음을 모두 즐겁게 한다. 창문으로 부드러운 햇살이 은은하게 스며들고, 따뜻한 나무 향기와 차분한 음악이 마음을 감싸준다.

후우의 커피는 맛이 깊고 풍부하다. 산미가 살짝 도는 에티오피아 원두부터 부드러운 라테까지 어떤 메뉴를 선택해도 만족스러울 것이다. 드립백도 판매하는데 카페에서 느낄 수 있는 맛을 집에서도 그대로 즐길 수 있다. 덕분에 여행을 마친 후에도 그 여운을 오래 간직할 수 있다. 커피와 함께 꼭 맛봐야 할 것은 부드러운 수플레다. 보드라운 식감에 사르르 녹는 크림, 바나나와 아이스크림이 어우러진 맛이 감동을 준다. 산뜻한 커피와 부드러운 커피가 행복한 휴식 시간을 선사한다. 수월봉과 수월봉 지질 트레일을 걸은 뒤 잠시 쉬면서 여행의 여운을 즐기기 좋은 곳이다.

저지 문화 예술인 마을
섬 안의 작은 예술 도시

제주도립 김창열 미술관
- 제주시 한림읍 용금로 883-5(한림읍 월림리 115-23)
- 064-710-4150 09:00~18:00(월 휴무) 성인 2,000원 전용 주차장
- 찾아가기 제주국제공항에서 자동차로 55분

제주 현대 미술관
- 제주시 한경면 저지14길 35 09:00~18:00(월 휴무, 신정과 설날, 추석 당일 휴무)
- 1,500~2,000원 전용 주차장 찾아가기 제주국제공항에서 자동차로 55분

한라산 서쪽 중산간의 한경면 저지리는 예술가들이 삶과 창작을 함께 이어가는 특별한 동네이다. 오지 중의 오지였던 이곳은 2010년 문화지구로 지정되며 제주의 예술 중심지로 떠올랐다. 저지리에는 40여 명의 화가와 조각가, 서예가들이 작업실과 전시 공간을 갖추고 거주하고 있다. 저지 문화 예술인 마을에서 먼저 눈에 띄는 공간은 제주 현대 미술관이다. 가늘고 긴 현무암으로 세심하게 마감한 외벽은 제주의 질감을 고스란히 담고 있어서, 주변 경관과 이질

감 없이 조화를 이룬다. 미술관 내부는 상설전, 특별전, 기획전 공간으로 구성되어 있다. 입구에 자리한 김흥수 특별전시실은 이 미술관의 시작점이다. 김흥수 화백의 회화적 실험이 응축된 작품을 만날 수 있다. 야외 조각과 설치 작품이 전시된 국제 조각 심포지엄 공원도 꼭 둘러보자. 조각과 자연이 어우러지는 풍경이 퍽 매력적이다. 여행자의 발길은 자연스럽게 동남쪽으로 걸어서 5분 거리에 있는 제주도립 김창열 미술관으로 이어진다. '물방울 작가'로 명성을 얻은 김창열 화백은 6·25전쟁 중 제주에서 1년 6개월간 경찰로 근무했던 인연을 기억하며 자신의 대표작 220점을 제주도에 기증했다. 제주도는 그의 예술혼을 기리기 위해 2016년 미술관을 개관했다. 김창열 미술관은 '작은 신전'을 콘셉트로 설계됐다. 외벽은 콘크리트를 검회색 나뭇결처럼 마감해 멀리서 보면 제주 현무암처럼 보인다. 위에서 내려다보면 중앙의 중정을 중심으로 여덟 개의 큐브가 '돌아올 회回'자 형태를 이루고 있어서 공간 자체가 하나의 조형물처럼 보인다. 중정을 둘러싼 경로를 따라 올라가면 옥상까지 이어지고, 다시 땅으로 내려오는 흥미로운 동선이 관람에 여운을 더해준다. 옥상에 올라서 바라보는 저지리는 섬 안의 작은 예술 도시처럼 느껴진다.

예술의 여운을 조금 더 이어가고 싶다면, 마을 동쪽 끝자락에 있는 유동룡 미술관으로 가자. 유동룡1935~2011은 이타미 준이라는 이름으로 더 잘 알려진 재일 건축가이다. 그는 일본에서 태어났으나 "나의 정신적 뿌리는 한국"이라는 생각을 끝까지 지켰다. 그는 귀화하지 않고 마지막까지 한국인으로 살았다. 이타미 준은 일본에서 건축 사무소를 운영하는 데 필요해 일본식으로 만든 예명이다. 제주도에서 볼 수 있는 그의 건축물로는 방주 교회, 수풍석 뮤지엄, 포도호텔 등을 꼽을 수 있다. 유동룡 미술관은 그의 딸이자 건축가인 유이화가 설계했다. 제주의 바람과 돌, 빛과 물을 건축 언어로 풀어낸 유동룡의 철학이 공간 전체에 스며 있다. 미술관에선 유동룡의 건축 작품과 회화·서예·조각, 그의 수집품과 저서를 살펴볼 수 있다. 유동룡 미술관은 단순한 전시 공간을 넘어, 건축 자체가 사색의 영감을 주는 특별한 공간이다.

ONE MORE 여기도 좋아요!

풀 내음 가득한 야생화 식물원
방림원

- 제주시 한경면 용금로 864 📞 0507-1422-0187
- 매일 11~2월 09:00~17:00, 3~10월 09:00~18:00
- 성인 8,000원 🚗 전용 주차장
- 찾아가기 저지 문화 예술인 마을에서 자동차로 1분, 걸어서 4분
- 인스타그램 @banglimwon 반려동물 동반 가능

제주도 최초의 야생화 전문 전시관이자 자연과 식물에 대한 깊은 이해와 감동을 선사하는 특별한 공간이다. 방림원의 규모는 약 5,000평이다. 우리나라를 비롯해 아시아, 아프리카, 유럽 등지에서 20여 년간 수집한 야생초 3,000여 종이 전시되어 있다. 난과 식물, 세계 각국의 고사리류, 식충식물, 백두산 고산식물, 한국 자생식물 90종과 귀화식물 10종 등 다양한 식물을 만날 수 있다. 특히 제주 보존 자원인 붉은 송이 돌로 만든 방림굴과 유리온실은 독특한 분위기를 자아낸다.

방림원에서는 자연과 생명의 신비로움과 소중함을 동시에 느낄 수 있다. 계절마다 피고 지는 꽃을 감상하며 자연의 시간을 더불어 경험을 할 수 있다. 또한, 방림원은 자연 학습 장소로도 손색이 없다. 식물에 관한 지식과 정보, 생태계의 중요성을 배우며 자연과 깊이 교감할 수 있다. 새싹이 돋고 꽃이 피는 모습과 꽃이 지고 나뭇잎이 떨어지는 광경은 우리의 인생을 은유하는 듯하여 생각이 많아지기도 한다. 풀과 야생화의 일생은 인간의 생로병사를 자연스럽게 사유하게 한다.

책방 소리 소문
아름다운 마을의 아름다운 서점

- 제주시 한경면 저지동길 8-31
- 0507-1320-7461
- 매일 11:00~18:00(화, 수 12:00~18:00)
- 전용 주차장
- 찾아가기 제주국제공항에서 자동차로 60분
- 인스타그램 @sorisomoonbooks
- 반려동물 동반 가능

제주시 한경면 저지리는 해발 120m에 자리한 전형적인 중산간 마을이다. 금악, 조수, 낙천, 청수, 월림 마을이 둘러싸고 있다. 제주 올레 13, 14, 14-1코스가 지나가는 길목이다. 고즈넉한 마을 길을 걸으며 여유로운 시간을 보내기에 좋다. 저지 오름과 곶자왈 등 뛰어난 자연환경과 문화와 예술적 분위기가 어우러져 있어서 국내에서 네 번째로 '가장 아름다운 마을'로 선정되기도 했다.

책방 소리소문도 마을의 문화 이미지에 힘을 보태고 있다. 한림읍 상명리에서 지난 2021년 저지리 마을 안쪽으로 이전했다. 소리소문은 '작은 마을의 작은 글'이라는 이름처럼 아기자기하고 정감 가는 독립 서점이다. 좋은 책이 널리 퍼지길 바라는 책방지기 부

부의 마음을 담아 서점 이름을 지었다. 소리소문은 벨기에 출판사 Lannoo가 선정한 '죽기 전에 꼭 가봐야 할 세계의 서점 150'에 한국 서점 중에선 유일하게 이름을 올렸다. 책을 좋아하는 사람이라면 꼭 가야 할 힐링 스폿이다.

책방지기 부부가 직접 만든 아늑하고 섬세한 공간에는 오랜 시간 선별한 책들이 가득하다. 필사 코너, 추천 도서 소개, 키워드로 책을 고르는 블라인드 북 등 다양한 재미 요소를 가미했다. 특히 과거 출간된 책에 새 디자인을 입혀 만든 한정판 리커버 북은 이곳에서만 만날 수 있어서 책 애호가들의 큰 관심을 받고 있다. 주기적으로 열리는 북 토크와 소규모 문화 행사도 지역 주민과 여행객이 함께하는 소중한 자리다.

책방 소리소문은 책방을 넘어 여행자에게 특별한 경험을 선사한다. 따스한 햇살이 드는 창가에 앉아 책을 읽거나 생각에 몰입하기에 더없이 좋다. 책방 소리소문의 온기와 고요함은 일상에 지친 마음을 다독여준다. 여행지에서 만난 한 권의 책이 삶에 새로운 영감을 주기도 한다. 저지리의 조용하고 평화로운 분위기 속에서 독서 여행을 즐기려는 이들에게 꼭 추천할 만한 공간이다. 책 한 권 골라 천천히 펼쳐보며 제주의 느긋한 분위기를 조용히 즐겨보자.

ONE MORE 여기도 좋아요!

멋진 숲을 품은 알짜배기 오름
저지 오름

- 제주시 한경면 저지리 산51
- 오름 입구 주차장
- 찾아가기 책방 소리소문에서 자동차로 5분

서쪽 들판 끝자락, 고요한 숲길로 들어서면 나무 사이로 부드러운 바람이 스친다. 감귤나무가 반기는 입구를 지나 천천히 발걸음을 옮기다 보면 어느새 저지 오름의 품에 안긴다. 길은 완만하고 부드러워 누구나 오르기 좋고, 찔레나무와 닥나무, 보리수나무가 가득한 숲은 계절마다 다른 빛을 품는다. 정상에 다다르면 작은 전망대가 기다리고 있다. 그곳에 서면 한라산과 산방산, 비양도와 가파도까지 먼 수평선 너머의 풍경이 시야를 가득 채운다. 오름은 동그란 화산체로, 숲이 빽빽하게 들어차 자연 그대로의 생명력을 느낄 수 있다. 이곳은 2005년 생명의 숲으로 지정되었고, 2007년에는 아름다운 숲 전국대회에서 대상을 받으며 그 가치를 인정받았다.

저지 오름은 독특하게, 나무 계단을 따라 분화구 안까지 들어갈 수 있다. 둘레 800m, 깊이 62m의 분화구 안은 태초의 자연을 닮았다. 평화롭고 고요하고 신비롭다. 오름 입구에는 작은 주차장과 간단한 안내 시설이 있다. 짧지만 깊은 숲의 시간을 느끼고 싶다면 저지 오름을 조용히 걸어보자.

RESTAURANT & CAFE 책방 소리소문 주변의 맛집과 카페

🍴 한경면의 로컬 맛집
알돈가 한경면 본점

📍 제주시 한경면 연명로 543　📞 0507-1470-3352
🕒 11:00~21:00(브레이크타임 15:00~16:00, 목 휴무)
🚗 전용 주차장　ℹ️ 찾아가기 책방 소리소문에서 자동차로 5분

알돈가는 흑돼지 자투리 고기를 연탄불에 구워내는 식당이다. 자투리 고기는 부위별로 손질한 후 남은 고기를 모은 것으로, 기름기가 적고 씹는 맛이 다양해 별미로 손꼽힌다. 이곳의 고기는 신선하고 질리지 않는 담백함이 인상적이다. 식당에서 직접 기른 채소와 함께 즐기면 더 맛있다. 연탄불 특유의 불 향과 짭조름한 강된장이 어우러져 제주 흑돼지의 깊은 풍미를 더한다. 점심시간에는 돌솥밥과 된장찌개, 김치찌개 세트가 인기인데, 찌개의 깊은 맛과 뜨끈한 밥이 훌륭한 조화를 이룬다. 10년 넘게 한 자리를 지켜오면서, 지역 주민들과 관광객 모두에게 인정받는 맛집으로 자리매김했다.

☕ 그네와 수영장을 갖춘 카페
제주 돌 창고

📍 제주시 한경면 조수7길 8　📞 0507-1322-1972
🕒 10:00~18:00(라스트오더 17:30, 수·목휴무)　🚗 주변 길가
ℹ️ 찾아가기 책방 소리소문에서 자동차로 5분
🌐 인스타그램 @jeju_stoneshed　🐾 반려동물 동반 가능

제주 한경면 조수리에 자리한 카페 제주 돌 창고는 50년 된 옛 방앗간을 개조해 만든 공간이다. 카페지기 부부가 직접 설계와 디자인을 맡았다. 전통 돌 담벼락과 나무 기둥이 어우러진 내부는 제주만의 고유한 멋을 고스란히 담고 있다. 지름떡, 보리개역, 쉰다리, 백년초 에이드 등 제주 로컬 음료와 디저트를 맛볼 수 있다. 야외 마당에는 작은 수영장과 그네 포토 존이 있어서 여행객들의 인증사진 장소로 유명하다. 제주 전통의 맛과 이국적인 풍경이 어우러져 독특한 경험을 선사한다. 제주 감성과 로컬의 맛을 모두 즐기고 싶다면, 제주 돌 창고로 차를 돌리자.

ONE MORE 여기도 좋아요!

책으로 떠나는 여행
유람 위드 북스

📍 제주시 한경면 조수동2길 54-36 📞 070-4227-6640
🕐 11:00~22:00(금 토), 11:00~19:00(월, 목, 일), 화·수 휴무
🚗 전용 주차장 ℹ️ 찾아가기 무명 서점에서 자동차로 9분
🌐 인스타그램 @youram_with_books
🐾 반려동물 동반 가능

한경면 조수리는 고요함과 일상의 여백이 있는 동네이다. 고요한 마을 길을 걷다 보면 뜻밖의 공간이 하나 눈에 들어온다. 도무지 이곳에 있을 것 같지 않은, 그러나 존재 자체로 궁금증을 자아내는 책방, 유람 위드 북스를 만나게 된다. 밖에선 단층처럼 보이지만 문을 열고 들어가면 높은 층고와 좌우 복층 구조의 책장이 시야를 압도한다. 동네 책방이 아니라 오래된 도서관이나 은밀한 아지트 같다. 게다가 다락방 서가는 작은 사다리를 타고 책을 꺼내는 재미가 있다.

책장엔 문학, 인문학, 여행서, 잡지, 만화책 등이 가득하다. 그림책과 독립 출판물 판매 공간도 있다. 책방엔 창가부터 다락방까지, 소파와 빈티지 의자가 다양하게 놓여 있다. 음료를 구매하거나 이용료를 내면 시간 제한 없이 이곳에서 책을 읽을 수 있다. 유람 위드 북스는 조용하고 포근한 분위기 속에서 책을 읽거나 창밖 정원을 바라보며 사색에 잠기기에 제격이다. 이곳에선 아무것도 하지 않고 마음 편하게 머물 수 있을 것 같다. 유람 위드 북스는 제주에서 가장 조용하고도 깊은 책 유람이 가능한 곳이다.

이국적인 카약 체험
비체올린

- 제주시 한경면 판조로 253-6 · 0507-1348-0000
- 매일 08:40~17:30(입장 마감 17:00)
- 성인 18,000~41,000원 · 전용 주차장
- 찾아가기 무명 서점에서 자동차로 8분
- 인스타그램 @vicheollin · 반려동물 동반 가능

야자수 터널 속에서 카약 체험을 일 년 내내 할 수 있는 곳이다. '비체올린'은 빛 위에 올렸다는, 다시 말해 자연 위에 지었다는 뜻이다. 곶자왈 지대의 나무를 최대한 지키고, 그 사이에 수로를 조성했다. 수로 주변에는 야자수를 심어 이국적인 정취를 더했다. 카약을 타고 1km 길이의 수로를 통과하는 데는 약 30분 정도 소요된다. 추가 비용 없이 트레킹, 미로공원, 곶자왈 산책, 감귤 밭길 체험도 즐길 수 있다. 또한 매년 5월에서 7월 사이에는 능소화, 수국으로 대표되는 '여름꽃·능소화' 축제도 열린다. 1km 남짓 펼쳐진 능소화 꽃길은 마치 주황색 꽃비가 내린 듯 황홀하다.

추억을 담은 작은 교실
조수 국민학교

- 제주시 한경면 용금로 449
- 0507-1345-2016
- 10:00~17:00(월 화 휴무) · 주변 길가
- 찾아가기 무명 서점에서 자동차로 7분

한경면 조수리에 자리한 옛 조수초등학교가 추억을 간직한 문화공간으로 다시 태어났다. 폐교된 교실은 박물관으로 탈바꿈해, 주민들의 손때 묻은 생활 도구와 농기구, 문헌자료, 졸업장, 결혼 서약서 등을 전시한다. 제주 시골 마을의 삶이 오롯이 담겨 있어서 마치 시간을 거슬러 오르는 기분이 든다. 무지개색 외벽과 아날로그 감성이 흐르는 교정은 사진 명소로 인기가 높다. 조수 국민학교라는 이름의 문화 카페에서는 특산품 판매와 로컬 체험 프로그램이 이루어진다. 카페에서는 커피, 샌드위치, 피크닉 세트도 판매한다. 초등학교 교정을 둘러보며 추억의 한 페이지를 만들어 보자.

RESTAURANT & CAFE 무명서점 주변의 맛집과 카페

🍴 누구나 반하는 로컬 한식 뷔페
한양동 식당

📍 제주시 한경면 용금로 501
📞 064-772-2611 🕐 10:30~14:00(일 휴무)
🚗 전용 주차장 ℹ️ 찾아가기 무명 서점에서 자동차로 7분

한경면 조수리, 소박한 마을에 사람들로 북적이는 식당이 있다. 점심시간이면 가게를 빙 두르며 줄을 서는 한식 뷔페 한양동 식당이다. 이 식당의 가장 큰 매력은 가격과 정성이다. 점심 한 끼 12,000원. 그 속에 담긴 음식의 양과 질은 기대를 훨씬 뛰어넘는다. 반찬 구성이 매일 조금씩 달라지지만 돔베고기, 육전, 갈치구이, 탕수육, 그리고 즉석에서 튀겨내는 치킨은 늘 빠지지 않는다. 제철 나물과 겉절이, 계란말이, 무침과 전까지 차려진다. 음식은 다 정갈하고 손맛이 깊다. 혼자 오는 손님도 흔하다. 대기 줄이 부담스럽다면 오픈 시간인 오전 11시쯤에 맞춰 방문하자.

🍴 돈가스 무한 리필
데미안

📍 제주시 한경면 고조로 492-15 📞 0507-1401-0552
🕐 11:00~15:30(라스트오더 14:30, 토 휴무)
🚗 전용 주차장 ℹ️ 찾아가기 무명 서점에서 자동차로 7분
🌐 인스타그램 @jejudemian

제주의 자연에 깃든 수제 돈가스 맛집이다. 메뉴는 돈가스 하나다. 메인 메뉴는 돈가스 정식이고, 사이드 메뉴로 치즈 돈가스를 판매한다. 돈가스 정식에는 고소한 전복죽과 후식이 포함된다. 음식을 주문하면 전복죽, 제주 흑돼지 돈가스, 스위트콘, 치자 소스를 얹은 양배추 샐러드, 감자 튀김, 밥, 무말랭이장아찌, 포도 향이 밴 양배추 피클이 나온다. 돈가스는 무한 리필이 가능하다. 몇 장 리필 할지 물어봐 주니 눈치 볼 게 없다. 후식은 커피, 귤차, 박하차, 허브차, 탄산음료 중에서 고르면 된다. 후식은 테이크아웃으로도 챙겨준다. 대중교통으로는 찾아가기 힘든 곳이라 렌터카 또는 택시 이용을 추천한다.

🍴 항아리에서 훈연한 바비큐
오부자 돈 항아리

📍 제주시 한경면 홍수암로 566
📞 0507-1365-0701
🕐 11:00~15:00(라스트오더 14:50, 일 휴무)
🚗 식당 앞 ℹ️ 찾아가기 무명 서점에서 자동차로 7분

한경면 조수리에 있는 항아리 바비큐 전문점이다. 제주 흑돼지를 옹기에서 2시간 이상 훈연한다. 이렇게 하면 기름은 빠지고 육즙은 그대로이다. 겉은 바삭하고 속은 촉촉해, 첫입부터 고소하고 깔끔한 풍미가 인상적이다. 여섯 가지 특제 소스와 곁들이면 입안에서 맛의 스펙트럼이 넓어진다. 바비큐 세트에는 촙스테이크, 전복죽, 샐러드까지 함께 나와 한 상이 푸짐하다. 고기 본연의 맛과 다양한 구성, 만족스러운 양까지 모두 챙길 수 있다. 점심시간에만 운영되므로, 여유 있게 계획하고 방문하는 것이 좋다. 깔끔한 공간에서 특별한 흑돼지 바비큐를 경험할 수 있다.

☕ 제주 녹차 전문 카페
산 노루 제주점

📍 제주시 한경면 낙원로 32 📞 070-8801-0228
🕐 매일 10:30~18:00(라스트오더 17:30) 🚗 전용 주차장
ℹ️ 찾아가기 무명 서점에서 자동차로 5분
🌐 인스타그램 @sannolu.co.kr 🐾 반려동물 동반 가능

녹차의 진한 향과 맛을 즐길 수 있는 특별한 공간이다. 빨간 벽돌 건물부터 눈길을 끈다. 내부는 초록색과 하얀색을 활용한 산뜻한 인테리어로 꾸몄다. 은은한 조명과 깔끔한 공간 구성 덕분에 자연스럽게 마음이 가라앉는다. 제주에서 생산된 고품질의 찻잎을 직접 가공하여 다양한 음료와 디저트를 선보인다. 말차 라테, 플랫 화이트, 아인슈페너, 호지차 라테 등 다양한 차를 즐길 수 있다. 말차 생초콜릿, 말차 양갱, 말차 테린느 등 차와 잘 어울리는 디저트도 판매한다. 녹차를 활용한 연고, 오일 등 다양한 상품도 판매하고 있어서 구경하는 재미가 있다. 녹차의 깊은 향을 즐겨보자.

한경면 중산간4

산양 큰엉곶
숲속의 동화 나라

📍 사라봉 제주시 한경면 연명로 179
📞 0507-1341-4229
🕐 매일 09:30~18:00(입장 마감 17:00)
₩ 대인(만 19세 이상) 8,000
🚗 전용 주차장 ℹ️ 찾아가기 제주국제공항에서 자동차로 50분
🌐 인스타그램 @sanyang_keunkot 🐾 반려동물 동반 가능

...
오랫동안 발길이 닿지 않은
울창하고 아늑한 곶자왈을
요정이 사는 숲으로 꾸몄다.
중간중간 요정 인형이
당신을 반겨준다.
동화 나라에 온 듯
내내 마음이 설렌다.

산양 큰엉곶은 자연과 역사가 어우러진 특별한 숲길이다. 이곳은 산양 곶자왈로도 불리며, 오랜 시간 사람들의 발길이 닿지 않았던 비밀스러운 숲의 일부를 새롭게 정비하여 여행자들에게 개방하였다. 과거 이 길은 소와 말이 끄는 달구지가 지나던 옛길로, 한여름 밤이면 반딧불이가 날아다니던 곳이다. 이러한 옛 정취를 되살려 약 3.5km 길이의 '달구지 길'을 조성하였다.

길을 걷다 보면 달구지 체험학습장과 다양한 포토 존이 마련되어 있어서 여행자들의 발걸음을 사로잡는다. 특히, 길가에는 제주 전통 돌담과 초가지붕을 재현한 구조물이 있어서 옛 제주 마을을 걷는 듯한 느낌을 준다. 달구지길은 폭이 넓고 평탄하게 정비되어 있어서 휠체어를 이용하는 이들도 편안하게 이동할 수 있다. 길 곳곳

에는 동화 속 마을을 연상시키는 포인트들이 가득하여 지루할 틈이 없다. 특히, 문을 열면 기찻길이 펼쳐지는 스폿에서는 많은 이들이 줄을 서서 사진을 찍는 모습을 볼 수 있다. 숲속 요정의 집, 그네와 나무로 만든 작은 다리도 인기를 끌고 있다.

달구지길 중간에는 또 다른 산책로인 '숲길 탐방로'가 이어진다. 이 구간은 원시림이자 제주의 허파로 불리는 곶자왈의 매력을 편안하게 경험할 수 있는 곳이다. 다만, 곶자왈 구간은 평지가 아닌 협곡이기에 편한 운동화 착용이 필수이다. 탐방로를 따라 걷다 보면 희귀한 식물을 구경하고, 다양한 새소리를 들을 수 있어서 마음이 즐거워진다.

산양 큰엉곶은 계절마다 다양한 매력을 선사한다. 매년 6월이면 반딧불이 탐방 행사가 열려 밤하늘을 수놓는 반딧불이의 향연을 감상할 수 있다. 또한, 핼러윈 시즌에는 특별한 이벤트를 마련해 여행자들을 즐겁게 해준다. 이 외에도 숲속 곳곳에는 작은 쉼터와 벤치가 마련되어 있어 자연 속에서 여유로운 시간을 보낼 수 있다. 산양 큰엉곶은 자연과 제주의 옛이야기, 동화 나라 같은 장식물이 공존하는 특별한 공간이다. 이곳에 발을 디디는 순간, 동화의 숲으로 떠나는 여행이 시작된다.

ONE MORE 여기도 좋아요!

신비를 품은 원시림
환상 숲 곶자왈 공원

📍 제주시 한경면 녹차분재로 594-1 📞 0507-1431-2488
🕐 월~토 09:00~17:00 일 13:00~17:00 💰 성인 5,000원
(숲 해설 포함, 도보·자전거·버스 이용 시 1,000원 할인!)
🅿️ 전용 주차장 🚗 찾아가기 산양 큰엉곶에서 자동차로 6분
🌐 인스타그램 @hwansang_forest

북방 한계 식물과 남방 한계 식물이 공존하는 자연 생태공원이다. 나무는 흙 없이는 살 수 없다고 알고 있지만, 이곳에 오면 그 같은 편견이 깨진다. 척박한 돌 틈에서 자라고 있는 나무들이 그저 놀랍기만 하다. 환상 숲은 홀로 여행하는 이들에게 자연 속에서 자아를 돌아볼 특별한 기회를 제공하는 곳이다. 숲 해설사와 함께 곶자왈을 탐방하는 프로그램은 나 홀로 여행객들이 쉽게 접근하기 어려운 곶자왈의 독특한 생태계를 깊이 있게 이해할 수 있도록 돕는다. 숲속 산책로 외에도 독채 숙박시설, 족욕 카페 등 부대시설과 여러 체험 프로그램도 함께 운영한다.

RESTAURANT & CAFE 산양 큰엉곶 주변의 맛집과 카페

🍴 혼밥이 즐거운 시간
만남 가든 한식 뷔페

📍 제주시 한경면 녹차분재로 574 📞 064-772-2816
🕐 11:00~14:00(2·4주 일 휴무)
🅿️ 주변 길가 🚗 찾아가기 산양 큰엉곶에서 자동차로 6분

환상 숲 곶자왈 공원 근처의 한 끼를 온전히 채워줄 수 있는 한식 뷔페식당이다. 오전 11시부터 오후 2시까지만 운영한다. 짧은 영업시간만큼 음식에 대한 집중도와 정성이 돋보인다. 이 식당은 혼밥도 편하게 할 수 있는 분위기이다. 매일 달라지는 반찬과 국 그리고 일정하게 나오는 수육, 생선튀김, 카레, 샐러드 등이 정갈하다. 음식이 자극적이지 않고 소박하면서도 풍성하다. 특히 싱싱한 쌈 채소와 멸치젓갈, 갈치속젓을 별도로 마련해 놓아서 채식 위주의 식사를 원하는 사람에게도 제격이다. 부드러운 수육과 짜지 않은 갈치구이는 많은 손님들이 손꼽는 인기 메뉴다.

수제 버거와 수제 맥주
양가 형제

- 제주시 한경면 청수동8길 3
- 0507-1405-7734
- 11:00~19:30 (브레이크타임 15:00~16:00, 목 휴무)
- 전용 주차장
- 찾아가기 산양 큰엉곶에서 자동차로 3분
- 인스타그램 @yangbrothersburger

2016년에 오픈한 수제 버거 전문점이다. 30년이 넘은 청수리 평화동 회관을 리모델링해 수제 버거와 크래프트 비어를 판매한다. 지역 식자재로 직접 만든 햄버거 빵과 패티를 사용해 신선하고 풍미 가득한 음식을 제공한다. 인기 메뉴인 양 버거는 1팀 1개만 주문할 수 있는 특별 메뉴로, 고기 패티의 깊은 육즙과 고소한 맛이 절묘하게 조화를 이룬다. 큼직한 새우살로 만든 양새우 버거 외에도 BLT 스타일의 경 버거도 인기가 많다. 제주 양파로 만든 양파링은 맥주 안주로도 손색이 없다. 미국 전통 방식으로 만든 밀크셰이크는 달콤하고 부드러워 버거와 잘 어울린다.

고요한 마을의 커피 향기
하소로 커피

- 제주시 한경면 불그못로 72
- 064-799-6699
- 매일 10:00~18:00 (라스트오더 17:30, 명절 당일 휴무)
- 전용 주차장 및 갓길
- 찾아가기 산양 큰엉곶에서 자동차로 5분
- 인스타그램 @hasoro_coffee
- 반려동물 동반 가능

한경면 조수리의 옛 창고를 개조하여 카페로 만들었다. 외관은 소박하지만, 내부로 들어서면 높은 천장과 따뜻한 나무 인테리어가 아늑한 분위기를 자아낸다. 스페셜티 커피를 직접 로스팅하여 제공하는 로스터리 카페로, 다양한 원두의 향을 직접 맡아보고 선택할 수 있다. 특히 조수리 라테는 진하면서도 깔끔한 맛으로 많은 이들의 사랑을 받고 있다. 디저트로는 무화과 스콘, 레몬 커드 케이크 등이 있으며, 모두 수제로 만들어 커피와 무척 잘 어울린다. 마당에는 돌담과 초록 식물이 어우러져 있어서 햇살 좋은 날이면 야외 테이블에 앉아 바람을 느끼기 좋다. 드립백도 구매할 수 있다.

PART 4
제주시 동부권
조천읍·구좌읍

조천읍 해안권1

닭머르 해안 길 해안 누리길 50코스
해안 절경, 숨 막히는 노을

- 제주시 조천읍 신촌리 3403
- 주변 갓길 또는 근처 공영주차장
- 찾아가기 제주국제공항에서 자동차로 30분

...
화산과 파도,
바람이 만든 자연의 갤러리!
닭머르 해안은
제주의 자연이 쓴 한 편의
시이다.

닭머르 해안 길은 올레 18코스의 하이라이트이다. 화산과 파도, 바람이 만든 자연의 갤러리다. '닭이 흙을 파헤치고 양 날개를 쫙 펼친 모습'이라 하여 붙은 이름처럼, 길 초입의 닭머르 바위는 금세라도 하늘로 솟아오를 듯 역동적이다. 해양수산부는 전국에서 걷기 좋고 풍광이 빼어난 바닷길을 '해안 누리길'로 선정하는데, 닭머르 해안 길은 영광스러운 50번째 주인공이다. 해안선을 따라 이어진 기암괴석과 조간대 지형은 자연이 만든 예술 작품처럼 아름답다. 산책로는 나무 덱으로 잘 정비돼 있어 걷기 편하다. 중간중간 바다 전망을 감상할 수 있는 쉼터도 마련돼 있다. 닭머르 바위 옆으로 난 길의 끝에는 작은 정자가 있다. 이곳에서 바라보는 풍경은 특별하

다. 푸른 바다와 검은 현무암이 어우러진 풍경은 감탄사가 절로 나올 만큼 아름답다. 해 질 녘 정자에 앉아 바라보는 노을은 그 자체로 한 폭의 그림이다. 노을빛이 바다를 물들이는 순간은 숨이 막힐 듯 황홀하다.

닭머르 해안 길의 길이는 약 1.8km이다. 길은 닭머르에서 시작하여 신촌 선착장신촌 포구, 신촌리 어촌계 탈의장까지 이어진다. 완만하고 평탄한 길이라 남녀노소 누구나 부담 없이 걸을 수 있다. 가을에는 언덕을 따라 억새밭이 펼쳐진다. 억새는 바람의 운율에 맞춰 하늘하늘 자유롭게 춤을 춘다. 그 모습이 마치 계절의 끝자락을 조용히 노래하는 듯하다.

평일의 닭머르 해안 길은 제법 조용하고 한적한 편이다. 주말에는 산책을 즐기는 여행객들로 적당히 활기를 띤다. 천천히 바닷길을 걷노라면 코끝엔 해풍이 스치고, 파도 소리가 박자를 맞추며 귀를 즐겁게 한다. 신촌 포구에 닿으면 어선과 어민들의 일상 풍경도 만날 수 있다. 잠사나마 바다 풍경뿐 아니라 제주의 삶을 함께 엿볼 수 있다.

닭머르 해안 길은 짧지만, 느낌은 강렬하다. 천천히 걸으면 마음마저 맑아지는 느낌이 든다. 일상에서 벗어나 조용한 위로가 필요한 이들에게 이 길은 충분한 쉼이 되어줄 것이다.

RESTAURANT & CAFE 닭머르 주변의 맛집과 카페

제주에서 맛보는 백령도식 냉면
옥란 면옥

📍 제주시 조천읍 신북로 163 📞 0507-1433-1505
🕐 11:00~16:00(라스트오더 15:50, 일 휴무)
🚗 가게 앞 갓길 ℹ️ **찾아가기** 닭머르에서 자동차로 5분, 신촌 선착장에서 걸어서 20분 🌐 **인스타그램** @okranok_jeju

이미 제주에서 냉면 맛집으로 입소문이 자자하다. 대표 메뉴는 단연 물냉면이다. 육수부터 한 모금 꿀꺽 마신 뒤, 식초와 겨자를 취향껏 넣어 간을 맞추면 본격적인 맛이 열린다. 비빔냉면도 인기지만, 두 가지를 다 맛보고 싶다면 육수와 양념을 반반 섞은 '반냉면'을 추천한다. 냉면을 다 먹은 뒤에는 육수에 달걀노른자를 으깨 풀어 마셔보자. 은근한 마무리 맛이 인상적이다. 두툼하고 부드러운 수육은 냉면과 환상의 조합을 자랑하며, 겉은 바삭하고 속은 촉촉한 녹두 빈대떡은 제주 막걸리와 함께하면 더없이 훌륭하다. 계절 메뉴로는 메밀 온면과 수제 옥란 만둣국이 있다.

맛있는 밥상과 풍성한 식사
신촌 밥상

📍 제주시 조천읍 신촌5길 62 📞 010-5687-0220
🕐 11:00~재료 소진 시(점심만 운영, 일 휴무) 🚗 주변 갓길
ℹ️ **찾아가기** 닭머르에서 자동차로 4분, 신촌 선착장에서 걸어서 5분

정갈한 집밥이 그리울 때 들르기 좋은 로컬 식당이다. 대표 메뉴는 '청국장 정식'과 '된장찌개 정식'이다. 청국장 정식에는 구수한 청국장과 함께 소불고기가 푸짐하게 나온다. 된장찌개 정식에는 갈비찜이 함께 나온다. 모든 메뉴는 2인분부터 주문할 수 있지만, 혼자 가도 문제가 없다. 맛이 좋아 결국은 혼자서도 기꺼이 2인분을 먹게 되기 때문이다. 조미료 맛에 길든 자극적인 입에도 이 집 밥상은 담백하고 편안하게 다가온다. 건강하고 따뜻한 한 끼가 생각날 때 들르기 딱 좋은 곳이다. 점심시간엔 대기가 꽤 긴 편이니, 오픈 시간인 11시에 맞춰 방문하는 것이 좋다.

매콤하고 쫄깃한 낙지의 매력
동카름

- 제주시 조천읍 신촌9길 40-3　☎ 064-784-6939
- 평일 11:00~21:00 (브레이크타임 14:30~17:00, 월 휴무), 주말 11:00~14:30　🚗 주변 길가
- 찾아가기 닭머르에서 자동차로 5분, 신촌 선착장에서 걸어서 6분　🐾 동반 가능(케이지 필수)

낙지볶음 하나로 입소문 난 식당이 있다. 신촌 선착장에서 도보로 약 6분, 바닷바람을 따라 걷다 보면 조용한 골목 끝에 아담한 간판이 반긴다. 신선한 낙지를 손질해 불맛 가득한 양념으로 볶아낸다. 탱글탱글한 낙지살과 감칠맛 넘치는 매콤한 양념이 어우러져 한입 먹는 순간 젓가락을 멈출 수 없다. 맵기 정도는 취향대로 선택할 수 있다. 콩나물무침과 김 가루를 넣고 밥과 함께 비비면 고소하면서도 칼칼한 맛이 어우러져 금세 한 그릇을 비우게 된다. 함께 나오는 수육이나 계란찜도 일품이다. 자극적인 낙지볶음 사이에서 입맛을 부드럽게 다독여준다. 식사 후엔 올레 18코스를 걸어보자.

건강하고 맛있는 쌀빵
호미

- 제주시 조천읍 신촌3길 3-1　☎ 0507-1340-7818
- 11:00~19:00(월, 화 휴무)　🚗 근처 공영주차장
- 찾아가기 닭머르와 신촌 선착장에서 자동차로 3분
- 인스타그램 @homi.jeju

맛과 건강이 공존할 수 있다는 것을 보여주는 제주의 특별한 빵집이다. 모든 빵을 쌀가루로 만든다. 쌀 빵은 글루텐이 적어 속이 편하고 담백하면서도, 쫄깃하고 고소한 식감을 자랑한다. 바삭하고 진한 고소함이 매력인 소금빵과 빠르게 소진되는 다양한 식빵류의 인기가 좋다. 쌀 베이글과 토마토 바질 치즈빵은 단골들이 극찬하는 메뉴이다. 건강한 재료로 만들었지만, 맛은 절대로 포기하지 않았기에, 먹고 나면 자꾸 생각난다. 커피와도 궁합이 좋다. 호미는 맛이 좋고 건강한 쌀 빵으로 이미 서울까지 소문이 난 곳이다. 쌀 베이글은 택배 배송도 가능하다.

제주의 '빵지 순례' 명소
오드랑 베이커리 신촌점

- 제주시 조천읍 조천우회로 104 📞 0507-1379-5404
- 매일 08:00~22:00 🚗 전용 주차장
- 찾아가기 닭머르와 신촌 선착장에서 자동차로 4~5분
- 인스타그램 @audrant_hd 🐶 동반 가능

제주 빵집 투어에서 빠질 수 없는 곳이다. 최고 인기 메뉴는 '마농 바게트'다. 흔히 마늘빵이라 불리지만, 일반적인 마늘 바게트와는 식감부터 다르다. 마늘과 버터, 비법 스프레드를 듬뿍 발라 겉은 바삭하고 속은 촉촉하며 부드럽다. 과하지 않은 단짠의 조화가 매력적으로 다가온다. 강한 마늘 향에도 불구하고 한 번 맛보면 반드시 다시 찾게 되는 중독성이 있다. 단점이라면 인기가 많아 품절이 빠르다는 것이다. 크림치즈가 듬뿍 들어간 어니언 베이글도 일품이다. 먹물 치아바타, 고르곤졸라, 초콜릿 퐁듀 등 다른 메뉴도 평이 좋다. 함덕해수욕장 뒤편, 소노벨 리조트 후문 앞엔 함덕점조천읍 조함해안로 552-3, 064-784-5404이 있다.

진하고 달콤한 커피 한잔
점점

- 제주시 조천읍 신촌리 2384 📞 0507-1360-0357
- 매일 11:00~20:00 🚗 전용 주차장
- 찾아가기 닭머르와 신촌 선착장에서 자동차로 2분, 걸어서 7~8분
- 인스타그램 @jeomjeom_ 🐶 동반 가능

제주 올레 18코스 끝자락에 자리한 조용한 카페다. 카페는 낮은 언덕 위에 있다. 검은 벽돌로 지은 2층 건물은 소박한 돌담과 낮은 지붕의 마을 풍경 사이에서 단연 돋보인다. 문을 열면 진한 커피 향이 먼저 반긴다. 노출 콘크리트와 원석을 살린 아일랜드 주방이 인상적이다. 조용하고 단정한 공간에 모던하고 세련된 감성이 깃들어 있다. 시그니처 메뉴는 '점점 라테'와 '초당 옥수수 아이스크림'이다. 라테는 부드럽고 은은하게 달콤하며, 아이스크림은 고소하면서도 깔끔한 단맛이 인상적이다. 푸른 바다가 내려다보이는 통창 너머로 맞는 석양이 특히 아름답다.

아름다운 바다와 맛있는 커피
피플 카페

- 제주시 조천읍 신촌북3길 58 ☎ 010-4261-7449
- 10:00~21:00 (라스트오더 20:30, 화 휴무)
- 카페 앞 공영주차장
- 찾아가기 닭머르에서 자동차로 1분, 걸어서 5분
- 인스타그램 @_people_cafe_

닭머르에서 동쪽으로 걸어서 5분 거리에 있는 오션 뷰 카페다. 어느 자리에 앉아도 탁 트인 바다가 펼쳐져, 마치 바다 위에 앉아 있는 듯한 기분을 느끼게 한다. 제주에서 가장 바다를 가까이에서 볼 수 있는 카페이다. 해질 무렵에는 붉게 물든 노을과 바다가 어우러져 더욱 아름답고 낭만적인 분위기를 자아낸다. 조용히 책을 읽거나 노트북을 펼쳐 작업하기에도 안성맞춤인 공간이다. 바다 전망만큼이나 커피와 다양한 음료들도 수준급이라 만족도가 높다. 여행의 중간에 고요한 휴식을 원한다면, 피플 카페에서 파도 소리를 배경 삼아 여유로운 시간을 보내보자.

차와 책이 있는 조용한 풍경
북케이션

- 제주시 조천읍 신촌북2길 36 ☎ 0507-1400-1289
- 12:00~17:30 (수 휴무) 신촌 선착장
- 찾아가기 신촌 선착장 동쪽 끝 빨간 벽돌 건물
- 인스타그램 @bookation_jeju

신촌 선착장 옆 올레 18코스 길목에 있다. 북케이션은 책book과 휴가vacation가 함께하는 특별한 장소다. 1층은 서점이고, 2층은 차와 디저트를 곁들이며 독서를 즐길 수 있는 티룸이다. 파노라마 창으로 햇살이 부드럽게 스며들고, 창밖으로는 고요한 제주 풍경이 펼쳐진다. 혼자만의 시간을 보내기에 안성맞춤이다. 이곳에서는 커피 대신 차가 중심이다. 얼그레이, 카모마일, 체리 블러썸 등을 마실 수 있다. 차마다 향과 특징을 설명하는 문구가 곁들여져 있다. '내향인을 위한 차 가이드'라는 문구처럼, 조용한 시간을 즐기는 이들을 위한 배려가 느껴진다. 북케이션은 천천히 책장을 넘기며, 자신의 속도로 하루를 살아가는 기분을 느낄 수 있는 공간이다.

글로시 말차

바다, 말차, 소품이 함께하는 꿈 같은 휴식

- 제주시 조천읍 조함해안로 112
- 0507-1391-7850
- 매일 10:30~18:30 (라스트오더 18:00) 전용 주차장
- 찾아가기 제주국제공항에서 자동차로 40분
- 인스타그램 @glossy_matcha 반려동물 동반 가능

Life with glossy.

'당신의 삶이 조금 더 윤택해졌으면 한다'는 바람을 담은 글로시 말차는 청정 제주 가루차 고유의 풍미를 즐길 수 있는 곳이다. 카페는 바다 풍경과 푸른 조경이 어우러진 조천 해안로 초입에 있다. 약 1,000평의 넓은 공간은 다양한 말차 음료, 디저트와 함께 여유와 휴식을 누릴 수 있는 복합 공간이다. 1층의 가루차 전문 카페 '글로시 말차'와, 2층의 소품 가게 '위드 글로시'에서 일상에서 벗어난 싱그러운 쉼표 같은 시간을 보낼 수 있다.

말차는 서귀포 생태 농원의 100% 유기농 첫순 1번 잎으로 만들어, 맛이 부드러우면서도 은근히 진하다. 말차는 찻잎을 물로 우려내

바다와 바람,
깊고 푸른 차 한 잔의 여유.
당신의 하루에 포근한 여유가
조용히 흐르기를!

마시는 것이 아니라, 곱게 갈기에 다양한 음료와 음식으로 변주할 수 있다. 글로시 말차에서는 고유의 가공 기법으로 만든 최고 품질의 말차를 맛볼 수 있다.

제주산 무항생제 우유와 로컬 농산물로 만든 순수 양갱, 계절 과일을 활용한 음료와 디저트도 만나볼 수 있다. 시그니처 메뉴는 '제주, 오름'이다. 아이스크림과 그래놀라가 어우러진 메뉴로, 말차 특유의 푸른 맛과 영롱한 색감이 인상적이다. 입에서 녹색의 향연이 펼쳐진다. 첫입엔 달콤함이, 끝 입엔 풋풋하고 쌉싸래한 풀향이 남는다.

매장으로 들어서면 실내화로 갈아 신어야 한다. 깔끔한 화이트 계열 인테리어는 카페 전반에 스타일리시한 분위기를 더해준다. 통창으로 들어오는 따뜻한 햇살이 카페를 골고루 내려앉는다. 게다가 통창은 바다를 카페 안으로 가득 들여놓는다. 통창은 갤러리의 액자처럼 푸른 바다를 그대로 담아낸다. 손님들은 여유로운 표정으로 이 멋진 감성을 즐긴다. 야외 테라스석에서는 바다를 더 가까이 품으며 여유를 만끽할 수 있다.

2층 소품 가게에서는 핸드 메이드 키링과 액세서리, 제주 엽서와 스톤 제주, 제주 카밍 그린 바디 워시 등 제주를 담은 아기자기한 소품들을 만나볼 수 있다. 작지만 반짝이는 물건들이 제주 여행을 오래 기억하게 해줄 것이다.

ONE MORE 여기도 좋아요!

천천히 걷기 좋은 바닷길
관곶과 신흥 해수욕장

관곶 제주시 조천읍 조함해안로 217-1
신흥 해수욕장 제주시 조천읍 조함해안로 273-35
신흥 바다 낚시 공원 제주시 조천읍 조함해안로 247-2(064-783-8855) 주변 길가
찾아가기 글로시 말차에서 자동차로 1~4분, 걸어서 16~20분

'관곶'은 땅이 바다로 길게 뻗은, 제주도 북쪽 땅끝이다. 이름처럼 곶자락이 관처럼 튀어나와 있다. 그 끝에 서면 사람의 기척은 사라지고, 저 먼 곳에서 바다와 하늘이 만나고 있다. 관곶 전망대에 오르면 시야가 탁 트인 바다 풍경과 함께, 멀리 제주시의 야경과 붉게 물드는 일몰까지 한눈에 담을 수 있다. 하루의 끝자락을 조용히 보내기에 제격이다.

올레 19코스를 따라 걷다 보면 어느 순간, 신흥 해수욕장이 고요하게 모습을 드러낸다. 함덕 해변을 닮은 듯 맑고 투명한 물빛, 고운 백사장이 펼쳐지지만, 관광객이 몰리지 않아 더없이 평화롭다. 사람의 발길이 드물어 바다와 나 사이의 거리가 가까워지는 기분이 들고, 파도 소리도 더 선명하게 다가온다. 해변 한편에는 화장실과 샤워실도 마련되어 있어 오래 머물기에 불편하지 않다. 근처에는 신흥 바다 낚시 공원이 자리하고 있어 낚시 체험도 가능하다. 간단한 장비만 준비하면 누구든 바다 위의 고요를 즐기며 시간을 보낼 수 있다. 혼자만의 여유를 찾는 여행자에게 적당한 쉼표가 되어준다.

제주 항일 독립운동의 역사를 담다
제주 항일 기념관

- 제주시 조천읍 신북로 303 📞 064-783-2008
- 매일 09:00~18:00(1월 1일, 설날 및 추석 연휴 휴관)
- 전용 주차장
- 찾아가기 글로시 말차에서 자동차로 1분, 걸어서 15분
- 반려동물 동반 가능(목줄 필수)

제주 지역의 항일 독립운동 역사를 한눈에 볼 수 있는 곳이다. 전시실, 영상관, 자료실에서 다양한 방식으로 역사를 접할 수 있다. 이곳은 단지 전시관이 아니라, 그날의 목소리와 숨결을 담은 공간이다. 기념관 앞의 만세 동산에는 제주에서 처음으로 만세 운동이 일어난 장소를 기리는 기념탑이 있다. 소박하지만 결연한 탑 앞에 서면, 절로 숙연한 마음이 든다. 그 옆은 항일 지사들의 넋을 기리는 묘역이다. 잠시 멈춰 서서, 그들의 희생과 용기를 가만히 마음에 새겨보자.

추억을 가득 품은 문구점이자 화실
피터 펜슬

- 제주시 조천읍 신북로 249 📞 064-900-3509
- 11:00~17:00(수, 일 휴무) 🅿 조천농협 하나로마트 주차장
- 찾아가기 글로시 말차에서 자동차로 2분, 걸어서 16분
- 인스타그램 @peterpencil_jeju

하나로마트 조천농협 본점 앞, 창틀이 노란 작은 가게가 시선을 끈다. 흰 벽에 단정하게 적힌 'PETER PENCIL'이라는 글씨가 그 정체를 말해준다. 문을 열면 나무 향이 퍼진다. 어릴 적 필통 속에서 나던 향기다. 추억의 향기가 기억을 깨운다. 지우개, 연필깎이, 엽서 같은 문구류도 아기자기하게 자리하고 있다. 특히 직접 제작한 '제주 현무암 지우개'는 이곳의 대표 아이템이다. 가게 한편엔 연필로 그린 그림들이 걸려 있고, 그림 수업도 열린다. 피터 펜슬은 문구점이자 화실, 그리고 창작의 시간이 흐르는 작업실이다. 제주의 이 작은 가게는, 느림을 사랑하는 이들의 마음속에 오래 남게 될 것이다.

종이 소품 가게, 카페, 인쇄소
페이퍼 룸

📍 제주시 조천읍 신북로 237
📞 070-7794-4000 🕙 10:00~17:00(일 휴무)
🅿️ 매장 건너편 조천농협·농협하나로마트, 매장 뒤편 골목
ℹ️ 찾아가기 글로시 말차에서 자동차로 2분, 걸어서 18분
🌐 인스타그램 @paper.room.is @by.paper.room
🐾 반려동물 동반 가능

페이퍼 룸은 리소 그래프석판화, 실크 스크린, 레터 프레스 등 다양한 인쇄 기법으로 만든 작업물을 전시·판매하는 가게2층, 디자인 스튜디오 '리소 생'1층, 그리고 아담한 카페1~2층로 구성된 오밀조밀한 복합 공간이다. 매장 입구에 들어서면 작은 카페가 반겨준다. 맞은편에는 인쇄 장비들이 부지런히 작업 중이다. 2도 A3 인쇄기, 컬러 드럼, 수지 인쇄판 제작용 노광기, 재단기, 중철기 등이 보인다.

리소 그래프는 공판stencil 방식의 별색 인쇄기로, 실크스크린과 유사한 특성을 보인다. 일반 인쇄보다 종이 고유의 질감을 잘 살릴 수 있으며, 전기 소모량이 적다. 쌀겨기름으로 만든 친환경 잉크를 사용해 환경에 덜 해롭고, 더 자연스러운 결과물을 만들어낸다. 2층으로 올라가면 리소 공법으로 제작된 친환경 리소 진, 카드, 엽서, 코스터, 포스터, 문구류 등이 진열되어 있다. 포스터와 문구류, 리소 진 등을 자유롭게 꺼내어 보고 구매도 할 수 있다.

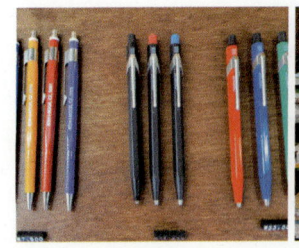  

CAFE 글로시 말차 주변의 카페

건강하고 달콤한 수제 요구르트
요우르

- 제주시 조천읍 조함해안로 343
- 064-782-5245
- 10:30~19:00 (일 휴무)
- 전용 주차장
- 찾아가기 글로시 말차에서 자동차로 4분, 걸어서 30분
- 인스타그램 @yoor_in_jeju
- 반려동물 동반 가능

함덕 해안도로를 따라 걷다 보면, 요구르트에 진심을 담은 '요우르'를 만날 수 있다. 화학첨가물을 넣지 않고, 신선한 우유를 오랜 시간 농축해 만든 수제 요구르트 전문점이다. 가장 기본이 되는 '플레인 요구르트'부터 상큼한 과일을 곁들인 '과일 요구르트', 꾸덕꾸덕한 식감이 매력적인 '그리스 요구르트' 등 다양한 메뉴가 있다. 바삭한 식빵 사이에 그릭 요구르트와 카야잼을 넣은 토스트 메뉴도 인기다. 그리스 요구르트로 만든 과일 샌드위치 '그리스 후르츠 산도'는 제주 여행의 특별한 간식으로 제격이다. 요구르트뿐 아니라 커피, 샌드위치도 맛이 좋아 더욱 만족스럽다.

여행자의 로스터리 아틀리에
무우수 커피 로스터스

- 제주시 조천읍 조천11길 22-2
- 070-4242-2745
- 매일 08:00~18:00
- 조천리 2318-2, 조천리 2430-5
- 찾아가기 글로시 말차에서 자동차로 2분, 걸어서 16분
- 인스타그램 @muusu_coffee_roasters
- 반려동물 동반 가능

스페셜 티 커피를 사랑하는 이들에게 잘 알려진 카페다. 자체 로스팅으로 원두 본연의 향과 맛을 살린 커피를 제공하며, 디저트와 다양한 싱글 오리진 원두도 판매한다. 입구에 들어서면 고소한 원두 향이 은은하게 퍼진다. 카페 내부는 나무와 콘크리트가 잘 어우러져 있다. 핸드드립 필터 커피와 에스프레소 기반 커피를 모두 즐길 수 있다. 커피 내리는 모습을 가까이에서 감상하는 것도 무우스 커피만의 특별한 즐거움이다. 디저트는 여러 맛의 피낭시에로 구성되어 있으며, 커피와 조화가 훌륭하다. 나른한 오후, 창밖을 바라보며 마시는 라테 한 잔은 여유와 평온을 선사한다. 무우스에서 시간은 이렇듯 잔잔하게 흐른다.

조천읍 해안권3

서우봉 둘레길
에메랄드빛 바다를 눈에 넣으며

📍 제주시 조천읍 함덕리 260-8
🚗 주변 공영주차장
ℹ️ 찾아가기 제주국제공항에서 자동차로 45분

서우봉순수 높이 106m은 함덕 해수욕장 동쪽에 자리한 오름이다. 부드러운 곡선과 유연한 형태가 마치 물소가 바다에서 막 기어 올라온 듯해 '서우봉'이라는 이름이 붙었다. 입구에서 천천히 300m 정도 오르면 서우봉 둘레길과 산책로로 이어지는 갈림길에 닿는다.

둘레길은 정비가 잘 되어 있어 남녀노소 누구나 부담 없이 걸을 수 있으며, 걷는 내내 다양한 풍경이 펼쳐져 지루할 틈이 없다. 앞으로는 에메랄드빛 바다가 시원하게 시야를 채우고, 뒤를 돌아보면 한라산과 중산간 오름들이 겹겹이 이어진다. 바다를 따라 이어지는 둘레길 주변에는 계절마다 유채꽃, 메밀꽃, 청보리, 코스모스 등이 피어나 산책길에 은은한 향기와 색채미를 더해준다.

꽃이 만개하는 시기에는 함덕 바다를 배경으로 사진을 찍으려는

...
바람이 길을 열고
유채가 말을 거는 언덕
이곳에서는 삶의 속도가
저절로 느려진다.

사람들로 붐빈다. 걷다 보면 "졸바로 갑서게. 푸더지믄 하영 아파."
똑바로 보고 가세요. 넘어지면 많이 아픕니다 같은 재치 있는 제주어 문구의 이정표를 만나게 되는데, 소소한 유쾌함 덕분에 걸음이 더 즐거워진다. 둘레길은 제주 올레 19코스의 해안 길과도 연결되어 있다. 해질 무렵, 붉게 물든 하늘 아래 펼쳐진 바다는 한 폭의 그림처럼 아름답다.

서우봉 산책로는 정상으로 올라 서우봉 남쪽 봉우리와 망오름 주변을 한 바퀴 도는 코스로, 거리는 약 2.5km이며 걷는 데 한 시간쯤 걸린다. 길은 짧지만, 정상에서 내려다보는 풍경은 제주 동쪽의 매력을 한눈에 담을 만큼 다채롭고 풍요롭다. 아침이면 바다 위로 퍼지는 햇살이 서우봉을 따뜻하게 감싸고, 저녁이면 붉은 노을이 서서히 퍼지며 하루의 끝을 노래한다. 바람이 불어오는 방향에 따라 파도 소리도 달라진다. 어느 날은 잔잔하게, 어느 날은 우렁차게 여행자의 귀를 간지럽힌다. 이 길은 혼자 걷기에도 좋은 길이다. 가끔은 벤치에 앉아 바다를 바라보는 것만으로도 즐겁고 행복하다. 제주 여행 중 하루쯤 시간을 내어 조용한 둘레길을 따라 천천히 걸어 보기를 권한다. 삶의 속도를 잠시 늦추기에 더없이 좋은 길이다.

ONE MORE 여기도 좋아요!

제주의 몰디브, 에메랄드빛 향연
함덕 해수욕장

- 제주시 조천읍 조함해안로 525
- 064-728-3989
- 주변 공영주차장
- 찾아가기 제주국제공항에서 자동차로 45분. 서우봉 둘레길 가기 바로 직전

함덕 해수욕장은 제주에서도 아름답기로 손꼽히는 해변이다. 함덕 일대는 원래 바다였으나, 아주 오래전 수면이 낮아지면서 해변이 마법처럼 드러났다고 전해진다. 그래서일까? 도착하는 순간, 마치 다른 나라에 온 듯한 기분이 든다. 입구부터 늘어선 키 큰 야자수, 에메랄드빛 바다와 하얀 백사장, 그리고 노란 유채꽃이 어우러진 풍경은 제주만의 특별한 정취를 선사한다.

함덕 바다는 수심이 얕고 파도가 잔잔해 물놀이를 즐기기에 안성맞춤이다. 해수욕장 서쪽에는 현무암 바위 사이를 구름다리로 연결해 바다 위를 걷는 듯한 이색적인 체험도 가능하다. 건너편 서우봉에 오르면 푸른 바다와 한라산, 오름들이 한눈에 펼쳐지는 장관이 기다린다. 봄이 되면 서우봉 자락엔 유채꽃이 만발해 노란 물결이 장관을 이룬다. 유채꽃과 에메랄드빛 바다를 배경으로 인생 사진을 남기려는 사람들로 이곳은 봄마다 북적인다. 서우봉 둘레길을 따라 걷다 보면, 푸른 바람과 함께 제주의 자연이 온몸에 스며드는 느낌을 받을 수 있다.

RESTAURANT & CAFE 서우봉 둘레길의 맛집과 카페

🍴 혼자서 즐기는 낭만 한 접시
수선화 식당 함덕점

- 📍 제주시 조천읍 조함해안로 450 📞 0507-1393-7957
- 🕐 매일 11:00~20:00(브레이크타임 16:00~17:30, 라스트 오더 19:30) 🚗 식당 앞 공영주차장
- ℹ️ 찾아가기 함덕 해수욕장에서 자동차로 1분, 걸어서 10분
- 🌐 인스타그램 @sunhwa_ssi 🐾 반려동물 동반 가능

협재 본점의 명성을 잇는 이탈리안 레스토랑 '수선화 식당'이 함덕에 문을 열었다. 시그니처 메뉴 '보말 파스타'는 제주 해안에서 직접 채취한 보말과 고사리를 넣어 신선한 제주의 맛을 전한다. 흑돼지 돈가스는 겉은 바삭하고 속은 부드럽다. 도톰한 식감이 일품이다. 딱새우 명란 파스타, 전복 버터 라이스 등도 인기다. 셰프가 직접 테이블을 돌며 요리를 설명해 주는 친절한 서비스도 인상 깊다. 재즈 음악과 은은한 조명이 어우러진 인테리어는 마치 호텔 라운지 같다. 창밖으로 보이는 에메랄드빛 바다와 따스한 햇살이 분위기를 완성한다. 식사 후엔 바로 앞 함덕 해변을 산책하며 여운을 즐기기 좋다.

🍴 회 한 접시에 담긴 제주 바다
선장과 해녀

- 📍 제주시 조천읍 조함해안로 432-19 📞 064-783-8359
- 🕐 11:00~22:00 (수 휴무) 🚗 전용 주차장
- ℹ️ 찾아가기 함덕해수욕장에서 자동차로 1분, 걸어서 10분

선장인 아버지와 해녀인 어머니가 바다에 나가 손수 잡은 해산물로 요리를 준비한다. 횟집이지만, 점심 특선으로 제공되는 맑은탕과 매운탕 덕분에 혼자서도 부담 없이 들를 수 있다. 맑은탕은 깊고 시원한 국물에 싱싱한 해산물이 푸짐하게 들어 있어 첫 숟갈부터 바다 내음이 코끝을 스친다. 매운탕은 얼큰하지만, 해산물 본연의 맛을 해치지 않아 끝까지 깔끔하게 즐길 수 있다. 한 그릇을 비우는 동안, 제주의 바다향이 입안 가득 퍼진다. 함덕 해변의 에메랄드빛 바다와 서우봉의 유채꽃 물결이 낭만을 더한다. 점심시간에만 제공되니, 시간을 맞춰 방문하는 것이 좋다.

🍴 아귀찜의 레전드
대성 아귀찜

📍 제주시 조천읍 함덕3길 4 📞 064-784-0975
🕐 10:30~20:30(라스트오더 18:55, 일 휴무)
🚗 전용 주차장
ℹ️ **찾아가기** 함덕 해수욕장에서 자동차로 3분, 걸어서 17분

제주에서 손꼽히는 아귀찜 전문 식당이 있다. 육지에서 흔히 먹는 아귀찜과는 결이 다르다. 이곳은 말린 통 아귀를 사용한다. 그래서 살이 두툼하고 쫀득한 식감을 자랑한다. 양념은 매콤하면서도 깊은 맛이 살아 있어, 첫 입부터 혀끝을 자극하며 입맛을 확 끌어올린다. 아삭하게 씹히는 콩나물과의 조화도 훌륭하다. 자극적인 맛보다는 재료 본연의 풍미에 충실한 곳이다. 현지인들도 즐겨 찾는 집이라 재료가 떨어지면 일찍 문을 닫는다. 가능하면 서둘러 방문해야 한다. 제주의 아귀찜 식당은 육지와 달리 밑반찬이 화려하거나 볶음밥을 해주지 않는다는 점도 알아두자.

🍞 빵이 예술이 되는 순간
다니쉬

📍 제주시 조천읍 함덕16길 56 📞 0507-1333-1377
🕐 11:30~19:00 (화, 수 휴무) 🚗 주변 길가
ℹ️ **찾아가기** 함덕해수욕장에서 서쪽으로 자동차로 1분, 걸어서 8분 🌐 인스타그램 @danish_jeju 🐾 반려동물 동반 가능

제주 함덕의 조용한 골목, 작은 간판을 따라 들어가면 베이커리 카페 다니쉬가 모습을 드러낸다. 정성스럽게 구운 브리오슈 식빵과 포카치아, 감자 빵을 비롯해 바닐라 에그타르트, 까넬레, 피낭시에, 구겔호프 등 디저트 라인업이 다양하고 탄탄하다. 특히 바닐라 에그타르트는 부드러운 커스터드와 바삭한 타르트지가 조화를 이루고, 까넬레는 겉은 바삭, 속은 쫀득해 프렌치 디저트의 매력을 살렸다. 갸또 쇼콜라는 진한 초콜릿 풍미를, 구겔호프는 고소한 견과류와 과일이 고급스러운 맛을 낸다. 프릳츠 원두로 내린 커피는 진하고 깔끔해 어떤 빵과도 잘 어울린다.

에메랄드빛 바다가 바로 눈앞에
델문도

- 제주시 조천읍 조함해안로 519-10
- 064-702-0007
- 매일 07:00~24:00
- 전용 주차장 및 함덕해수욕장 주변 공영주차장
- 찾아가기 함덕해수욕장에서 걸어서 1분, 서우봉 둘레길 입구에서 12분
- 인스타그램 @cafe_delmoondo 반려동물 동반 가능

함덕 바다 바로 앞, 해변에서 도보 1분 거리에 있다. 그만큼 바다와 가장 가까이 맞닿아 있는 카페다. 유리창 너머로 펼쳐지는 함덕의 풍경은 계절과 시간에 따라 전혀 다른 얼굴을 보여준다. 낮의 델문도는 로스터리 카페다. 직접 로스팅한 원두로 내린 커피 향이 공간을 가득 채우고, 갓 구운 베이커리에서는 제주산 재료의 풍미가 살아 숨 쉰다. 브리오슈, 타르트, 쿠키까지 디저트 하나하나에도 정성이 담겨 있다. 바다를 바라보며 커피 한 모금, 그리고 고소한 빵 한 입이면 여행의 피로가 사르르 녹는다.

저녁이 되면, 델문도는 또 다른 색으로 물든다. 낮의 밝고 활기찬 모습은 감성적인 라운지 펍으로 변신한다. 창 너머로 지는 노을이 붉게 번지고 공간에는 은은한 조명과 음악이 흐른다. 라이브 공연과 DJ의 사운드, 섬세한 칵테일 한 잔이 어우러지면 낯선 밤이 낭만으로 바뀐다. 그저 창밖을 바라보는 것만으로도 좋다. 노을빛과 별빛이 이어지는 바다, 그 고요함이 마음을 씻어준다. 혼자여도 충분히 좋은 공간이다.

ONE MORE 여기도 좋아요!

제주의 삶과 숨결을 느끼다
함덕 민속 오일 시장

- 제주시 조천읍 함덕16길 15-13
- 064-783-8559
- 운영일 끝자리 1일, 6일 08:00~ 14:00(매장별 상이, 31일 휴무)
- 시장 옆 공터, 길가
- 찾아가기 만춘 서점에서 자동차로 2분, 걸어서 10분

제주의 일상과 정취를 가까이서 느낄 수 있는 곳이다. 함덕 민속 오일 시장은 1과 6으로 끝나는 날마다 정기적으로 문을 연다. 함덕 민속 오일 시장엔 제주 사람들의 삶과 숨결이 고스란히 배어 있다. 그 감성 깊은 숨결이 사람들을 이곳으로 끌어당긴다. 함덕 시장엔 아침부터 신선한 해산물과 탐스러운 과일과 농산물이 쌓인다. 손끝으로 정성스럽게 만든 수공예품들도 저마다의 이야기로 빛난다. 화려하진 않지만, 오래된 정겨움이 촘촘히 쌓인 풍경에 마음이 간다.

시장 안은 정겨운 인사, 웃음소리, 흥정하는 목소리로 생동감이 넘친다. 상인들의 너털웃음과 따뜻한 눈빛은 여행자의 마음을 풀어놓게 하고, 제주의 향토 음식은 낯선 이의 입맛을 사로잡는다. 잔잔한 활기 속에서, 여행자는 마치 익숙한 공간에 있는 듯 마음이 편안해진다. 함덕 민속 오일 시장은 소박하지만 깊은 울림을 준다. 단순한 여행지를 넘어 제주의 숨결과 삶의 생동감을 전해준다. 다만 시장은 비교적 이른 시간에 문을 닫는 편이니 가급적 오전 중에 방문해 여유롭게 돌아보는 것을 추천한다.

RESTAURANT & CAFE 만춘 서점 주변의 맛집과 카페

혼자서 즐기는 낭만 한 접시
해녀 김밥 본점

- 제주시 조천읍 함덕로 40·3층, 302호
- 0507-1342-3005
- 09:00~15:00(일 휴무)
- 식당 주변 공영주차장
- 찾아가기 만춘 서점에서 자동차로 1분, 걸어서 4분
- 인스타그램 @haenyeogimbap
- 반려동물 동반 가능

요즘 함덕 해변의 해녀 김밥이 SNS를 달구고 있다. 특히 고소한 전복 김밥과 탱글탱글한 딱새우 김밥의 인기가 좋다. 김밥을 사기 위해 일부러 함덕까지 오는 이들도 있을 정도다. 네모난 단면이 특징인 이 집 김밥을 예쁘게 사진 찍으려는 사람들로 가게 앞은 늘 북적인다. 전복 김밥은 전복 내장으로 지은 고소한 밥과 도톰한 달걀이 어우러져 입안 가득 바다 향을 퍼뜨리고, 딱새우 김밥은 탱글탱글한 딱새우에 신선한 식재료가 조화를 이뤄 기대 이상의 맛을 선사한다. 두 김밥 모두 모양이 독특하고 색감도 예뻐 시각적인 만족감도 크다. 여름철엔 구매 즉시 먹는 것을 권한다.

느긋한 여행자의 작은 쉼터
엉클 프레즐 하우스

- 제주시 조천읍 함덕27길 18-2
- 0507-1356-9424
- 10:00~19:00(월 휴무)
- 주변 길가
- 찾아가기 만춘 서점에서 자동차로 1분, 걸어서 3분
- 인스타그램 @uncle_pretzel_house
- 반려동물 동반 가능

오래된 주택을 개조해 카페로 꾸몄다. 창가 자리에 앉으면 마당을 감싼 나무들과 돌담이 어우러져 제주의 정취를 한껏 느낄 수 있다. 이곳의 시그니처 메뉴는 이름처럼 '프레즐'. 담백하면서도 고소한 버터 향이 살아 있는 프레즐은 따뜻한 라테 한 잔과 완벽한 조화를 이룬다. 프레즐 번을 활용한 에그 베이컨 브런치, 프렌치 프레즐 토스트, 감자 샐러드와 곁들인 브리오슈도 인기 메뉴다. 직접 만든 수프와 샐러드를 함께 곁들이면 가벼운 식사로도 손색이 없다. 커피 메뉴 또한 충실하다. 에스프레소부터 오렌지 레이어드 커피, 아인슈페너, 아이스크림 라테까지 다양한 취향을 만족시킨다.

제주 북촌마을 4.3길
<순이 삼촌>의 아픔이 서린 길

- 제주시 조천읍 북촌3길 3(너븐숭이4.3기념관)
- 너븐숭이 4.3기념관 주차장
- **찾아가기** 제주국제공항에서 자동차로 35분

북촌마을은 소설가 현기영의 작품 <순이 삼촌>에 등장하는 순이 삼촌의 고향이다. 제주시 동쪽, 함덕과 월정리 사이 바닷가에 자리한 조용하고 한적한 마을이다. 이곳은 조용하고 정겨운 풍경 너머로 깊은 슬픔과 아픔의 역사를 품고 있다. 1949년 1월 19일, 대한민국 군대는 갓난아기를 포함한 북촌리 주민 448명을 학살했다. '북촌마을 4·3길'은 이 비극적인 사건을 되새기며 걷는 탐방길이다. 탐방은 너븐숭이 4·3기념관에서 시작해 마을을 한 바퀴 도는 순환 코스로 이어진다.

너븐숭이는 주민 448명이 학살당한 넓은 돌밭이다. 지금도 그곳엔 슬픔이 바람처럼 머물며, 과거를 조용히 증언하고 있다. 탐방길에는 순이 삼촌 기념비, 아이 무덤 10기가 모여 있는 '애기 무덤', 옛 마을의 기억이 남아 있는 '낸시 빌레', '당팟' 등이 이어진다. 그 하

...
정겨운 풍경 뒤에
4.3의 슬픔이 스며든 길
잊지 않는 것이 곧 위로이며,
위로가 모여 희망을 만든다

나하나가 이 마을이 견뎌온 고통과 참혹함을 보여준다. 애기 무덤에는 누군가가 놓고 간 과자, 사탕, 장난감들이 아이들의 넋을 조용히 위로한다. 안내 리본도 눈길을 끈다. 희생을 상징하는 동백꽃 색과 순결을 의미하는 흰색이 조화를 이룬 리본이 길 위에서 상징적인 메시지를 전한다. 북촌마을 4·3길은 학살의 비극을 기억하고, 평화와 공존을 향한 마음을 다지는 여정이다.

최근 몇 년 사이, 북촌뿐 아니라 한림의 금악마을, 안덕면의 동광마을, 남원읍의 의귀마을 등에서도 '4·3길'이 조성되었다. 다행히 제주 현대사의 아픔을 마주하려는 '다크투어리즘Dark Tourism'이 점차 퍼지고 있다. 다크투어리즘은 전쟁, 재난, 학살 같은 비극적 현장을 직접 찾아가 그 의미를 되새기는 여행이다. 제주 4·3길은 이러한 여정의 대표적인 장소 중 하나다. 북촌마을 4.3길엔 슬픈 이야기만 머물지 않는다. 그곳은 우리가 살아가는 이유와 앞으로 나아가야 할 방향을 되묻게 하는, 깊은 질문이 이루어지는 공간이다. 우리는 아름다운 제주의 풍경뿐 아니라, 이 섬이 견뎌온 고통의 시간도 기억해야 한다. 북촌마을 4·3길은 바로 그런 기억을 위한 길이다. 잊지 않는 것이 곧 위로이며, 위로가 모여 더 나은 내일로 향하는 발걸음이 된다.

ONE MORE 여기도 좋아요!

돌하르방과 함께 산책을
돌하르방 미술관

- 제주시 조천읍 북촌서1길 70
- 0507-1410-0582 / 매일 09:00~18:00
- 성인 7천 원 / 주변 길가
- 찾아가기 너븐숭이 4.3기념관에서 자동차로 6분, 걸어서 23분
- 인스타그램 @dolharbangmuseum_official
- 반려동물 동반 가능

제주 북촌의 곶자왈 숲 한가운데에 예술과 자연이 어우러진 특별한 공간이 있다, 돌하르방 미술관이다. 제주 출신 예술가 김남흥 관장이 20여 년에 걸쳐 조성한 이 야외 미술관은 약 5,000평 숲길을 따라 다양한 돌하르방 조각을 품고 있다. 돌하르방은 제주의 상징이자 수호석이다. 미술관에는 조선 시대 원형을 복원한 작품부터 현대적 감각을 더한 창작 조각까지, 시대와 해석을 아우르는 돌하르방이 전시된다. 각 조각은 저마다 뚜렷한 표정과 이야기를 담고 있어, 조용히 마주 서는 것만으로도 마음이 잔잔히 가라앉는다.

이곳은 단순한 전시 공간이 아니다. 숲길을 따라 천천히 걸으며 자연과 예술을 동시에 느끼는 산책형 미술관이다. 돌조각뿐 아니라 돌집을 개조한 아늑한 카페와 도서관이 자리해 잠시 머물며 휴식을 즐기기에도 좋다. 돌하르방미술관은 제주의 전통, 자연, 예술이 조화롭게 어우러진 독특한 장소다. 제주의 본모습을 온전히 느끼고 싶다면, 이곳에서 숲의 숨결과 돌하르방의 속삭임에 귀 기울여 보자.

북촌리 4·3의 기억을 품었다
너븐숭이 4.3기념관

- 제주시 조천읍 북촌3길 3
- 064-783-4303
- 매일 09:00~18:00(입장 마감 17:00, 2·4주 월 휴무)
- 전용 주차장

제주 4·3은 국가가 국민을 향해 저지른 비극적인 폭력이었다. 그중에서도 조천읍 북촌리는 가장 참혹한 학살이 벌어진 곳이다. 1949년 1월 19일, 대한민국 군대가 양민 448명을 집단 학살했다. 너븐숭이 4·3기념관은 그 억울한 죽음을 기억하기 위해 만들어진 공간이다. 위령비와 기념관, 방사탑, 그리고 순이 삼촌 문학비가 함께 자리하고 있다. 북촌리 사건이 더욱 비극적인 이유는 어린아이들의 희생이 컸기 때문이다. 이름조차 갖지 못한 갓난아기들까지 여럿이 희생되었다. 이 아이들의 무덤은 기념관과 문학비 사이에 조성되어 있으며, 작은 돌과 알록달록한 바람개비, 사탕, 장난감들이 아이들의 넋을 조용히 위로하고 있다.

몸과 마음이 쉬어가는 완벽한 하루
해돋이 힐링센터

- 제주시 조천우회로 982-72
- 064-783-5634
- 06:00~21:00(찜질방 마감 20:00, 그 외 마감 20:20, 월 휴무) 전용 주차장
- 찾아가기 너븐숭이 4.3기념관에서 자동차로 7분

제주시 구좌읍 동복리에 있는 대형 복합 힐링 공간이다. 사우나, 찜질방, 수영장, 헬스장, 북카페까지 갖추고 있다. 지하 1층, 지상 3층 규모로 깔끔하고 넉넉한 공간감이 인상적이다. 재생에너지로 운영된다. 헬스장은 2,000원에 이용할 수 있고, 운동복이 제공돼 운동화만 챙기면 된다. 2층 북카페는 조용하고 아늑해, 운동 후 책이나 음악과 함께 휴식을 즐기기 좋다. 대중교통 접근은 다소 불편하지만, 인근 마을을 오가는 셔틀버스가 운행된다. 정기 셔틀 시간은 미리 확인해 두면 유용하다.

꽃과 정원이 있는 풍경
아일로사

📍 제주시 조천읍 북촌5길 6 📞 064-752-1507 🌸 꽃 개화 시기에 따라 탄력 운영, 인스타로 영업 여부 확인(입장료 6,000원)
🚗 전용 주차장 ℹ️ 찾아가기 너븐숭이 4.3기념관에서 자동차로 2분, 걸어서 6분 📷 인스타그램 @isle_rosa 🐾 동반 가능

아일로사는 사계절 내내 아름다운 꽃을 만날 수 있는 800평 규모의 정원이다. 주인장의 정성과 손길로 가꾼 이곳은, 원래 '북촌에 가면'이라는 이름의 꽃 정원 카페였으나, 새롭게 단장해 '아일로사 정원'이라는 이름으로 다시 문을 열었다. 입장료를 내야하고 정원에 들어서면, 계절마다 다른 풍경이 펼쳐진다. 봄에는 형형색색 장미가, 여름에는 탐스럽게 핀 수국이 정원을 가득 채운다. 꽃이 만개하는 시기에는 공식 인스타그램과 블로그를 통해 소식을 전한다. 계절마다 피어나는 꽃들의 향연은 단순한 풍경을 넘어 특별한 기억으로 남는다. 꽃처럼 찬란한 시간을 오롯이 누려보자.

책과 차, 쉼표 같은 아지트
북카름

📍 제주시 조천읍 북촌9길 17 📞 010-6249-6579
🕐 매일 11:00~18:00
🚗 북촌포구 주차장(북촌9길 26-1)
ℹ️ 찾아가기 너븐숭이 4.3기념관에서 자동차로 4분, 걸어서 13분
🌐 인스타그램 @book.kareum

제주 북촌리 어촌의 작은 골목 안, 시골집을 닮은 아담한 책방 북카름이 자리하고 있다. 북카름은 책과 차를 즐길 수 있는 아늑한 공간이다. 외할머니댁 안방처럼 포근한 분위기가 마음을 자연스레 편안하게 만들어준다. 이곳에는 귀여운 고양이 한 마리가 함께 머문다. 고양이와의 조용한 동행은 북카름에서만 느낄 수 있는 특별한 위로다. 네이버를 통해 사전 예약을 하면, 1시간 동안 조용한 독서 공간을 온전히 누릴 수 있다. 뱅쇼나 밀크티 같은 따뜻한 음료도 준비되어 있어, 책 읽는 시간이 더욱 포근해진다. 여행의 분주함 속, 잠시 멈춰 책장을 넘기며 진짜 제주의 여유를 느껴보자.

CAFE & BAKERY 북촌마을 4.3길 주변의 카페와 베이커리

🥐 오션 뷰 베이커리 카페
아라파파 북촌

- 📍 제주시 조천읍 북촌15길 60 📞 064-764-8204
- 🕐 매일 10:00~19:00(라스트오더 18:30) 🚗 전용 주차장
- ℹ️ 찾아가기 닭머르와 신촌 선착장에서 자동차로 5분, 걸어서 17분
- 🌐 인스타그램 @alapapa0192 🐾 반려동물 동반 가능

조천포구 옆, 올레 19코스에 있다. '아라파파à la papa'는 프랑스어로 '여유로운'이라는 뜻이다. 본점이 그렇듯, 이곳도 빵 종류가 매우 다양하다. 촉촉한 식빵, 달콤한 크림빵, 바삭한 크루아상, 케이크와 진한 머핀까지 즐길 수 있다. 아라파파는 빵만큼이나 수제 잼으로도 유명하다. 홍차 밀크잼은 이곳의 시그니처로, 이미 소문이 자자하다. 제주 딸기잼과 우도 땅콩잼도 버금가는 인기를 누리고 있다. 아라파파의 또 다른 매력은 100만 불짜리 풍경이다. 건물 뒤편의 문을 나서면 선물처럼 푸른 바다가 펼쳐진다. 날씨 좋은 날엔 야외 테이블에 앉아 바다를 감상해 보자.

☕ 오션 뷰 카페에서 꿈 같은 휴식을
알마 커피 제작소

- 📍 제주시 조천읍 북촌11길 23 📞 0507-1327-3715
- 🕐 11:00~18:00(라스트오더 17:30, 화 휴무) 🚗 전용 주차장
- ℹ️ 찾아가기 너븐숭이 4.3기념관에서 자동차로 4분, 걸어서 14분
- 🌐 인스타그램 @alma_cofee_factory_jeju
- 🐾 반려동물 동반 가능(루프톱)

북촌 어촌의 끝자락, 다려도를 마주한 곳에 알마 커피 제작소가 있다. 오래된 2층 가정집을 개조한 이곳은 카페이자 로스터리, 여행자를 위한 안식처다. 1층에는 로스팅 머신 프로밧Probat과 수제 스콘을 굽는 작은 제빵실이 있다. 피아노를 연주할 수 있는 거실, 조용한 서재 방과 단체 룸도 마련되어 있다. 2층은 다려도와 북촌 포구가 한눈에 들어오는 명당이다. 커피를 마시며 책을 읽거나 잠시 달콤한 낮잠을 즐기기에도 좋다. 가끔 전시도 열린다. 옥상에서는 북촌 마을과 한라산, 함덕 서우봉, 다려도를 한눈에 조망할 수 있다. 자연과 커피, 사람이 어우러진 곳에서 당신만의 시간을 천천히 즐겨보길.

조천읍 중산간 1

조천읍 와흘 메밀 농촌 체험 휴양 마을

순백의 향연, 와흘리에 펼쳐지다

📍 제주시 조천읍 남조로 2455　📞 064-783-1688
🚗 전용 주차장　ℹ️ 찾아가기 제주국제공항에서 자동차로 40분
🌐 홈페이지 https://waheul.com/

소금을 뿌린 듯
송이 눈이 내린 듯
중산간이 온통 메밀밭이어서
볼수록 신비롭고 매혹적이다.

제주 북동부의 중산간 마을 와흘리. '메밀 마을'이라는 별칭답게, 봄과 가을이면 와흘 메밀 마을 체험 힐링센터 앞 너른 들에 하얀 꽃송이가 눈처럼 피어난다. 중산간이 온통 새하얀 꽃밭이어서 탄성이 절로 나온다. 이곳은 수년 동안 입소문을 타고 알려진 덕에 지금은 제주도를 대표하는 꽃 나들이의 명소 중 한 곳으로 자리 잡았다. 메밀이라 하면 흔히 <메밀꽃 필 무렵>의 배경인 강원도 평창군의 봉평을 떠올리지만, 국내 최대 메밀 주산지는 다름 아닌 제주도다. 가을이면 섬 곳곳에 소금을 뿌린 듯, 혹은 팝콘이 쏟아진 듯, 메밀꽃이 대지를 뒤덮는다. 해마다 메밀꽃 축제가 열리는 와흘 메밀 마을 역시 봄과 가을에 절정을 보여준다. 와흘 인근 도로를 지나는 이

들은 너나없이 탄성을 터뜨리며, 어느새 갓길에 차를 세우고 꽃밭 속으로 달려든다. 산책로로 들어서면 바람결에 메밀꽃이 파도처럼 출렁이고, 탁 트인 하늘 아래 펼쳐진 순백의 풍경은 스마트폰에 담기에 그만이다. 하얀색이나 아이보리색 옷을 입고 방문하면 소박한 메밀꽃과 더욱 잘 어우러진다. 다만, 아무 때나 가도 메밀꽃을 볼 수 있는 것은 아니다. 봄과 가을, 1년에 두 번 열리는 메밀꽃 축제 기간에 맞춰 방문해야 한다. 메밀꽃 축제의 공식 이름은 '와흘 메밀 문화제'이고 5월과 10월에 2~3주 남짓 이어진다. 와흘 메밀 마을 홈페이지에서 실시간으로 개화 상황을 확인할 수 있다.

오랫동안 메밀 농사를 이어온 와흘리 주민들은 십여 년 전부터 체험형 휴양농원을 조성하고 축제를 열어왔다. 이 시기에는 메밀밭 산책, 사진 촬영, 메밀 음식 먹거리 장터, 메밀 베개 만들기 같은 다양한 행사가 열린다. 메밀로 만든 빙떡, 범벅, 묵, 차 등 다양한 메밀 음식을 맛보는 즐거움이 특히 크다. 이곳은 JTBC 드라마 <웰컴투 삼달리>에서 주인공 상태가 과거를 회상했던 장소이기도 하다. 드라마처럼, 메밀꽃밭 한가운데 서 있는 커다란 팽나무 아래에서 사랑하는 이에게 변치 않는 마음을 고백해 보는 것도 좋겠다.

ONE MORE 여기도 좋아요!

꼭꼭 숨은 치유의 편백 숲길
와흘 편백 숲길

- 제주시 조천읍 번영로 1118-127
- 편백숲 마을 타운하우스 옆 클린하우스 주변
- 찾아가기 와흘 메밀 마을에서 자동차로 7분

제주시 조천읍 와흘리에 숨겨진 비밀의 숲이다. 정식 명칭도, 안내 표지판도 없다. 사람들은 이곳을 이심전심 '와흘 편백 숲길'이라 부른다. 숲은 '편백숲 마을 타운 하우스' 뒤편에 조용히 자리 잡고 있다. 숲에 들어서는 순간, 사방을 감싼 빽빽한 편백이 반긴다. 하늘로 곧게 뻗은 나무 사이로 부드러운 햇살이 스며들고, 바람은 은은한 편백 향기를 실어 나른다. 나무 향기를 깊이 들이마시면 마음이 차분해지고, 어지러운 생각들도 조용히 가라앉는다. 말없이 걷기만 해도 숲이 건네는 치유의 기운이 온몸을 감싸는 듯하다.

RESTAURANT & CAFE 와흘 메밀 마을 주변의 맛집과 카페

도민들이 사랑하는 로컬 맛집
밀림원

- 제주시 조천읍 남조로 2446 0507-1352-1537
- 11:00~20:00(브레이크타임 15:00~17:00, 일~월 휴무)
- 전용 주차장 찾아가기 와흘 메밀 마을에서 자동차로 1분, 걸어서 6분 인스타그램 @millimwon

도민들 사이에서 입소문이 난 로컬 맛집이다. 선도 좋은 흑돼지 오겹살과 목살이 특히 인기이며, 고기가 나오는 순간 빠르게 불판 위에 올리고 싶어진다. 지글지글 익어가는 고기에서 고소한 육즙이 터져 나올 때면, 절로 미소가 번진다. 직접 재배한 신선한 채소는 정성 가득한 덤처럼 곁들여지고, 흑돼지 김치찌개, 제육쌈밥 등 단품 세트 메뉴도 점심 식사로 훌륭하다. 모든 메뉴는 흑돼지 생고기만을 사용한다. 찌개와 전골에 들어가는 김치는 직접 담근 국내산 배추김치다. 겨울이면 화목난로의 따뜻한 온기가 퍼지며 마음까지 훈훈하게 감싸준다.

가성비 좋은 제주식 정식
낭뜰에쉼팡

- 제주시 조천읍 남조로 2343 064-784-9292
- 매일 09:00~20:00(브레이크타임 16:00~17:00, 라스트오더 19:00, 수요일 15:30까지) 전용 주차장
- 찾아가기 와흘 메밀 마을에서 자동차로 2분
- 반려동물 동반 가능

도민과 관광객 모두에게 사랑받는, 아담하고 분위기가 정겨운 맛집이다. 고기 비빔밥, 돌솥비빔밥, 제주 녹차 들깨 수제비, 냄비 우동 등 '혼밥러'를 위한 다양한 메뉴가 있다. 반찬들도 하나하나 정갈하고 맛이 좋아, 식사의 만족도를 더 높여준다. 제주의 신선한 식재료를 활용해 정성스럽게 차린 자연 밥상을 만날 수 있어, 가격 대비 만족도 역시 높은 편이다. 제주 흑돼지 볶음을 추가해 더욱 푸짐하게 즐겨보는 것도 좋은 선택이다. 점심시간에는 주차 공간이 부족할 만큼 붐빈다. 가능하면 여유로운 시간대에 방문하는 것을 추천한다.

스페인의 전원 마을 같은 카페
5L2F

- 제주시 조천읍 와흘상길 30 064-752-5020
- 10:00~18:00(일·월 휴무) 전용 주차장과 마을 입구 갓길
- 찾아가기 와흘 메밀 마을에서 자동차로 7분
- 인스타그램 @5l2f_coffee

조천읍 와흘리 중산간 마을에 있는 동화 같은 카페다. 카페의 이름은 성경 속 이야기인 '보리떡 다섯 개와 물고기 두 마리 5 loaves and 2 fishes'에서 유래한 오병이어의 기적을 뜻한다. 스페셜 티 커피와 다양한 차를 즐길 수 있으며, 가벼운 디저트도 판매한다. 실내는 빈티지 가구와 아기자기한 소품, 초록 식물로 채워져 있다. 은은한 커피 향과 잔잔한 음악, 푸른 식물들이 어우러져 공간은 그 자체로 아늑하고 편안하다. 햇살이 창문을 통해 가득 들어올 때면, 스페인의 시골 오두막에 와 있는 느낌이 든다. 어디에 앉아도 인스타 감성 가득한 사진을 남길 수 있다.

선한 종이

선한 메시지를 담아내는 책방

📍 제주시 조천읍 곱은달남길 172
📞 010-9879-3356
🕐 11:00~16:30 (일 휴무, 비정기 휴무는 인스타 참고)
🚗 전용 주차장
ℹ️ 찾아가기 제주국제공항에서 자동차로 40분
🌐 인스타그램 @sunhan_paper 🐾 반려동물 동반 가능

조천읍 중산간 마을 대흘리에 있는 책방이다. 제주시에서 출발해 중산간도로1136번를 타고 20분쯤 달리면 '우뚝 솟다'라는 뜻을 가진 마을들을 만나게 된다. 와흘·대흘·선흘이 바로 그곳이다. 이중 유독 대흘리에서는 안개가 자욱이 내려앉은 풍광을 자주 만나게 된다. 대흘리만의 고요함과 평화로움이 여행자의 마음을 다독거린다. 멀리 한라산을 가운데 두고 사방으로 봉곳봉곳 솟아오른 오름들 사이로 책방 선한 종이가 여행자를 반긴다. '종이에 선한 메시지를 담는 곳'이 되길 바라는 마음을 담아 이름을 지었다. 주중에는 책방이고, 일요일에는 예배보는 공간이다. 책방이면서 교회인 셈이다.

초록빛 문을 열면 책방지기 부부가 반갑게 인사를 건넨다. 선한 종이는 공간이 세 군데이다. 주차장 양옆으로 책방과 카페 겸 사진관

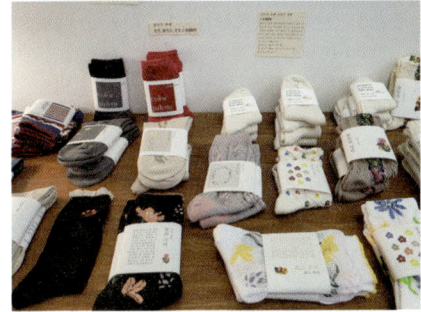

...
봉긋봉긋 솟은 오름들
그 사이에 자리를 튼 책방
돌담과 책과 커피가
다정하게 말을 건다.

'선한 필름 카페'가 있고, 카페 뒤편의 독채 건물은 숙소이다. 같은 자리에 책방과 카페, 사진관이 있어서 다양한 문화생활을 누리기에 좋다. 책방은 잡지사 기자였던 아내가, 선한 필름 카페는 사진기자 출신 남편이 자리를 지킨다.

책방은 커다란 유리창 너머로 돌담과 하늘 높이 솟은 나무들이 보이는 제주다운 풍경으로 이미 뷰 맛집으로 소문난 '핫플'이다. 따스한 햇살이 비치는 책방에 앉아 있으면 마음이 편안해진다. 책방지기의 큐레이션은 삶을 향한 다정한 시선을 담고 있다. 일상, 육아, 인문, 에세이, 건축, 사진, 아트북 등이 가득하다. 선한 종이의 큐레이션이 더욱 특별한 이유는 제목은 들어봤지만 읽어보지 않았던 책, 읽어본 책 중에 아끼는 사람에게 선물하고 싶은 책을 중심으로 소개하기 때문이다.

선한 종이에서는 구매욕을 자극하는 보석 같은 책들과 함께 '에프북 언더'의 살림살이들 그리고 '굿 뉴스 드로잉'의 귀여운 문구들도 만날 수 있다. 붐비지 않는 실내와 아늑한 분위기, 여기에 조용한 음악이 더 해지니 저절로 마음이 평온해진다. 커피 한잔과 함께 여유롭게 책을 읽고 싶다면 선한 종이를 방문해 보자.

ONE MORE 여기도 좋아요!

새로운 세상으로 이끄는 그림책
사슴 책방

📍 제주시 조천읍 중산간동로 698-21 📞 010-2223-8685
🕐 11:00~18:00(일~월 휴무) 🚗 서점 앞 주차장(옆집 주차장 주차금지) ℹ️ **찾아가기** 선한 종이에서 자동차로 3분
🌐 **인스타그램** @deerbookshop_in_jeju

제주 중산간 마을 대흘리 어귀를 지나면, 마치 남프랑스의 작은 마을을 연상케 하는 집이 눈에 띈다. 그림책 전문 서점 사슴 책방이다. 잘 가꾼 정원을 지나, 고풍스러운 소품과 가구들이 반기는 아늑한 공간이 펼쳐진다. 이곳은 단순한 서점이 아니다. 전 세계에서 수입한 그림책과 아트북, 그래픽 노블 등이 가득한, 시각적 즐거움이 넘치는 장소다. 특히 종이를 오려 만든 '페이퍼 커팅 북'이나 한정판 수제 그림책 등은 이곳만의 특별한 자랑거리이다. 외국 작가의 사인이 담긴 책들도 있어 컬렉션으로 소장하고 싶은 욕구를 자극한다. 책방지기에게 물으면 친절하게 책의 배경과 작가 이야기, 읽는 법까지 안내해 준다.

귤밭 옆 다방 같은 책방
귤 다방

📍 제주시 조천읍 곱은달서길 115 📞 0507-1395-5425
🕐 10:00~18:00(수 휴무) 🚗 전용 주차장
ℹ️ **찾아가기** 선한 종이에서 자동차로 4분
🌐 **인스타그램** @gyul.da.bang.jeju 🐾 반려동물 동반 가능

조천읍 대흘리의 다른 이름은 '곱은 달'이다. 곱은 달은 달이 숨는다는 뜻이다. 지형이 오목하게 들어간 분지라 달이 늦게 뜬다고 해서 이런 이름을 얻었다. 이 마을에 귤밭을 품은 책방이 있다. 이름도 정겨운 '귤 다방'이다. 귤꽃 향기를 닮은 이곳은 책을 중심으로 사람과 삶이 모이는 공간이다. 책을 읽기도 하고, 차를 마시기도 하며, 때로는 고구마를 굽고 라면을 끓이며 일상을 나눈다. 이곳에선 아무도 바쁘게 움직이지 않는다. 귤 다방은 책과 사람이 서로를 알아가는 느린 방식의 책방을 지향한다. 오늘도 그 문은 조용히 열려 있다.

RESTAURANT & CAFE 선한 종이 주변의 맛집과 카페

제주에서 만나는 진한 태국의 맛
타무라

📍 제주시 조천읍 중산간동로 670 📞 0507-1302-9460
🕐 11:00~21:00(브레이크타임 15:00~17:00, 수·목 휴무)
🚗 전용 주차장 ℹ️ 찾아가기 선한 종이에서 자동차로 3분
🌐 인스타그램 @tamura_jeju 🐾 반려동물 동반 가능

조천읍 대흘리에 있는, 이국적인 외관이 시선을 끄는 정통 태국 음식점이다. 입맛을 깨우는 상큼한 파파야 샐러드 '쏨땀', 해산물과 허브가 어우러진 당면 샐러드 '얌운센', 라임과 고수 향이 살아 있는 진한 국물 요리 '똠양꿍'이 이국적인 맛의 진수를 보여준다. 쫄깃한 면과 고소한 땅콩 가루, 숙주의 아삭한 식감이 어우러진 '팟타이'도 이곳의 인기 메뉴 중 하나다. 또한, 태국풍으로 재해석한 베트남식 분짜는 향긋한 소스와 숯불에 구운 고기의 조화가 매력적이다. 커무양은 은은한 불 향과 함께 달짝지근한 소스가 어우러져 자꾸만 손이 간다. 식사하며 태국 여행을 추억할 수 있어서 좋다.

맛있는 돈가스와 파스타
만나다 공원

📍 제주시 조천읍 곱은달길 33
🕐 11:00~15:00(매달 영업 일정과 예약 인스타 확인)
🚗 식당 아래 큰 길가 ℹ️ 찾아가기 선한 종이에서 자동차로 4분 🌐 인스타그램 @mannadasik

대흘리 곱은 달 마을 안쪽에 조용히 숨어 있다. 포털 지도에도 나오지 않는다. 전화도 없어서 예약도 받지 않는다. 인스타그램을 통해서만 영업 여부를 알린다. 요즘 같은 세상에 이런 식당이 있을까, 싶지만 신기하게도 어떻게들 알고 찾아온다. 큰길 가에 차를 세우고 작은 길을 따라 올라가면 레스토랑 같지 않은 회색빛 건물이 보인다. 시그니처 메뉴는 '만나다식 돈가스 정식'과 '새우 명란 파스타'. 바싹 튀긴 돈가스를 한입 베어 물면 촉촉하고 고소한 육즙이 퍼진다. 새우 명란 파스타는 통통한 새우와 고소한 명란이 입안 가득 퍼지는 매력을 지녔다. 이곳은 겹벚꽃이 흐드러지게 피는 곳으로도 유명하다.

상쾌한 하루를 여는 작은 식탁
카페 아나소라

- 제주시 조천읍 중산간동로 857
- 0507-1346-7659
- 평일 08:00~17:00, 주말 08:00~15:00
- 주변 길가
- 찾아가기 선한 종이에서 자동차로 1분
- 인스타그램 @anasora.in.jeju
- 반려동물 동반 가능

아침 8시부터 문을 여는 소박한 브런치 카페이다. 신선한 재료로 만든 샌드위치와 카야 토스트 같은 간편한 메뉴가 준비돼 있어 가볍게 아침을 챙기기에 알맞다. 무겁지 않은 양과 담백한 조합 덕분에 부담 없이 즐기기 좋다. 커피와 함께하는 식사는 여행 중 빠르면서도 든든하게 하루를 시작하려는 이들에게 제격이다. 신선한 원두로 내린 커피는 향이 좋고 양도 넉넉해 만족스럽다. 카페인이 부담스럽다면 수제 청으로 만든 에이드도 추천할 만하다. 청량하고 상큼해 하루의 시작을 기분 좋게 만들어준다. 감귤밭이 펼쳐진 창밖 풍경은 마음을 맑게 해주고 상쾌한 여운을 남긴다.

정성과 진심이 담긴 최고의 커피
포빈즈 로스터리 카페

- 제주시 조천읍 중산간동로 668 나동
- 0507-1483-4100
- 10:00~17:00(라스트오더 16:30, 화 휴무)
- 전용 주차장
- 찾아가기 선한 종이에서 자동차로 3분
- 인스타그램 @anteambulopark

커피를 단순한 음료가 아닌, 하나의 '음식'으로 접근하는 특색 있는 카페가 있다. 생두를 고르는 단계부터 '핸드픽'으로 불량 원두를 하나하나 손질하며 기본을 지킨다. 좋은 커피는 좋은 원재료에서 시작된다는 믿음 때문이다. 그리고 포빈즈만의 독창적인 추출 방식을 통해 가장 이상적인 향과 맛을 끌어낸다. 커피의 신선함을 유지하기 위해 추출 직전까지도 세심한 주의가 더해진다. 커피 한 잔을 위해 이토록 정성을 다하는 이유는 단 하나. '진짜 커피'의 경험을 선사하고 싶기 때문이다. 진심이 담긴 한 잔은 단순한 음료를 넘어, 마음을 위로해 준다.

건축이 인상적인 귤밭 카페
카페 더 콘테나

- 제주시 조천읍 함와로 513
- 0507-1338-5130
- 10:30~18:00(수 휴무, 귤 수확 시기 비정기적 휴무)
- 전용 주차장
- 찾아가기 선한 종이에서 자동차로 3분
- 인스타그램 @cafe_the_container

조천읍의 중산간 마을 와산리에 있다. 귤을 담거나 보관하는 노란색 플라스틱 용기를 제주에서는 콘테나라고 부른다. 카페 더 콘테나는 감귤 상자를 닮은 건축으로 유명하다. 워낙 독특해 멀리서도 눈길을 끈다. 카페는 '콘테나'가 가장 잘 어울리는 감귤밭에 자리를 잡았다. 계단을 따라 노란 상자 안으로 들어가면, 그곳이 곧 아늑한 카페이다. 창가에 앉으면 넓게 펼쳐진 귤밭이 내려다보인다. 카페 더 콘테나에선 귤밭을 감상하는 것을 넘어 귤밭 안으로 직접 들어갈 수도 있다. 봄엔 귤꽃 향기를 맡고, 가을엔 노랗게 익어가는 귤을 직접 구경할 수 있다. 입구에서 음료를 주문한 뒤 아래층 귤밭으로 내려가면 디자인 특허를 냈다는 '도르래'가 손님에게 음료를 배달해 준다. 아날로그적 감성을 자극하는 수동 도르래가 내려올 때면 하늘에서 선물이 내려오는 기분이 들어 기분이 좋아진다. 시그니처 메뉴는 콘테나 크림 라테와 제주 보리로 만든 라테, 농장에서 재배한 신선한 풋귤로 만든 에이드이다. 감귤 농장에서 인생 샷을 찍고 싶다면 카페 더 콘테나로 가자

조천읍
중산간3

산굼부리
세계 유일의 평지 분화구

- 제주시 조천읍 비자림로 768(산굼부리분화구 매표소)
- 064-783-9900
- 매일 3월~6월, 9월~10월 09:00~18:40, 7월~8월, 11월~2월 09:00~17:40
- 성인 7,000원, 청소년·어린이 6,000원 전용 주차장
- 찾아가기 제주국제공항에서 자동차로 40분 인스타그램 @sangumburi_official

산굼부리는 '오름'이라 불리지만, 제주의 수많은 오름 가운데 유일하게 평지 위에 펼쳐진 분화구다. 세계에서도 드문 평지형 분화구로, 그 독특한 지질학적 가치 덕분에 천연기념물 제263호로 지정되어 있다. 산굼부리는 용암이 솟구치지 않고 지하에서 가스가 폭발하면서 산은 없고 분화구만 남게 된 마르형 화산체로, 학술적으로 매우 중요한 곳이다.

전망대까지 오르는 길은 새밭길, 돌길, 하늘 계단 길, 구상나무 길 등 네 가지 테마 길로 구성되어 있다. 길이 다채로워 걷는 즐거움이 다양하다. 해발 438m 정상에 다다르면 분화구가 눈앞에 나타난다. 깊고 거대한 분화구가 말을 잃게 만든다. 깊이 140m, 둘레 2km에 달하는 이 분화구는 놀랍게도 한라산 백록담보다 더 넓고 깊다. 그

깊고 거대한 분화구
그 고요한 품 안에
생명의 신비가 살아 숨 쉬는
화산이 쓴 서사시

안에는 난대와 온대가 뒤섞인 희귀 식물들과 노루, 오소리 같은 야생동물이 살아간다. 작은 자연 생태계처럼 살아 숨 쉬는 곳이다.
전망대 왼편에는 구상나무 길이 이어진다. 1.2km에 이르는 길을 따라 크리스마스 트리로 널리 알려진 구상나무가 쭉 늘어서 있다. 이 나무는 해발 500~2,000m 사이에서만 잘 자라는 우리나라 고유종으로 1915년 하버드대학의 윌슨 교수가 그 존재를 세상에 알렸다. 구상나무 길 중간의 잔디광장은 산굼부리의 대표 포토 존이다.
산굼부리는 계절마다 전혀 다른 얼굴을 보여준다. 봄에는 분화구에 꽃이 피어나고, 여름엔 초록빛이 가득 찬다. 가을에는 억새가 언덕을 덮으며 황금빛 물결을 이루고, 겨울엔 설경이 더해져 또 다른 장관을 선사한다. 특히 가을철의 오후 5시쯤, 해가 기울며 억새 너머로 퍼지는 석양빛은 보는 이의 마음까지 따스하게 물들인다. 석양 뒤로 우뚝 선 한라산과 맞물리면, 말 그대로 '제주에서 가장 아름다운 풍경'이라 해도 과언이 아니다. 입장료가 있는 유료 관광지이지만 산굼부리를 다녀온 이들은 하나같이 입장료가 전혀 아깝지 않다고 입을 모은다. 이곳은 제주 자연의 아름다움과 생명의 신비를 온몸으로 느낄 수 있는 감동 가득한 여행지다.

ONE MORE 여기도 좋아요!

증기 기차 타고 곶자왈 속으로
에코랜드 테마파크

📍 제주시 조천읍 번영로 1278-169
📞 064-802-8000
🕐 매일 08:30~18:40
💰 성인 19,000원, 청소년 16,000원, 어린이 13,000원
🚗 전용 주차장 ⓘ 찾아가기 산굼부리에서 자동차로 6분
🌐 인스타그램 @ecoland_jeju

조천읍 중산간 교래 곶자왈 지대에 있는 '에코'를 주제로 한 테마파크다. 테마파크 중에서 제주도에서 가장 인기가 많다. 곶자왈은 숲을 뜻하는 '곶'과 가시덤불이 뒤엉킨 모습을 일컫는 '자왈'을 합친 제주어이다. 에코랜드의 원시림 30만 평에는 천연 곶자왈과 숲길, 호수와 습지, 그리고 아름다운 정원이 있다. 1800년대 유럽풍 증기 기관차를 타고 이곳을 모두 구경할 수 있다. 기차는 8~10분 간격으로 운행된다. 원하는 역에 내려 자유롭게 주변을 탐방한 뒤 다음 열차를 타고 이동하면 된다. 수상 덱을 따라 걸으며 만나는 이국적인 풍경과 곳곳에 설치된 다양하고 흥미로운 볼거리는 제주 자연의 아름다움과 한적한 여유를 느끼기에 좋다. 탐방하다 만나는 에코로드는 숲 산책로이다. 짧은 코스400m, 약 10분와 긴 코스1.9km, 약 40분 중 선택하여 걸을 수 있다. 좀 더 호젓한 산책을 즐기려면 화산석 '송이'가 깔린 에코로드 장거리 코스를 걸으면 된다. 수국, 메밀꽃, 억새가 계절마다 장관이다. 화산이 폭발할 때 생긴 화산송이를 맨발로 밟으며 걷는 색다른 체험을 할 수 있다.

곶자왈 지대 최초의 자연 휴양림
제주 교래 자연 휴양림

- 제주시 조천읍 남조로 2023
- 064-710-7475
- 매일 하절기 07:00~16:00, 동절기 07:00~15:00
- 성인 1,000원, 청소년·군인 600원
- 전용 주차장 찾아가기 산굼부리에서 자동차로 7분

교래 자연 휴양림은 휴양, 야영, 생태 체험, 삼림욕 모두를 즐길 수 있는 곳이다. 울창한 삼나무 길이 아름다운 1112번 도로 주변에 둘러볼 만한 가치가 높은 숲길이 많이 보인다. 이 중에서 교래 자연 휴양림이 꼭 들러야 할 특별한 곳이다. 교래 자연 휴양림은 곶자왈 지대에 조성된 제주 최초의 휴양림이다. 곶자왈은 숲을 뜻하는 '곶'과 돌과 덩굴식물이 뒤섞인 곳을 뜻하는 '자왈'을 합친 제주말로, 나무와 돌, 이끼, 수풀이 뒤섞인 제주도의 숲을 말한다.

휴양림 입구에 들어서면 탐방 코스가 오름 산책로와 생태 탐방로로 나누어진다. 생태 탐방로만 걸어도 휴양림의 매력을 느끼는 데 충분하다. 피톤치드 가득한 곶자왈 숲길을 걸으면 몸과 마음이 편안해지고 정신이 맑아진다. 곶자왈 숲길을 걸으며 천양금, 주름고사리, 개톱날고사리 같은 남방계 식물과 한라산 고지에서 서식하는 좀고사리를 관찰할 수 있다. 탐방로에는 노루들의 겨울 추위 피난처인 노루골과 곶자왈에 방목된 말들을 관리하던 움막 터, 숯을 굽던 가마터의 흔적도 남아있다.

제주 돌 문화의 모든 것
제주 돌 문화 공원

- 제주시 조천읍 남조로 2023
- 064-710-7731
- 매일 09:00~18:00
  (매주 월, 1월 1일, 설날 및 추석 당일 휴무)
- 성인 5,000원, 청소년 3,500원
- 전용 주차장
- 찾아가기 산굼부리에서 자동차로 5분
- 인스타그램 @jejustonepark

제주 탄생 신화 속 여신인 설문대할망과 그의 자식인 오백 장군을 돌로 형상화하여 전시한 문화 생태공원이다. 100만 평의 대지에 제주 돌 박물관, 오백 장군 갤러리, 거대한 돌하르방과 두상 석이 늘어선 야외 전시장, 선사시대부터 제주의 민간신앙을 아우른 제주 돌 문화 전시관 등이 있어 볼거리가 다채롭다. 공원이 워낙 넓어 시간 여유를 두고 꼼꼼히 둘러보자. 해설사의 설명 시간과 맞추어 관람하면 더욱 알차다. 제주 사람들의 생활상이 담긴 50동 규모의 초가 마을도 눈여겨볼 만하다. 제주의 돌로 이뤄진 제주 돌 문화 공원의 가치는 관광지 이상으로 매우 높다.

마음이 가벼워지는 오름 둘레길
바농 오름

- 제주시 조천읍 교래리 산108
- 전용 주차장
- 찾아가기 산굼부리에서 자동차로 9분

바농 오름은 아담하고 소박한 매력을 지닌 오름이다. 오름 입구에서부터 부드러운 오르막이 이어지고 있어서 산책처럼 가볍게 오를 수 있다. 정상에 올라가는 것도 좋지만 둘레길을 따라 걷는 것도 놓치기 아깝다. 특히 둘레길 사이로 이어지는 편백 숲길은 고요하고 평탄해 혼자 걷기에 안성맞춤이다. 바람이 떠밀어주는 힘으로 걷다 보면 복잡했던 생각들도 정리가 된다. 많이 알려지지 않은 오름인 만큼 혼자만의 시간을 보내기에 더없이 좋다. 가벼운 마음으로 들렀다가 조용한 위로를 얻어갈 수 있는 곳, 바농 오름에서 잠시 쉬어가 보자.

인공림과 자연림의 조화
삼다수 숲길

- 제주시 조천읍 교래리 산70-1
- 삼다수숲길 주차장(제주시 조천읍 교래리 280). 숲길 입구까지 약 1km 도보 이동
- 찾아가기 산굼부리에서 자동차로 9분

중산간을 호령하던 말몰이꾼 테우리와 사농바치 사냥꾼들이 오고 가던 옛 산길을 숲길로 조성했다. 삼다수 숲길 주차장 또는 교래리 종합복지회관에 주차한 뒤 1km를 걸으면 입구가 나온다. 길을 잘못 들 수 있으니 중간중간 이정표를 잘 확인해야 한다. 꽃길을 지나면 해발 400m 이상에서 서식하는 조릿대가 나타난다. 이어서 1970년대 심은 삼나무 숲이 반겨준다. 삼나무 숲에서 나오는 피톤치드가 폐 깊은 곳까지 상쾌한 공기를 불어넣어 준다. 길을 걷다 보면 봄마다 복수초가, 여름엔 산수국이 시선을 끈다. 가을엔 천미천 계곡 따라 단풍이 무척 아름답게 물든다.

펠롱펠롱 빛나는 샤이한 숲길
샤이니 숲길

- 제주시 조천읍 교래리 719-10
- 갓길 도로변
- 찾아가기 산굼부리에서 자동차로 8분

셔터만 누르면 화보가 되는 제주 동쪽의 숨은 명소다. 조천읍 교래리 삼다수 목장 근처에 있다. 누군가 사려니 숲길의 '오마주'로 이름을 붙였을 것으로 추정된다. 단정한 길의 양편으로 편백이 곧게 뻗어있어 포토 스폿이다. 샤이니 숲길은 가로 6m, 길이 50m 정도의 곧게 뻗은 자그마한 숲길이다. 누군가 땅의 경계를 표시하기 위해 심어놓은 편백에 듬성듬성 남은 낮은 돌담과 새까만 화산석, 흙바닥에 화사한 햇살까지 더해지면 제주만이 선사할 수 있는 운치를 드러낸다. 화보로 들어간 듯 셔터만 누르면 인플루언서가 되는 마법 같은 장소다. 눈이라도 내리면 더욱 빛난다.

RESTAURANT & CAFE 산굼부리 주변의 맛집과 카페

정성스러운 칼국수 한 그릇
제주 맛집 칼국수 교래본점

- 제주시 조천읍 비자림로 685
- 064-784-2676
- 매일 10:00~18:30(라스트오더 18:00)
- 전용 주차장 찾아가기 산굼부리에서 자동차로 1분

깊고 진한 보말 칼국수를 맛볼 수 있는 곳이다. 다정한 노부부가 꾸려가는 식당으로 소박하면서도 따스한 온기가 흐른다. 대표 메뉴는 보말 칼국수와 문어 해물 칼국수이다. 보말 칼국수는 진한 국물에 쫄깃한 면발이 어우러진 감칠맛이 일품이다. 뒷맛이 깔끔하고 개운하다. 문어 다리 한쪽이 통으로 올라간 문어 해물 칼국수는 칼칼하고 얼큰한 국물 맛이 인상적이다. '문어숙회'도 빠질 수 없는 인기 메뉴다. 부드럽게 삶은 문어를 초장이나 참기름 소금장에 찍어 먹으면 담백함과 쫄깃함을 동시에 즐길 수 있다. 모든 메뉴에 잘 어울리는 왕만두는 사이드로 꼭 시켜보자. 고기가 가득해 고소하고 든든하다.

'토종닭 유통 특구'의 숨은 고수
교래리 금보 가든
에코랜드점

- 제주시 조천읍 비자림로 639
- 064-782-7158
- 매일 10:30~16:00(라스트오더 15:00)
- 전용 주차장 찾아가기 산굼부리에서 자동차로 3분

교래리 토종닭 유통 특구에 있는 토종닭 전문점이다. 한라산 동쪽 중산간에 자리 잡은 교래리에 토종닭 음식점들이 들어선 것은 1981년부터다. 삼계탕, 백숙, 닭 칼국수, 닭 샤부샤부 등 다양한 닭 요리가 유혹한다. 금보 가든은 남다른 맛과 푸짐한 양으로 도민들이 인정하는 맛집이다. 특히 누룽지 삼계탕의 인기가 많다. 깊은 국물과 푹 익어 쫀득하게 씹히는 살코기에 구수한 풍미를 더한 누룽지의 조합은 절로 감탄사가 나온다. 토종닭은 질기다는 편견이 있는데, 이 집의 닭고기는 쫄깃하면서 부드럽게 씹히는 식감이 참 좋다. 누룽지 삼계탕만큼이나 많이 찾는 흑돼지 두루치기도 가성비가 좋은 편이다.

중산간 초원의 목장 카페
말로

📍 제주시 조천읍 남조로 1785-12
📞 0507-1317-5197
🕚 매일 11:00~18:00 (임시 휴무 인스타 공지)
🚗 전용 주차장
ℹ️ 찾아가기 산굼부리에서 자동차로 5분
🌐 인스타그램 @cafe_malloh
🐾 반려동물 동반 가능(야외)

산굼부리, 에코랜드, 사려니 숲길 근처에 있다면 이 카페에 들러보자. '카페 말로'는 이름에서 짐작할 수 있듯이 말과 깊은 인연이 있는 목장 카페다. 외관은 전형적인 목장의 저택을 닮았고, 내부는 아늑한 감성으로 채워져 있다. 이 카페의 가장 큰 매력은 바로 숲이다. 창밖으로 펼쳐지는 푸른 잔디밭과 숲, 야외 정원이 마음을 편안하게 다독여준다. 카페 내부에는 말과 관련된 장식품과 소품이 아기자기하게 놓여 있고, 주인이 직접 그린 말 그림엽서도 전시되어 있다. 공간 곳곳에서 말을 향한 애정이 따뜻하게 묻어난다. 풀 내음이 감도는 잔디밭과 고요한 숲, 나무 울타리 너머로 말들이 한가롭게 풀을 뜯는 풍경을 보고 있자면 마치 카우보이가 된 듯한 기분에 빠져든다. 음료를 주문하면 바로 옆에 있는 '길갈 팜 랜드' 입장료가 할인된다. 말타기나 먹이 주기 체험에도 참여할 수 있으니, 관심이 있다면 가볍게 도전해 보자. 목장 카페에서 커피 한 잔, 그리고 말과의 만남은 제주의 기억을 한층 더 특별하게 만들어줄 것이다.

조천읍
중산간4

거문 오름

세계유산 트리플 크라운

📍 제주시 조천읍 선교로 569-36(제주세계자연유산센터)
예약 📞 064-710-8980~1 🌐 www.jeju.go.kr/wnhcenter/black.htm(선착순 예약. 당일 예약 불가) 🕘 09:00~13:00(하루 450명만 탐방 가능. 30분 간격 출발. 화 휴무)
₩ 성인 2,000원, 청소년 어린이 1,000원 🚗 전용 주차장
ℹ️ 찾아가기 제주국제공항에서 자동차로 40분

> 시간과 생명의 숨결이 겹겹이 쌓인 거문 오름은 소중한 자연사 박물관이자 제주에서 가장 신비로운 숲이다.

유네스코가 인정한 신비로운 숲, 거문 오름. 울창한 숲이 빽빽하게 들어서 어두워 보인다고 하여 예전에는 '검은 오름'이라 불렸고, 이 말이 변해 '거문 오름'이라는 이름을 얻게 되었다. 거문 오름해발 456m, 순수 높이 112m은 제주의 360여 개 오름 중 유일하게 유네스코 세계 자연 유산으로 등재된 오름이다. 유네스코 생물권 보전 지역과 세계 지질 공원으로도 인증을 받아 우리나라에서 유일하게 세계 유산 '트리플 크라운'을 달성했다.

거문 오름은 10만 년에서 30만 년 전 사이, 여러 차례의 화산 폭발로 탄생했다. 이때 형성된 분화구는 백록담보다 세 배나 넓은 규모

를 자랑하며 보는 이를 압도하는 장관을 이룬다. 분출된 용암은 북동쪽 김녕과 월정리까지 흘러가며 만장굴, 김녕굴 등 귀중한 용암동굴 지형을 탄생시켰다. 거문 오름 분화구 내부에는 곶자왈 생태계가 살아 숨 쉰다. 분화구에는 또 하나의 오름인 '알오름'이 자리 잡고 있다. 계절마다 전혀 다른 매력을 지닌 거문 오름은 봄의 연두, 여름의 녹음, 가을의 단풍, 겨울의 설경이 각각의 얼굴로 다가온다. 고요한 숲길을 따라 걷는 이 여정은 자연의 시간을 온몸으로 느끼는 특별한 체험이 된다. 일제강점기에는 정상과 분화구 일대가 군사기지로 사용되었고 지금도 당시의 진지와 석축이 남아 그 시절의 상흔을 전한다. 중턱에 남은 숯가마 터는 척박한 땅에서 살아낸 제주 사람들의 애환을 조용히 전해준다.

이 오름은 단지 아름답기만 한 장소가 아니다. 땅속 깊은 곳에서 올라온 시간의 흔적과 사람들의 숨결이 겹겹이 쌓인 살아있는 자연사 박물관이다. 세계적으로도 거문 오름 같은 평지형 거대 분화구는 매우 드문 편이다. 이곳은 지질학자뿐 아니라 자연을 사랑하는 모든 이들에게 특별한 장소. 그래서 "제주에서 한 번은 꼭 걸어야 할 숲"으로 평가받는다. 해설사의 안내에 따라 걸으며 만나는 이 숲은 단순한 여행을 넘어, 자연과 삶, 기억을 함께 걷는 깊은 여정이 된다. 걷다 보면, 문득 자연 앞에 겸허해지고, 슬며시 찾아온 평화가 가슴을 적신다.

ONE MORE 여기도 좋아요!

자연이 만든 비밀의 터널
교래 후박나무 길

◎ 제주시 조천읍 선교로 807-31
🚗 주변 길가
ⓘ 찾아가기 거문 오름에서 자동차로 4분

자연 그대로의 모습을 간직한 이색 명소이다. 관광 목적으로 조성한 게 아니라 자생 후박나무들이 오랜 세월 서로 얽혀 만들어낸 신비로운 숲길이다. 숲길에 들어서면 후박나무 특유의 은은하고 상쾌한 향기가 코끝을 간질인다. 높이 자란 나무들이 서로 얽혀 만들어낸 터널은 마치 신비로운 동화 속을 걷는 듯한 느낌을 준다. 이 길을 따라 천천히 걸으면 동부위생처리장이 나오는데 여기서 돌아가면 후박나무 길을 왕복하게 된다. 후박나무 길은 사계절 내내 매력적이지만 특히 여름철에는 짙은 그늘과 시원한 바람이 더해져 더욱 쾌적하게 즐길 수 있다.

RESTAURANT & CAFE 거문 오름 주변의 맛집과 카페

아들은 농사짓고, 어머니는 음식 만들고
선흘 방주할머니 식당

◎ 제주시 조천읍 선교로 212 📞 064-783-1253
🕙 10:00~19:00(브레이크타임 14:20~15:00, 라스트오더 18:20, 일 휴무) 🚗 전용 주차장 ⓘ 찾아가기 거문 오름에서 자동차로 5분

아들이 직접 농사지은 재료로 어머니가 정갈한 맛을 내는 곳이다. 콩과 청정 제주 바닷물로 만든 두부, 흑돼지가 듬뿍 들어간 두부전골 그리고 단호박 면을 넣은 검정 콩국수가 일품이다. 직접 만든 두부는 공장에서 만들어 나오는 두부와는 비교가 안 된다. 한번 먹어 보면 맛의 차이를 금방 알 수 있다. 특히 서리태로 만든 검정 콩국수는 면발은 쫄깃하고 국물은 고소하면서도 적당히 걸쭉하다. 콩 국물은 포장해 가고 싶을 만큼 자꾸 손이 간다. 천연 조미료를 사용해 만든 삼채 곰취 만두와 고사리 비빔밥도 맛이 훌륭하다. 한번 맛보면 대부분 또 오고 싶어질 것이다.

제주에서 만나는 이탈리아의 향기
카페 선흘

- 제주시 조천읍 선교로 198
- 0507-1435-0275
- 10:00~20:00(라스트오더 19:00, 수 휴무)
- 전용 주차장　찾아가기 거문 오름에서 자동차로 5분

선흘리 입구에 자리한 브런치 맛집이다. 매일 아침 직접 구워내는 빵으로 만든 브런치는 재료의 신선함과 정성이 느껴진다. 달걀, 소시지, 토마토, 샐러드가 어우러진 선흘 브런치 세트는 가장 인기 있는 메뉴이다. 그 외에도 돈가스, 파스타, 피자, 스테이크, 파니니, 오믈렛 등 메뉴 구성이 다양하다. 테이블 사이 간격이 넓고, 통창으로 들어오는 자연광이 좋아 느긋하게 식사를 즐기기 좋다. 건물 가운데는 실내 정원까지 있어서 조용히 책을 읽거나 음악을 들으면서 식사를 할 수 있다. 자연과 조화를 이룬 공간은 마치 이탈리아의 아기자기한 레스토랑에 와 있는 듯한 기분이 든다.

감성적인 공간, 맛있는 디저트
베카신

- 제주시 조천읍 우진오름길 144
- 0507-1392-8929　11:00~19:00
- 전용 주차장　찾아가기 거문 오름에서 자동차로 2분
- 인스타그램 @bacassine_jeju　반려동물 동반 가능

베이커리 카페이자 감각적인 소품 가게이다. 카페 안에는 직접 만든 다양한 빵과 아트북, 생활소품, 그로서리 등이 정갈하게 배치되어 있다. 이 집 주인은 마티스, 앤디 워홀, 루크 에드워드 홀의 작품에서 영감을 받아 벽화와 인테리어를 직접 디자인했다. 이 집의 시그니처 메뉴는 '말차 팥 브라우니'와 '메가톤 갸또'. 이 밖에도 꼭 맛봐야 할 베이커리가 중앙 테이블 위에 정성스럽게 진열되어 있다. 빵은 매일 조금씩 구성이 달라진다. 리빙 브랜드 '아이 워너 고 홈'은 제주에서는 이곳에서만 만날 수 있으며, 영국·스웨덴·일본에서 들여온 감각적인 테이블 웨어도 눈길을 끈다.

동백 동산 선흘 곶자왈
람사르가 인정한 신비의 산림 습지

📍 제주시 조천읍 동백로 77(동백동산 습지센터)
📞 064-784-9446
🕐 4월~10월 09:00~17:00, 11월~3월 09:00~16:30
🚗 전용 주차장
ℹ️ 찾아가기 제주국제공항에서 자동차로 40분

조천읍 중산간에 자리한 선흘1리는 동백 동산과 선흘 곶자왈을 품고 있는 평화로운 마을이다. 이곳의 곶자왈 숲은 완만한 용암지대 위에 형성된 독특한 숲으로, 습지가 함께 어우러져 생태학적으로 매우 희귀하고 가치가 높다. 특히 1월부터 6월까지는 동백나무가 붉게 꽃을 틔우며 마을은 '동백 동산'이라는 이름처럼 한 폭의 그림이 된다. 이러한 생태 환경적인 특성을 인정받아 2007년 유네스코로부터 세계 자연 유산 마을로 지정되었고 환경부에서는 환경친화 생태마을로 보호하고 있다. 또한 2011년에는 람사르 습지로 등록되면서 그 생태적 중요성을 세계적으로도 인정받게 되었다.

곶자왈 탐방은 동백 동산 습지 센터 또는 서쪽 입구에서 시작할 수

> 동백과 곶자왈 그리고
> 산림 습지가 있는 풍경
> 인공의 소음이 닿지 않는
> 고요한 원시의 숲

있다. 어느 지점에서 출발하든 5.1km, 약 2시간 정도 소요되는 탐방로를 한 바퀴 돌게 된다. 선흘 곶자왈 숲은 종가시나무, 참가시나무 등 상록 활엽수가 빽빽하게 숲을 이루고 있어서 사계절 내내 짙푸른 생명의 기운을 느낄 수 있다. 비가 많이 내리는 날이면 숲 곳곳에 크고 작은 습지가 생겨나고 날이 가물어도 마르지 않는 '먼물깍'이라는 물웅덩이 덕분에 언제든 습지를 볼 수 있다. 바람 소리와 새들의 지저귐이 여행자의 발걸음을 가볍게 한다. 나무 사이로 쏟아지는 햇살, 이끼 낀 돌 위에 떨어진 동백꽃 한 송이가 찰나의 감동을 준다. 인공적인 소음이 닿지 않는 원시의 숲이 바쁜 일상을 살아가는 당신에게 고요한 여유를 선사할 것이다.

동백 동산 곳곳에는 제주 4.3과 관련된 유적지들이 남아있다. 동백 동산 산책은 따라서, 단순한 자연 탐방을 넘어 제주의 역사와 아픔을 함께 되새기는 의미 있는 여정이기도 하다. 4.3 당시 주민들의 피신처였던 도틀굴을 비롯한 관련 유적지를 둘러보며 아픔의 시간을 마주해보자. 동백 동산은 혼자여도 참 좋은 길이다. 고즈넉한 숲을 걷고 난 뒤 마을의 카페에서 따뜻한 차 한 잔을 마시며 하루를 마무리하면 제주 여행이 더 없이 깊어질 것이다.

ONE MORE 여기도 좋아요!

심리 상담사가 운영하는 책방
심심 책방 앤
심리 상담 센터

제주시 조천읍 함선로 341
010-5414-3435 13:00~17:00(주말 운영)
전용 주차장 찾아가기 동백 동산에서 자동차로 5분
인스타그램 @simsimbookshop
반려동물 동반 가능

책과 마음을 함께 돌보는 심리 상담 전문 책방이다. 상담하기 딱 좋은 조용한 마을 선흘리에 자리한 '심심 책방 앤 심리 상담 센터'는 책을 좋아하는 사람, 조용한 시간을 원하는 사람, 그리고 내면을 들여다보고 싶은 여행자들에게 어울리는 곳이다. 책방은 작지만 따뜻하다. 제주에서 나고 자란 책방지기는 전문 상담가로 20여 년간 현장을 누볐다. 조금 이른 은퇴 후 이곳에서 글을 쓰고 상담한다.

서가는 주인의 취향이 담긴 책들로 가득하다. 문학, 심리, 철학, 자연 등 다양한 책을 천천히 들여다볼 수 있다. 한쪽에는 차와 간단한 음료도 준비돼 있다. 여유롭게 둘러보라는 의미이다. 책방 한편에서는 심리 상담도 이루어진다. 사전 예약하면 상담을 받을 수 있다. 전문 상담가와 대화하면서 무심코 지나쳤던 마음의 무게를 돌아볼 수 있다. 마음이 복잡할 때, 책방에서의 조용한 대화는 큰 위로가 될 것이다. 심심 책방 앤 심리 상담 센터는 여유롭게 책방을 둘러보거나 조용히 상담을 받고 싶은 이들에게 어울리는 곳이다. 마음을 쉬어가고 싶은 이들에게 좋은 쉼터가 되어줄 것이다.

CAFE 동백 동산 주변의 카페

프로방스를 닮은 숲속 카페
자드부팡

- 제주시 조천읍 북흘로 385-216 ☎ 0507-1321-7634
- 월~금 10:30~17:00, 토~일 11:00~17:00(목 휴무)
- 전용 주차장 찾아가기 동백 동산에서 자동차로 5분
- 인스타그램 @jas_de_bouffan 반려동물 동반 가능(케이지, 유모차 필수, 대형견은 야외만)

자드부팡jas de bouffan은 프로방스 감성이 짙게 풍기는 디저트 카페다. 동백 동산 숲길을 탐방하다 만나게 되는데, 이국적인 외관이 동화 속 요정의 집과 닮았다. 비포장 숲길을 조심조심 지나야 만날 수 있어 더욱 신비스럽다. 카페 이름은 인상주의 화가 '폴 세잔'이 그림을 그리며 지냈던 엑상프로방스 별장의 이름에서 따왔다. 실제 세잔의 별장과 오렌지 나무 정원 그리고 밤나무 산책로를 연상시킨다.

파스텔 색조, 나무로 만든 창문, 화분으로 장식한 창틀…. 일상의 소박한 멋을 그대로 표현한 내부에도 프로방스 감성이 곳곳에 흐른다. 여기에 앤티크 촛대와 낡은 랜턴, 빈티지 장식장, 리넨 테이블보를 씌운 나무 식탁이 소박하면서도 편안한 멋을 풍긴다. 한마디로, 프로방스 감성의 전원풍 인테리어를 완벽히 재현했다. 커피와 디저트도 훌륭하다. 모든 베이커리는 직접 반죽하고 굽는다. 커피, 알록달록한 음료들, 예쁘고 달콤한 디저트, 그리고 눈을 돌리면 편안하게 다가오는 제주의 자연, 무엇 하나 부족한 게 없다.

재즈가 흐르는 돌집 카페
카페 세바

제주시 조천읍 선흘동2길 20-7
0507-1346-1235
11:00~18:00 (화~목 휴무)
주변 길가 / 찾아가기 동백 동산에서 자동차로 2분
인스타그램 @cafeseba

조천읍 선흘리는 돌담과 올레, 돌집과 팽나무가 인상적인 고즈넉한 중산간 마을이다. 이 조용한 마을에 카페 세바가 생기면서 재즈의 선율이 흐르기 시작했다. 돌 창고를 개조해서 천장이 높고 시원하다. 주인이 소장하고 있는 LP 음반과 서적이 많아 분위기가 깊고 근사하다. 넓은 창 너머로 보이는 소담한 마당은 들꽃으로 가득하다. 멋스러운 풍경을 배경 삼아 사진을 찍느라 시간 가는 줄 모른다. 이곳은 무엇보다 커피 맛이 훌륭하다. 시나몬 가루가 은은하게 더해진 따뜻한 카푸치노, 진하고 부드러운 라테, 진득한 풍미의 카페 모카까지 무엇을 골라도 만족스럽다. 커피를 많이 마신 날이라면 진한 핫초코 한 잔으로 마무리해도 좋다. 제주산 보리를 활용한 담백한 제주 보리빵은 이 카페만의 특별한 디저트로, 커피와 궁합이 꽤 훌륭하다. 카페 근처엔 산책하기 좋은 곳이 많다. 차와 음악을 즐기다가 늦은 오후쯤 인근에 있는 동백 동산과 선흘 마을 돌담길을 걷는다면 제주 여행은 더욱 깊어질 것이다.

고요한 오후, 나만을 위한 공간
카페 동백

- 제주시 조천읍 동백로 68 ☎ 0507-1372-3054
- 매일 10:00~17:00(일·월 휴무) 전용 주차장
- 찾아가기 동백 동산에서 자동차로 1분, 걸어서 2분
- 인스타그램 @cafedongbaek_jeju
- 반려동물 동반 가능(목줄 필수)

선흘리 동백 동산 입구 바로 앞에 있다. 숲과 어우러진, 감성이 따뜻한 카페다. 카페 내부로 들어서면 잔잔한 음악이 흐르고, 따스한 햇살과 창밖의 푸른빛이 어우러져 이국적인 풍경을 만들어낸다. 카페 라테를 비롯한 커피와 직접 만든 홈메이드 디저트를 판매한다. 촉촉한 스콘과 깊은 풍미의 치즈 케이크가 특히 인기가 좋다. 담백한 맛이 일품이다. 카페 앞 넓은 정원과 테라스 좌석은 날이 좋을 때 더 빛을 발한다. 숲속의 고즈넉한 풍경이 한눈에 들어오며, 마음마저 편안해지는 느낌을 준다. 혼자만의 여유를 즐기기에 제격이다. 동백 동산의 숲길을 걸은 후, 산책의 여운을 음미하기 딱 좋은 카페이다.

숲길 끝에서 만나는 독일식 커피
오늘 베를린

- 제주시 조천읍 선흘남4길 176 ☎ 0507-1386-2370
- 매일 12:00~17:00(일 휴무)
- 전용 주차장 찾아가기 동백 동산에서 자동차로 7분
- 인스타그램 @oneul_berlin 반려동물 동반 가능

제주 선흘리의 한적한 숲길 끝, 작은 이정표를 따라가면 호기심을 자극하는 노란 카페를 만날 수 있다. 호기심을 자극하는 이곳은 독일 황실에서도 마셨던 달마이어 사의 원두를 핸드드립으로 내려주는 카페이다. 대표 메뉴는 핸드드립 커피와 부드러운 맛의 '독일 가정식 라테', 그리고 정성껏 만든 독일식 타르트 '쿠헨'이다. 독일 가정식 라테와 독일식 타르트는 다른 카페에서는 쉽게 맛볼 수 없는 조합이라서 색다르다. 카페 외부엔 정원과 산책길이 있어서 잠시 머물며 시간을 보내기 좋다. 여행자의 발길이 많지 않아 더욱 여유롭고 깊은 휴식을 경험할 수 있다.

구좌읍 해안권1

청굴물
용천수 핫플이 되다

- 제주시 구좌읍 김녕로1길 75-1
- 제주시 구좌읍 김녕로1길 84(청굴물 바로 옆 공터)
- 찾아가기 제주국제공항에서 자동차로 50분

'청굴물'은 바다 가까이에서 솟아나는 용천수다. 한라산에서 출발해 땅 밑으로 흐르던 지하수가 김녕의 바닷가에 이르러 생명을 품은 듯 조용히 솟구친다. 물빛은 눈이 시릴 만큼 맑고, 물가에 서면 서늘함이 느껴질 만큼 차갑다. 이곳은 예부터 김녕 사람들에게 쉼의 장소였다. 이 물의 이름은 이 마을의 옛 이름인 '청굴동'에서 유래했다. 청굴물은 제주의 많은 용천수 중에서도 차가운 물로 특히 유명하다. 실제로 발을 담그면, 여름에도 한낮의 열기가 단번에 사라진다. 숨이 멎을 만큼 차갑다. 주민들은 예전부터 밭일을 마치면 이곳에서 땀을 식혔다.

가까이 가서 보면 청굴물은 둘로 나뉘어 있다. 가운데 돌담을 기준

한라산의 맑은 지하수가 바닷가에서 문득 솟아오른다. 뜻밖의 선물처럼 반가운 김녕의 청굴물 풍경

으로 바닷바다 쪽은 남자, 마을 쪽은 여자가 이용한다. 작은 자연탕이지만 위에서 내려다보면 마치 누군가가 조심스레 돌을 하나하나 놓아 디자인한 것처럼 조형미가 돋보인다. 그 덕에 SNS에 자주 등장하는 제주 명소로 인기를 끌고 있다.

청굴물은 김녕 지오 트레일 코스 중 하나이다. 이 용천수 자체가 제주도가 화산이 만든 땅임을 보여주는 좋은 사례인 셈이다. 제주의 토양은 화산석으로 이루어져 있어서 밀도가 낮다. 따라서 비가 올 때를 빼면 물이 흐르는 시내를 거의 볼 수 없다. 빗물은 대부분 지하로 스며들었다가 청굴물처럼 지대가 낮은 지표면에 이르러 지상으로 솟아오른다. 그러므로 청굴물은 제주의 지질을 온몸으로 체험할 수 있는 여행지다. 하지만, 청굴물을 아무 때나 볼 수 있는 건 아니다. 밀물 때는 바다에 잠기고, 썰물 때에야 모습을 드러내기에 방문할 때는 물때를 반드시 확인해야 한다. 무심코 찾아갔다가 아무것도 보지 못하고 발길을 돌릴 수도 있다.

이곳은 혼자 여행하는 이들에게는 특히 추천하고 싶은 장소다. 조용히 물가에 앉아 파도 소리를 들으며 마음을 정리하기에도, 살짝 발을 담그며 피로를 식히기에도 좋다. 이 작은 샘물은 여행길에서 만나는 고요한 선물처럼 오래도록 마음에 남을 것이다.

ONE MORE 여기도 좋아요!

푸른 물감을 풀어놓은 듯
김녕 해수욕장

📍 제주시 구좌읍 해맞이해안로 7-6
📞 064-728-3988
🚗 전용 주차장
ℹ️ 찾아가기 청굴물에서 자동차로 3분

에메랄드빛 바다가 아름다운 해변이다. 서부에 협재와 금능 해수욕장이 있다면 동부엔 함덕과 김녕 해수욕장이 있다. 서부 한경면의 신창 풍차 해안처럼 풍력 발전 단지가 있어서 더 이국적이다. 게다가 하얀 백사장과 푸른 바다의 색 대비가 뛰어나 눈을 즐겁게 해준다. 여기에 용암이 식어 돌이 된 현무암과 풍력 발전기까지 시선에 넣으면 제주도에서 하나밖에 없는 매혹적인 풍경이 완성된다. 썰물이 되면 물이 빠져나간 모래사장 가운데에 얕은 물이 넓게 고여 천연 수영장을 만들어 준다. 햇볕에 적당히 따스해진 물이 얕고 넓게 퍼져 있어 물놀이하기 좋다.

해수욕장 남쪽 건너편에는 캠핑객의 인기를 독차지하는 야영장이 있다. 김녕 해수욕장 근처엔 용암이 식어 만들어진 지형을 따라 지질 트레일이 조성돼 있어 산책하기 좋다. 지질 트레일은 화산과 용암이 만든 지질 자원과 인간이 땅과 바다를 일궈 만든 삶의 풍경을 동시에 체험할 수 있는 특별한 곳이다. 솔솔 솟는 용천수와 서정성 짙은 밭담 길, 여기에 역사 유적 환해장성을 더불어 만날 수 있다. 일부 구간은 올레 20코스와 겹친다.

환상적인 제주 해안 길
해맞이 해안로

📍 김녕리-세화리 구간 제주시 구좌읍 구좌해안로 237(시작점)
　 세화리-오조리 구간 제주시 구좌읍 해맞이해안로 1446(시작점)
ℹ️ 찾아가기 청굴물에서 자동차로 4분~17분

해맞이 해안로는 제주시 구좌읍 김녕 해수욕장에서 서귀포시 성산읍 성산 일출봉까지 해안을 따라 조성된 약 27.8km의 도로이다. 해맞이 해안로를 가다 보면 끝없이 펼쳐지는 옥빛 바다에 매료된다. 하얀 풍차와 노을 풍경까지 감상할 수 있다. 운이 좋으면 푸른 제주 바다를 자유롭게 유영하는 돌고래도 만날 수 있다. 특히 해안 도로 옆으로 맛집과 개성적인 카페가 많아 드라이브를 즐기며 함께 둘러보는 것도 묘미다. 도보나 드라이브가 아니라, 자전거나 오토바이를 타고 라이딩을 즐겨도 좋다. 성산 일출봉은 손꼽히는 해맞이 명소이다. 새해 첫날이면 인파와 자동차로 끊이지 않는다. 조용한 풍경을 즐기고 싶다면 이날은 피하는 게 좋다.

여행 중에 만나는 책 한 권
이야기 가게 일희일비

📍 제주시 구좌읍 김녕항3길 26
📞 0507-1374-9432　⏰ 수~토 12:00~18:00
🚗 주변 길가　ℹ️ 찾아가기 청굴물에서 자동차로 3분
🌐 인스타그램 @1joy1sorrow　🐾 동반 가능

김녕 바닷가 마을의 골목 안쪽, 작은 책방 하나가 조용히 문을 열고 있다. 이야기 가게 일희일비는 제주 작가들이 운영하는 동네 책방이자 출판사이다. 오래된 집을 고쳐 만든 이 공간에는 책방 특유의 따뜻하고 정갈한 기운이 감돈다. 서가에 놓인 책들은 독립 출판물부터 깊은 울림을 담은 시집과 에세이까지 다양하다. 책방에 흐르는 잔잔한 음악과 창가에 내려앉은 햇빛, 책방의 마스코트 고양이까지 모든 게 자연스럽다. 책방 한편에는 직접 펴낸 책과 사인본, 이야기 엽서들이 놓여 있다. 이것들을 구경하는 재미도 남다르다. 일희일비는 제주올레 20코스에서 걸어서 1분 거리에 있다. 길을 걷다가 잠시 들르도 좋겠다.

화산이 만든 독특한 지질 체험
김녕 월정 지질 트레일

- 제주시 구좌읍 김녕로21길 12 (김녕 어울림 센터)
- 064-740-6000 (제주 관광 정보 센터)
- 주변 길가
- 찾아가기 청굴물에서 자동차로 5분

김녕·월정 지역 지하에는 만장굴, 김녕사굴 등 여러 동굴이 있다. 거문오름이 폭발할 때 용암이 지하로 흘러내리며 만든 동굴이다. 동굴 지상은 당근과 마늘을 키우는 척박한 빌레왓돌이 많은 밭이다. 화산 지형과 밭담과 마을을 연결하여 탐방길을 만들었는데 이것이 김녕 월정 지질 트레일이다. 일부는 올레 20코스와 겹친다. 안내판을 따라가다 보면, 자연과 사람이 함께 빚어낸 제주의 이야기가 한층 더 깊이 다가온다. 14.6km인 일반 코스는 5시간쯤 걸린다. 풍차, 바다, 신비로운 해안선, 용천수 등을 만날 수 있다. 4.7km인 단축 코스는 1시간 30분쯤 소요된다.

초록의 미로 속으로
김녕 미로 공원

- 제주시 구좌읍 만장굴길 122
- 0507-1402-9266
- 09:00~17:50 (입장 마감 17:00)
- 성인 8,800원, 청소년 7,700원, 어린이 6,600원
- 전용 주차장
- 찾아가기 청굴물에서 자동차로 8분
- 인스타그램 @jeju_maze_park

국내 첫 미로 공원 Maze Park이다. 제주대학교 관광학과 교수로 있던 프레드릭 더스틴이 '제주 역사 기행'을 주제로 1995년 문을 열었다. 세계적인 미로 디자이너인 애드린 피셔가 7개 상징물 고인돌·뱀·음양·조랑말·배·나침반·제주도를 담아내 만들었다. 길이는 1km로, 입구에서 출구까지 4개의 길이 있다. 미로를 걷다 보면 고인돌과 1270년 몽골인들이 가져온 조랑말도 찾아볼 수 있다. 한국을 최초로 유럽에 알린 하멜이 제주에 표류할 때 타고 온 배도 형상화했다. 전망대와 3개의 구름다리 전경을 찍기 좋다. 지도를 잘 보고 찾아가면 보통 15~20분이면 미로를 통과할 수 있다.

RESTAURANT & CAFE 청굴물 주변의 맛집과 카페

불 향 가득한 갈비 우동
김녕 나루터

- 제주시 구좌읍 김녕로 147 064-782-7560
- 17:00~23:00(라스트오더 22:00, 일 휴무)
- 식당 뒤편 주차장 찾아가기 청굴물에서 자동차로 2분
- 인스타그램 @naruteo0410

식당이 넓고 쾌적하다. 김녕 나루터의 대표 메뉴는 갈비 우동이다. 한우 사골을 오랜 시간 정성껏 우려내 만든 깊고 진한 국물과 지방을 꼼꼼히 손질한 부드러운 갈빗살의 조화가 일품이다. 기름기를 걷어낸 깔끔한 육수에 양념 갈비와 정성스럽게 삶은 사태고기가 더해져 풍성한 식감을 선사한다. 여기에 쫄깃한 우동 면이 더해져 고기와 국물, 면발이 완벽한 조화를 이룬다. 참숯으로 구운 제주 흑돼지와 양념 돼지갈비, 닭 목살과 소갈비도 함께 즐길 수 있어서 고기를 좋아하는 이들에게 만족도가 높다. 식당 내부는 넓고 쾌적하며, 갈비 우동은 네이버 스토어에서 밀키트로도 판매 중이다.

김녕에서 즐기는 전복 돌솥밥
방모루

- 제주시 구좌읍 김녕로21길 7
- 010-2691-5862
- 09:00~20:00(일요일 휴무) 주변 길가
- 찾아가기 청굴물에서 자동차로 2분

김녕을 여행 중이라면 꼭 한 번 들러야 하는 맛집이다. 방모루의 대표 메뉴는 전복 돌솥밥과 보말 성게 미역국이다. 갓 지은 돌솥밥 위에 부드러운 전복이 듬뿍 올라가 식욕을 자극한다. 보말 성게 미역국은 신선한 보말과 고소한 성게가 어우러져 국물 맛이 깊고 부드럽다. 밑반찬도 훌륭하다. 원래는 여행객보다 도민들이 더 많이 찾는 현지인 맛집이었으나, 지금은 여행자들에게도 입소문이 났다. 계절 메뉴로 자리물회와 전복물회를 판매한다. 방모루는 제주 바다를 입안 가득 느낄 수 있어서 좋다. 바다 내음 맡으며 천천히 식사를 즐기기에 딱 좋은 곳이다.

제주 웨이팅 빵집 1위
런던 베이글 뮤지엄 제주점

- 제주시 구좌읍 동복로 85 제2동 1층
- 매일 08:00~18:00
- 전용 주차장(제주시 구좌읍 동복리 1352)
- 찾아가기 청굴물에서 자동차로 6분
- 인스타그램 @london.bagel.museum
- 동반 가능(케이지 또는 유모차 밖으로 머리가 나오지 않는 상태)

대한민국에서 가장 잘나가는 베이글 맛집이다. 런던에 온 듯한 이국적인 건물이 눈길을 끈다. 여러 가지 베이글과 샌드위치를 선보이고 있다. 기본 맛부터 바질, 시나몬, 쪽파, 양파, 무화과, 흑임자, 초콜릿, 블루베리 등 여러 종류를 골라 먹는 재미도 있다. 베이글 외에 포니 인형 굿즈 '포그니'는 오직 제주점에서만 만나볼 수 있다. '오픈 런'은 물론, 매장에 들어가려면 평일에도 2~3시간은 족히 대기해야 할 정도다. 최근엔 대기 시간이 줄어들긴 했지만, 여전히 여행객 사이에선 '제주 여행 필수 코스'로 꼽힌다. 베이글을 포장해서 김녕 해수욕장이나 월정 해수욕장으로 소풍을 가기도 좋다.

바람 따라 퍼지는 고소한 빵 향기
김녕 빵집

- 제주시 구좌읍 김녕로 77-3
- 010-3952-6397
- 09:00~17:00 (목 금 휴무)
- 주변 공터
- 찾아가기 청굴물에서 자동차로 3분
- 인스타그램 @gimnyeongbbangzib

김녕 해안 마을 안쪽, 조용한 골목에 있다. 고소한 소금 버터 빵으로 입소문이 자자하다. 버터와 달걀이 어우러진 '단짠'의 맛이 매력적이다. 제주 빵집 순례자들에게 '인생 소금빵'이라는 찬사를 받는 곳이다. 이 외에 식빵, 팥빵, 에그 마요, 페이스트리, 크루아상까지 기본 메뉴의 완성도가 높다. 관광지치고는 가격이 합리적인 편이다. 비건을 위한 빵도 다양하다. 고소한 누룽지 치아바타, 비정제 원당을 사용해 빠삭한 식감이 살아 있는 슈가 스틱, 짭짤한 풍미의 올리브 치아바타 등을 꼽을 수 있다. 주문하는 공간과 먹는 곳이 분리되어 있어서 조용히 머무르기 좋다.

이국적인 분위기, 포토 존이 가득한
카페 모알보알 제주점

- 제주시 구좌읍 구좌해안로 141 ☎ 0507-1312-3506
- 매일 10:30~19:30(주문 마감 19:00, 8세 이상 출입 가능)
- 전용 주차장 찾아가기 청굴물에서 자동차로 5분
- 인스타그램 @moalboal.jeju 동반 가능(케이지, 목줄 필수)

김녕 해수욕장에서 제주시 방향으로 차로 6분 거리에 있다. 모알보알은 세부섬의 지역 이름에서 따왔다. 고래상어, 정어리 떼, 거북이의 출몰 포인트로 유명한 곳이다. 카페 이름처럼 내부는 남국의 정취를 짙게 풍긴다. 하와이나 동남아 해변에 있는 히피들의 아지트 같은 모습이다. 푸른 바다가 한눈에 들어오는 전망 또한 어느 오션 뷰 카페에 뒤지지 않는다. 바닷가로 난 정원으로 나가면 이색 포토 존이 이어진다. 침대, 피아노, 욕조 등이 바다와 검은 현무암을 배경으로 무슨 설치 미술처럼 배치돼 있다. 영화 포스터 같은 분위기 덕에 모두가 바쁘게 카메라를 움직인다. 시그니처 메뉴는 한라봉 에그 타르트와 조천 리얼 말차이다.

내공 있는 핸드드립커피
김녕에 사는 김영훈

- 제주시 구좌읍 김녕로6길 2 ☎ 0507-1323-1938
- 09:30~18:00(수 목 휴무) 주변 갓길 주차
- 찾아가기 청굴물에서 자동차로 3분
- 인스타그램 @coffee_jeju 동반 가능(케이지, 유모차 필수)

제주에서 보기 드문 에어로프레스 추출 커피 전문점이다. 김녕은 관광객이 많이 찾는 곳이지만, 동부의 다른 지역보다 늦게 인기를 끌기 시작한 탓에 함덕이나 월정리보다 커피 맛이 좋은 카페가 상대적으로 적은 편이다. 그러나 고수들은 어디에나 있는 법이다. 김녕에 사는 김영훈은 커피와 디저트 모두 수준급인 카페이다. 모든 커피는 공력 깊은 바리스타 사장님이 원두를 직접 로스팅하고, 커피도 핸드드립으로 내린다. 당근 케이크나 말차 케이크 같은 디저트는 제주산 재료로 직접 만든다. 밀가루를 사용하지 않는 글루텐 프리 디저트라 건강에도 좋다.

월정리 해수욕장
맑고 예쁜 에메랄드빛 바다

- 제주시 구좌읍 월정리 33-3
- 해수욕장 맞은편 공영주차장
- **찾아가기** 제주국제공항에서 자동차로 55분

달月과 물汀이 공존하는 마을, 월정리月汀里. 이름부터 시적인 이 마을은 제주의 보석이라 불릴 만큼 맑고 투명한 에메랄드빛 바다를 품고 있다. 햇살을 머금은 해변은 낮에도 아름답지만, 달빛을 담은 밤바다는 또 다른 낭만을 전해준다. 월정리 해수욕장은 경관이 빼어나 바다가 보이는 해안도로 옆에는 감성 가득한 카페와 맛집이 쭉 늘어서 있다. 커피를 마시며 바다를 바라보는 이들의 눈동자에는 월정리 해변 풍경에 대한 감탄이 가득하다. 제주 동부를 찾는 여행자라면 월정리를 그냥 지나칠 수 없다. 한때는 단순한 어촌 마을에 지나지 않았지만, 지금은 제주 동부를 대표하는 핫플레이스 중 한 곳인 까닭이다. 2010년대부터 인기를 끌더니 2021년, 제주도가 월정리를 공식 해수욕장으로 선정한 이후 더 많은 사람이 몰리고 있

...
소담스러운 해변
한없이 투명한 쪽빛 바다
해안에 들어선 풍력발전기
여행 엽서 같은 월정리 풍경

다. 이때부터 화장실, 탈의실, 샤워실, 종합 상황실, 지역 특산물 판매장 등 해변 인프라가 조성되었다. 여기에 더해 넉넉한 공영주차장이 들어섰다. 이전에는 도로 옆에 아슬아슬하게 주차해야 했으나 이제는 렌터카로 여행하는 이들도 불편 없이 해변을 찾을 수 있게 되었다.

월정리 해수욕장은 소담스러운 해변과 눈이 시리도록 푸른 쪽빛 바다, 그리고 드라이브에 최적화된 해안도로를 자랑한다. 해안의 풍력 발전기는 이국적인 정취를 더하며 여행 엽서의 한 장면처럼 다가온다. 사계절 내내 포토 존이다.

월정리 해변은 파도의 리듬도 아름답다. 일정한 높이의 파도가 꾸준히 밀려와 서핑을 즐기기에 최적의 조건을 만들어준다. 이 덕분에 제주도 내에서도 인기 있는 서핑 명소 중 하나로 꼽힌다. 초보 서퍼를 위한 강습도 이루어지고 있어서 누구나 도전할 수 있다. 서핑뿐 아니라 카약, 스노클링 등 다채로운 해양 스포츠를 즐길 수 있다. 물놀이에 지쳤다면 바닷바람을 맞으며 산책을 즐겨보자. 바로 옆으로 이어지는 '올레 20코스'는 놓치기 아쉬운 코스다. 해변과 평야, 마을과 자연이 어우러지는 이 길은 하도리까지 시원하게 이어지며 마음까지 맑게 씻어준다.

ONE MORE 여기도 좋아요!

다 같이 돌자, 밭담 한 바퀴
제주 밭담 테마 공원

📍 제주시 구좌읍 월정리 1400-14
🚗 전용 주차장
ℹ️ 찾아가기 월정리 해수욕장에서 자동차로 5분

제주시 구좌읍 일대는 밭담의 밀집도가 높고 그 특성을 잘 보여주는 핵심 지역이다. 제주 밭담 테마 공원을 중심으로 밭담 길을 한 바퀴 돌아오는 진빌레 밭담 길이 조성돼 있다. 진빌레의 '진'은 '길다'는 뜻이고, '빌레'는 '넓고 평평하고 바위가 많은 땅'을 말하는 제주 방언이다. 탐방길은 '머들이'라 불리는 캐릭터만 따라가면 된다. 반환점인 진빌레 전망대는 밭과 밭담, 바다와 풍력발전기가 어우러진 멋진 풍광을 선사한다.

밭담 길에는 모진 바람을 꿋꿋이 견디며 원형을 잘 간직한 다양한 돌담이 있다. 밭담 길 코스의 시작이자 종착점인 제주 밭담 테마 공원에서는 제주의 돌담이 한 종류가 아니었다는 사실에 놀라게 된다. 한 줄로 차곡차곡 쌓은 '외담', 굵은 돌담을 두 줄로 쌓은 뒤 그사이에 잡석을 채우는 '접담', 맹지를 드나드는 길 역할을 하는 '잣백담', 하단은 작은 돌 상부는 큰 돌로 쌓는 '잡굽담' 등이 있다. 그밖에 왜구의 침입을 막기 위해 쌓은 '환해장성', 고기잡이를 위해 바다에 쌓은 '원담', 산소 둘레에 쌓은 '산담', 해녀들의 공간 '불턱'도 확인할 수 있다.

구좌읍 해안권3

카멜 커피 제주점
줄 서서 먹는 커피 맛집

- 제주시 구좌읍 해맞이해안로 617-3 C동
- 010-8140-2625
- 매일 10:00~18:00(라스트오더 17:30)
- 전용 주차장
- 찾아가기 제주국제공항에서 자동차로 55분
- 인스타그램 @camelcoffee_kor 동반 가능(실외 좌석)

카멜 커피는 2017년 서울 성수동에서 출발한 젊은 브랜드이다. 처음부터 카페에 패션을 입히는 차별적인 전략으로 눈길을 끌었다. 루이뷔통, 리복, ABC마트 같은 브랜드와 협업을 한 것도 패셔너블한 카페를 지향한 까닭이다. 지금은 흔히 볼 수 있는 우유와 크림 베이스의 커피를 처음 선보인 곳도 카멜 커피이다.

제주점은 월정리 해수욕장에서 동쪽으로 2km 남짓 떨어진 곳, 해맞이 해안로와 쪽빛 바다 사이에 있다. 제주점 역시 카멜 커피 특유의 세련된 감성을 그대로 담아냈다. 감각적인 공간과 트렌디한 음료 메뉴로, 커피 애호가들과 감성적인 카페를 찾는 여행자들에게 필수 코스로 자리 잡았다. 카페가 들어선 입지도 꽤 매력적이다. 통

월정리 바다를 그대 품 안에
머문 베이커리 카페

- 제주시 구좌읍 해맞이해안로 460, 2층
- 070-7585-3519 매일 10:00~20:30 (라스트오더 19:30)
- 카페 앞, 월정해수욕장 공영주차장
- 찾아가기 월정리 해수욕장에서 자동차로 1분, 걸어서 3분
- 인스타그램 @moumoon_in_jeju

월정리 해수욕장 바로 앞에 있는 바다 전망 카페이다. 바다를 바라보고 있는 완벽한 오션 뷰 카페이다. 테라스로 나가면 하얀 모래밭과 에메랄드빛 바다가 눈앞에 펼쳐진다. 실내에서도 넓은 통창으로 들어오는 바다를 시야 가득 즐길 수 있다. 높은 층고를 활용해 테이블을 계단식으로 설계한 점이 인상적이다. 계단식 설계 덕에 어느 자리에서도 바다를 전망할 수 있다. 라테를 비롯해 커피 종류가 제법 다양하다. 음료 중에서는 청귤 에이드의 인기가 많다. 스콘, 치즈 케이크 같은 디저트도 갖추고 있다. 날이 좋은 날엔 커피와 음료를 들고 바다로 가도 좋겠다. 바람은 시원하고, 바다는 매혹적인 쪽빛이다.

월정리 최고 오션 뷰 카페
토끼문

- 제주시 구좌읍 해맞이해안로 456 010-4811-7971
- 09:00~22:00 카페 오른쪽 공터
- 찾아가기 월정리해수욕장에서 자동차로 1분, 걸어서 2분
- 인스타그램 @cafe_tokimoon 동반 가능

월정리에서 전망이 가장 좋은 카페다. 커피와 디저트를 앞에 놓고 '바다 멍' 즐기기에 이만한 카페도 드물다. 탁 트인 통창 너머로 월정리의 투명에 가까운 에메랄드빛 바다를 배경으로 인생 샷을 남길 수 있어서 SNS에서도 인기가 높다. 카페의 콘셉트는 달에서 내려온 '토끼'이다. 달에 산다는 토끼 전설과 달을 뜻하는 영어 문(Moon)을 조합하여 카페 이름을 짓고, 콘셉트도 이렇게 정했다. 실제로 토끼문에 들어서면 곳곳에서 토끼 마스코트가 반겨준다. 이 카페의 시그니처 메뉴는 티라미수 라테와 흑임자 크림 카페라테이다. 둘 다 맛이 달콤하여 새로운 에너지를 불어넣어 준다.

훈연 흑돼지 바비큐의 특별함
월정리 흑돼지 꺼멍스

- 제주시 구좌읍 행원로1길 26
- 0507-1380-0668
- 17:00~22:00 (라스트오더 21:00, 화 휴무)
- 식당 앞, 주변 길가
- 찾아가기 월정리 해수욕장에서 자동차로 1분
- 인스타그램 @ccumungs

캠핑의 낭만을 느끼며 흑돼지 바비큐를 맛볼 수 있는 곳이다. 흑돼지고기는 특유의 고소함과 육즙을 풍부하게 품고 있다. 장작 화로에서 훈연과 침향 과정을 거치면 육질은 부드러워지고, 돼지고기 특유의 감칠맛이 극대화된다. 최고급 흑돼지고기를 연기로 구운 까닭에 고기 냄새가 전혀 나지 않는다. 훈연으로 고기의 탄성화를 억제해서 부드러움이 남다르다. 게다가 겉은 바삭하고 속은 촉촉하다. 제주도를 형상화한 돌판에 고기를 올려 내오는데, 플레이팅이 특별해 여행자의 감성을 은근히 자극한다. 창밖으로 보이는 푸른 당근밭과 월정리 해수욕장 풍경은 이 집이 주는 특별한 덤이다.

밭담 뷰 돈가스 맛집
제주로움

- 제주시 구좌읍 월정3길 16
- 0507-1383-8252
- 10:00~18:00 (라스트오더 17:30, 일 휴무)
- 전용 주차장
- 찾아가기 월정리 해수욕장에서 자동차로 2분
- 인스타그램 @_jejuroum

제주의 현무암을 닮은 특별한 돈가스 '현무암 카츠'를 맛볼 수 있는 이색 맛집이다. 당근밭이 한눈에 내려다보이는 밭담 뷰가 매력적이다. '현무암 카츠'는 고기를 두툼하게 썰어 육즙을 살린 일본식 돈가스인데 숙성해서 풍미가 좋고 육질이 부드럽다. 소스 없이 먹어도 될 만큼 그 자체로 훌륭한 맛을 낸다. 여기에 현무암을 닮은 검은 빵가루의 바삭함까지 더해져 한층 짙은 풍미를 전해 준다. '현무암 카츠' 말고 두 개의 메뉴가 더 있다. 멘도롱 우동과 연어 몬딱이다. 멘도롱 우동은 국물 맛이 깊으면서도 깔끔하다. 연어 몬딱은 통 연어를 천일염과 다시마로 20시간 숙성한 특별한 음식이다.

BOOKSHOP·RESTAURANT·CAFE 월정리 해수욕장 주변의 책방·맛집·카페

잠시 멈춤의 행복을
책방 오후

- 제주시 구좌읍 월정3길 40　☎ 010-2108-3526
- 11:00~18:00(일, 월 휴무)　🚗 서점 바로 앞 공영주차장
- 찾아가기 월정리 해수욕장에서 자동차로 5분, 걸어서 6분
- 인스타그램 @ohuu11

달이 뜨는 바닷가, 퍽 낭만적인 이름을 가진 월정리에도 고요한 쉼터 같은 동네 책방이 있다. '책방 오후'는 화려한 카페들 사이에서 자신만의 숨결로 조용한 울림을 주는 공간이다. 바다와 밭담이 한눈에 내려다보이는 창가 자리에 앉으면, 풍경 자체가 한 편의 에세이 같다. 밝은 조명 아래 펼쳐진 서가는 제주의 자연처럼 깊고 다채롭다. 서점지기가 직접 고르고 추천한 책들을 보면 누군가의 마음을 들여다보는 기분이 든다. 책방 오후엔 책만 있는 게 아니다. 도예 작품, 예쁜 엽서 같은 소소한 제주산 소품들도 정겹게 만날 수 있다. 책방 오후에서 '잠시 멈춤의 행복'을 누리길!

제주 로컬 맛집의 진수
배롱개

- 제주시 구좌읍 해맞이해안로 434　☎ 064-784-0030
- 매일 09:30~19:00　🚗 주변 길가
- 찾아가기 월정리 해수욕장에서 자동차로 1분, 걸어서 1분

월정리 해수욕장 입구에 자리한 정갈한 국수 맛집이다. 성게 국수는 바다의 풍미를 그대로 담았고, 고기 국수와 비빔 국수는 담백한 고기향과 깔끔한 맛이 인상적이다. 면발이 굵은 편이라 씹는 맛이 좋다. 구수한 돼지 국밥도 인기 메뉴 중 하나이다. 국밥에 담긴 고기가 어찌나 많은지 그것만 먹어도 배가 부르다. 사이드 메뉴인 돔베고기와 돔베 순대는 식사의 만족도를 한층 끌어올린다. 가격 또한 합리적이어서 메뉴 대부분이 1만 원 안팎이다. 이곳이 유명 관광지라는 걸 고려하면 매우 착한 수준이다. 식사 후엔 바로 앞 월정리 해수욕장을 산책하며 여운을 즐기기 좋다.

문화 감성이 돋보이는
쪽빛 바다 옆 힙플 카페
야외로 나가면
제주 풍경이 와락 다가오고

창 너머로 월정리 바다와 이국적인 풍력 발전기가 낭만적인 풍경을 연출해 준다. 밖으로 나가면 야외 의자에서 이 모든 풍경과 제주의 바람까지 즐기며 커피를 마실 수 있다.

이 카페의 시그니처 메뉴는 달콤한 카멜 커피이다. 첫입에 부드럽고 달콤한 크림 맛이 사르르 올라오다가 뒤로 갈수록 쌉싸름한 맛으로 마무리되는 매력적인 메뉴다. 과하게 달지 않아 입안이 텁텁해지지 않아서 좋다. 카푸치노는 카페라테보다 진한 커피 맛을 원하는 사람에게 잘 맞는 메뉴다. 꼼빠냐는 에스프레소 베이스로 휘핑크림을 올린 적은 양의 커피로 달콤한 맛이 일품이다. 고소한 맛이 매력적인 플랫 화이트와 수제 시럽이 첨가된 바닐라 라테, 유기농 원당으로 만든 디카페인 밀크티 또한 그냥 지나치기 힘들다. 패션을 강조하는 브랜드답게 굿즈도 다채롭다. 티셔츠, 스니커즈, 가방, 모자 등 자체 패션 아이템부터 머그잔, 쟁반, 소스 통, 지퍼 백, 타월까지 판매한다.

카넬 커피는 워낙 유명한 곳이라 평일에도 손님이 많아서 기다릴 때가 많다. 이럴 땐 바로 옆에 있는 베이커리 브랜드 브로디 그로서리가 좋은 대안이 될 수 있다. 브레첼, 앙버터, 베이글 등 커피와 함께 즐기기 좋은 빵이 가득하다.

ONE MORE 여기도 좋아요!

돌고래가 노는 바다
코난 해변

- 제주시 구좌읍 행원리 575-6 / 주변 길가
- 찾아가기 카멜 커피 제주점에서 자동차로 1분, 걸어서 4분

카멜 커피 제주점 바로 옆, 구좌읍 행원리에 있는 조용한 바다로, 코난 비치라는 이름으로 더 알려져 있다. 월정리 해수욕장에서 차로 동쪽으로 3분 거리, 구좌 방파제 근처이다. 수심이 얕고 용암 지형이 자연스럽게 파도를 막아줘 물놀이하기에 안성맞춤이다. 여름철엔 스노클링 명소로 주목받는다. 물고기와 산호를 가까이서 볼 수 있다. 운이 좋으면 해변 근처에서 돌고래 떼를 만날 수도 있다. 해변에 분위기 좋은 카페와 쉼터도 있어 한적한 시간을 보내기 좋다. 상업성 짙은 해수욕장보다 자연 그대로의 제주를 느낄 수 있다.

CAFE 카멜 커피 주변의 카페

식물 카페에서 힐링 타임을
언두필드

- 제주시 구좌읍 행원로 157-20 / 0507-1330-5998
- 매일 11:00~18:00 / 전용 주차장
- 찾아가기 카멜 커피 제주점에서 자동차로 3분
- 인스타그램 @undofield

그린테리어 콘셉트의 대형 식물 카페이다. 구좌읍 행원리의 조용한 시골 마을에 들어선 황토색 건물이 인상적이다. 카페 내부에 가득한 초록 식물이 산뜻한 분위기를 자아낸다. 하얀 벽과 싱그러운 녹색 잎사귀들이 어우러져 작은 온실에 온 느낌을 준다. 창밖으로 펼쳐지는 제주 특유의 초록 들판과 푸른 하늘도 퍽 매력적이다. 식물을 배경으로, 또는 창밖 풍경을 배경으로 멋진 사진을 얻을 수 있다. 언두필드에서는 커피와 허브 음료, 직접 만든 치즈 케이크 등을 즐길 수 있다. 야외 테라스로 나가면 제주의 바람을 느끼며 쉼표 같은 여유를 즐길 수 있다.

파도 소리 들으며 쉬어가기
레이오버

- 제주시 구좌읍 해맞이해안로 648
- 0507-1357-8491
- 매일 10:30~18:30 (라스트오더 18:00) 전용 주차장
- 찾아가기 카멜 커피 제주점에서 자동차로 1분
- 인스타그램 @layover
- 반려동물 동반 가능(12kg 이하, 케이지 필수)

제주 동쪽, 코난 해변 앞에 자리한 감성 카페다. 카페 이름처럼 경유지에서 짧게 머무르듯 여행 중 잠깐의 쉬어가기 좋은 쉼표 같은 곳이다. 카페 분위기는 심플하고 모던하다. 큰 창을 통해 자연광이 가득 들어오고, 바로 눈앞이 바다라서 파도 소리를 들으며 조용히 혼자만의 시간을 보내기 좋다. 시그니처 메뉴는 중남미 원두를 블렌딩한 클래식 커피이다. 적당한 산미와 보디감이 조화를 이루어 맛이 깊고 깔끔하다. 부드러운 라테 위에 달콤한 디플로마 크림을 얹은 디플로마 라테도 있다. 부드럽고 풍성한 맛이 인상적이다. 디저트는 떠먹는 커스터드 종류의 인기가 높다.

탁 트인 오션 뷰의 감동
인 카페 온 더 비치

- 제주시 구좌읍 해맞이해안로 943
- 0507-1411-1638
- 매일 10:00~18:00 전용 주차장
- 찾아가기 카멜 커피 제주점에서 자동차로 4분
- 인스타그램 @incafe_onthebeach
- 반려동물 동반 가능

구좌읍 한동리 해맞이 해안로 옆에 있다. 에메랄드빛 바다와 프라이빗 비치 바로 앞에 있는 오션 뷰 카페다. 실내외 어디에 앉아도 바로 앞에서 오션 뷰가 눈부시게 펼쳐진다. 풍경이 다했나 싶지만, 커피와 음료와 디저트 맛까지 훌륭하다. 사람들로 북적이는 해수욕장 주변이 부담스럽다면 좋은 대안이 될 수 있는 곳이다. 1인 1메뉴 주문 시 바닷가 파라솔 테이블을 3시간 동안 무료로 이용할 수 있어서, 해변에서 피크닉을 즐기기에 제격이다. 간단한 샤워 시설도 갖추고 있어서 프라이빗 비치에서 수영이나 스노클링도 즐길 수 있다. 카페에서 쉬면서 물놀이까지 즐기고 싶다면 꼭 들러보자.

구좌읍 해안권4

숨비소리 길
제주 해녀의 삶이 녹아있는

📍 제주시 구좌읍 해녀박물관길 26(제주 해녀박물관)
🚗 전용 주차장
ⓘ **찾아가기** 제주국제공항에서 자동차로 50분

숨비소리는 해녀들이 물질을 마치고 물 위로 올라와 내쉬는 깊고 긴 숨소리다. 그 숨소리는 단순한 호흡이 아니라 바다와 삶 사이를 오가며 버텨온 해녀들의 고단한 인생이 응축된 울림이다. 숨비소리 길은 제주시 구좌읍 하도리 바다를 따라 이어지는 약 5.3km의 탐방로로, 제주 해녀들의 숨결이 고스란히 담긴 길이다. 이 길을 걷다 보면 해녀들이 물질과 밭일을 할 때 오고 가던 옛 시골길과 밭담 길이 이어진다.

그 길엔 해녀들의 깊은 한숨 소리가 스며들어 있다. 실제로 해녀들의 삶은 퍽 고단했다. 거센 파도를 견디며 물질을 마쳤지만, 해녀들은 편히 쉴 수 없었다. 이번엔 들이 해녀의 손길을 기다리고 있었다. 돌이 많은 밭은 거칠었다. 그래도 채소를 키우고, 곡식을 길러야 했다. 이렇듯 해녀들은 물질을 멈추지 않았고, 땅으로 나와서도 노

...
숨비소리 길은
제주의 해녀 삶과
자연의 숨결을 따라 걷는
사유와 위로의 여정이다.

동을 놓지 못했다.

탐방길을 걷다 보면 돌로 만든 자연 그물 '무두 망개', 해녀들이 옷을 갈아입던 탈의장, 물질을 마친 후 차가운 몸을 녹이기 위해 불을 피웠던 '불턱'의 자취도 만날 수 있다. 무두 망개는 원담, 또는 갯담의 한 종류이다. 밀물 때 들어온 고기가 썰물 때 빠져나가지 못하도록 바다에 쌓은 돌담이 무두 망개이다. 이뿐이 아니다. 해녀들의 안전과 바다의 풍요를 기원하던 '갯것이 할망당'과 바닷가 근처에서 솟아나는 용천수를 가둬 쓰던 '도구리통'은 이 길에서만 만날 수 있는 특별한 공간이다.

숨비소리 길은 천천히, 마음을 비우고 걸을 때 그 진가를 드러낸다. 걷다 보면 바람이 속삭이고 파도가 말을 거는 듯하다. 그렇게 자연에 귀 기울이고 걷다 보면 나도 모르게 위로받는 기분이 든다. 이 길은 혼자 걷기에 더욱 좋다. 혼자 걸으면 해녀의 삶에, 그리고 '나에게' 더 집중할 수 있어서 여행의 밀도가 한층 높아진다. 숨비소리 길은 단순히 아름다운 해안에 난 산책로가 아니다. 자연의 소리를 듣고, 해녀의 삶을 조용히 짚어보고, 마지막에는 '나와 대화하는' 사유와 공감, 그리고 위로의 길이다. 다 걷고 나면 당신의 마음이 한결 따뜻해져 있을 것이다.

ONE MORE 여기도 좋아요!

제주 해녀의 생활과 역사 체험
해녀 박물관

📍 제주시 구좌읍 해녀박물관길 26 📞 064-782-9898
🕐 09:00~18:00(매주 월, 1월 1일, 설날 및 추석 당일 휴무)
₩ 일반 1,100원, 청소년·군인 500원 🚗 전용 주차장

해녀 박물관이 자리 잡은 곳은 해녀 항일운동의 역사가 깃든 뜻깊은 장소이다. 1931년과 1932년 사이, 제주 해녀들은 일본 관리들의 수탈과 착취에 맞서 약 3개월 동안 치열하게 저항했다. 항일운동에 참여한 해녀는 연인원 1만 713명이나 되었다. 박물관 일대는 해녀들의 항일운동 집결지였다.
매월 마지막 주 수요일 오후 세 시에는 박물관 로비에서 <해녀 불턱 토크쇼> 공연이 열린다. 3층 전망대에도 올라가 보자. 창문 너머로 세화 바다를 가득 담을 수 있다. 야외의 연두망 작은 동산엔 제주 해녀 항일운동 기념탑이 있다. 1931년과 1932년에 일어난 해녀들의 항일운동을 기리는 조형물이다.

청명한 바다와 낭만의 해안선
세화 해수욕장

📍 제주시 구좌읍 해녀박물관길 27(구좌읍 세화리 1-1)
📞 064-728-7783
🚗 해수욕장 맞은편 주차장, 길가 주차
ℹ️ **찾아가기** 해녀 박물관에서 자동차로 1분, 걸어서 5분

세화 해수욕장의 가장 큰 매력은 맑고 투명한 바다다. 물속까지 보일 정도로 깨끗하다. 해변을 따라 펼쳐진 방파제 위 예쁜 화분과 나무 의자 소품은 바다와 어우러져 그야말로 '인생 샷' 명소로 주목받고 있다. 세화 바다는 언제봐도 눈을 시릴 만큼 푸르고 맑다. 사람들은 해변을 산책하거나 카페에서 커피를 마시며 낭만적인 분위기를 만끽한다. 세화 해수욕장은 단순한 해변이 아니라 여유와 휴식을 즐길 수 있는 낭만적인 공간이다. 여기서 멈추지 말고 해안도로를 따라 세화리-하도리-종달리-성산포까지 드라이브를 해보자. 바다와 하늘이 맞닿은 풍경이 당신을 환영해 줄 것이다.

이야기가 흐르는 책방
제주 풀무질

- 제주시 구좌읍 구좌로 53
- 010-4311-6175
- 매일 10:00~18:00
- 건너편 공영주차장
- 찾아가기 해녀 박물관에서 자동차로 1분, 걸어서 8분
- 인스타그램 @jejupulmujil
- 동반 가능

제주 풀무질은 해녀와 농부의 삶이 함께 숨 쉬는 구좌읍 세화리에 있다. 서울에서 오랜 시간 책방을 운영했던 은종복 대표가 제주의 전통 돌집을 개조해 서점을 냈다. 풀무질은 책을 통해 관계를 만들고, 그 관계를 작지만 따뜻한 인연으로 발전시킨다. 독서 모임을 열어 환경과 사회적 약자에 대해 이야기하고, 더 나아가 연대로 이어지도록 애쓴다. 이런 까닭에 여행자부터 마을 주민까지 두루 책방을 찾는다. 이곳에서는 조용히 책을 읽거나 소담한 대화를 나누는 풍경이 자연스럽다. 풀무질은 빠르게 흐르는 세상 속에서 느리게 머물며 쉬어가기 좋은 곳이다. 오늘도 책방엔 사람들의 이야기가 공기처럼 조용히 흐른다.

마음 쉼터 같은 공간
삼춘 책방

- 제주시 구좌읍 상하도길 46-12
- 010-3591-6896
- 10:00~22:00
- 전용 주차장
- 찾아가기 해녀 박물관에서 자동차로 3분

해녀 박물관 남쪽, 당근밭이 펼쳐진 밭담 길 끝에 작은 책방이 자리하고 있다. 여행자를 위해 마련된 동네 책방으로, 따뜻한 제주의 정서가 담긴 공간이다. 책방엔 여행과 삶, 자연을 주제로 한 책들이 고요하게 놓여 있다. 책방지기가 부재중이면 때때로 손님들이 책값을 두고 가는, AI 시대에 여전히 아날로그 감성이 살아 있는 곳이다. 책방 옆에는 조식이 맛깔스러운 '두베 게스트 하우스'도 함께 운영하고 있어서 '북케이션'도 할 수 있다. 삼춘 책방은 빠른 일상에서 벗어나 잠시 쉬어가고 싶은 이들에게 어울리는 마음 쉼터 같은 곳이다.

RESTAURANT·CAFE·SHOP 숨비소리 길 주변의 맛집·카페·숍

책과 빵을 함께 파는 베이커리 카페
달 책 빵

- 제주시 구좌읍 대수길 10-12
- 0507-1405-4847
- 10:30~17:30(일 휴무)
- 평대리 해변 앞 공터
- 찾아가기 해녀 박물관에서 자동차로 6분
- 인스타그램 @moonbookbread

구좌읍 평대리의 해맞이 해안로 옆에 있다. 제주의 옛 돌집을 개조한 베이커리 카페로, 책과 빵을 같이 판다. 구좌 당근을 이용해 만든 디저트를 즐기고, 책이 주는 여유까지 더불어 즐길 수 있는 특별한 공간이다. 널찍한 마당을 지나 안으로 들어가면 향긋한 커피 향과 고소한 빵 냄새가 먼저 반겨준다. 창문으로 들어온 따사로운 햇볕이 실내를 아늑하게 밝혀준다. 책방엔 서점지기가 큐레이션 한 책들이 당신의 손길을 기다리고 있다. 시, 소설, 에세이, 그림책 등 제법 다채롭다. 깔끔하고 정갈한 개인의 서가를 그대로 옮겨놓은 듯하여 더 정감이 간다. 오래 머물며 책을 읽고 싶어진다.

어른들을 위한 문방구
여름 문구사

- 제주시 구좌읍 구좌로 77
- 0507-1400-9447
- 11:00~18:00(수, 일 휴무)
- 문구사 주변
- 찾아가기 해녀 박물관에서 자동차로 3분
- 인스타그램 @summer_mungusa 동반 가능

주인은 겸손하게 '그냥 동네 문구사'라고 말하지만, 이곳은 각종 문구류와 귀여운 물건들이 가득한 소품 가게이다. 누구나 어렸을 때 문턱이 닳도록 드나들었던 학교 앞 문구점을 그대로 옮겨놓았다. 알록달록 연필과 종이 냄새 가득한 노트, 귀여운 캐릭터 마그넷, 앙증맞은 피규어, 그리고 감성 가득한 빈티지 컵들이 어린 시절로 데려간다. 제주에서만 만날 수 있는 감성 충만한 한정 소품들은 여행자들의 마음을 사로잡는다. 이곳은 단순히 문구를 파는 곳이 아니라, 추억을 소환하고 감성을 채우는 소품 가게 같다. 2024년 이 가게 주인은 틈틈이 쓴 에세이 모아 <여름 문구사>라는 책을 냈다.

미국 테네시 정통 버거
테네시 테이블

- 제주시 구좌읍 세화11길 11   070-4548-1008
- 11:00~20:00(라스트오더 19:00, 목~금 휴무)
- 주변 길가   찾아가기 해녀 박물관에서 자동차로 1분, 걸어서 5분
- 인스타그램 @tennessee_table_jeju
- 동반 가능(케이지 or 유모차 필수)

미국 남부 테네시 스타일 버거를 맛볼 수 있는 특별한 곳이다. 테네시 출신 주인이 직접 전통 방식으로 소스와 음식을 만든다. 주인 부부는 KBS 인생극장에도 출연한 이력이 있어서 사람들에게 더 친숙하다. 대표 메뉴는 BBC 버거와 쇠고기 치즈 버거이다. 두툼하고 육즙 가득한 패티에 부드러운 번 그리고 특제 비법 소스가 잘 어우러진다. 도톰하고 길쭉한 전형적인 미국 스타일의 감자튀김도 반드시 먹어야 할 메뉴다. 여기에 6가지 맛 중에 고를 수 있는 미국식 밀크 셰이크를 곁들이면 완벽한 식사가 된다. 세화 해변과도 가까워 물놀이 후 허기진 배를 든든히 채우기에 제격이다.

제주 가면 생각나는 전복 돌솥밥
명진 전복

- 제주시 구좌읍 해맞이해안로 1282   064-782-9944
- 09:30~20:30(라스트오더 20:00, 화 휴무)
- 전용 주차장   찾아가기 해녀 박물관에서 자동차로 4분

전복 요리로 소문난 집이다. 전복 돌솥밥 말고도 회, 구이, 죽 등 전복을 이용한 음식을 두루 잘한다. 늘 손님이 붐벼 점심시간이 아니어도 자리가 나길 기다려야 한다. 하지만 회전이 빠른 편이어서 생각보다 빠르게 식사할 수 있다. 양식장에서 직접 생산한 전복을 쓰기에 도내 어느 식당보다 가성비 좋은 전복 음식을 맛볼 수 있다. 당연히 대표 메뉴는 전복 돌솥밥이다. 전복 내장을 섞어 만든 밥 위에 단호박과 당근을 넣고 그 위에 전복을 얇게 썰어 내온다. 정갈한 밑반찬과 고등어 구이를 뜨끈한 솥 밥 위에 올려 먹는 맛은 여행이 끝난 뒤에도 두고두고 생각난다.

🍴 해녀들이 직접 만든
평대 성게 국수

- 📍 제주시 구좌읍 해맞이해안로 1172 📞 0507-1404-2466
- 🕐 10:00~18:00 (라스트오더 17:30, 월 휴무)
- 🚗 주변 공터 및 길가
- ℹ️ 찾아가기 해녀 박물관에서 자동차로 5분

평대 해수욕장 바로 앞, 제주를 대표하는 성게 국수 맛집이 있다. 입구부터 바다 내음이 가득 풍기고, 그 옆으로 조용한 해변 풍경이 펼쳐진다. 이곳의 국수는 쫄깃한 식감을 자랑하며, 성게알이 고명으로 듬뿍 올라간다. 진한 바다 향을 머금은 육수는 기존의 국수에선 맛볼 수 없는 묵직함과 깊은 시원함이 있다. 소라 비빔국수, 돌문어 부침개, 군소 볶음 등 해산물 메뉴들도 놓치기 아까운 별미다. 주인인 엄마와 딸은 모두 해녀로, 제주 특유의 무뚝뚝한 말투 뒤에 속 깊은 정이 숨어 있다. 몇 번 방문하다 보면 해녀 모녀의 담백한 환대가 마음에 잔잔한 파도를 일으킨다.

☕ 에메랄드빛 오션 뷰 카페
카페 공작소

- 📍 제주시 구좌읍 해맞이해안로 1446 📞 010-9524-0612
- 🕐 매일 09:00~19:00 🚗 주변 길가
- ℹ️ 찾아가기 해녀 박물관에서 자동차로 1분, 도보 5분
- 🌐 인스타그램 @cafegongjakso 🐾 동반 가능

세화 해수욕장 바로 앞, 바다와 가까운 곳에 있는 아늑한 카페이다. 에메랄드빛 제주의 바다가 통유리 너머로 시원하게 펼쳐진다. 어디에 앉아도 눈앞에 바다가 그림처럼 걸려 있어, 자연이 그대로 배경이 된다. 잔잔한 파도 소리를 들으며 커피 한 모금 마시는 순간, 시간이 천천히 흐르는 듯하다. 마당에는 고양이 한 마리가 어슬렁거리며 카페 풍경에 따뜻한 생기를 더한다. 이곳의 시그니처는 구좌읍 당근으로 정성껏 만든 당근 케이크와 당근 주스이다. 15년 동안 같은 자리를 지켜온 이 카페는 세화마을의 쉼표 같은 존재다. 잠시 들르려고 갔다가 마음이 머무는 곳, 카페 공작소는 그런 카페이다.

분위기 좋은 베이커리 카페
카페 인사리

- 제주시 구좌읍 일주동로 2806, 2층
- 0507-1414-8675   09:00~17:00 (일, 월 휴무)
- 전용 주차장   찾아가기 해녀 박물관에서 자동차로 8분
- 인스타그램 @cafe_insari

구좌읍 한동리 일주도로 옆 편의점 2층에 있는 베이커리 카페이다. 카페 이름 인사리는 '외로움이 벗이 된다.'라는 제주어이다. 빵을 이른 새벽부터 굽기 시작한다. 샌드위치, 잠봉뵈르, 벵오스위스, 퀴니아망 등 브런치 메뉴가 많다. 프릳츠 원두를 사용한 커피는 진하고 부드러우며 빵과 함께하면 그 맛이 한층 깊어진다. 카페 내부는 앤티크한 목제 가구와 싱그러운 식물이 조화를 이루고 있으며, 여기에 넓은 창으로 들어오는 햇살이 공간 전체에 따뜻한 숨결을 더해준다. 2층 테라스에 앉으면 한동리 마을의 평화로운 풍경이 천천히 마음속으로 스며든다.

맛있는 빵과 디저트의 하모니
다코네

- 제주시 구좌읍 평대4길 20-1
- 0507-1492-2505   매일 10:00~19:00(월 휴무)
- 전용 주차장   찾아가기 해녀 박물관에서 자동차로 6분
- 인스타그램 @dacone_cafe   동반 가능(1층, 외부)

매일 건강하고 맛있는 빵을 구워내는 베이커리 카페다. 요정의 집처럼 아기자기한 외관과 동화책에 나올법한 실내 공간이 기분을 좋게 만든다. 다코네는 모든 빵과 과자를 유기농 밀가루와 국산 쌀가루를 사용해 만든다. 주인 부부의 친절하고 따뜻한 마음 때문일까? 지역에 사는 도민들이 많이 찾아올 정도로 마을에서 먼저 인정받은 곳이다. 가장 인기가 좋은 빵은 포르투갈식 페이스트리 '바닐라빈 에그타르트'와 바삭하고 쫄깃한 식감의 '퀸아망 플레인'이다. 소금 버터 롤과 불고기 대파 빵도 인기 상품이다. 빵의 쌀 함유량이 높아 먹고 나면 속이 편안해서 좋다.

구좌읍 해안권5

종달리 마을 길
소담한 동쪽 마을 산책

- 제주시 구좌읍 종달동길 3(종달리 사무소)
- 종달리사무소와 마을 입구 팽나무 주변
- **찾아가기** 제주국제공항에서 자동차로 65분

구좌읍의 조용한 마을, 종달리는 바다와 밭이 어우러진 반농 반어촌이다. 아름다운 해안도로를 따라 펼쳐진 지미봉의 부드러운 능선과 소담한 마을 풍경이 이곳만의 평온한 매력을 만들어낸다. 올레 1코스와 21코스가 마을을 지나면서 이 작은 마을은 차츰 여행자들의 입소문을 타고 '숨은 명소'로 알려졌다.

종달리 마을 길은 평탄해서 누구나 걷기 좋다. 천천히 걸어도 한 시간이면 충분하다. 마을 앞 해안에서는 성산 일출봉과 우도의 절경이 그림처럼 펼쳐진다. 물이 빠지면 마치 우도까지 걸어갈 수 있을 듯한 착각이 들 정도로 섬이 가까워 보인다. 마을 초입에는 오래된 팽나무 한 그루가 마치 오랜 친구처럼 반갑게 여행자를 맞이한다. 바람이 불면 나뭇잎이 반짝반짝 흔들리며 환영의 손짓을 보내는

아름다운 오름과 푸른 바다를 품은 마을 종달리는 천천히 걸을수록 더 많은 매력을 보여준다.

듯하다. 팽나무 아래에 잠시 머물러도 좋겠다.

종달리는 제주에서 처음으로 염전이 생긴 곳으로, 제주를 대표하는 소금 생산지로 명성이 높았다. 예전엔 그래서 이 마을 사람들을 '소금바치'라고 불렀다. 지금은 마을회관 앞에 자리한 작은 소금밭 전시관이 그 시절의 흔적을 조용히 전해준다. 마을 안쪽으로 들어서면 옛집을 개조한 책방과 북카페, 소박한 게스트 하우스, 그리고 조용히 자리 잡은 소담한 맛집과 카페, 소품 가게가 길손을 맞이한다. 대부분 첫인상과 분위기가 정겨워 몸보다 마음이 먼저 다가간다. 정겹기는 이렁이렁 쌓아 올린 돌담도 마찬가지다. 돌담 너머는 푸른 밭이다. 돌담도, 채소밭도 사람들이 하나하나 쌓고 일군 종달리의 소중한 유산이다.

종달리 마을 길은 빠르게 걷는 길이 아니다. 산책하듯 천천히 걸어야 이 마을의 은근한 매력을 제대로 즐길 수 있다. 느릿느릿 걸을수록 더 많은 걸 볼 수 있고, 더 많은 매력을 느낄 수 있다. 잠시 걸음을 멈추고 서점의 문을 열고, 카페에서 차도 한잔하면서 쉼표 같은 시간을 보내자. 그렇게 여유를 즐기다 보면 이 마을이 품고 있는 따뜻한 온기가 가만가만 전해질 것이다.

ONE MORE 여기도 좋아요!

해안 따라 펼쳐지는 수국의 향연
종달리 수국 길

📍 제주시 구좌읍 해맞이해안로 2196(종달리 전망대)
🚗 주변 길가
ℹ️ 찾아가기 종달리 마을 중심에서 자동차로 4분

종달리 수국 길은 해맞이 해안도로의 종달리 구간을 부르는 이름이다. 여름이 시작되는 6월 중순부터 도로 양편으로 매혹적인 수국이 앞다투어 피어난다. 푸른 바다를 배경으로 핀 수국은 아름다움을 넘어 몽환적이기까지 하다. 여행객들은 환한 미소를 지으며 사진찍기에 여념이 없다. 보통 수국은 하얀색 꽃을 피우기 시작해 파란색을 거쳐 보라색으로 변한다. 땅이 산성이면 파란색, 알칼리성일 때에는 빨간색에 가까워지므로 토양 첨가제를 이용해 색을 바꾸기도 한다. 수국의 이런 특성 때문에 제주 사람들은 수국을 '도체비 고장'도깨비 꽃이라고 불렀다.

종달리 수국 길에서는 입장료 없이 해안 도로 따라 펼쳐진 수국을 마음껏 감상할 수 있다. 바다 건너 우도와 성산 일출봉을 눈에 넣으며 걸을 수도 있어서 눈이 더 즐겁다. 수국 길은 걸어도 좋고, 자전거를 타거나 자동차로 드라이브하기에 제격이다. 연보라, 파스텔, 빨강……. 해안 도로 따라 피어있는 수국은 푸른 제주 바다와 아주 잘 어울린다. 시간 여유가 있다면, 종달리 마을 길 입구 양쪽에 자리 잡은 수국 길도 걸어보자.

소심한 나를 만나러 가는 시간
소심한 책방

- 제주시 구좌읍 종달동길 36-10 070-8147-0848
- 매일 10:00~18:00 전용 주차장, 주변 갓길
- 찾아가기 종달리 마을 중심에서 자동차로 2분, 걸어서 9분
- 인스타그램 @sosimbook 동반 가능(케이지 필수)

제주도 1호 독립 서점이다. 책방 이름은 '이 시골까지 과연 누가 찾아올까?'하는 소심한 의문을 담아서 지었다. 그러나 그 의문은 기우였다. 애서가들 사이에서 입소문을 타기 시작하더니 급기야 제주 책방 '성지순례' 코스가 될 정도로 명소가 되었다. 소심한 책방은 베스트셀러에서부터 국내외 인물, 철학 등 다양한 문학 도서와 제주 관련 책들 그리고 작가별 집중 탐독도 할 수 있다. 소설, 라이프스타일, 예술 관련 잡지 등도 있을 만큼 스펙트럼이 꽤 넓다. 서가에 책을 진열한 이유를 담은 안내문이 인상적이다. 안내문을 따라가면 책방지기의 선명한 취향을 만나게 된다.

책방에서는 낭독회와 북 토크, 공연 등 다양한 모임도 열린다. 책 관련 오프라인 행사가 궁금하다면 인스타그램 공지를 눈여겨보면 된다. 서가 한편에서는 책뿐 아니라 지역 예술가들과 협업한 문구류와 엽서 등 귀엽고 앙증맞은 소품도 모아서 판매한다. 동네 사람들이 삼삼오오 모이는 곳, 여행의 추억이 소복이 쌓여가는 곳. 소심한 책방은 오래 머물고 싶은 공간이다.

24시간 무인 서점
책 약방

📍 제주시 구좌읍 종달로5길 11
📞 0507-1374-2031
🕐 24시간 운영, 연중무휴
🚗 주변 길가
ℹ️ 찾아가기 종달리 마을 중심에서 자동차로 1분, 걸어서 2분
🌐 인스타그램 @chaekyakang

제주 동쪽 바닷가 마을 종달리에는 사람이 지키지 않는 무인 책방 '책 약방'이 있다. 간판도 없이 좁은 골목 끝에 자리한 이곳은, 알루미늄 문 옆의 작은 나무 명패 하나가 책방임을 알린다. 문을 열고 들어서면 세 평 남짓한 공간에 책만 가득하다. 아무도 없지만 누군가의 숨결이 느껴지는 이 책방은 묘하게 따뜻하다. 서가에는 에세이, 인문학, 제주 관련 도서들이 정갈하게 꽂혀 있고, 아이들을 위한 작은 놀이 도구도 마련되어 있다. 책은 스스로 고르고 카드로 결제하거나 계좌로 책값을 이체하면 된다. 책방은 24시간 열려 있지만, 그만큼 이용자의 양심과 배려가 중요하다. 가끔 작가 강연과 마을 탐방 프로그램도 진행하면서 지역과 연결도 이어간다. 이곳에서는 누구나 잠시 머물며 책에 집중할 수 있다. 방명록에 글을 남기거나 그림을 그리며 자신의 흔적을 남기는 것은 또 다른 즐거움이다. 책 약방은 단순히 책을 파는 공간이 아니라, 작은 책의 숲에서 자신과 마주할 수 있는 소중한 공간이다.

오길 잘했다, 북카페
종달리 746

- 제주시 구좌읍 종달동길 29-9
- 0507-1305-5423
- 10:00~18:00(토 휴무, 8세부터 이용 가능) 주변 갓길
- 찾아가기 종달리 마을 중심에서 자동차로 2분, 걸어서 8분
- 인스타그램 @jongdalri746

가만히 있어도 힐링이 되는 북 카페이다. 조용한 공간이 주는 고요함과 평안함이 참 좋다. 커다란 통창 너머로 보이는 돌담길 풍경과 포근한 내부 분위기가 마음을 설레게 한다. 무엇보다 생각 정리가 필요할 때, 혼자만의 시간이 필요할 때, 책을 읽고 끄적끄적 무언가를 쓰고 싶을 때 좋은 공간이다. 나 홀로 사색을 즐기거나 독서하고 싶다면 최적의 장소다. 음료를 주문하기 전에 가장 먼저 해야 할 것은 자리 고르기다. 이곳은 창가부터 중앙 테이블, 구석 등 자리가 다양하게 마련되어 있는데, 두 다리 쭉 뻗고 책을 볼 수 있는 카페 한편의 좌식 테이블이 인기가 제일 많다.

북 카페이지만 주인이 직접 내려 주는 커피가 수준급이고 당근 케이크 머핀도 맛이 좋다. 계절에 어울리는 음료와 디저트도 선보이고 있다. 책과 디저트를 옆에 두고 커피 마시고 있으면 은은한 행복감이 밀려든다. 커피 한잔과 함께 여유롭게 음악을 들으며 북 캉스를 즐기기엔 이만한 곳도 드물다. 손님들이 남겨 놓은 방명록을 구경하는 재미도 놓치지 말자.

RESTAURANT & CAFE 종달리 마을 길 주변의 맛집과 카페

🍴 불맛 좋은 돌문어 볶음
소금바치 순이네

📍 제주시 구좌읍 해맞이해안로 2196 📞 064-784-1230
🕐 매일 09:30~19:30(브레이크타임 15:00~16:30, 1·3주 목 휴무)
🚗 전용 주차장 ℹ️ 찾아가기 종달리 마을 중심에서 자동차로 4분
🌐 인스타그램 @sogeumbacisunine 🐾 동반 가능(케이지 필수)

종달리 해맞이 해안로에 있는 오션 뷰 해산물 맛집이다. 2021년부터 블루리본 서베이에 꾸준히 선정될 만큼 현지인과 여행객 모두에게 인정받는 진짜 맛집이다. 돌문어 볶음, 해물 뚝배기, 전복죽, 갈치조림 등 다양한 해산물 메뉴가 있다. 대표 메뉴는 돌문어 볶음으로 매콤달콤한 맛이 일품이다. 쫄깃함을 한껏 끌어올린 식감, 훈제 향을 곁들인 풍미, 여기에 자극적이지 않은 양념 소스가 서로 융합하여 맛을 끌어올린다. 푸짐하게 올린 깻잎과 홍합이 맛을 한 번 더 더한다. 양파 위에 돌문어와 홍합을 올리면 완벽한 밥도둑 삼합이 된다. 돌문어는 씹을수록 단맛이 나고, 양파는 입안을 개운하게 해준다.

☕ 온전히 제주를 느낄 수 있는 곳
플레이스 엉물

📍 제주시 구좌읍 종달논길 92 📞 0507-1413-1515
🕐 09:00~16:00(브런치 3시 마감, 목 휴무) 🚗 주변 공터
ℹ️ 찾아가기 종달리 마을 중심에서 자동차로 2분, 걸어서 8분
🌐 인스타그램 @place_ungmul

종달리 마을 중심에서 남쪽으로 걸어서 8분, 자동차로 2분 거리에 있는 브런치 카페이다. 제주어 '엉물'은 물이 나오는 바위를 뜻한다. 카페가 있는 곳이 '엉물' 앞이라 이름을 '플레이스 엉물'이라 지었다. 카페에서 사용하는 모든 재료는 제주산이다. 브런치 메뉴 중에서 제주 뿔소라 샐러드와 바게트 샌드위치의 인기가 좋다. 커피를 비롯한 음료와 디저트에서도 주인의 내공이 느껴진다. 건물 외관부터 메뉴 하나하나에 제주도 감성이 스며들어 있다. 로컬 감성이 살아있는 정원과 감각적인 인테리어, 그리고 조용한 분위기가 매력적이다. 종달리에서 혼자 여유를 즐기기에 이만한 곳도 드물다.

클래식 들으며 라떼 한잔
모뉴에트

- 제주시 구좌읍 종달동길 23
- 010-5746-5316
- 11:00~19:00(수 휴무)
- 전용 주차장
- 찾아가기 종달리 마을 중심에서 자동차로 2분, 걸어서 6분
- 인스타그램 @monuet_jeju 동반 가능

종달리 마을 남쪽의 유채꽃밭 옆에 있는 작은 디저트 카페다. 조용한 종달리 마을의 남쪽 끝자락, 북카페 종달리 746 근처에 있다. 안으로 들어서면 진한 커피 향과 따뜻한 클래식 선율이 반겨준다. 수많은 CD와 LP, 스피커, 앰프가 시선을 끈다. 주인의 아버지가 오랜 세월에 걸쳐 수집한 것이다. 시그니처 메뉴는 한라산 카넬레와 모뉴에트 라떼이다. 전통적인 카넬레는 만들 때 럼을 사용하지만, 모뉴에트에서는 그 대신 제주 한라산 소주를 넣는다. 모뉴에트 라떼와 함께 먹으면 맛이 더 좋다. 음악, 공간, 그리고 맛있는 커피와 디저트. 모뉴에트는 혼자만의 시간을 보내기에 더없이 좋은 곳이다.

구좌읍
중산간 1

제주 동화 마을
요즘 뜨는 중산간 핫플

- 제주시 구좌읍 비자림로 1191
- 064-743-5000
- 매일 09:00~20:00 전용 주차장
- 찾아가기 제주국제공항에서 자동차로 42분
- 인스타그램 @dongwhavillage 동반 가능

제주 동화 마을은 구좌읍 송당리에 있는 자연 친화적인 테마 정원이다. 주변 오름 능선의 선형과 경관의 연속성을 유지한 자연 친화적인 공원이다. 약 3만 평의 부지에 제주의 나무木, 제주의 돌石, 제주의 문화와 신화人, 사계절 꽃花을 주제로 21개 테마 정원을 조성했다. 이곳에는 수백 년 된 팽나무, 조록나무, 배롱나무들이 자생하고 있다. 수십만 년 전 화산 활동으로 형성된 자연석과 문화재급 동자석, 문관석, 촛대 석 등도 공원 곳곳에 전시돼 있다. 상석 같은 자연의 예술도 감상할 수 있는 특별한 공간이다.

최근엔 제주에서 가장 뜨거운 핫플레이스로 떠오르며 스타벅스, 파리바게트 같은 다양한 F&B 매장이 속속 들어서고 있다. 국내 최대 규모의 스타벅스 리저브 매장은 고유한 원두와 특별한 커피를 선

...
21개 정원이 있는
자연 친화적인 테마파크
정원 산책과 미식,
커피와 쇼핑을 한 곳에서

보이는 공간이다. 파리바게트는 제주의 특산물을 활용한 다양한 빵과 디저트를 판매한다. 지브리 공식 카페 코리코는 지브리 애니메이션의 매력을 그대로 담아낸 공간으로, 특별한 경험을 선사한다. 카페 옆에 자리한 도토리 숲은 스튜디오 지브리의 공식 캐릭터 숍이다. 토토로, 하울의 움직이는 성, 마녀 배달부 키키 등 지브리의 인기 캐릭터와 굿즈를 판매한다.

여기서 끝이 아니다. 제이 팜 정육식당, 성이시돌목장의 미스터 밀크, 토속 음식점 송당 산들네 식당 등 제주의 맛을 담은 맛집도 입점해 있다.

제주 동화 마을은 개방형 정원이다. 별도의 입장료와 주차 요금이 없다. 넉넉한 주차 공간과 넓은 부지 덕분에 누구나 편안하게 즐길 수 있다. 특히 수국 철에는 활짝 핀 수국이 마치 동화 속 한 장면처럼 아름다운 풍경을 자아낸다. 핑크뮬리, 문그로우, 에메랄드그린의 이국적인 꽃들이 계절마다 다른 매력을 발산한다. 마치 신들의 섬처럼 다양한 모양의 돌들도 곳곳에 전시돼 있다. 제주 동화마을은 단순한 정원을 넘어 제주의 전통과 자연을 현대적인 감각으로 재해석한 공간이다. 여유로운 산책로를 따라 걸으며 자연과 문화를 조용히 음미해 보자.

ONE MORE 여기도 좋아요!

숲이 건네는 조용한 위로
부소 오름

- 제주시 조천읍 교래리 산2
- 전용 주차장
- 찾아가기 제주 동화 마을에서 자동차로 2분

'혼행러'에게 조용한 위로를 건네는 오름이다. 오름 입구에 들어서면 울창한 소나무와 삼나무 숲이 먼저 펼쳐진다. 숲길이 초록빛 터널처럼 느껴진다. 그 길을 걸으면 미지의 세계로 순간 이동할 것 같은 기분이 든다. 솔잎이 쌓인 부드러운 흙길은 발걸음을 가볍게 해주고, 숲 사이로 스며드는 햇살은 마음을 따뜻하게 감싼다. 이런 멋진 풍경 때문에 최근에는 웨딩 사진 명소로 입소문이 났다. 오름 등반로는 두 갈래로 나뉜다. 하나는 짧지만 경사가 있는 길이고, 다른 하나는 야자 매트가 깔린 완만한 길이다. 어느 길이든 자신의 리듬에 맞춰 걷다 보면 어느새 정상에 다다른다.

푸른 솔숲 걷기
솔트리

- 제주시 구좌읍 번영로 2063
- 064-784-0989
- 여름철 10:00~18:00, 겨울철 09:30~17:30 (월 휴무)
- 20,000원(사전 예약)
- 전용 주차장
- 찾아가기 제주 동화 마을에서 자동차로 1분

나무의 조형미가 뛰어난 수목원이다. 특히 조경수로 가꾸는 아름답게 키운 소나무가 매력적이다. 한겨울에도 푸르른 소나무 숲을 걸을 수 있어서 좋다. 소나무가 무려 1만 그루가 넘는다. 소나무 정원 외에 후박나무 정령의 숲, 향나무 전시원, 향기 정원, 잔디광장, 야생 초지원, 올레길 초화원, 아고산 수림대 등 다양한 정원으로 구성돼 있다. 동화 속에 들어온 듯한 착각을 불러일으키는 '후박나무 정령의 숲'과 '향나무 전시원'은 그중에서도 단연 압권이다. 수목원 길을 걸어도 좋고, 숲속 벤치에 앉아 바람 소리와 새소리를 들으며 힐링의 시간을 가져도 좋다. 계절마다 다른 색으로 물드는 정원의 풍경은 혼자만의 사색을 즐기기에 더없이 좋은 배경이 되어준다.

CAFE & SHOP 제주 동화 마을 주변의 카페와 숍

제주에서 만나는 지브리의 감성
도토리 숲과
코리코 카페 제주점

- 제주시 구좌읍 비자림로 1199
- 도토리 숲 064-782-1325, 코리코 카페 064-782-0143
- 매일 09:00~18:00 전용 주차장 찾아가기 제주 동화 마을 안에 있음 인스타그램 @dotorisup, @cafe_koriko

애니메이션 팬이라면 절대 지나칠 수 없는 공간이다. 스튜디오 지브리와 계약을 맺은 공식 매장으로 <이웃집 토토로>, <하울의 움직이는 성>, <센과 치히로의 행방불명> 같은 명작의 감동을 생생히 느낄 수 있다. 먼저 도토리 숲은 캐릭터 굿즈 숍으로 제주에서만 만날 수 있는 한정판 봉제 인형과 상품들이 가득하다. 바로 옆에 있는 코리코 카페는 <마녀 배달부 키키>의 세계관을 그대로 옮겨 놓은 캐릭터 테마 카페이다. 영화 속 마법 같은 공간에서 디저트를 즐기는 특별한 경험을 할 수 있다. 우도 땅콩, 세화 보리개역, 성읍 말차 등 제주 재료로 만든 한정 메뉴들이 여행자의 입맛을 사로잡는다.

국내 최대 규모 리저브 전용 매장
스타벅스
더 제주 송당 파크 R점

- 제주시 구좌읍 비자림로 1189
- 1522-3232
- 매일 09:00~20:00 전용 주차장
- 찾아가기 제주 동화 마을 안에 있음

제주 동화 마을 테마 파크 안에 있는 국내 최대의 스타벅스 리저브 전용 매장이다. 더 제주 송당 파크 R점은 스타벅스의 고유한 이미지에 제주 자연과 전통의 미감을 더한 특별한 공간이다. 제주 돌담과 한옥 지붕을 연상케 하는 외관은 건축적 조형미가 특별하다. 실내로 들어서면 통창을 통해 한라산과 제주 동화 마을의 돌 공원이 한눈에 들어온다. 오름을 모티브로 꾸민 실내 정원은 매장 전체에 제주 특유의 이국적인 감성을 불어넣는다. 2층에서는 제주 풍경을 주제로 한 사진전이 상시로 열려서, 예술적 감성도 함께 즐길 수 있다. 제주의 풍경과 여행자의 여유를 만끽해 보자.

웨이팅은 기본, 서울보다 핫하다
블루보틀 제주

📍 제주시 구좌읍 번영로 2133-30
📞 1533-6906 🕗 매일 08:00~19:00 🅿 전용 주차장
ℹ 찾아가기 제주 동화 마을에서 자동차로 2분
🌐 인스타그램 @bluebottlekorea
🐾 동반 가능(케이지, 유모차 필수)

블루보틀 커피 코리아가 2021년 서울 이외의 지역에 첫 번째로 세운 지점이다. 제주점이 위치한 구좌읍 송당리는 중산간 특유의 자연 풍경을 보여준다. 대표적인 게 오름이다. 송당리는 아부 오름, 안돌 오름, 백약이 오름 등 수십 개 오름을 품은 제주에서도 손에 꼽히는 오름의 땅이다. 여기에 천미천과 천변 숲길이 매력을 더한다. 블루보틀은 송당리를 여행할 또 하나의 이유이다. 송당리는 블루보틀의 키워드 중 하나인 슬로우 커피Sloe coffee를 오롯이 즐기기에 최적의 장소다.

제주점은 블루보틀 특유의 미니멀 감성과 제주의 문화적 특징인 '풍낭'과 '정낭'을 인테리어에 적극 반영했다. 실내는 손님들로 북적이지만, 통창 너머로 보이는 제주는 더없이 평온하고 이국적이다. 이곳엔 제주 코스터 커피와 제주 블렌드, 커피 푸딩, 제주 익스쿨루시브 페이스트리와 같은, 제주에서만 맛볼 수 있는 메뉴가 많다. 블루보틀 제주 카페는 사계절 내내 사람들의 발길이 끊이지 않는다. 웨이팅은 필수다. 폭설과 폭우가 내리거나 태풍이 불 때는 문을 열지 않는다.

제주에서 만나는 스코틀랜드 감성
카페 글렌코

- 제주시 구좌읍 비자림로 1202
- 010-9587-3555 매일 09:30~18:30
- 전용 주차장
- 찾아가기 제주 동화 마을에서 자동차로 1분, 걸어서 2분
- 인스타그램 @cafe_glencoe 동반 가능(실외 정원)

카페 글렌코는 스코틀랜드 글렌코 지역의 초원을 모티브로 만든 정원형 카페다. 넓은 초원과 산바람에 어깨를 흔드는 억새, 매혹적인 핑크뮬리가 여행객을 반겨준다. 특히 억새와 핑크뮬리가 만개할 때면 추억을 남기려는 사람들로 북적인다. 글렌코는 제주도의 핑크뮬리 명소 중 면적이 가장 넓다. 핑크뮬리가 피어나는 가을마다, 오름에 둘러싸인 카페는 그야말로 색채의 향연이 펼쳐진다. 가을이 제일 매력적이지만, 계절마다 유채, 메밀, 수국, 핑크뮬리가 번갈아 피어나므로, 언제 가도 아름답다.

초록, 민트, 핑크. 알록달록 원색의 카페 건물도 무척이나 매혹적이다. 몽골식 전통가옥 게르를 닮은 건물, 제주의 돌 창고를 현대적으로 재해석한 건물이 시선을 잡아당긴다. 이곳은 풍경뿐 아니라 자연 속에 깃든 건물도 이국적이다. 목장 마을 같은 카페 글렌코엔 이국적인 낭만이 흐른다. 실제로 스코틀랜드에 온 기분이 든다. 음료 가격에 입장료가 포함되어 있다. 음료 주문을 마치면 손목띠를 채워준다.

구좌읍 중산간2

스누피 가든
휴식하기 좋은 자연 테마파크

- 제주시 구좌읍 금백조로 930
- 064-805-1118
- 매일 09:00~19:00(입장 마감 18:00)
- 성인 19,000원, 청소년 16,000원, 어린이 13,000원
- 전용 주차장
- 찾아가기 제주국제공항에서 자동차로 40분
- 인스타그램 @snoopygardenkorea 매주 수요일 동반 가능

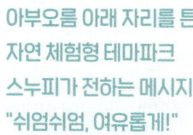

아부오름 아래 자리를 튼 자연 체험형 테마파크 스누피가 전하는 메시지 "쉬엄쉬엄, 여유롭게!"

스누피 가든은 '스누피'와 그의 친구들이 살아가는 세상을 주제로 꾸민 자연 체험형 테마파크이다. 구좌읍 송당리 아부 오름 동남쪽 자락에 있다. 찰스 먼로 슐츠의 유명 만화 <피너츠>Peanuts가 스누피 가든의 기본 바탕이다. 핵심 모티브는 만화 속 스누피의 유명한 대사 '일단 오늘 오후는 쉬자Rest this afternoon'이다. 아이들은 물론 어른들까지 매료시키는 곳이다. 특히 스누피 팬이라면 반드시 방문해야 할 장소다. 이곳에 오면 만화 캐릭터들과 함께 시간을 보내는 듯한 특별한 경험을 할 수 있다. 그 속에서 느껴지는 철학적인 메시지와 따뜻한 감성이 여행자의 마음을 어루만져 준다.

스누피 가든은 2만 5천여 평 규모의 넓은 야외 가든과 1천여 평의

실내 테마 홀, 루프톱, 미니 가든, 피너츠 스토어, 카페 스누피 등 다양한 시설로 이루어져 있다. 야외 가든은 11개의 에피소드 정원으로 구성돼 있다. 그중에서 피너츠 사색 들판, 찰리 브라운의 야구 잔디 광장, 비글 스카우트 캠핑장, 호박 대왕의 호박밭 등은 만화의 주요 장면을 재현한 특별한 공간이다. 예를 들어, 찰리 브라운의 야구 잔디 광장은 만화 속 찰리 브라운이 야구를 하던 장면을 모티브로 하여 야구장과 광장을 그대로 재현했다. 비글 스카우트 캠핑장은 스누피와 친구들이 캠핑을 떠나는 모습을 상기시킨다.

스누피 가든에는 제주의 자연을 한껏 느낄 수 있는 비자나무 숲, 후박나무 숲, 굴거리나무 숲, 동백숲 등의 서브 가든도 있다. 이곳의 각 시설은 스누피와 친구들이 주인공인 만화 속 에피소드와 깊은 연관이 있다.

스누피 가든은 단순히 만화의 세계를 즐기는 공간을 뛰어넘는다. 주제 정원과 카페, 기념품 가게를 방문할 때마다 여행자에게 평화롭고 편안한 시간을 선사한다. 여유롭게 휴식을 취하고, 더불어 만화와 자연이 주는 따뜻한 메시지를 조용히 느낄 수 있는 공간이다.

ONE MORE 여기도 좋아요!

거대한 접시 같은
아부 오름

- 제주시 구좌읍 송당리 산 164-1
- 전용 주차장
- 찾아가기 스누피 가든에서 자동차로 1분, 걸어서 6분

360여 개의 제주 오름 가운데 가장 쉽게 오를 수 있는 오름 중 하나이다. 일찍부터 '압 오름'으로 불렸고 송당 마을 앞 남쪽에 있어서 '앞 오름'이라고도 했다. 하지만 지금은 오름 모양이 어른이 듬직하게 앉아 있는 모습과 같다 하여 아부 오름亞父岳이라 불리고 있다. 아부는 제주 방언으로 아버지처럼 존경하는 사람을 뜻한다. 해발높이는 301m이지만, 순수 오름 높이 51m에 지나지 않아 10분이면 힘들이지 않고 분화구까지 올라갈 수 있다. 분화구가 꽤 넓다. 깊이가 78m, 둘레가 1.5km에 이른다. 생김새가 거대한 접시를 연상시킨다.

오름 정상에 서면 서쪽으로 물결치는 오름 군락과 한라산이, 동쪽으로는 성산 일출봉이 한눈에 들어온다. 분화구 아래로 내려갈 수 있지만, 이보다는 분화구 능선 따라 천천히 걸으며 여유롭게 주변 풍경을 만끽하는 걸 더 추천한다. 분화구 안에 인공으로 심은 삼나무와 상수리나무, 보리수나무 숲이 아름답다. 숲 주변 풀밭에는 솜양지꽃, 주름잎, 떡쑥, 점나도나물, 고사리, 찔레 등이 자생한다. 천천히 분화구 둘레길을 걸으면 30분 정도 걸린다.

CAFE 스누피 가든 주변의 카페

☕ **당오름을 품은 삼나무숲 카페**
우정원 베이커리
제주삼나무점

📍 제주시 구좌읍 송당동2길 7-39
📞 0507-1338-7271
🕙 매일 10:00~19:30 🚗 전용 주차장
ℹ️ 찾아가기 스누피 가든에서 자동차로 7분
🐾 동반 가능

구좌읍 송당리 깊숙한 숲속에 자리한 신상 베이커리 카페이다. 소나무와 삼나무가 어우러진 당오름 입구, 삼나무 숲 안쪽에 조용히 자리하고 있다. 카페 앞에는 넓은 정원과 산책로가 있다. 이 길은 당 오름 둘레길과 이어진다. 우정원 베이커리에서는 케냐, 에티오피아, 코스타리카 원두를 블렌딩한 커피를 내어주는데 깔끔한 산미가 매력적이다. 계절마다 달라지는 시즌 음료도 특별하다. 커피를 비롯한 음료 메뉴가 다양하니 찬찬히 살펴보자. 베이커리도 무척 다채로워 골라 먹는 재미가 있다. 가격도 합리적이고 양도 많은 편이다.

날씨가 좋은 날에는 삼나무 숲 야외 테이블로 나가보자. 하늘 높이 솟은 삼나무 사이에서 마시는 커피는 잊지 못할 순간이 된다. 카페는 위치가 깊숙하고 건천을 끼고 있어 좀처럼 찾기 쉽지 않다. 내비게이션에 '송당 재활용 도움 센터'를 입력한 뒤 도착 지점에서 안쪽 길을 따라 카페가 보일 때까지 쭉 들어가야 한다. 조경과 가드닝을 마친 지 오래되지 않았다. 시간이 흐를수록 더 매력적인 공간으로 바뀔 것으로 기대된다.

안돌 오름과 비밀의 숲
감성 깊은 인생 사진 성지

📍 **비밀의 숲** 제주시 구좌읍 송당리 2173 **안돌 오름** 비밀의 숲에서 도보 3분
📞 0507-1323-4609 🕐 매일 09:00~18:00
₩ 성인 4,000원, 7세 이하 2,000원 🚗 비밀의 숲 입구 갓길에 주차
ℹ️ 찾아가기 제주국제공항에서 자동차로 40분
🌐 인스타그램 @secretforest75 🐾 동반 가능(목줄, 배변 봉투 필수)

안돌 오름과 비밀의 숲은 인스타그램을 통해 입소문을 탄 핫플레이스다. 2020년 무렵부터 여행객들이 비밀의 숲 입구의 울창한 편백 숲을 배경으로 사진을 찍기 시작하면서, 이곳은 '인생 사진 성지'로 불리게 되었다. 편백 숲과 삼나무가 둘러싸고 있는 유채, 메밀, 백일홍꽃밭은 그 자체로 작품 같은 포토 존이다. 특히 신부의 아름다움을 더욱 돋보이게 해주는 장소로 입소문이 나면서 웨딩 촬영지로도 인기가 높다.

비밀의 숲은 관광객이 늘어나면서 현재는 입장료를 받고 있다. 하지만 입장료 그 이상의 가치를 느끼게 해줄 만큼 아름다운 공간이다. 사시사철 사람들로 북적이는 이곳은 계절과 날씨, 시간에 따라

전혀 다른 분위기를 연출해 준다. 조용한 숲을 즐기고 싶다면 오전 9시 개장 시간에 맞춰 입장하길 추천한다. 숲은 계절마다, 날씨마다, 시간마다 다른 표정으로 여행자를 맞이한다.

특히 비 온 뒤 물기를 머금은 숲이 뿜어내는 싱그러움, 석양 무렵 나무 사이로 스며드는 따스한 햇살은 평생 기억에 남을 순간이 된다. 햇살이 비칠 때, 안개가 낄 때, 가을 낙엽이 흩날릴 때마다 전혀 다른 모습으로 다가오는 숲은 '천의 얼굴'을 지녔다고 해도 과언이 아니다.

비자림로에서 진입하는 길은 비포장도로이므로 운전에 익숙하지 않다면 송당리 방면에서 진입하길 추천한다. 비밀의 숲에서 나와 송당리 방면으로 약 3분 정도 걸으면 해발 368m, 순수 오름 높이 93m의 안돌 오름 입구가 나타난다. 안돌 오름 북동쪽에는 밧돌 오름이 함께 있어서 두 오름을 묶어 '돌 오름'이라 부르기도 한다. 두 오름 사이에는 목장용 잣담이 세워져 있어 안쪽은 '안돌 오름', 바깥쪽은 '밧돌 오름'이라 불리게 되었다.

안돌 오름은 정상까지 20분이면 충분히 오를 수 있다. 오르는 동안 주변 오름들의 부드러운 능선이 파도처럼 넘실대고, 정상에 이르면 송당리 풍경이 그림처럼 펼쳐진다. 철마다 피어나는 들꽃, 부드럽게 스치는 바람, 멀리 보이는 바다의 윤슬이 여행자를 환영해 준다.

...
**매혹적인 편백숲과
유채와 메밀꽃의 향연
그 뒤로 봉긋 솟은 안돌 오름
사진보다 더 아름다운 풍경**

ONE MORE 여기도 좋아요!

 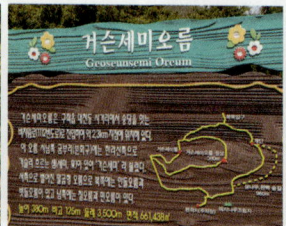 

피톤치드 가득한 숲길
세미 오름 거슨 세미 오름

📍 제주시 구좌읍 송당리 산 145
🚗 전용 주차장
ℹ️ 찾아가기 비밀의 숲에서 자동차로 4분

안돌 오름과 비밀의 숲 옆에 있지만, 사람들의 발길이 많지 않다. 조용하고 아늑한 분위기가 매력이다. 이곳은 정상보다 둘레길이 더 좋다. 오름 입구에서 오른쪽으로 향하면 둘레길이 시작되는데 특히 편백과 삼나무가 울창한 숲길이 매력적이다. 빽빽한 나무들 사이를 걷다 보면 몸과 마음이 어느새 자연에 스며든다. 걷는 것 자체만으로 산림욕이 되니 그것 역시 럭키비키다. 숲길은 약 1km 거리의 평탄한 길이어서 누구나 걷기에 좋다. 흙길 위를 걷다 보면 나무 사이로 햇살이 스며든다. 바람 소리와 새소리가 어우러져 마음이 편안해진다.

CAFE 비밀의 숲 주변의 카페

분위기가 몽환적인 숲 뷰 카페
고사리 커피

📍 제주시 구좌읍 중산간동로 2064 📞 0507-1340-9316
🕐 11:00~18:00 (라스트오더 17:30, 수 휴무)
🚗 주변 길가 ℹ️ 찾아가기 비밀의 숲에서 자동차로 6분
🌐 인스타그램 @gosari.coffee

구좌읍 송당리, 중산간동로를 따라 달리다 보면 자연에 안긴 작은 카페 하나가 나타난다. 고사리 커피는 자연과 조화를 이룬 고요한 공간이다. 통창 너머로 보이는 숲은 잔잔히 바람에 흔들리고, 그 풍경은 마치 몽환적인 그림을 닮았다. 실내는 따뜻한 나무 색조 인테리어로 꾸며져 있어서 커피와 함께 조용한 사색을 즐기기에 안성맞춤이다. 시그니처 메뉴인 고사리 커피와 누룽지 치즈 케이크는 정성스레 빚어낸 이곳만의 특별한 맛과 감성을 담고 있고, 귤피차에 에스프레소를 더한 메뉴는 제주에서만 만날 수 있는 신선한 조합이다. 맞은편 유채꽃밭을 더불어 즐기면 더없이 완벽한 힐링이 된다.

나만 알고 싶은 앤티크 감성 카페
헛간 더반 스위트

- 제주시 구좌읍 덕평로 9-8
- 010-3373-5074
- 매일 09:00~20:00(목 휴무)
- 전용 주차장
- 찾아가기 비밀의 숲에서 자동차로 10분
- 인스타그램 @thebarn_sweet
- 동반 가능

구좌읍 중산간동로 근처, 평온하고 아담한 중산간 마을 덕천리에 있는 앤티크 감성 카페이다. 입구에 들어서는 순간부터 시간이 느리게 흐르기 시작한다. 빈티지 가구와 소품이 가득한 공간은 마치 오래된 유럽의 어느 시골 집에 들어온 듯한 기분을 준다. 터줏대감처럼 자리를 지키는 두 마리 고양이는 손님들 사이를 유유히 오가며 포근한 분위기를 더해준다. 큰 창으로 들어오는 햇살은 실내를 따스하게 물들이고, 산장 같은 외관 덕에 휴식을 취하기에 제격이다. 비나 눈이 내리는 날이면 창밖 풍경이 더욱 운치 있다. 카페 옆에 독채 민박도 함께 운영 중이다.

커피 맛이 깊다
커피 러스트

- 제주시 구좌읍 중산간동로 1863
- 0507-1482-1564
- 매일 11:00~18:00
- 전용 주차장
- 찾아가기 비밀의 숲에서 자동차로 9분
- 인스타그램 @coffee.elust
- 동반 가능

헛간 더반 스위트와 마찬가지로 구좌읍 덕천리에 있다. 덕천리는 제주에서 조용하기로 손꼽히는 중산간 마을이다. 커피 러스트는 세련된 나무 색조 인테리어 덕에 분위기가 아늑해 실내로 들어서는 순간 마음이 편안해진다. 일곱 살 앵무새와 감성적인 마당 조경이 이색적인 매력을 더한다. 커피는 원두가 워낙 좋아 깔끔하고 깊은 맛이 난다. 시그니처 메뉴는 너티 러스트 라테와 피넛 초코 버터 크림 라테이다. 고소하면서 달콤해 당 충전에 제격이다. 얼음은 위생을 고려해 제빙기를 쓰지 않고 직접 얼린 볼 얼음을 사용한다. 커피 가격이 합리적이어서 좋다.

구좌읍 중산간4

비자림
천년의 명품 숲 여행

- 제주시 구좌읍 비자숲길 55
- 064-710-7912
- 매일 09:00~18:00(입장 마감 17:00)
- 성인 3,000원, 청소년·어린이 1,500원
- 전용 주차장
- 찾아가기 제주국제공항에서 자동차로 50분

비자림은 우리나라는 물론, 세계에서도 손꼽히는 희귀한 숲이다. 500~800년 된 비자나무 2,900여 그루가 자생하고 있으며, 대부분 높이 7m 이상의 거목들이다. 비자림은 천연기념물 제374호로 제주에서도 손에 꼽히는 명품 숲이자 여행객의 발길이 끊이지 않는 핫플레이스이다. 비자나무의 높이는 보통 7~14m, 지름은 50~110cm, 수관 폭은 10~15m까지 퍼져 있다. 워낙 귀중한 숲이라서 정해진 탐방로를 따라 관람해야 한다. 탐방로 대부분은 화산송이Scoria가 깔린 평지로 되어 있다. 숲이 우거진 데다가 화산송이가 공기를 정화해 주는 덕에 공기가 맑고 상쾌하다.

땅이 마른 날이면 맨발로 걷는 것도 추천할 만하다. 잘 정돈된 숲길

...
세계적으로 손에 꼽히는
희귀한 명품 숲
천 년의 숲 비자림엔
신비한 정령이 흐른다.

을 걷다 보면 정원을 산책하는 듯한 기분이 든다. 사방에서 들려오는 새소리가 마음을 맑게 해준다. 숲길 안쪽에는 수령이 800년이 넘는 '새천년 비자나무'와 두 나무가 서로 얽혀 자란 '연리목'이 여행자를 반긴다. 천년의 세월이 녹아든 이 숲은 신성한 기운이 흐른다. 특히 비 오는 날 걷는 비자림은 그 자체로 힐링이다. 비에 젖은 나무 향이 숲 안을 가득 채우고 사람도 적어 조용하고 온전한 자연을 즐길 수 있다.

비자림은 계절마다 다른 매력을 준비해 놓고 여행자를 기다린다. 봄에는 연초록의 생기를, 여름엔 짙푸른 청량함을, 가을엔 황금빛 향연을, 겨울엔 고요하고 깊은 울림을 체험할 수 있다. 비자림은 전 세계적으로도 보기 드문 규모와 밀도를 자랑한다. 생태학적으로 워낙 가치가 뛰어난 곳이라 보존이 그만큼 중요하다. 게다가 숲의 정령이 사는 것처럼 더없이 신비롭다. 안개라도 내리면 신비로움은 한층 고조된다. 어른 걸음으로 비자림을 관람하는 데 한 시간 남짓 걸린다. 천천히 걸어도 1시간 30분이면 넉넉히 돌아볼 수 있다. 봄철에는 비자나무 꽃가루가 날리므로, 호흡기나 알레르기 질환이 있는 사람은 주의가 필요하다.

ONE MORE 여기도 좋아요!

ⓒ제주도청

오름의 여왕, 힐링 명소
다랑쉬 오름

- 제주시 구좌읍 세화리 산 6
- 전용 주차장
- 찾아가기 비자림에서 자동차로 4분

다랑쉬 오름은 전망이 뛰어난 인기 높은 오름이다. 해발고도가 높아서 정상에서 서면 동부의 오름 군락과 동부 해안까지 시야에 가득 잡힌다. 부드러운 푸른 능선, 풀밭 사이에서 피는 들꽃, 능선 위에 오르면 만날 수 있는 수려한 전망, 백록담을 연상케 할 정도로 거대한 분화구굼부리까지 제주 오름의 매력을 다 갖추고 있다. 다랑쉬 오름은 굼부리 모양이 보름달을 닮았다고 해서 이렇게 부른다. 다랑쉬를 한자로 고쳐 월랑봉月郎峰으로 표기하기도 한다.

오름 오르는 길은 가파르다. 높이가 382.4m인데, 우회로가 없다. 길은 대부분 경사진 계단이고 분화구 둘레길도 평탄하지 않아 운동화로 오르는 것을 추천한다. 지그재그로 사면을 끝없이 올라 정상에 다다르면 둘레 1.5km, 깊이 115m에 이르는 거대한 굼부리분화구가 나타난다. 압도적이다. 다랑쉬에 '오름의 여왕'이란 영광스러운 별칭을 안겨준 건 경외심을 주는 이 원형 굼부리다. 제주 설화에 의하면 설문대할망이 손으로 탁 쳐서 지금의 분화구를 만들었다. 분화구는 머무는 내내 감탄을 불러일으킨다.

이제 오를 수 있다
용눈이 오름

- 제주시 구좌읍 종달리 산28
- 전용 주차장
- 찾아가기 비자림에서 자동차로 8분

제주 동쪽 중산간 지대의 오름을 대표한다. 너무 잦은 발길이 화를 불렀을까? 용눈이 오름은 자연 휴식년제를 마치고, 다시 우리 곁으로 돌아왔다. 용눈이 오름은 최소 세 번 이상의 분화 활동 끝에 탄생했다. 그리하여 다른 오름과는 달리 곡선이 다양하고 복잡하다. 사진작가 김영갑1957~2005은 이 매혹적인 곡선에 홀려 18년간 용눈이 오름을 촬영했다. 정상에 오르면 탁 트인 전망이 파노라마처럼 펼쳐진다. 바로 눈앞에 다랑쉬 오름과 아끈 다랑쉬 오름이 서 있었고, 왼편으로 손자봉과 동거문이 오름, 백약이 오름이 차례로 위용을 드러낸다. 이 아름다운 오름을 계속 보고 싶다면 지정된 탐방로로 오르고 내리자.

몸으로 체험하는 제주
제주 레일 바이크

- 제주시 구좌읍 용눈이오름로 641 064-783-0033
- 매일 3월~10월 09:00~17:30, 11월~2월 09:00~17:00
- 전용 주차장 찾아가기 비자림에서 자동차로 7분
- 인스타그램 @jeju_railbike 소형 동반 가능

제주 레일 바이크는 용눈이 오름과 다랑쉬 오름 자락에 있다. 동부 중산간의 이국적인 풍경을 레일 바이크를 타고 구경할 수 있다. 선로는 목장 지형과 주변 환경을 그대로 살려 만들었다. 8km에 이르는 선로는 자연 지형을 그대로 유지한 덕에 일부 내리막 구간에서는 시속 25km의 속도로 즐길 수 있다. 반면 언덕은 전동 구동으로 전환해 오를 수 있다. 목장 지대를 이동할 때는 운이 좋으면 방목하는 말이나 소도 감상할 수 있다. 한 바퀴 도는 데 30~40분 정도 소요된다. 가족 여행객을 위한 3~4인용 바이크도 있다. 동물 먹이 주기 체험 등 생태 체험장도 같이 운영한다.

세계 최장 미로 탐험지
메이즈랜드

제주시 구좌읍 비자림로 2134-47 064-784-3838
매일 09:00~18:00(입장 마감 17:00) 성인 12,000원, 청소년 10,000원, 어린이 9,000원 전용 주차장 찾아가기 비자림에서 자동차로 2분 인스타그램 @mazeland_jeju 케이지 혹은 유모차 이용 시 동반 가능(목줄 이용 시 입장 불가)

바람, 돌, 여자라는 제주도의 삼다=多를 테마로 조성한 세계 최장 석축 미로공원이다. 서양측백나무를 심어 공기가 상쾌한 바람 미로, 푸른 랜달디 나무와 애기동백을 심은 여자 미로. 돌하르방 모양 조각상을 배치한 돌 미로를 연이어 탐험하는 코스다. 미로는 난도가 있는 편이라 미로 지도를 참고하길 추천한다. 미로는 재미만이 아니라 시각적인 아름다움도 준다. 특히 여자 미로는 애기동백꽃 너머로 보이는 푸른 하늘이 아름다워 탄성을 자아낸다. 탐험을 끝내고 미로 전망대에 오르면 기하학적으로 얽힌 미로의 구성미가 한눈에 들어온다.

RESTAURANT·CAFE·SHOP 비자림 주변의 맛집·카페·숍

중남미 감성의 이색 소품 가게
산토

제주시 구좌읍 중산간동로 2266
0507-1345-1223 매일 11:00~18:00
주변 길가 찾아가기 비자림에서 자동차로 6분
인스타그램 @jeju_santo 동반 가능

오름의 마을로 불리는 송당리에 있다. 문을 열고 들어서면 중남미의 작은 기념품 가게에 들어선 듯한 기분이 든다. 색감이 고운 직물, 손으로 조각한 나무 인형, 독특한 문양이 담긴 그릇이 시선을 사로잡는다. 이곳의 상품은 콜롬비아와 멕시코의 장인들, 인도 여성들, 그리고 제주의 한부모 가정 어머니들이 손으로 만든 것들이다. 작은 소품 하나에도 정성과 문화가 담겨 있어 더욱 특별하게 느껴진다. 특히 알록달록 색감이 화려한 모칠라 백은 산토의 대표 상품으로, 국내 주요 백화점에서도 판매되는 고급 수제 가방이다. 월정리에도 가게를 열었다. 송당점을 방문하지 못했다면 월정리 매장을 추천한다.

송당리의 진짜 밥도둑
으뜨미

- 제주시 구좌읍 중산간동로 2287
- 064-784-4820
- 09:30~15:00 (라스트오더 14:20, 목 휴무)
- 주변 길가
- 찾아가기 비자림에서 자동차로 6분
- 동반 가능

제주 동쪽 구좌읍 송당리에 있다. 소박한 외관과 달리 깊은 맛을 자랑하는 식당이다. 대표 메뉴는 우럭 정식이다. 우럭을 머리채 통째로 바싹하게 튀겨낸 후, 비법 양념 소스를 끼얹어 달콤 짭조름하면서도 고소한 맛을 동시에 느낄 수 있다. 주인이 우럭을 맛있게 먹는 방법을 친절히 알려준다. 밥 위에 바삭한 우럭살을 얹고, 살짝 소스에 적셔 먹으면 제주 바다의 풍미가 입안 가득 퍼진다. 밥도둑이 따로 없다. 함께 나오는 밑반찬들도 제주산 제철 재료를 사용해 정갈하고 깔끔한 맛을 낸다. 특히 직접 담근 김치와 향긋한 나물 무침은 우럭 튀김과 훌륭한 조화를 이룬다.

제주에서 즐기는 이탈리아 요리
치저스

- 제주시 구좌읍 비자림로 1785
- 070-7798-1447
- 11:00~16:00 (금~월, 사전 예약제)
- 전용 주차장
- 찾아가기 비자림에서 자동차로 7분
- 인스타그램 @cheesus_jeju

이탈리아 요리를 선보이는 맛집이다. 네이버 예약제로만 운영되어서, 현장 방문은 어렵다. 가장 인기 있는 메뉴는 소고기 미트볼과 라클레트 치즈 스테이크다. 치즈가 폭포처럼 쏟아지는 스테이크는 비주얼도 맛도 강렬하다. 짠맛이 부담스럽다면 치즈 없는 부챗살 스테이크를 추천한다. 한치 리소토 아란치니는 고소하고 쫀득한 식감이 매력적이다. 음료는 한라봉 에이드와 와인 에이드가 있으며, 무알코올 옵션도 가능하다. 성인은 1인 1메뉴 주문이 필수이며, 양은 푸짐한 편이다. 소고기 미트볼은 특히 인기가 많아 일찍 떨어지기 쉽다. 원하는 메뉴가 있으면 예약 때 미리 주문하자.

밭담 뷰를 품은 인생 피자
도우 보이

- 제주시 구좌읍 비자림로 2136
- 0507-1381-2136
- 11:00~15:00 (라스트오더 14:15, 월~수 휴무)
- 전용 주차장
- 찾아가기 비자림에서 자동차로 2분
- 인스타그램 @doughboy_jeju
- 동반 가능

나폴리식 화덕 피자 전문점이다. 화덕에서 피어오르는 고소한 향이 식욕을 깨운다. 도우는 천연 발효종을 사용해 오랜 시간 저온 숙성한다. 잘 숙성된 도우를 500도에 가까운 고온의 화덕에서 굽는다. 한 조각을 베어 물면 고소함과 깊은 발효 향이 입안 가득 퍼진다. 대표 메뉴인 마르게리타는 기본이면서도 깊은 맛을 자랑한다. 토마토소스, 생 모차렐라 치즈, 신선한 바질만으로 완성된 이 피자는 재료 본연의 진한 풍미를 느끼게 한다. 그 외에도 풍기 피자, 초리소 블랙 올리브 피자 등 독특한 개성을 지닌 피자들이 발길을 붙잡는다. 패션프루트, 블루베리 등으로 만든 소다 음료도 인상적이다.

수요미식회에 나온 레트로 카페
풍림 다방 송당점

- 제주시 구좌읍 중산간동로 2267-4
- 1811-5775
- 09:30~18:00 (화 휴무)
- 전용 주차장
- 찾아가기 비자림에서 자동차로 6분
- 인스타그램 @poonglim_dabang
- 동반 가능(케이지 필수)

제주의 조용한 마을, 송당리에 자리한 이 카페는 음식 프로그램 <수요미식회>에 소개되며 세상에 이름이 널리 알려지기 시작했다. 세월이 느껴지는 오래된 가옥을 개조했다. 곳곳에 레트로 감성이 진하게 배어 있다. 블루보틀 제주 카페가 생기기 전까진 송당리를 대표하는 카페로 많은 사랑을 받았다. 동부 오름이나 중산간 여행을 마친 이들이 휴식을 위해 이곳에 들르곤 한다. 가장 인기 있는 메뉴는 더치커피로, 특히 더치 라테가 인기다. 고소하고 부드러운 거품과 시큼한 커피 맛을 아울러 느낄 수 있다. 비엔나 커피도 추천할 만한 메뉴이다. 깊은 풍미가 인상적이다.

초원 뷰 감성 카페
카페 편린

- 제주시 구좌읍 상도로 490
- 010-4929-6973
- 10:30~18:30(수 휴무)
- 전용 주차장
- 찾아가기 비자림에서 자동차로 5분
- 인스타그램 @cafe_pyeonlin
- 동반 가능(이동 가방 필수)

구좌읍 상도리, 해발 100m 중산간 초원 위에 있다. 독특하고 이국적인 제주 특유의 자연 풍경을 감상하기 좋다. 초록빛 풀밭 너머로 멀리 바다가 시야에 잡힌다. 이 풍경은 제주 여행 중 잠시 멈춰 휴식하기 최적의 장소다. 야외는 물론 실내 좌석에서도 탁 트인 전망을 감상할 수 있다. 대표 메뉴는 말차 크림 라테와 흑임자 라테이다. 수제 디저트도 인기가 많다. 세련된 플레이팅이 입은 물론 눈도 만족시킨다. 카페에선 가만가만 바람이 분다. 분위기가 아늑해 이곳에선 시간이 천천히 흐른다. 번잡함을 벗어나 자연을 온전히 느끼고 싶다면 꼭 들러볼 만한 곳이다.

평화로운 아침을 여는 빵집
송당의 아침

- 제주시 구좌읍 중산간동로 2254
- 0507-1359-1373
- 09:00~17:00(목 휴무)
- 주변 길가
- 찾아가기 비자림에서 자동차로 6분
- 인스타그램 @songdang_morning

소박하면서도 정겨운 빵집이 송당리의 아침을 연다. 송당의 아침은 지역 주민은 물론, 일부러 찾아오는 여행자들에게도 익숙한 공간이다. 식빵 모양 창문이 인상적이다. 제주산 식재료로 만든 빵을 다양하게 선보인다. 우도 땅콩 식빵과 제주 말차 단팥 식빵이 대표 메뉴이다. 고소하면서도 부드러운 맛이 일품이다. 우유 큐브 식빵과 소금 모닝빵도 인기가 많아 간단한 아침 식사로 제격이다. 빵 맛이 훌륭하지만, 아쉽게도 이곳은 포장만 할 수 있다. 인기가 많은 빵은 일찍 동이 난다. 가능하면 이른 시간에 방문하거나 원하는 빵을 정해서 예약하는 걸 추천한다.

PART 5
서귀포 도심·중문권

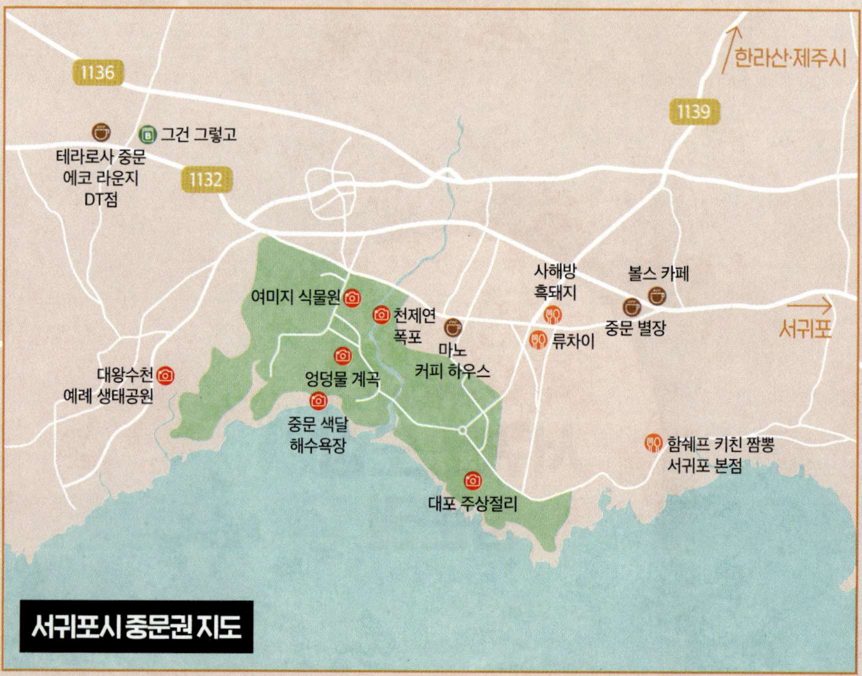
1136
한라산·제주시
1139
그건 그렇고
테라로사 중문 에코 라운지 DT점
1132
여미지 식물원
사해방 흑돼지
볼스 카페
천제연 폭포
마노 커피 하우스
류차이
중문 별장
서귀포
대왕수천 예례 생태공원
엉덩물 계곡
중문 색달 해수욕장
함쉐프 키친 짬뽕 서귀포 본점
대포 주상절리

서귀포시 중문권 지도

엉또폭포
안덕·대정
1136
감따남
인터뷰
제니스 카페
둠비 정원
서귀포 시청 제2청사
식물집 카페
올디 벗 구디
비브레이브 혁신 도시점
1132
취향의 섬 북앤띵즈
숨도
제주 월드컵 경기장
전원일기 본점
하라케케
UDA

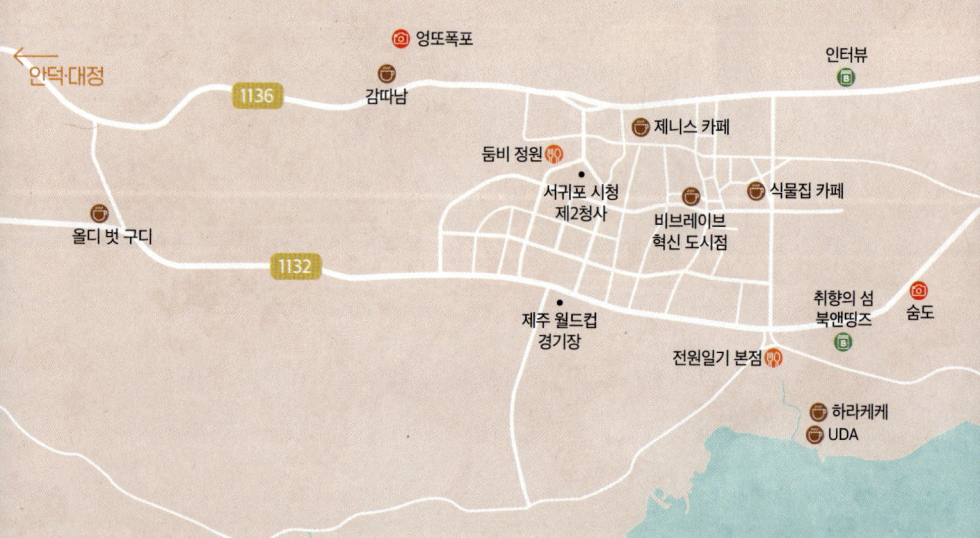

서귀포
도심·
중문권1

쇠소깍

한없이 투명에 가까운 블루

- 서귀포시 쇠소깍로 104
- 064-732-9998 주변 길가
- 찾아가기 제주국제공항에서 자동차로 1시간 13분
- 동반 가능

시간이 멈춘 듯
푸르고 고요한 연못
마음의 소음을
말끔히 지워주네.

서귀포시 효돈동에 있는 쇠소깍은 유네스코 생물권 보전 지역이자 국가 지정 문화재 명승으로 등록된 곳이다. 한라산에서 발원한 효돈천의 끝자락, 용천수와 바닷물이 만나 깊고 푸른 연못을 만들었다. 사시사철 물이 마르지 않는 천혜의 비경을 자랑한다. '쇠소깍'이라는 이름은 효돈의 옛 지명인 '쇠둔'의 '쇠', 웅덩이를 뜻하는 '소', 끝을 의미하는 제주어 '깍'에서 유래했다. 풀어서 설명하면 쇠둔 마을의 끄트머리에 있는 연못이라는 뜻이다. 쇠소깍 다리 입구에서 약 700m 이어진 산책로를 따라가면, 한없이 푸른 연못이 나온다. 산책로 옆으로 난 나무 계단을 내려가면 용암이 굳어 형성된 크고 작은 기암괴석이 눈 앞에 펼쳐진다. 사람의 손으로는 빚어낼 수 없는 효돈천과 쇠소깍, 자연의 조형미에 감탄이 절로 나온다. 몇 걸음 내려섰을 뿐인데, 세상과 단절된 듯한 고요하고 평화로운 풍

경이 펼쳐진다. 청아한 새소리에 귀가 맑아지고, 눈앞의 절경에 마음이 환히 트인다. 해 질 무렵, 붉게 물든 노을이 쇠소깍과 바위를 감싸는 순간에는 시간이 멈춘 듯한 착각에 빠지게 된다. 특히 이른 아침에 찾으면 물안개와 바위, 나무들이 어우러져 신비롭고 몽환적인 분위기를 자아낸다. 여름에는 푸른 숲이, 가을이면 단풍이 붉게 물들어, 또 다른 매력을 더한다. 겨울에는 고요한 정적 속에서 더욱 투명하게 빛나는 물빛을 감상할 수 있다. 혼자 걷는 여행자라면 이곳에서 더욱 깊은 평화를 느낄 수 있다. 바위와 나무, 새소리에 귀를 기울이며 조용히 걷다 보면, 자연이 다정하게 나의 이야기를 들어주며 위로를 전한다.

쇠소깍은 제주의 자연뿐 아니라 전통 뗏목인 '테우'와 나무 카약을 타는 체험으로도 유명하다. 테우는 노나 동력을 쓰지 않고, 상류에 연결된 줄을 손으로 당겨 이동하는 독특한 방식으로 운영된다. 그 속도마저 여유로워 자연과 하나 되는 시간을 느낄 수 있다. 때때로 바람을 타고 전해지는 바다 내음은 여행자의 마음을 부드럽게 어루만진다. 쇠소깍은 올레 5코스와 6코스를 잇는 지점이기도 하여 많은 올레꾼이 쉬어가는 장소로 사랑받고 있다. 올레길을 함께 걸으며 쇠소깍의 참모습을 더 깊이 느껴보자.

RESTAURANT & CAFE 쇠소깍 주변의 맛집과 카페

입맛 당기는 탱글탱글 손만두
만두쟁이

- 서귀포시 하신상로 32
- 0507-1326-2387 09:00~19:00(월 휴무)
- 주차 주변 길가 찾아가기 쇠소깍에서 자동차로 3분

서귀포시 효돈동, 한적한 골목 끝자락에 숨겨진 보석 같은 만둣집이 있다. 만두가 생각날 때마다 어김없이 떠오르는 곳이다. 효돈초등학교 근처에서 김이 모락모락 피어오르는 만두 찜기를 발견했다면 제대로 찾아온 것이다. 만두쟁이는 작지만 알찬, 진짜 맛집이다. 조리 과정을 바로 눈앞에서 확인할 수 있어 위생에 대한 신뢰도가 높다. 메뉴는 단출하게 두 가지뿐. 고기만두와 김치만두가 전부지만, 이 두 가지만으로도 충분하다.
주문과 동시에 찜기에 올려 갓 쪄내는 만두는 자극적이지 않고 담백한 맛이 일품이다. 고기만두는 한입 베어 물면 고소하고 깊은 육즙이 입안에 가득 퍼진다. 촉촉한 만두피 안에는 고기와 숙주가 듬뿍 들어 있고, 간을 최소화하여 재료 본연의 맛이 살아 있다. 심심하다고 느낄 수도 있지만, 오히려 정직하고 순한 맛이 입안에 오래 남는다. 김치만두는 탱글탱글한 피 안에 아삭한 김치, 고기, 두부가 어우러져 자극적이지 않은 개운한 매운맛을 자랑한다. 깔끔하게 매운맛이 뒤따라와 입맛이 절로 살아난다. 푸짐한 양과 뛰어난 가성비를 자랑하는 만둣집을 찾는다면, 만두쟁이를 방문해 보자.

혼자 가면 더 좋은 정원 카페
베케

- 서귀포시 효돈로 48 📞 064-732-3828
- 🕘 09:30~17:30(입장 마감 16:30, 카페이용 17:00까지, 화 휴무) 🅿 전용 주차장
- ℹ 찾아가기 쇠소깍에서 자동차로 4분
- 🌐 인스타그램 @veke_official

검은 돌무더기 틈 사이로 피어난 초록의 숨결, 베케는 제주의 시간을 고요히 품은 사색의 정원이다. 생태·자연 정원의 선구자인 원예 장인 김봉찬 더가든 대표가 아버지에게 물려받은 3,000평의 감귤 농장을 정원 카페로 탄생시켰다. 베케VEKE는 척박한 제주 밭을 일구던 여인들이 쌓아 올린 검은 돌무더기를 뜻하는 제주 방언이다. 정원 한가운데에는 400년 넘게 자리를 지켜온 베케가 무심한 듯 놓여 있다. 그 주변 정원에는 작은 이끼부터 이름 모를 풀과 나무까지 50여 종의 식물이 저마다의 생명력을 뽐낸다. 베케의 틈새에서 자라난 풀, 이끼, 습지 정원, 야생화 정원, 고사리로 채운 그늘 정원, 감귤 창고 벽을 그대로 살린 폐허 정원, 억새로 멋을 더한 입구 정원까지, 서로 다른 풍경이 하나로 어우러진다.

카페 내부에 들어서면, 거대한 통창과 낮게 배치된 좌석 너머로 정원이 펼쳐진다. 자리에 앉으면 어느새 고요한 평온함이 찾아든다. 베케 그 자체로 사색의 정원이다. 혼자 조용히 시간을 보내고 싶다면 정원 카페 베케를 기억하자.

서귀포
도심·
중문2

올레 6코스
파도 소리 따라 걷는 길

- 서귀포시 보목동 1377-4(쇠소깍 다리)
- 064-762-2190
- 주변 길가
- 찾아가기 제주국제공항에서 자동차로 1시간 13분
- 반려동물 동반 가능

...
바람과 파도 소리
한없이 투명한 햇살
제주의 풍경이 전하는
마음 깊은 위로!

물결을 따라 걷는 발걸음이 한결 가벼워지는 제주 올레 6코스는 총 11km로 짧지만, 깊은 여운을 남기는 길이다. 푸른 바다의 숨결을 가까이서 느끼며 서귀포 시내를 천천히 걷다 보면, 자연과 문화가 어우러진 풍경이 마음 깊숙이 스며든다. 여정은 쇠소깍에서 시작된다. 현무암 틈을 흐른 지하수가 바다와 만나 생긴 맑고 깊은 웅덩이, 그 신비로운 물빛 속에서 첫걸음을 내디딘다. 길은 제지기 오름, 구두미 포구, 검은여, 소정방 폭포, 정방 폭포, 서복 공원, 이중섭 거리로 이어지며, 3~4시간가량의 여유로운 여정을 선사한다. 제지기 오름 하나만 넘으면 대부분 평탄한 길이 이어지기 때문에, 올레길 초보자에게도 부담이 없다.

초반 8km는 바다를 옆에 두고 걷는 해안 길이라 '놀멍 쉬멍' 걷기에

제격이다. 갈대는 바람에 흔들리고, 햇살은 물결 위에 반짝이며, 걷는 것만으로도 마음이 정화된다. 쇠소깍에서는 제주 전통 목선 '테우'나 카약을 타며 색다른 체험도 할 수 있다. 테우는 수면과 가까이 맞닿아 있어 파도가 거세도 쉽게 뒤집히지 않아, 안정감을 준다.
제지기 오름 정상에 오르면 문섬과 섶섬, 그리고 보목 포구의 푸른 풍경이 시원하게 펼쳐진다. 서귀포 해안의 기암절벽과 정방 폭포, 소정방 폭포가 어우러진 풍경은 감탄을 자아낸다.
길의 끝자락에 이르면 이중섭 거리가 걷는 이를 반긴다. 소박한 음식점과 정겨운 카페, 아기자기한 공방이 골목마다 숨어 있고, 주말이면 공연과 벼룩시장까지 열려 걷는 재미를 더한다.

올레 6코스는 바다 냄새와 파도 소리를 벗 삼아 걷는 길이다. 혼자 걸어도 외롭지 않고, 오히려 자신과 마주하는 시간이 깊어진다. 계절이 바뀔 때마다 풍경은 새로운 감동을 안겨준다. 봄이면 노란 유채꽃이 물들고, 가을엔 억새가 부드럽게 흔들린다. 먹을거리도 풍성하다. 보목 포구에선 제철을 맞은 자리돔 밥상을 맛볼 수 있고, 서귀포 매일 올레 시장에선 향토 음식과 간식을 즐길 수 있다. 길가엔 감성 가득한 카페들이 즐비해 여정 중간중간 따뜻한 시간을 선사한다. 이 길 위에선 자연이 주는 위로와 사람들의 온기가 조용히 스며든다.

CAFE & BAKERY 올레 6코스 주변의 카페와 베이커리

오션 뷰 커피 명소
허니문 하우스

- 서귀포시 칠십리로 228-13
- 070-4277-9922
- 매일 10:00~18:30(라스트오더 18:00)
- 전용 주차장
- 찾아가기 올레 6코스 시작점에서 자동차로 9분, 걸어서 90분
- 인스타그램 @cafe.honeymoonhouse.official
- 반려동물 야외석 동반 가능

허니문 하우스는 옛 파라다이스 호텔의 일부를 리모델링한 감성 가득한 오션 뷰 카페다. 소정방 폭포로 이어지는 칠십리 바다의 해안 절경과 유럽풍 건축물, 아름드리나무가 우거진 이국적인 산책로가 어우러져 낭만적인 분위기를 자아낸다. 넷플릭스 드라마 <수리남>과 티빙 오리지널 드라마 <아일랜드>의 촬영지로 등장해 많은 이들의 주목을 받았다.

카페 입구에서 허니문 하우스로 이어지는 야자수 길은 마치 외국 휴양지에 온 듯한 착각을 불러일으킨다. 숲길 끝에서 모습을 드러내는 오렌지빛 지붕의 지중해풍 건물이 바로 허니문 하우스다. 정성스럽게 가꾼 정원과 입구를 따라 길게 이어진 복도는 여행객들에게 인기 있는 포토 존이다. 내부는 레트로와 뉴트로 감성이 공존하는, 빈티지하면서도 클래식한 분위기가 매력적이다. 야외 테이블에 앉으면 섶섬과 범섬이 보이고, 올레길과도 자연스럽게 연결되어 산책하기 좋다. 커피와 주스, 쿠키와 케이크는 물론 샌드위치와 피자 같은 간단한 식사도 함께 즐길 수 있다.

아침마다 신선한 빵을 굽는
서귀피안 보래드 베이커스

- 서귀포시 보목로64번길 178 📞 0507-1314-1450
- 매일 08:00~18:00(라스트오더 17:30) 🚗 전용 주차장
- 찾아가기 올레 6코스 시작점에서 자동차로 7분, 걸어서 60분
- 인스타그램 @boraed_bakers
- 반려동물 테라스 이용 시 가능(애견 캐리어)

서귀포 보목 해안 도로를 따라 걷다 보면, 순백의 외벽이 인상적인 건물이 보인다. 보래드 베이커스다. 통창 너머로 제주의 푸른 바다와 하늘이 한 폭의 그림처럼 펼쳐진다. 이곳의 가장 큰 매력은 매일 아침 구워내는 신선한 베이커리다. 겉은 바삭하고 속은 촉촉한 크루아상, 천천히 숙성한 사워도우 브레드, 제주산 재료로 만든 감귤 타르트와 시나몬 롤까지, 핸드드립 커피나 향긋한 밀크티와 놀라울 만큼 잘 어울린다. 눈 앞에 펼쳐진 매혹적인 풍경, 고소한 빵 냄새, 따뜻한 커피 한 잔. 이 조합은 단순히 '휴식'이라는 말로는 부족하다. 이곳에서는 마음마저 고소해진다.

유럽 감성이 은은하게 흐르는
라임 오렌지 카페 앤 플라워

- 서귀포시 칠십리로 330 📞 0507-1345-2639
- 10:00~21:00(일 휴무) 🚗 전용 주차장
- 찾아가기 올레 6코스 시작점에서 자동차로 7분, 걸어서 70분
- 인스타그램 @cafe_limeorange 🐾 동반 가능

커피 한 잔과 함께 유럽 감성을 느낄 수 있는 특별한 카페다. 카페 문을 열고 들어서는 순간, 마치 유럽의 고성 안으로 발을 들인 듯한 기분이 든다. 고풍스러운 가구와 은은한 조명이 어우러져, 공간 전체가 한 편의 영화 세트장 같다. 넓고 조용한 실내는 혼자 머물기에도, 여유로운 대화를 나누기에도 참 좋다. 커피는 깊고 풍부한 향미로 미각을 만족시킨다. 이곳의 시그니처 메뉴는 수제 라임청과 하귤청에 에스프레소를 더한 커피이다. 한 모금 입에 넣으면 제주의 푸른 공기까지 마신 듯 맛이 감각적이다. 제주에 있지만, 어느 유럽의 빈티지 카페에 온 듯 마음이 설렌다.

서귀 다원
연둣빛 물결이 넘실거리는 풍경

📍 서귀포시 516로 717
📞 064-733-0632
🕘 09:00~17:00 (화 휴무)
₩ 5,000원 (차 2종 시음 포함)
🚗 전용 주차장
ⓘ 찾아가기 제주국제공항에서 자동차로 53분

서귀 다원은 한라산 동남쪽 끝자락, 1115번 도로와 1131번 도로516도로가 만나는 지점에 자리 잡은 다원이다. 2만여 평의 감귤밭을 차밭으로 바꾸었다. 돌담과 삼나무, 오래된 동백나무, 그리고 초록빛 녹차밭이 어우러져 제주만의 고유한 풍경을 만들어낸다. 어느 계절이든 차밭에 들어서는 순간, 푸른빛이 감도는 자연의 기운에 저절로 감탄사가 나온다. 서귀다원은 단순한 차밭을 넘어 제주 고유의 풍경과 서정이 흐르는 특별한 공간이다.

좋은 차를 재배하기 위해서는 좋은 토질, 풍부한 강수량, 연중 따뜻한 기온이라는 세 가지 조건이 필요하다. 제주도는 이 모든 조건을 갖춘 지역이다. 제주도는 중국 절강성, 일본 시즈오카현과 함께 세

...
**한라산 동남쪽 끝자락
수직의 삼나무와
수평의 녹차밭이 만들어내는
고요한 초록빛 풍경**

계 3대 녹차 재배지로 손꼽힌다. 서귀 다원이 제주에 자리한 이유도 여기에 있다. 제주는 화산섬이기에 토양에 유기물이 풍부하다. 이는 차나무가 건강하게 자랄 수 있는 이상적인 환경이다. 덕분에 이곳에서 나는 차는 맛과 향이 깊고 부드럽다.

숲으로 둘러싸인 서귀 다원은 그야말로 아늑하고 고즈넉하다. 다실로 향하는 오솔길 옆에는 곧게 뻗은 삼나무가 늘어서 있는데, 이 나무들은 이곳이 감귤밭이었을 때 바람을 막아주던 방풍림이었다고 한다. 지금은 걷고 싶은 산책길로 새롭게 태어나 이 길을 걷는 여행자의 마음을 토닥토닥 다독여준다. 차밭 사이로 난 삼나무 산책로를 벗어나면, 이윽고 시야가 확 트인다. 푸른 차밭이 한라산 능선 끝자락까지 넓게 펼쳐나간다. 순간, 가슴이 탁 트이고 눈맞이 시원하다. 연둣빛 물결이 넘실거리는 모습이 더없이 환상적이다. 차밭 한편에 다실이 있다. 다실 창가에 앉으면, 통창 너머로 너른 녹차밭이 물결치듯 한라산 자락으로 퍼져나간다. 차밭 건너 한라산과 그 위의 푸른 하늘까지 한 프레임에 넣으면 마음마저 푸르게 물들 것 같다.

입장료 5,000원을 내면 다원에서 우전 녹차와 황차를 내어준다. 따뜻한 물에 마침맞게 우려내 천천히 목으로 넘겨보자. 아마도 제주 여행 중에 만나는 가방 완벽한 평화의 순간을 경험하게 될 것이다.

ONE MORE 여기도 좋아요!

걷기 좋은 명품 숲길
한라산 둘레길 수악길

📍 돈내코 탐방 안내소 쪽 출입구(A) 서귀포시 상효동 산1
5.16도로변 수악 안내소 쪽 출입구(B) 서귀포시 남원읍 하례리 산10-1('한라산 둘레길' 버스 정류장~수악교 방면~이 있는 도로변)
남원 쓰레기 매립장 쪽 출입구(C) 서귀포시 남원읍 서성로651번길 137 지나 약 330m 지점 **코스 길이** 16.7km(6~7시간 소요)
🚗 516도로 '한라산 둘레길' 버스 정류장 부근 공터에 주차(516도로 출입구 기준) ℹ️ **찾아가기** 서귀 다원에서 자동차로 7분(516도로 출입구 기준)

수악길은 돈내코 탐방로에서 사려니 오름 입구까지 16.7km 구간을 일컫는다. 516도로가 중간에 길을 두 구간으로 나누어 놓는다. 516도로에서 동쪽 사려니 오름 입구까지는 9km, 서쪽 돈내코 탐방로까지는 7km이다. 한라산 둘레길은 말 그대로 한라산을 빙 둘러 걷는 길인데, 수악길은 아름다운 풍광뿐만 아니라 숯 가마터 같은 옛 제주도민의 삶까지 품고 있다. 돈내코 탐방로 안내소에서 삼나무, 소나무, 서어나무 등이 빼곡히 들어선 숲길을 두 시간쯤 걷다 보면 산정 화구를 만나게 된다. 산정 화구는 대규모 분화구 흔적으로, 내부에 습지를 품고 있다. 현재는 화산체 대부분이 사라지고, 분화구의 흔적만이 남아 있다. 산정 화구를 지나고 516도로를 건너 조금 더 가면 수악 안내소에 닿는다. 수악*水岳, 물오름은 원추 형태 화산체로, 해송과 삼나무 숲이 울창하다. 수악 북쪽 도로 건너편에는 천연기념물 '신례리 왕벚나무 자생지'가 있다. 시간이 된다면 수악길 인근의 '이승악 오름'에도 올라보자. 정상에 오르면 한라산과 서귀포, 동남부 지역의 시원한 경관이 펼쳐진다.

진짜 노포 가맥집
양마 단지 상회

- 서귀포시 상효동 1602
- 064-733-4968
- 매일 08:00~20:00
- 주변 길가
- 찾아가기 서귀 다원에서 자동차로 2분

제주 삼촌들의 바이브가 느껴지는 가맥집이다. 40년 가까이 자리를 지켜온, 진짜 노포이다. 서귀포 상효동 골목 어귀, 겉보기엔 오래된 동네 슈퍼처럼 보이지만 문을 열고 들어서면 다른 세상이 펼쳐진다. 제주도민 사이에서도 잘 알려지지 않은 양마 단지 상회는 슈퍼와 술집의 경계를 자연스럽게 넘나드는 독특한 공간이다. 동네 삼촌제주에서 어른을 높여 부르는 방언들이 낮술 한 잔에 고단한 하루를 녹여내는 곳이기도 하다.

메뉴는 단출하지만 정겹다. 라면, 만둣국, 짜파게티 같은 간단한 식사부터 맥주와 소주에 잘 어울리는 안줏거리까지, 소박하지만 빠짐이 없다. 가격은 놀랄 만큼 착하고, 양은 넉넉하다. 낡은 나무 테이블, 칠이 벗겨진 의자, 세월의 흔적이 묻은 냉장고까지, 모든 것이 자연스럽고 편안하다. 한쪽 구석엔 플라스틱 의자가 겹겹이 쌓여 있고, 켜지지 않은 TV조차 정겹게 느껴진다. 처음엔 이 낯선 분위기에 살짝 주눅이 들 수 있지만, 어느새 공간의 일부가 된 자신을 발견하게 된다. 제주의 속살을 느끼고 싶다면, 용기 내어 발을 들여보자.

왈종 미술관
제주를 닮은 그림들

📍 서귀포시 칠십리로 214길 30
📞 064-763-3600
🕙 10:00~18:00(월요일 휴무)
₩ 성인 10,000원 어린이 6,000원
🚗 정방 폭포 주차장
ℹ️ 찾아가기 제주국제공항에서 자동차로 1시간 12분
🌐 인스타그램 @walart_museum

왈종 미술관은 '제주의 화가'라 불리는 이왈종 화백의 이름을 딴 미술관이다. 이 화백은 제주에 정착한 이후, 자연 풍광 속의 인간을 독특한 필치로 담아내며 자신만의 예술 세계를 창조했다. 정방 폭포 맞은편, 자연 속에 숨듯 자리한 이 미술관은 300평약 992㎡ 규모의 3층 건물로, 조선시대 백자 찻잔을 연상케 하는 절제된 아름다움을 지녔다. 그는 1990년, 추계예술대학교 교수직을 내려놓고 서귀포로 내려와 25년 넘게 살아온 땅에 미술관을 세웠다.

미술관은 스위스의 자연주의 건축가 다비드 머큘로가 설계했다. 외관부터 내부까지 건축물이 하나의 예술 작품처럼 다가온다. 왈종 미술관은 단순한 전시 공간을 넘어, 자연과 예술이 공존하는 하나

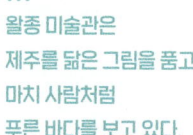

왈종 미술관은
제주를 닮은 그림을 품고
마치 사람처럼
푸른 바다를 보고 있다.

의 풍경이 된다. 미술관 아래로는 정방 폭포의 물줄기가 흐르고, 정면의 야자수 너머로는 태평양이 끝없이 펼쳐진다. 옆으로는 제지기오름의 봉우리와 섶섬, 문섬, 범섬이 병풍처럼 서 있고, 뒤로는 한라산이 조용히 내려다보고 있다.

1층에는 어린이 미술 교육실과 수장고, 도예실이 있다. 2층은 전시실이다. 이왈종 화백의 회화와 도예 작품 50~60여 점이 전시되어 있다. 생명, 풍경, 제주 사람을 아우르는 회화가 걸려 있어, 그림 속에서 제주의 숨결이 고스란히 전해진다. 3층은 작가의 개인 작업 공간이다. 창작의 숨결을 가까이서 느낄 수 있다. 미술관 앞마당에는 그가 직접 일군 '우영팟텃밭의 제주어'이 아늑한 정취를 더해준다. 관람객은 마치 작가의 삶 속을 천천히 거니는 듯한 기분으로 미술관을 둘러보게 된다.

한 폭의 그림을 오래 들여다보다 보면, 그 안에 담긴 이야기를 듣게 되고, 어느새 내 마음속 깊은 이야기와 마주하게 된다. 혼자 조용히 머물다 보면, 어느 순간, 미술관 바깥 풍경과 전시된 그림의 경계가 없어지는 느낌을 경험하게 된다. 왈종 미술관은 단지 '보는' 공간이 아니라, 예술과 사람, 제주의 풍경을 더불어 '체험하는' 특별한 공간이 된다.

ONE MORE 여기도 좋아요!

태평양으로 떨어지는 장쾌한 물줄기
정방 폭포와 소정방 폭포

- 서귀포시 칠십리로214번길 37 064-733-1530
- 매일 09:00~18:00(입장 마감 17:30)
- 성인 2,000원, 어린이·청소년 1,000원
- 전용 주차장 ⓘ 찾아가기 왈종 미술관에서 걸어서 7분

정방 폭포는 아시아에서 유일하게 바다로 직접 떨어지는 해안 폭포이다. 여름철 멀리서 바라보면 더욱 장관을 이루기 때문에 '여름 하'를 써서 '정방 하폭'이라고 부르기도 했다. 천지연, 천제연과 함께 제주 3대 폭포 중 하나이자, 영주십이경 중 하나로도 꼽힌다. 매표소에서 소나무가 드리워진 계단을 따라 약 6분 정도 내려가면 쏟아지는 햇살 아래 은하수처럼 빛나는 정방 폭포의 아름다움을 감상할 수 있다. 높이 약 23m, 너비 10m이다. 압도적인 규모에 노송과 어우러져 절경을 이룬다. 동쪽으로 600m 떨어진 곳에 정방 폭포를 닮은 작은 폭포가 바다로 떨어진다. 높이 7m의 소정방 폭포이다.

불로초 찾아 나선 서복을 기억하며
서복 전시관

- 서귀포시 칠십리로 156-8 064-760-6361
- 매일 09:00~18:00 (1월 1일, 설날 및 추석 당일 휴무)
- 전용 주차장 ⓘ 찾아가기 왈종 미술관에서 걸어서 6분

서복은 진시황의 명을 받고 영지버섯, 시로미, 금광초 등 불로초를 구하기 위해 소년과 소녀 500명을 이끌고 서귀포에 다녀간 인물로 전해진다. 그는 한라산에서 불로초를 구한 뒤, 정방 폭포 앞 암벽에 서불과지徐市過之, 서복이 이곳을 지나갔다라는 글귀를 새겨 놓았다. 그는 제주 남쪽 포구에서 서쪽, 그러니까 중국으로 돌아갔는데, 서귀포西歸浦라는 지명이 여기에서 유래했다고 전해진다. 전시관에선 진시황의 청동 마차와 병마용갱 복제품, 서복의 비석 복제품, 원자바오 총리의 친필 휘호가 새겨진 태산 석, 허베이성 친황다오시가 기증한 서복 동도상徐福東渡像 등이 전시돼 있다.

서귀포의 천연 수영장
자구리 담수욕장

- 서귀포시 서귀동 70-1
- 전용 주차장
- 반려동물 동반 가능
- **찾아가기** 왈종 미술관에서 자동차로 2분, 걸어서 8분

서귀포항 동쪽 자구리 해안가, 솔동산 자락에 있는 민물 욕장이다. 칠십로길 일대의 암반 틈에서 솟아나는 샘물로, 원래는 '자구리 물'이라고 불렀다. 상수도가 보급되기 전까지는 인근 시민들의 식수, 생활용수, 빨래터로 널리 이용됐다. 현재 이 물은 담수욕장으로 조성되었다. 지금은 여름철 시민과 여행객들의 물놀이 장소로 큰 사랑을 받고 있다. 인근에는 해안 공원과 올레 6코스, 작가의 산책길 등도 같이 있어서 함께 둘러보기 좋다. 담수욕장에서 동쪽으로 약 100m 떨어진 해안 절벽에는 1년 내내 맑은 물이 흐르는 용천수 '소남머리 물'소낭머리 물도 있다.

숲이 아름다운 물놀이 스폿
정모시 쉼터

- 서귀포시 칠십리로 156-8
- 서복공원 주차장, 주변 길가
- 반려동물 동반 가능
- **찾아가기** 왈종 미술관에서 자동차로 1분, 걸어서 8분

제주의 여름을 식혀주는 비밀스러운 피서지로, 서귀포 동홍천 끝자락에 있는 용천수 계곡이자 물놀이 스폿이다. 이 물은 조금 더 흘러 정방 폭포가 된다. 쉼터 주변 곳곳에는 정자와 벤치, 그늘이 마련돼 있어 물소리를 들으며 휴식하기에 안성맞춤이다. 이곳은 단순한 쉼터와 물놀이터를 넘어 자연과 사람이 어우러지는 힐링 공간이다. 목조 다리, 분수대, 계곡을 가로지르는 징검다리까지 있어서 운치를 더한다. 특히 이 계곡에 있는 '정모시 도시 숲'도 빼놓을 수 없다. 멀구슬나무, 담팔수, 광나무 등 제주 자생종이 자라는데, 이 숲은 2024년 산림청의 '아름다운 도시 숲 50선'에 선정되었다.

서귀포 매일 올레 시장

서귀포 여행 1번지

- 서귀포시 서귀동 340
- 0507-1353-1949
- 매일 07:00~21:00(동절기 07:00~20:00)
- 공영주차장
- 찾아가기 제주국제공항에서 자동차로 1시간 10분
- 반려동물 동반 가능

서귀포시 중심에 자리 잡은 전통시장으로, 가장 많은 여행자가 찾는 서귀포 여행 1번지이다. 1960년에 처음 문을 열었다. 과거 이곳은 주로 서귀포 도매상인들이 부산 국제 시장에서 물품을 들여와 판매하던 공간이었다. 당시엔 잡화나 생필품 거래가 많았다.

2010년, 문화 관광형 시장으로 선정되면서 새로운 전환점을 맞이했다. 서귀포 매일 올레 시장이라는 새로운 이름 아래, 단순한 거래의 공간을 넘어 삶과 문화, 관광이 어우러지는 복합 공간으로 거듭난 것이다. 전통의 숨결을 지키되, 현대적인 감각을 더한 시장은 지금도 꾸준히 진화 중이다. 질서정연한 동선을 따라 늘어선 다양한 점포에서는 제주에서만 만날 수 있는 특색 있는 상품들이 넘쳐난다.

시장통 사이로
정겨운 방언이 흐르고
감귤 향, 바다 내음 따라
여행자의 낭만도 흐른다.

먼저 눈길을 끄는 건 싱싱한 농수산물이다. 특히 감귤과 한라봉은 달콤한 향으로 여행자의 코를 자극한다.

옥돔, 갈치, 고등어, 한치 등 제주 바다가 품은 귀한 해산물도 다양하다. 흥미로운 점은 싱싱한 생선회를 바로 포장해 구매하거나, 즉석에서 먹을 수 있다는 점이다. 현장에서 구워내는 갈치구이, 바삭한 고등어 튀김, 생선회는 시장에서만 맛볼 수 있는 별미이다. 시장 한복판에는 제주식 분식 문화를 대표하는 '모닥치기'도 만날 수 있다. 떡볶이, 튀김, 순대, 김밥 등을 한 접시에 담아내는 이 음식엔 제주만의 따뜻한 정서가 녹아 있다. 몇 년 전부터 큰 인기를 누리고 있는 마늘 치킨도 빼놓을 수 없다. 달콤한 한라봉 주스, 쫄깃한 오메기떡, 고소한 흑돼지 꼬치도 놓칠 수 없는 별미다.

이 시장은 제주 올레길 6코스의 일부이기도 하다. 올레길을 걷다가 걸음을 멈추고 허기를 달래기에 더없이 좋다. 정겨운 제주 사투리를 들으며 사람 냄새나는 풍경에 잠시 스며들어 보자. 여행자와 현지인이 만나고 어우러지는 곳, 그래서 이곳은 단순한 전통시장을 넘어선다. 일상과 여행, 생활과 쉼이 공존하는 특별한 공간이다. 서귀포를 찾았다면 매일 올레 시장에 들러 제주의 숨결을 직접 느껴보길 추천한다.

ONE MORE 여기도 좋아요!

서귀포 원도심 산책
하영 올레

- 서귀포시 중앙로 105 (서귀포 시청 제1청사 안내 센터)
- 064-760-2651 **코스 거리** 8.9~9km 난이도 하 인기도 상
- 주변 길가
- **찾아가기** 서귀포 매일 올레 시장에서 자동차로 4분, 걸어서 13분
- 반려동물 동반 가능

서귀포시 원도심의 구석구석을 걸으며 여행할 수 있다. '하영'은 제주어로 '많다'라는 뜻이다. 3개 코스, 22.8km로 구성되어 있다. 3개의 코스 모두 서귀포 시청 1청사에서 출발해 다시 그곳으로 돌아오는 순환형 동선이다. 자연과 생태를 주제로 한 1코스8.9km는 걸매 생태 공원, 추억의 숲길, 천지연 폭포, 칠십리 시공원, 새연교와 새섬, 작가의 산책길로 이어진다. 문화와 먹거리를 주제로 한 2코스6.4km는 태평 근린공원, 정방 폭포 물길, 서복 전시관, 자구리 해안길, 이중섭 미술관과 이중섭 거리, 매일 올레 시장 등을 지난다.

하천과 마을이 테마인 3코스7.5km는 솜반천 탐방로, 흙담 소나무길, 변시지 그림 정원, 지장샘, 동홍천 이음 길, 산지물 물놀이장 등을 지나게 된다. 하영 올레를 걷다 보면 원도심 내 공원 6곳과 특화 거리 3곳, 서귀포 시민조차 잘 모르는 추억의 숲길, 그리고 새롭게 개척된 길 등을 만나게 된다. 도심 한복판을 누비는 길이지만, 오랜 역사와 정취가 깃든 풍경이 곳곳에서 반겨준다.

없는 게 없는 제주의 보물 창고
서귀포 향토 오일 시장

- 서귀포시 중산간동로7894번길 18-5
- 064-763-0965
- 매월 끝자리 4, 9일 **여름철** 09:00~17:30, **겨울철** 09:00~17:00
- 전용 주차장
- 찾아가기 서귀포 매일 올레 시장에서 자동차로 6분

서귀포 지역에서 가장 규모가 큰 오일장이다. 1974년 서홍동 솜반천 인근에서 처음 문을 열었으며, 도시 확장에 따라 1995년 현재의 동홍동으로 이전했다. 현대적인 시설과 전통적인 분위기가 조화를 이루고 있다. 500여 개의 점포와 1,000여 대의 차량을 수용할 수 있는 대형 주차장을 갖추었다. 장은 매월 끝자리 4일과 9일에 열린다. 제철 과일과 싱싱한 해산물은 물론, 말린 약초, 건어물, 손수 만든 장아찌, 각종 생활잡화까지 없는 게 없다는 말이 절로 나온다.

시장 한쪽에는 도내 농민들이 직접 재배한 농산물을 진열해 판매하는 직거래 장터도 있다. 시장 내부에는 보말 칼국수, 고기 국수, 순대 국밥 등 제주 향토 음식을 파는 식당들도 밀집해 있어서 저렴하면서도 푸짐한 한 끼를 즐길 수 있다. 소박한 반찬 하나, 감귤 몇 알, 향긋한 국밥 한 그릇에도 제주의 일상이 담겨 있어서 따뜻한 위로를 전한다. 시장 곳곳에서 들리는 제주의 방언은 여행자의 귀에도 정겹다. 명절이나 특별한 장날에는 풍물 공연, 버스킹, 전통 놀이 체험 등 다양한 문화 행사도 열린다.

RESTAURANT & CAFE 올레 시장 주변의 맛집과 베이커리

건강한 식사를 원한다면
러드 LUD

📍 서귀포시 동홍중앙로 55 📞 064-733-3320 🕐 월·화·목·금 07:00~20:00(브레이크타임 15:00~17:00), 수 07:00~15:00, 토 10:00~14:00, 일 휴무 🚗 전용 주차장 ℹ️ 찾아가기 서귀포 매일 올레 시장에서 자동차로 5분 🌐 인스타그램 @lud_salad

서귀포시 동홍동 주택가 골목에 있다. 가게 옆 공터에 주차 공간이 있어서 렌터카로 이동하는 여행자에게도 편리하다. 시그니처 메뉴는 닭가슴살 포케와 훈제연어샐러드이다. 닭가슴살 포케는 통곡물 밥 위에 잘 구운 닭가슴살과 아보카도, 방울토마토, 오이 등 각종 채소를 곁들여 영양이 풍부한 한 끼 식사를 완성한다. 훈제연어샐러드는 제철 채소와 조화를 이루는 연어의 풍미가 돋보이며, 레몬 드레싱이 산뜻하게 입맛을 돋운다. 모든 메뉴는 포장 판매도 해서 이동 중에도 간편하게 즐길 수 있다. 러드는 커피 맛도 뛰어나 현지인들 사이에서는 '커피 맛집'으로도 알려져 있다.

집밥이 그리울 땐
맛있는 집

📍 서귀포시 중앙로 110 📞 064-763-3760 🕐 월~금 08:00~19:00, 토 08:00~14:00(브레이크타임 14:30~17:00, 일 휴무 🚗 주변 공영주차장 ℹ️ 찾아가기 서귀포 매일 올레 시장에서 자동차로 2분, 걸어서 10분

서귀포 시청 1청사 동쪽 옆에 있다. 어머니가 차려준 따뜻한 집밥 같은 한 끼를 맛볼 수 있다. 식당 이름이 '맛있는 집'이라 검색 시 다소 혼란스러울 수 있다. '동홍동 맛있는 집'으로 검색하면 훨씬 수월하다. 주요 메뉴는 비빔밥, 된장찌개, 보말 미역국, 고등어조림, 갈비찜, 각재기국, 멜국 등으로 다양하다. 가격은 대부분 10,000원 안팎으로 뛰어난 가성비를 자랑한다. 갈비찜과 보말 미역국이 인기 메뉴이다. 갈비찜은 부드러운 고기와 달콤하면서 매콤한 양념, 그리고 각종 채소가 어우러져 깊은 풍미를 전한다. 보말 미역국은 쫄깃한 식감과 고소한 맛이 매력적이다.

제주 도민이 추천하는 착한 국숫집
미리네 국수

- 서귀포시 중앙로101번길 17 ☎ 064-762-4996
- 09:00~20:00(브레이크타임 16:00~17:00, 일 휴무)
- 서귀포시청 주차장, 골목 주차 ℹ️ 찾아가기 서귀포 매일 올레 시장에서 자동차로 2분, 걸어서 10분

서귀포시 서홍동, 서귀포 시청 제1청사 근처에 있다. 이른 아침부터 문을 여는 정겨운 밥집이다. 서귀포 시민들이 오랜 시간 애정하는 맛집으로, 푸짐한 한 끼를 합리적인 가격에 즐길 수 있다. 메뉴는 고기국수, 순대국밥, 멸치국수, 비빔국수 등 다양하다. 이 중 고기국수와 순대국밥이 단연 인기다. 진하고 고소한 육수에 삶은 돼지고기를 넉넉히 올린 고기국수는 구수하면서도 담백해 아침 식사로도 부담 없다. 순대국밥은 큼직한 순대와 부속 고기가 듬뿍 들어 있어 한 끼 식사로 든든하다. 엄마가 아침에 차려준 밥상처럼 만족스러운 한 끼를 선물해 주는 로컬 맛집이다.

제주의 맛을 담은 화덕 만두
제성 제과 올레 시장점

- 서귀포시 중정로73번길 13 ☎ 0507-1345-4361
- 매일 11:00~21:00 🅿️ 근처 공영 주차장
- ℹ️ 찾아가기 서귀포 매일 올레 시장에서 걸어서 1~2분
- 🌐 인스타그램 @jeseong_bakery

서귀포 매일 올레 시장 안에 있다. 화덕에서 구운 만두를 판매하는 곳이다. 오전 11시, 가게 문을 열자마자 긴 줄이 늘어선다. 원래 항아리 안에서 굽는 중국식 만두를 '옹기병'이라 부르지만, 우리나라에서는 화덕에서 굽는 방식에 착안해 '화덕 만두'라 부른다. 제성 제과의 화덕 만두는 피자처럼 쫄깃하고 식감이 빵에 가깝다. 흑돼지, 딱새우, 달걀과 부추, 문어, 팥, 크림치즈 등 다양한 속 재료를 넣은 만두를 선보인다. 가장 인기 있는 메뉴는 특제 소스로 양념한 흑돼지를 가득 넣은 '한림 마농 흑돼지 만두'이다. 한입 베어 물면 육즙이 터지며 고기의 진한 풍미가 입안 가득 퍼진다.

이중섭 거리와 이중섭 미술관
천재 화가 이중섭의 흔적을 찾아서

📍 **이중섭 미술관** 서귀포시 이중섭로 33(미술관 공사로 아카이브 중심으로 임시 운영 중)
　이중섭 거리 서귀포시 이중섭로 29(이중섭 거주지)
📞 064-760-3567
🕒 09:30~17:30(월요일·1월 1일·설날·추석 휴무)
🚗 전용 주차장　ℹ️ **찾아가기** 제주국제공항에서 자동차로 1시간 10분

서귀포 매일 올레 시장 근처에 국내 최초로 화가의 이름을 딴 이중섭 거리가 있다. 한국전쟁이 한창이던 1951년, 가족과 함께 피난 온 천재 화가 이중섭은 서귀포에서 약 1년간 머물며 잠시나마 평온한 시간을 보냈다. 그의 생애는 전쟁과 이별, 질병과 가난으로 점철되었지만, 서귀포의 시간만큼은 따뜻한 가족의 온기가 깃든 소중한 기억으로 남아 있다.

거리를 따라 걷다 보면 나타나는 오래된 초가집, 그 좁은 방 4.70㎡은 이중섭이 실제로 거주하던 공간이다. 비록 작고 불편한 집이었지만, 그곳에서 그는 자연과 가족을 화폭에 담으며 예술의 전환점을 맞이했다. 이후에도 서귀포는 그의 작품 곳곳에 반복적으로 등장하는 상징적 배경이 되었다. 그가 그린 물고기, 소, 아이의 이미지에는 서귀포의 풍경과 정서가 배어 있다.

길이 약 400m인 이중섭 거리는 낮은 언덕을 따라 조성되었다. 길가엔 공방과 소품 가게, 카페들이 옹기종기 모여 있다. 거리 전체는 이중섭의 흔적과 예술이 담겨 있다. 가로등에는 그의 대표작인 <울부짖는 소>와 <물고기와 아이>가 형상화되어 있으며, 벽화와 화단, 보도블록 등에서도 그의 작품을 마주할 수 있다. 간판들마저 대부분 '중섭'이라는 이름을 담고 있어서, 한 화가의 존재가 거리를 살아 숨 쉬게 한다. 거리에서 매년 이중섭을 기리는 문화 행사와 예술 체험 프로그램이 열리기도 한다.

돌담길을 따라가다 보면 아담한 2층 규모의 이중섭 미술관이 눈에 들어온다. 이곳에는 <섶섬이 보이는 풍경>, <파도와 물고기> 같은 원화가 전시되어 있으며, 특히 부인 마사코가 서귀포를 방문해 기증한 팔레트는 많은 이들의 시선을 붙잡는다. 이 팔레트는 이중섭이 사랑의 징표로 마사코에게 건넨 유품이다. 현재 미술관은 개보수공사로 인해 아카이브 형식으로 운영되고 있다. 미술관을 나와 언덕 위로 조금만 오르면, 수백 년 된 팽나무 아래로 섶섬과 문섬이 시야에 들어온다. 이 길은 과거 이중섭이 걸었던 길이자, 지금은 제주 올레길 6코스의 일부이다. 예술가의 발자취를 따라 걷는 길에서 우리는 어느새 '문화 올레꾼'이 되어 있다.

...
천재 화가의 자취를 따라 이중섭 거리를 걷다 보면 이 길이 곧 '문화 올레'임을 즐겁게 깨닫게 된다.

ONE MORE 여기도 좋아요!

예술가의 발자취 따라 걷기
작가의 산책길

- 서귀포시 중앙로4번길 13 (종합 안내소)
- 주변 길가, 공영 주차장
- 찾아가기 이중섭 거리에서 걸어서 1분 (작가의 산책길 종합 안내소)
- 반려동물 동반 가능

한국 미술계를 대표하는 예술가 세 명 이중섭, 현중화, 변시지의 삶과 작품을 따라 걷는 산책로이다. 작가의 산책길 유토피아로는 2010년 서귀포 시청 미래 전략팀의 제안으로 시작된 프로젝트다. 7.3km에 달하는 탐방 코스는 A코스와 B코스로 나뉘며, 마치 뫼비우스의 띠처럼 끝없이 이어지는 순환 구조로 이루어져 있다. 두 코스는 각각 문화 예술과 자연 경관을 중심으로 구성되어 서로 다른 분위기를 자아낸다. 길은 서귀포 구도심의 이중섭 미술관, 기당 미술관, 소암 기념관, 서복 전시관을 거쳐 예술 시장, 관광 극장, 그리고 시를 읽으며 걷는 칠십리 시공원으로 이어진다. 주요 탐방지 7곳에는 문화 예술인, 학예사, 해설사가 상주하며 작가들의 삶과 작품 이야기를 들려주고, 다양한 문화 체험도 제공한다. 산책길 중간중간에는 자구리 해안, 천지연 폭포, 소정방 폭포, 솔동산 문화의 거리 등 제주 자연과 국내외 예술 작품이 어우러진 아름다운 풍경이 펼쳐진다. 예술가들에게 영감을 준 골목길에서 서귀포의 정취와 문화의 향기를 함께 느껴보자.

RESTAURANT & CAFE 이중섭 거리 주변의 맛집과 카페

제주 최고의 김밥 맛집
오는 정 김밥

- 서귀포시 동문동로 2　064-762-8927
- 09:00~19:00 (브레이크타임 13:00~14:30, 일 휴무)
- 근처 공영주차장　찾아가기 이중섭 거리에서 자동차로 6분, 걸어서 13분

첫입부터 감탄이 절로 나온다. 평범한 김밥처럼 보이지만, 씹을수록 퍼지는 풍성한 맛에 자연스럽게 미소가 번진다. 그 맛 덕분에 제주도민은 물론 여행객들까지 긴 줄을 서서 김밥을 기다리는 풍경은 이제 익숙한 일이 되었다. 가게 벽면을 가득 채운 유명인들의 사진이 그 인기를 증명한다. 오는 정 김밥은 예약제로 운영되며 테이크아웃만 가능해 부지런함이 필수다. 전화 예약이 쉽지 않기에, 직접 방문해 예약하는 게 가장 확실한 방법이다. 40년 넘게 한결같은 맛을 이어온 이곳의 메뉴는 오는 정 김밥을 비롯해 치즈김밥, 참치김밥, 깻잎 김밥, 멸치 김밥 등 다양하다.

커피 한 잔에 담긴 진심
유동 커피

- 서귀포시 태평로 406-1　0507-1492-6696
- 08:00~18:00
- 이중섭 거리 공영 주차장　인스타그램 @youdongcoffee
- 찾아가기 이중섭 거리에서 걸어서 2분

서귀포 출신 바리스타가 운영하는 커피 전문점이다. 카페 이름은 국내 바리스타 챔피언십 1위 수상자인 조유동 대표의 이름에서 따왔다. 그만큼 커피 맛에 대한 조 대표의 자부심은 남다르다. 유동 커피의 슬로건은 "나에겐 수만 번째 커피일지 몰라도, 누군가에겐 그토록 원하던 한 잔일 수 있다."라는 문장이다. 그만큼 커피의 본질, 맛에 진심인 정직한 공간이다. 유동 커피가 추구하는 커피는 편안함과 대중적인 맛이다. 블렌딩 커피와 아메리카노는 향과 맛을 선택할 수 있다. 날씨 좋은 날엔 커피 한 잔을 테이크아웃 해 들고 이중섭 거리를 산책해 보자. 여행자 기분을 만끽할 수 있을 것이다.

ONE MORE 여기도 좋아요!

제주도 으뜸 폭포
천지연 폭포

- 서귀포시 천지동 667-7
- 064-733-1528
- 매일 09:00~22:00까지(입장 마감 21:20)
- 성인 2,000원, 어린이·청소년 1,000원
- 전용 주차장
- **찾아가기** 라바르에서 자동차로 2분, 걸어서 20분

정방, 천제연과 함께 제주 3대 폭포로 대접받는다. 그중에서 천지연 폭포가 가장 크고 아름답다. '천지연'이란 '하늘과 땅이 만나 이루어진 연못'이라는 뜻이다. 폭포 높이는 22m에 이르며, 그 아래에는 수심 약 20m에 달하는 깊은 웅덩이가 있다. 한라산에서 달려온 물이 바다 근처에 있는 절벽 아래로 몸을 던진다. 수량이 많을 때는 절벽에 물 병풍을 만들며 떨어지는데, 그 모습이 장관이다.

폭포로 가는 길은 상쾌한 숲길이다. 약 1km에 이르는 계곡을 따라 아열대성·난대성 상록수와 다양한 양치식물이 울창하다. 이 숲은 천연기념물 제379호로 지정된 난대림이다. 이곳에는 천연기념물 제163호인 담팔수도 자생하고 있다. 국내에서는 제주도 일대에서만 자라는 아열대성 상록수로, 생태적 가치가 높다. 또한, 폭포 아래 깊이 20m의 웅덩이에는 천연기념물 제27호인 무태장어가 산다. 폭포로 가는 길은 평탄한 데다 경치가 아름다워 산책하기 그만이다. 자연 속에서 여유롭게 걷다 보면, 몸과 마음이 함께 정화되는 느낌을 받을 수 있다.

테우를 닮은 야경 명소
새연교와 새섬

- 서귀포시 서홍동 707-4
- 064-760-3471
- 전용 주차장
- 찾아가기 라바트에서 자동차로 4분, 걸어서 20분
- 반려동물 동반 가능

서귀포항과 새섬을 연결하는 국내 최초의 외줄 케이블 다리이다. 제주 전통 배 테우를 모티브로 설계된 이 다리는, 대한민국 최남단이자 최장 보도교步道橋로 꼽힌다. 길이는 169m에 달하며, 주탑의 높이는 45m에 이른다. 주탑은 바람과 돛을 형상화하여 날렵하고 가벼운 이미지를 전달하도록 디자인했다. 특히 새연교 주탑에는 화려한 LED 조명 시설이 설치되어, 밤에는 빼어난 야경을 자랑한다. 낮 풍경도 아름다워 사진 촬영 명소로도 사랑받고 있지만, 새연교의 참모습을 느끼기에는 해 질 무렵이 가장 좋다. 어둠이 깔리기 직전, 하늘빛과 잔잔한 수면, 다리와 주변 섬들이 어우러져 인상파 그림 같은 절경을 만들어낸다.

새연교를 건너면 만나는 새섬草島은 억새가 많이 자생해 붙여진 이름이다. 사람의 손길이 닿지 않아 원시림의 매력을 고스란히 간직하고 있다. 새연교 개방 이후 처음 공개되었는데, 빠른 걸음으로 10분 남짓이면 섬 전체를 둘러볼 수 있다. 서귀포항과 문섬 등 인근 풍경을 가장 가까이에서 조망할 수 있다는 점도 큰 매력이다.

자연이 빚은 천혜의 풀장
황우지 해안

📍 서귀포시 서홍동 766-1
🚗 주변 길가
ℹ️ 찾아가기 라바르에서 자동차로 5분

황우지 해안은 '천연 바다 풀장'이다. 여름철 피서지로 인기가 높다. 바다로 돌출된 거대한 현무암 지대 '동너분덕'을 중심으로, 서쪽은 외돌개, 동쪽은 황우지이다. 한때는 현지인들만 아는 숨겨진 해변이었지만, 최근에는 수영과 스노클링을 즐기려는 이들이 찾으면서 점점 유명해지고 있다. 올레 7코스를 지나 해안을 따라 내려가면 황우지 해안이 모습을 드러낸다.

황우지 해안의 하이라이트는 선녀탕이다. 오목하게 들어간 지형에 자리 잡은 선녀탕은 커다란 바위와 푸른 바다가 어우러져, 마치 자연이 만든 풀장을 연상케 한다. 선녀탕엔 물웅덩이가 두 개다. 웅덩이를 검은 현무암이 요새처럼 둘러싸고 있어서 분위기가 아늑하다. 수심은 약 2m로 깊지 않아 스노클링을 즐기기에 적당하며, 어린이와 여성 방문객도 많다. 입장료는 따로 없고, 스노클링 장비가 없으면 인근 대여점에서 빌릴 수 있다. 단, 매년 인명사고가 발생하는 곳인 만큼 충분한 준비와 안전 수칙을 꼭 지켜야 한다. 또한 해안 개장 여부는 해마다 달라지므로 방문 전 확인이 필요하다.

BAKERY 라바르 주변의 베이커리

제주의 아침을 굽는 집
휘 베이글

- 서귀포시 중정로5번길 21 ☎ 0507-1396-8322
- 08:00~17:00(월 휴무) 🚗 주변 길가
- 찾아가기 라바르에서 자동차로 2분, 걸어서 10분
- 인스타그램 @hwibagel

아침 8시부터 문을 연다. 여행 중 이른 아침 식사를 챙기기에 안성맞춤이다. 오래된 가정집을 리모델링해 만든 공간으로, 소박하고 따뜻한 외관과 아기자기한 정원이 어우러져 제주의 정취를 더한다. 매장 내부는 아늑하고 조용해 혼자여도 편안하게 머물 수 있다. 문을 열고 들어서면, 화덕에서 참나무 장작으로 갓 구운 베이글의 고소한 냄새가 코끝을 간질인다. 고소한 향이 매장 가득 퍼져 있어, 들어서는 순간부터 식욕을 자극한다. 베이글은 12시간 저온 숙성한 반죽을 삶은 뒤 참나무 화덕에 구워내 깊고 진한 풍미를 자랑한다.

인기 메뉴로는 햄 치즈 베이글 샌드위치, 잠봉 샌드위치, 감자 치즈 베이글, 그리고 기본에 충실한 플레인 베이글이 있다. 어떤 메뉴를 선택해도 든든하고 만족스러운 한 끼가 된다. 크림치즈를 듬뿍 바른 베이글 한입에 따뜻한 커피를 곁들이면, 제주의 고요한 아침과 어울리는 깊은 풍미가 입안 가득 퍼진다. 바삭한 겉면과 부드러운 속살, 고소한 치즈와 따뜻한 커피 한 모금은 여행의 시작을 특별하게 만들어 준다.

서귀포
도심·
중문8

취향의 섬 북 앤 띵즈
귤밭 옆 아늑한 책방

📍 서귀포시 속골로 66-7, 1층
📞 010-2931-4797
🕙 10:00~17:00(일·월 휴무) 🚗 서점 앞 주차장
ℹ️ 찾아가기 제주국제공항에서 자동차로 1시간
🌐 인스타그램 @chwihyang.books 🐾 동반 가능

서귀포시 호근동은 구도심과 신시가지 사이에 자리한 한적하고 조용한 동네다. 세로로 긴 이 동네는 북쪽은 한라산과 얼굴을 맞대고 있고, 지대가 낮은 남쪽은 태평양과 반갑게 만난다. 남쪽 끝에선 신비로운 돌기둥 외돌개를 바로 코 앞에서 눈에 넣을 수 있다. 북쪽엔 서귀포 치유의 숲이 자리하고 있다. 이곳은 해발 700m에 이를 만큼 지대가 높다.

호근동은 한라산 자락의 아름다운 숲과 비스듬하게 누운 감귤밭, 제주 특유의 정취가 흐르는 마을, 어디에 내놓아도 손색이 없는 해안 절경을 더불어 품고 있다. 몇 해 전, 호근동에 새로운 매력이 하나 더해졌다. 책방 취향의 섬 북 앤 띵즈다. '취향의 섬'은 취향의

···
귤밭과 한라산이 보이는 책방
살며시 문을 열고 들어가면
취향에 딱 맞는 책들이
반갑게 당신을 맞이해 준다.

섬 키친, 취향의 섬 북 앤 띵즈, 취향의 섬 스테이:귤나잇으로 이어지는 하나의 브랜드이다. '키친'은 남원읍 위미리에, '북 앤 띵즈'와 '귤나잇'은 호근동의 귤밭 한가운데 자리하고 있다.

1980년대에 지은 건물에 들어선 책방 북 앤 띵즈는, 여행의 고단함을 잠시 내려놓게 하는 아늑한 공간이다. 귤밭을 품은 이 책방은 바라보는 것만으로도 여유를 전해준다. 야외 곳곳에는 책방과 귤밭을 배경으로 하는 감성적인 포토 존이 존재한다. 커다란 통창 너머로 펼쳐지는 감귤밭과 한라산 풍경은 한 폭의 그림 같다. 햇살이 비치는 우드 톤 공간을 채운 보석 같은 책들은 지친 일상에 쉼표를 찍어준다. 다양한 서적들이 주제별로 정성스럽게 큐레이션 되어 있어서 마치 전시를 보듯 천천히 둘러보는 재미가 있다. '취향의 섬 북 앤 띵즈'는 여행자에게 여유롭고 평화로운 시간을 선사한다.

절제된 간결함이 느껴지는 인테리어와 감각적인 소품들 또한 시선을 끈다. 일러스트레이터이자 북 디자이너로 활동 중인 책방지기의 감성이 공간 곳곳에 묻어난다. 직접 그린 그림으로 만든 엽서와 종이 포스터, 에코백, 티셔츠, 손거울 등 다양한 굿즈를 판매 중이며, 지역 작가들의 공예품과 개성 있는 소품들 또한 책방을 더욱 특별하게 만든다.

ONE MORE 여기도 좋아요!

제주의 생태를 재현한 정원
숨도

- 서귀포시 일주동로 8941
- 064-739-3331
- 매일 08:00~18:00 (부대시설 이용 17:30까지)
- 성인 6,000원, 청소년 4,000원, 어린이 3,000원
- 전용 주차장 / 찾아가기 북 앤 띵즈에서 자동차로 2분
- 인스타그램 @jeju_soomdo / 반려동물 동반 가능

숨도는 제주 고유의 생태를 재현한 생태 정원이다. 동백, 철쭉, 팜파스, 국화를 비롯한 다양한 식물과 꽃들이 사계절 내내 아름다운 풍경을 자아낸다. 특히, 현무암 위에 자생 식물을 얹어 만든 석부작 작품들은 마치 산과 들을 압축해 놓은 듯한 정취를 보여준다. 제주의 자연과 인간의 정성이 깃든 정원을 눈으로 만끽했다면, 이번엔 귀가 즐거워질 차례. 숨도 안에 있는 '사운드 오브 아일랜드 홀'에는 수만 장의 LP 판이 벽을 가득 채우고 있다. 음악을 사랑하는 이들에게는 천국 같은 곳이다. 울창한 귤나무 아래 자리한 숨도 카페도 빼놓을 수 없다. 향긋한 귤 향을 벗 삼아 따뜻한 커피 한 잔의 여유를 즐기기에 좋다.

올레길 위 전설의 바위
외돌개

- 서귀포시 서홍동 791
- 064-760-3192
- 주변 길가 / 찾아가기 북 앤 띵즈에서 자동차로 3분
- 동반 가능

바다 위로 약 20m 솟아오른 돌기둥으로, 바다 한가운데 홀로 우뚝 서 있는 모습 때문에 '외돌개'라는 이름이 붙었다. 꼭대기에 소나무가 자생하고 있어, 마치 한 폭의 동양화를 연상케 한다. 이러한 자연적·역사적 가치를 인정받아 외돌개는 국가유산청에 의해 국가 지정 문화재 명승으로 지정되었다. 외돌개를 지나는 제주 올레길 7코스는 최고의 풍광을 자랑하는 길로 손꼽힌다. 외돌개에서 서쪽으로 돔베낭골까지 이어지는 길은 '돔베낭길'이라 불리며, 세계에서 가장 아름다운 탐방로 중 하나로 평가받는다. 주차장은 무료와 유료 구역으로 나뉘어 있으므로 미리 확인하고 이용하는 것이 좋다.

RESTAURANT & CAFE 북 앤 띵즈 주변의 맛집과 카페

제주의 맛을 담은 한 상
전원일기 본점

- 서귀포시 이어도로 1065
- 0507-1317-1620
- 11:00~21:00(라스트오더 20:00, 일 휴무)
- 식당 앞 및 주변
- 찾아가기 북 앤 띵즈에서 자동차로 2분

제주산 흑돼지 돔베수육과 유기농 쌈 채소로 정성스럽게 상을 차리는 쌈밥 전문점이다. 이곳은 제주산 흑돼지 생고기만을 고집한다. 쌈 채소 역시 제주에서 자란 것만을 사용한다. 돔베수육은 제주 전통 방식으로 삶아낸 흑돼지 고기를 썰어 도마 위에 얹어 내는 요리로, 육즙과 부드러운 식감이 일품이다. 유기농 쌈 채소는 종류가 다양하다. 된장찌개와 맛깔스러운 밑반찬이 함께 나와서, 제주 가정식의 따뜻함을 느낄 수 있다. 식당 내부는 넓고 단정하여, 마치 친척 집에 온 듯한 기분이 든다. 1인분도 판매해 '혼행러'에게도 만족스럽다. 제주 로컬 '찐맛집'에서 따뜻한 한 끼를 즐겨보자.

제주 스페셜티 커피 명소
비브레이브 혁신 도시점

- 서귀포시 서호중앙로 85-13
- 0507-1330-9112
- 매일 08:00~21:00
- 카페 앞 공영 주차장
- 찾아가기 북 앤 띵즈에서 자동차로 5분
- 인스타그램 @be_brave_korea
- 동반 가능

서귀포 혁신 도시의 조용한 거리 끝에 있는 스페셜티 커피 전문점이다. 카페 옆과 앞에 주차 공간이 넉넉해서 자동차로 접근하기도 좋다. 이곳 커피엔 블렌딩 철학이 잘 녹아 있다. 라테 한 잔에도 언제나 고급스러운 밸런스를 담아낸다. 디저트도 수준급이다. 새콤달콤한 레몬과 초콜릿, 고소한 견과류가 어우러진 쿠키, 얼그레이와 아몬드를 넣어 구운 피낭시에, 다양한 종류의 조각 케이크 등을 판매한다. 직원들은 커피에 대한 이해도가 깊다. 원두의 산지부터 맛의 특징, 추출 방식까지 친절하게 설명해 준다. 비브레이브는 혼자만의 여행에 깊이를 더해주는 쉼표 같은 공간이다.

마치 정원에 온 듯
식물집 카페

- 서귀포시 서호로 21-3
- 010-8908-8815
- 09:00~20:30 (목·금 휴무)
- 식물집 골목길 좌측 주차장
- 찾아가기 북 앤 띵즈에서 자동차로 4분
- 인스타그램 @sikmuljip
- 동반 가능

서호동의 조용한 골목 끝, 초록빛이 반겨주는 곳이 있다. 조경을 전공한 부부가 운영하는 카페이자 플랜트 숍 식물집이다. 초록 식물이 정원을 가득 채우고 있어서 첫인상부터 상쾌하다. 실내에서도 정원의 산뜻한 초록 분위기가 그대로 이어진다. 식물뿐 아니라 화분, 흙, 가드닝 소품 등도 함께 판매하고 있어서, 마음에 드는 식물을 집으로 데려가는 소소한 즐거움도 더불어 누릴 수 있다. 정성껏 내린 드립 커피, 향긋한 허브차, 계절 과일을 듬뿍 담은 생과일 음료는 카페 분위기와 잘 어울린다. 시간이 천천히 흐르는 듯한 카페에서 식물들과 눈을 맞추고 있으면, 혼자여도 전혀 허전하지 않다.

바람이 머무는 하얀 집
UDA

- 서귀포시 속골로 13-7
- 070-7757-0000
- 10:30~19:00 (라스트오더 18:30, 목 휴무)
- 전용 주차장
- 찾아가기 북 앤 띵즈에서 자동차로 2분
- 인스타그램 @uda_jeju

올레 7코스 끝자락, 바람이 머무는 언덕 위에 있는 하얀 집이 카페 UDA다. 1층은 따뜻한 나무 인테리어와 조용한 음악이 흐르는 브런치 공간이다. 2층은 넓은 창을 통해 바다가 시원하게 들어오는 라운지다. 옥상은 제주의 하늘과 바람을 그대로 마주할 수 있는 루프톱으로, 그 자체가 하나의 풍경이 된다. 시그니처 메뉴인 UDA 라테는 수제 바닐라 크림과 시럽이 어우러진 달콤한 맛이 매력적이다. 브런치 UDA, 몬테크리스토 샌드위치, 치킨 토마토 스튜 등 정성스러운 브런치 메뉴도 인기가 좋다. 혼자만의 시간을 오롯이 누리고 싶은 날, UDA는 조용히 풍경 좋은 자리를 당신에게 내준다.

이국적인 오션 뷰 카페
하라케케

- 서귀포시 속골로 29-10
- 0507-1311-0878
- 매일 08:00~20:00
- 전용 주차장
- 찾아가기 북 앤 띵즈에서 자동차로 1~2분
- 인스타그램 @harakeke_jeju

호근동 바닷가 절벽 위, 8,000평 대지에 야자나무와 조각상, 폭포, 수영장이 어우러진 이국적인 공간이 있다. 마치 발리의 정취를 그대로 옮겨 놓은 듯한 하라케케는 그 자체로 여행의 목적지이다. 계단식 정원, 발리 그네, 새 둥지를 닮은 포토 존 등 곳곳이 인생 샷 스폿이다. 150평 규모의 실내 공간에는 편안한 소파와 수공예 라탄 소품이 어우러져 이색적인 분위기를 자아낸다. 실내 곳곳에 배치된 발리 조각상과 장식품은 구경하는 재미까지 더해준다. 루프톱 포토 스폿에 오르면 절벽 아래 펼쳐지는 바다와 웅장한 계곡, 반대편으로는 멀리 한라산까지 시야에 담긴다.

하라케케의 정성은 메뉴에서도 느껴진다. 수제 청과 요구르트로 만든 상큼한 음료, 진한 에스프레소가 들어간 라테, 매일 아침 구워내는 6종 수제 쿠키가 준비되어 있다. 화덕에서 직접 구운 피자는 바다를 내려다볼 수 있는 수영장의 데이베드에 앉아 즐기면 더욱 특별하다. 시그니처 칵테일과 즐기는 선셋, 하라케케는 혼자여도 마음이 꽉 차는 휴식을 선사한다.

서귀포 도심·중문권 9

서귀포 치유의 숲
걷기만 해도 힐링이 된다

📍 서귀포시 산록남로 2271번지
📞 064-760-3067
🕐 하절기(4~10월) 08:00~16:00. 동절기(11~3월) 08:00~16:00
₩ 성인 1,000원, 청소년 600원
🚗 전용 주차장
ℹ️ 찾아가기 제주국제공항에서 자동차로 55분

서귀포 치유의 숲은 걷기만 해도 몸과 마음이 정화되는 특별한 숲이다. 국민 건강 증진을 목적으로 2016년에 개장했으며, 사람이 가장 쾌적하다고 느끼는 고도인 해발 400~760m 고지에 자리한 것이 특징이다. 평균 수령이 60년 이상인 편백과 삼나무 조림지가 유명한 이 숲에서는 한라산 특유의 다양한 식생과 조류, 야생동물을 관찰할 수 있다. 이 청정한 숲 안에 산림 치유 프로그램을 진행하는 '힐링 센터'와 '위로의 숲' 등이 있다.

치유의 숲엔 난대림과 온대림이 고루 분포한다. 더불어 계절이 바뀔 때마다 숲의 색이 달라지고 향기도 변화한다. 이런 까닭에 계절마다 느낌과 분위기가 다른 숲을 체험할 수 있다. 숲 안에는 길고

...
서귀포 치유의 숲엔
편백과 삼나무가 울창하다.
늘 푸른 이 숲이
당신을 따뜻하게 반겨준다.

짧은 12개 산책로가 있다. 산책로를 모두 합하면 15km에 이른다. '가베또롱(가뿐하다)', '노고록(헌여유 있다)', '숨비소리(해녀의 숨소리)' 등 제주의 방언이 붙은 코스 이름에서, 여행자는 제주도 특유의 감성과 정취를 느낄 수 있다. 산책로 중엔 유아나 어르신을 위해 마련한 짧고 편안한 코스도 있어서 노약자도 부담 없이 산책을 즐길 수 있다. 숲길을 따라 걷다 보면 어느새 마음이 가벼워지고, 풀잎의 흔들림조차 위로처럼 느껴진다. 산림 치유 프로그램을 신청하면, 전문 산림치유지도사의 안내에 따라 맨발로 흙길을 걷거나 편백 그늘에 누워 천천히 자신을 돌아보는 시간을 가질 수 있다.

치유의 숲은 혼자 찾기에 더없이 좋은 여행지다. 사람 많은 관광지에서 벗어나 자연과 마주하며 오롯이 나에게 집중할 수 있는 공간이기 때문이다. 서귀포 치유의 숲은 제주에서도 손꼽히는 아름다운 숲이다. 숲 전체를 온전히 걸으면 금상첨화겠지만, 시간이 많지 않다면 자동차를 타고 순환 도로를 따라 비교적 짧은 시간 안에 숲 전체를 둘러볼 수도 있다. 도로 곳곳에 작은 정차 공간과 쉼터를 마련해 놓았다. 중간중간 차를 세우고 숲을 바라보는 것만으로도 힐링이 된다. 치유의 숲은 하루 입장 인원을 600명으로 제한하고 있다. 방문 전에 꼭 인터넷 예약하자. https://eticket.seogwipo.go.kr

ONE MORE 여기도 좋아요!

귤밭 마을의 문화 사랑방
인터뷰

📍 서귀포시 학수암로 9 📞 010-5758-3874
🕐 11:00~18:00(일, 월 휴무) 🚗 주변길가
ℹ️ 찾아가기 서귀포 치유의 숲에서 자동차로 12분
🌐 인스타그램 @interviewjeju 🐾 반려동물 동반 가능
기타 공간 대여 가능. 다양한 책방 프로그램 운영 중, 인스타 참고.

책방 인터뷰는 책과 사람, 그리고 제주를 깊이 들여다보는 사랑방이자 복합 문화 공간이다. 이곳에서는 지역 주민, 여행자, 작가를 비롯한 문화 예술인들이 허물없이 소통한다. 제주 출신 책방지기는 출판업도 병행한다. ≪세계자연유산이 뭐길래, 볼수록 경이로운 제주≫, ≪신이 내린 씨앗, 메밀≫, ≪디어 마이 호근동≫ 등 제주형 독립 출판물을 기획·출판했다. 또한 지역 작가 초청 북 토크, 책방 주변 마을 탐방 프로그램 등을 통해 제주와 사람, 책을 잇는 활동을 꾸준히 이어가고 있다.

책방지기는 책을 권하지도, 서두르지도 않는다. 따라서 조용히 내 취향과 속도에 맞춰 책을 고르고 시간을 보낼 수 있다. 벽면을 가득 채운 책이 책방지기의 깊은 내공을 보여준다. 그림책, 시집, 인문학, 에세이, 예술, 과학 등 다양한 분야의 책이 주제별로 정리되어 있다. 손 글씨로 적은 책 추천 문구가 간혹 시선을 붙잡는다. 조용히 마음을 채워주는 곳, 책방 인터뷰는 바다 내음을 따라 떠나온 여행자에게 잠시 머무는 것만으로도 위안이 되는 공간이다.

큰비가 내리면 흐르는 신비한 폭포
엉또 폭포

- 서귀포시 강정동 5628
- 매일 09:00~18:00
- 주변 길가
- **찾아가기** 서귀포 치유의 숲에서 자동차로 18분
- **반려동물** 동반 가능

평소에는 마른 계곡이지만, 비가 내리면 폭포수가 흐르는 특별한 장소다. 이 절경을 한 번쯤 보고 싶어 하는 이들이 많지만, 아무 때나 볼 수 있는 풍경은 아니다. 평소에는 울창한 숲속에 숨어 있다가, 70~100mm 이상의 큰비가 내리면 거대한 물줄기가 악근천 계곡을 따라 흘러내려 장엄한 폭포를 이룬다. 병풍 바위에서 시원하게 쏟아지는 물줄기는 거대한 물보라를 일으키며 웅장한 자태를 드러낸다. 이는 제주 3대 폭포 중 하나인 정방폭포보다도 27m나 높은, 무려 50m의 폭포이기에 가능한 장관이다.

'엉또'라는 이름은 제주 방언에서 유래했으며, '엉'은 작은 바위굴이나 그늘진 공간을, '또'는 입구를 의미한다. 즉, 동굴 입구에 있는 폭포라는 뜻으로, 주변 지형의 특징을 잘 담고 있다. 기암절벽과 천연 난대림으로 둘러싸인 폭포 주변 계곡은 사계절 내내 푸른 숲이 우거져 제주의 독특한 아름다움을 자아낸다. 겨울철이면 주변이 온통 귤밭으로 물들어 산책하는 기분도 남다르다. 다른 폭포에 비해 덜 알려져서 입장료가 없다.

RESTAURANT & CAFE 서귀포 치유의 숲 주변의 맛집과 카페

🍴 국내산 콩으로 만든 두부
둠비 정원

📍 서귀포시 신중로13번길 20 📞 064-739-7787
🕐 10:30~21:00(브레이크타임 15:00~17:00, 일 휴무)
🚗 주변 길가
ℹ️ 찾아가기 서귀포 치유의 숲에서 자동차로 14분

서귀포 강정동에 자리한 손두부 전문 식당이다. '둠비'는 대두를 뜻하는 제주어 '둠'과 두부를 의미하는 한자 '비腐'가 합쳐진 말로, 두부를 뜻하는 제주어다. 이곳은 100% 국내산 콩을 9시간 이상 충분히 불려 두부를 만든다. 곱게 간 콩을 비지와 함께 끓인 후, 전통 방식인 온비지 여과법으로 비지를 분리해 내서, 콩 본연의 고소한 맛이 잘 살아 있다. 비지를 짜는 힘의 세기까지 세심하게 조절해 콩의 식감을 살려낸다. 대표 메뉴로는 해물된장 순두부, 비지찌개, 두부전골 등이 있다. 당일 생산, 당일 판매 원칙이라 일찍 문을 닫을 수 있으므로 방문 전 미리 전화로 확인하는 것이 좋다.

☕ 현지인들이 사랑하는 브런치 카페
제니스 카페

📍 서귀포시 신동로 115 📞 064-732-7817
🕐 매일 11:00~22:00(라스트오더 20:30, 일 휴무)
🚗 신북로 3 주변 공영 주차장 ℹ️ 찾아가기 서귀포 치유의 숲에서 자동차로 14분 🐾 반려동물 동반 가능

서귀포시 서호동, 신시가지의 설문 대공원 옆에 있다. 작은 카페이지만, 서귀포에서 브런치와 디저트를 즐기기에 좋은 카페로 현지인들에게 인기가 많다. 통창으로 들어오는 자연광과 따뜻한 인테리어가 어우러져 편안한 분위기를 자아낸다. 손님 대부분은 신시가지 주민들이다. 대표 메뉴로는 샌드위치와 스파게티, 샐러드, 그리고 직접 구운 디저트가 있다. 커피는 물론 다양한 차와 음료도 준비하고 있어서 취향에 맞게 선택할 수 있다. 식사와 커피를 한꺼번에 해결하기에 좋다. 여행 중 잠시 쉬어가며 여유로운 시간을 보내기에 안성맞춤인 공간이다.

귤 향 가득한 카페
감따남

- 서귀포시 월산로 16
- 0507-1347-2306
- 10:00~18:00 (라스트오더 17:30, 월 휴무)
- 주변 길가
- 찾아가기 서귀포 치유의 숲에서 자동차로 15분
- 인스타그램 @gamttanam 반려동물 동반 가능

엉또 폭포로 향하는 길목, 벚나무 아래로 잔잔한 음악이 흐른다. 음악을 따라 시선을 옮기면, 하얀 이층집이 눈에 들어온다. 동화에 나올 법한 귤밭 카페 '감따남'이다. 이곳은 서귀포 여행 중 잠시 쉬어가기 좋은 숨은 명소다. 감따남은 3대째 감귤 농사를 이어온 가족이 정성껏 운영하는 감성 카페다. 국내 여행객은 물론 외국 여행자들 사이에서도 입소문이 퍼지며, 큰 인기를 끌고 있다. 정원이 넓고 아름답다. 커피 한 잔을 들고 정원에 앉아 있으면 마치 일상에서 벗어나 자연 속에 들어온 듯한 기분이 든다.

카페 외관은 마치 요정의 집처럼 아기자기하고 분위기가 따뜻하다. 내부는 포근하면서도 감각적으로 꾸며서 아늑한 분위기를 자아낸다. 자연의 색감과 감귤의 따스함이 조화를 이루는 공간이다. 감따남은 반려견 동반도 가능해, 강아지와 함께 산책하거나 여유로운 시간을 보내기에도 좋다. 날씨 좋은 날, 반려견과 정원을 산책한 기억은 오래도록 잊지 못할 것이다. 감귤과 한라봉을 수확하고 직접 맛볼 수 있는 체험 프로그램도 운영한다.

ONE MORE 여기도 좋아요!

태평양과 서귀포가 시야 가득
거린사슴 전망대

📍 서귀포시 1100로 791 🚗 전용 주차장
🐕 반려동물 동반 가능 ℹ️ **찾아가기** 서귀포 자연 휴양림에서 자동차로 1분, 중문에서 21분

서귀포 시내와 망망한 태평양이 한눈에 내려다보이는 전망대다. 서귀포 자연 휴양림 아래에 있다. 한 번 지나치면 다시 돌아오기 쉽지 않으니, 전망대 표지판이 보이면 미리 차선을 변경해 진입하자. 이곳에서는 한라산의 원시림과 드넓은 목초지 풍경 너머로 서귀포 시내와 제주 남쪽 바다가 한눈에 펼쳐진다. 날씨가 맑은 날에는 서남쪽으로 산방산과 송악산까지 시야가 트여서 전경이 더 장쾌하다. 전망대에 있는 망원경으로 멀리 있는 풍경도 생생하게 감상할 수 있다. 전망대 옆 상점 뒤로 난 오솔길은 거린사슴 오름으로 이어진다. 10여 분 만에 오름 정상에 오를 수 있다.

한라산의 절경을 걷다
영실 탐방로

📍 서귀포시 영실로 246(영실 매표소)
🚗 영실 제1주차장, 제2주차장
ℹ️ **찾아가기** 찾아가기 제주국제공항에서 자동차로 50분, 중문에서 30분, 서귀포 자연 휴양림에서 7분

한라산 남벽 분기점까지 접근할 수 있는 탐방로로, 거리는 왕복 11.6km약 5~6시간이다. '영실'이라는 이름은 산 모양이 부처가 설법하던 영산을 닮은 데서 유래했다. 해발 1,280m에서 탐방을 시작한다. 천연기념물 제182호인 영실기암은 바위 절벽이 장관이다. 동쪽 바위는 수행자들이 부처의 설법을 듣는 모습과 같아 오백나한, 서쪽은 병풍바위라고 부른다. 선작지왓, 윗세 오름을 지나 남벽 분기점에서 탐방이 마무리된다. 선작지왓은 봄이면 산철쭉과 털진달래가 만발해 장관을 이룬다. 윗세 오름에서 남벽 분기점으로 가는 길은, 운무가 깔리면 마치 구름 위를 걷는 듯한 감동을 선사한다.

하늘과 가장 가까운 길
한라산 1100고지와 습지

- 서귀포시 1100로 1555
- 09:00~18:00(입장 마감 17:00)
- 1100고지 입구 앞 및 주변 길가
- 찾아가기 서귀포 자연 휴양림에서 자동차로 8분, 중문에서 30분

제주시와 중문을 연결하는 도로이다. 가장 높은 지점이 해발 1,100m이다. 봄이면 산벚꽃이 흐드러지고, 여름에는 안개 낀 초록 숲이 몽환적인 풍경을 자아낸다. 가을에는 단풍이 곱게 물들고, 겨울철엔 눈 내린 능선을 배경으로 펼쳐지는 풍경이 마치 선계에 들어선 듯 신비해진다. 겨울이면 1,100도로 눈꽃 풍경을 감상하려는 탐방객들로 붐비며, 인근 도로는 차량 정체가 극심해진다. 이럴 때는 제주 버스터미널에서 출발해 하루 12회 왕복하는 계절 한정 '한라 눈꽃 버스'를 이용하는 것이 좋다. 1,100고지 휴게소 앞엔 람사르 습지에 등록된 1,100고지 습지가 있다. 산책로가 잘 조성돼 있다.

국내에서 가장 높은 편의점
GS25 한라산 1100고지점

- 서귀포시 1100로 1555
- 매일 08:00~18:00   전용 주차장
- 찾아가기 제주국제공항에서 자동차로 40분, 중문에서 30분

한라산 중턱, 해발 1,100미터에 자리한 이 편의점은 전국에서 가장 높은 곳에 있는 GS25 매장이다. 1100도로를 따라 올라가다 보면, 울창한 숲과 안개 낀 고지대에 아늑하게 자리한 매장을 만날 수 있다. 맑은 날엔 숲과 푸른 하늘이 어우러진 풍경이, 흐린 날엔 운무가 감싸는 신비로운 분위기가 펼쳐진다. 따뜻한 커피를 마시거나 컵라면을 먹으며 유리창 너머로 펼쳐지는 한라산의 절경을 감상하기에 더없이 좋다. 특히 눈이 내리는 날에는 설국에 온 듯 낭만적인 분위기를 자아낸다. 여행 중 잠시 들러 쉬어가기 좋은 곳이니 일정에 꼭 더해보자.

약천사

제주 바다를 품은 동양 최대 법당

- 서귀포시 이어도로 293-28
- 064-738-5000
- 전용 주차장
- 찾아가기 제주국제공항에서 자동차로 50분, 중문에서 9분
- 반려동물 동반 가능

...
제주 바다를 품은
고요한 절집에서
명상하고 걷기 수행도 하며
삶의 고단함을 풀어내길

서귀포시 중문과 강정동 사이, 대포동 언덕에 있다. 올레길 중에서도 가장 빼어난 풍경을 자랑하는 8코스가 약천사 잔디밭을 지난다. 8코스는 푸른 바다와 한라산 절경을 더불어 감상할 수 있어서 걷는 이의 시선을 단숨에 사로잡는다. 약천사는 한국 현대 불교의 대표 건축물인 대적광전을 품고 있다. 그 앞에 펼쳐진 넓은 잔디밭, 그리고 그 너머로 보이는 서귀포 바다도 약천사의 자랑거리다.

약천사 대적광전은 단일 법당으로는 동양 최대 규모를 자랑한다. 대지는 3,380㎡1,043평이고, 지붕까지 높이는 무려 29.5m로 아파트 10층과 맞먹는다. 팔작 기와지붕, 다포식 공포, 추녀의 날렵한 곡선

등 전통 건축 양식을 충실히 따랐다. 섬세한 조각과 단청에서 장인의 숨결이 느껴진다. 웅장한 외관 못지않게 내부도 화려하다. 천장까지 탁 트인 통층 구조의 법당 안에는, 높이 4.8m, 좌대까지 합하면 6.8m에 달하는 목조 비로자나불이 앉아 있다. 불상 뒤에 설치된 후불탱화를 목각으로 제작한 점도 인상적이다. 후불탱화뿐 아니라 대적광전 내부의 모든 탱화는 모두 목각으로 조성했다. 탱화에 쏟은 장인 정신이 놀랍다. 법당의 백미라 할 수 있는 단청은 색감과 문양이 섬세하며, 전통의 품격을 우아하게 드러낸다. 이러한 이유로 약천사는 제주 불교 신도뿐 아니라, 제주를 찾는 많은 이들이 성지 순례의 마음으로 들르는 명소가 되었다.

약천사는 템플스테이 프로그램을 운영한다. 그중 '숨비 명상'은 특별한 의미를 지닌다. 2박 3일 동안 진행되는 이 프로그램은 해녀들이 숨을 참고 물질하다 한계에 이르러 내뱉는 '숨비소리'에서 모티프를 얻었다. 고단한 일상을 살아가는 현대인들이 자신의 호흡을 되찾고, 회복 탄력성과 내면의 평온을 찾는 데 큰 도움을 준다. 참가자들은 바다를 내려다보며 명상하고, 사찰 음식과 걷기 수행 등을 체험하며 자신을 돌아보게 된다.

ONE MORE 여기도 좋아요!

자연이 빚은 신비로운 조각 작품
대포 주상절리

- 서귀포시 이어도로 36-24
- 064-738-1521 ⏱ 매일 09:00~17:30
- ₩ 성인 2,000원, 청소년·어린이 1,000원 🚗 전용 주차장
- ℹ 찾아가기 약천사에서 자동차로 9분, 중문에서 자동차로 5분

제주도의 대표적인 명승지이자 지질 유산이다. 화산에서 흘러내린 용암이 굳어 형성된 현무암 해안 지형을 관찰할 수 있는 소중한 자원이다. 이러한 가치를 인정받아 천연기념물 제443호로 지정되어 보호받고 있다. '절리'란 지층이나 암석이 쪼개지거나 갈라진 틈을 말한다. 우리나라에는 이런 절리가 약 70곳에 있다. 이 가운데 중문 대포 해안 주상절리대가 가장 유명하다.

대포 주상절리는 약 25만 년 전, 북쪽으로 11km 떨어진 녹하지악에서 분출한 현무암질 용암이 바다와 만나면서 만들어졌다. 고온의 용암이 바닷물에 급속히 냉각되는 과정에서 수축 작용이 일어나 육각형 수직 절리, 곧 결을 따라 나란히 갈라진 암석 틈이 만들어졌고, 이후 해안 침식으로 육각형 돌기둥들이 밖으로 드러났다. 약 25m 높이의 수많은 기둥 모양 암석이 자연이 빚어낸 조각 작품처럼 경탄스럽다. 병풍처럼 둘러선 돌기둥은 약 2km에 걸쳐 규칙적으로 이어진다. 누군가 정교하게 다듬어 놓은 것 같은 주상절리대는 세계적으로 드문 지형이다. 푸른 물빛과 사계절 내내 변하는 풍경 덕분에 언제 방문해도 새로운 감동을 준다.

바다와 숲, 오름과 마을까지
올레 8코스

📍 **출발지** 서귀포시 월평동 755
　도착지 서귀포시 안덕면 감산리 982-3
ℹ️ **찾아가기** 약천사에서 자동차로 4분,
　중문에서 자동차로 11분(출발지 기준)

서귀포시 월평 아왜낭목 쉼터에서 대평 포구까지 이어지는 약 20km의 길이다. 평균 5~6시간 걸린다. 어느 정도 체력을 요하지만 그만큼 다채로운 풍경이 보상처럼 따라온다. 출발점인 아왜낭목 쉼터는 아왜나무 군락지로 이국적인 분위기를 자아낸다. 걷다 보면 웅장한 3층 법당이 인상적인 약천사를 지나게 되고, 이어서 작내 천이 흐르는 구간을 만난다. 이곳에는 나무 덱 산책로가 잘 조성되어 있어서 여유롭게 걷기 좋다.

대포 포구를 지나면 국내 최대 주상절리대를 마주하게 된다. 용암이 바다와 만나 급격히 식으면서 생긴 육각형 돌기둥들이 만들어낸 풍경은 자연이 빚은 놀라운 조형미를 보여준다. 베릿내 오름에 오르면 남태평양이 한눈에 펼쳐지고, 맑은 날에는 마라도와 가파도까지 조망할 수 있다. 중문 색달 해변에서는 길고 넓은 백사장이 반겨주고, 코스의 끝자락인 대평 포구는 군산과 어우러진 풍경이 특히 아름다워 올레 여행을 마무리하기에 제격이다. 올레 8코스는 바다와 숲, 오름과 마을이 조화를 이루는 길이다. 바람과 햇살, 그리고 평화로운 풍경을 마음껏 누려보자.

RESTAURANT & CAFE 약천사 주변의 맛집과 카페

특급 호텔 셰프의 '인생 짬뽕'
함쉐프 키친 짬뽕 서귀포 본점

- 서귀포시 이어도로 217-4
- 0507-1420-1142
- 11:00~21:00(브레이크타임 15:00~17:00, 일 휴무)
- 전용 주차장 | 찾아가기 약천사에서 자동차로 4분, 중문에서 7분 | 인스타그램 @hamchef.kitchen

중문 신라호텔에서 15년간 경력을 쌓은 셰프가 운영하는 프리미엄 짬뽕 레스토랑이다. 유럽풍 건물과 정원은 지중해의 작은 레스토랑을 연상시킨다. 잔잔한 음악이 어우러진 공간은 마치 영화의 한 장면에 들어온 듯한 분위기를 자아낸다. 대표 메뉴는 단연 '인생 짬뽕'이다. 깊고 진한 국물에 육즙 가득한 소고기 왕갈비, 부드러운 차돌박이, 신선한 해산물이 어우러져 풍부한 맛을 선사한다. 단순히 매운맛에 그치지 않고, 재료 본연의 맛이 살아 있어 한 숟가락마다 감탄이 절로 나온다. 해산물의 담백함, 고기의 고소함, 채소의 아삭한 식감이 어우러져 고급 중식의 새로운 기준을 보여준다. 짬뽕 외에도 수제버거, 눈꽃 치즈 흑돼지 돈가스, 제주산 해산물로 만든 바다 볶음밥, 해산물 로제 파스타 등 다양한 퓨전 메뉴도 있어서 취향에 따라 골라 즐기기 좋다. 감각적인 색감과 섬세한 플레이팅은 시각적인 만족감까지 더해주며, 혼자서도 여유로운 미식의 시간을 보낼 수 있다. 날씨가 좋은 날에는 야외에서 바람과 햇살을 느끼며 식사하는 즐거움도 누릴 수 있다.

귤 창고가 힙한 카페로
볼스 카페

- 서귀포시 일주서로 626
- 0507-1426-1981
- 매일 10:00~19:00 (라스트오더 18:40)
- 전용 주차장
- 찾아가기 약천사에서 자동차로 3분, 중문에서 8분
- 인스타그램 @Volsproduction_official
- 반려동물 동반 가능

오래된 귤 창고를 새롭게 단장해 만든 감각적인 카페이다. 거칠고 투박한 귤 창고의 흔적을 살리면서도, 따뜻하고 세련된 분위기로 재탄생시켰다. 1층은 감성이 가득한 'vols kafe', 2층은 다양한 빵이 가득한 'butter top bread'로 구성되어 있다. 겉보기엔 허름해 보여도 문을 열고 들어서는 순간, 힙한 분위기가 확 느껴진다. 노출 콘크리트의 빈티지한 인테리어와 푸릇푸릇한 식물들이 조화를 이루며, 감각적인 공간을 완성한다. 이곳을 더욱 특별하게 만드는 요소는 은은한 향기다. 카페에서 직접 제작한 디퓨저 덕분인데, 매장에서 구매도 가능하다. 봄이 오면 앞마당은 형형색색 꽃밭으로 바뀐다.

풍미 좋은 커피 한 잔
올디 벗 구디

- 서귀포시 일주서로 330
- 010-9082-1914
- 매일 11:00~19:00
- 카페 옆 공영 주차장
- 찾아가기 약천사에서 자동차로 8분, 중문에서 12분
- 인스타그램 @cafe_oldiebutgoodie 노키즈존 12개월 미만, 8세 이상 가능
- 반려동물 동반 가능

강정 포구 북쪽, 서귀포 도순동에 있다. 진한 커피 맛으로 오랜 시간 사랑받아 온 전통 있는 카페다. 풍미 깊은 커피와 정성스럽게 만든 디저트가 어우러져, 조용한 아침이나 느긋한 오후에 특히 잘 어울린다. 그중에서도 소금빵은 커피와 환상의 조합을 자랑한다. 한입 베어 물면 고소한 향이 퍼지며 마음마저 따뜻해진다. 바삭하고 달콤한 쿠키 역시 빼놓을 수 없다. 커피의 여운을 오래도록 이어준다. 맑은 날에는 야외 테이블에 앉아 제주 바람을 느끼며 여유로운 시간을 보낼 수 있고, 비 오는 날에는 유리창 너머로 펼쳐지는 풍경이 커피 맛을 더욱 깊게 해준다.

엉덩물 계곡
바람도 쉬어가는 유채꽃 명소

📍 서귀포시 색달동 3384-4
🚗 전용 주차장(색달동 2889-1)
ℹ️ 찾아가기 제주국제공항에서 자동차로 50분
🐾 반려동물 동반 가능

중문 색달 해수욕장 뒤편에 머리카락이 보일까 꼭꼭 숨은 계곡이 있다. 사람들이 북적이는 해변에는 관심이 없다는 듯 짐짓 고개를 돌리고 있다. 이름도 정겨운 엉덩물 계곡이다. 전기차 충전소가 있는 중문 색달 해수욕장 북측 주차장에서 북쪽으로 조금만 걸으면 엉덩물 계곡의 입구가 모습을 드러낸다. 계곡의 왼편에는 롯데 호텔과 켄싱턴 리조트가, 오른편에는 씨사이드 아덴 리조트가 자리하고 있다. 계곡 위쪽으로 조금 더 오르면 색달 해변의 풍경까지 함께 조망할 수 있다.

엉덩물 계곡은 관광지의 소란스러움에서 벗어나 마음을 쉬게 해주는 여백 같은 공간이다. 한적해서 좋은 계곡은 자연 그대로의 모습을 간직한 채 누구에게나 열려 있다. 현무암 바위 사이로 길게 이어지는 계곡 경사면은, 봄이 되면 노란 유채꽃으로 가득 메워진다. 해

...
유채꽃과 에메랄드빛 바다
은전 같은 햇살이
환영하듯 동행해 주는
리조트 옆 숨은 계곡

마다 2월 중순부터 3월까지 노란 유채꽃이 만개하는데, 몇 해 전부터 봄꽃 여행자들의 비밀 명소로 자리를 잡았다. 꽃길의 남쪽 끝은 푸른 바다로 이어진다. 노란 유채꽃과 에메랄드빛 바다의 색 대비가 마치 한 폭의 그림처럼 매혹적이다.

'엉덩물'이라는 독특한 이름에는 재미있는 이야기가 담겨 있다. 옛날, 물을 마시러 온 노루, 고라니 같은 동물들이 험한 지형 탓에 계곡 아래까지 내려오지 못하고 절벽 위에서 엉덩이를 보인 채 볼일만 보고 돌아섰다고 해서 붙여진 이름이라고 전해진다. 계곡 산책로는 나무 덱으로 잘 조성돼 있어서 걷기 편하다. 경사가 완만해 남녀노소 누구나 쉽게 오를 수 있다.

길을 따라 걷다 보면 유채꽃 사이사이로 바람에 실려 오는 바다 냄새가 마음을 말갛게 씻어준다. 이곳은 혼자 걷기 좋은 곳이다. 유채꽃과 바다, 바람과 햇살이 조용히 다가와 동행해 주는 까닭이다. 사람들로 붐비는 여행지가 부담스러울 때, 엉덩물 계곡은 더없이 좋은 선택지이다. 봄 풍경을 즐기거나 나와 조용히 이야기 나누며 여유로운 시간을 보내기에 이만한 곳이 드물다. 유채꽃이 가득한 계곡에서, 혼자여서 더 소중한 시간을 즐겨보자. 계곡을 왕복하는 데 20분 남짓 걸린다.

ONE MORE 여기도 좋아요!

서퍼들의 천국
중문 색달 해수욕장

- 서귀포시 색달동 3039
- 064-739-4993
- 전용 주차장
- 찾아가기 엉덩물 계곡 입구에서 걸어서 3분

해양 스포츠의 성지이다. 해마다 100만 명이 넘는 사람들이 해양 스포츠를 즐기기 위해 이곳을 찾는다. 중문 색달 해수욕장은 파도가 높고 거세다. 거친 파도 덕분에 매년 6월에는 국내 최대 규모의 국제 서핑 대회가 열린다. 수심도 깊어서 서핑은 물론 패러세일링, 수상 스키, 스쿠버 다이빙 등 다양한 해양 스포츠를 즐기기에도 안성맞춤이다.

색달 해수욕장의 옛 지명은 '진모살'이다. 표준어로 풀면 '긴 모래 해변'이라는 뜻이다. 해수욕장 입구부터 잘 정돈된 길을 따라 야자수와 소철이 늘어서 있어서 마치 남태평양의 휴양지에 온 기분이 든다. 흑색, 백색, 적색, 회색 등 네 가지 색의 모래가 펼쳐진 백사장과 검은 절벽이 조화를 이루며 아름다운 풍광을 선사한다. 여기에 서퍼들의 모습이 더해져 이국적인 정취를 자아낸다. 해가 질 녘이면 바다 끝으로 떨어지는 태양을 담기 위해 카메라를 든 사람들이 하나둘씩 모여든다. 길게 이어진 모래사장을 따라 야자수와 바다가 어우러지고, 절벽 위 계단을 오르면 중문 관광 단지의 호텔 산책로와 자연스럽게 연결된다.

하늘이 내린 비경
천제연 폭포

- 서귀포시 천제연로 132 (중문동 2232)
- 064-760-6331 매일 09:00~17:00
- 성인 2,000원, 어린이·청소년 1,350원
- 전용 주차장
- 찾아가기 엉덩물 계곡 자동차로 4분

제주를 대표하는 3대 폭포 중 하나이다. 천제연 폭포에는, 별이 빛나는 밤 옥황상제를 모시는 일곱 선녀가 내려와 목욕하고 놀다가 갔다는 전설이 전해진다. '하느님의 연못'이라는 뜻처럼, 이곳은 신비로운 비경을 간직하고 있다. 한라산에서 발원한 중문천은 울창한 난대림 사이를 흐르다가 절벽을 만나 장대한 3단 폭포를 이룬다. 제1폭포는 주상절리 암벽 아래로 낙하해, 수심 21m의 에메랄드빛 연못을 만든다. 이 물줄기는 다시 제2폭포와 제3폭포를 거쳐 바다로 흘러간다.

폭포로 가기 위해서는 주차장에서 출발해 약 1km에 이르는 계곡 길을 내려가야 한다. 계단이 가팔라 운동화 같은 편안한 신발을 신어야 한다. 제1폭포는 비가 내린 직후에만 물이 흐르므로, 제2폭포부터 둘러보는 것을 추천한다. 천제연 폭포가 위치한 유원지 입구에는 보기만 해도 아찔한 '선임교'가 있다. 오작교 형태로 꾸며진 아치형 철제 다리로, 양쪽으로는 한라산과 바다가 탁 트인 전경을 이룬다. 이곳에서 내려다보는 난대림은 마치 원시림을 보는 듯 이국적이다.

아름다운 제주의 정원
여미지 식물원

- 서귀포시 중문관광로 93
- 064-735-1100 매일 09:00~18:00
- 성인 12,000원, 청소년 8,000원, 어린이 7,000원
- 전용 주차장 찾아가기 엉덩물 계곡에서 자동차로 2분
- 반려동물 동반 가능

제주도를 찾은 사람이라면 한 번쯤 들러보는 명소다. 지붕이 인상적인 온실 식물원을 중심으로, 제주 자생 식물원, 왕벚나무 길, 우드랜드, 허브원 등 개성이 뚜렷한 정원들이 원형으로 배치되어 있다. 온실 식물원은 12,543㎡(약 3,800평) 규모로, 화접원, 수생 식물원, 다육 식물원, 열대 식물원 등 여섯 가지 테마로 구성돼 있다. 온실을 지나 외부 정원으로 나서면, 한국식·일본식·이탈리아식·프랑스식 정원이 잔디 광장을 빙 둘러싸고 있다. 마지막으로, 38m 높이의 전망 타워에 오르면 중문 관광 단지와 천제연 폭포가 한눈에 펼쳐지고, 날씨가 맑은 날엔 우리나라 최남단 마라도까지 선명하게 조망할 수 있다.

지금 놓치면 후회할 벚꽃 명소
대왕수천 예래 생태 공원

- 서귀포시 상예동 5002-26
- 상예동 793-2 주차장
- 찾아가기 엉덩물 계곡 자동차로 7분
- 반려동물 동반 가능

중문 관광 단지 서쪽으로 흐르는 대왕수천을 따라 조성됐다. 봄이면 벚꽃이 산책로를 따라 흐드러지게 피어나고, 여름엔 울창한 나무가 시원한 그늘을 만들어 준다. 가을에는 노랗고 붉은 단풍이 공원을 화사하게 물들인다. 나무 덱으로 산책로를 만들어 놓아 편안히 걷기 좋다. 대왕수천을 따라 졸졸 물이 흐른다. 지즐대는 물소리는 지친 마음에 잔잔한 위로를 건넨다. 예래 생태 공원엔 화려한 관광지의 번잡함은 없다. 그 대신 조용한 여백이 있어서 혼자 여행하기 좋다. 조용히 제주를 느끼고 싶다면, 예래 생태 공원으로 가자. 조용한 휴식이 당신을 기다리고 있을 것이다.

온기 가득한 독립 책방
그건 그렇고

- 서귀포시 상예로 224
- 0507-1311-8780 13:00~18:00(토, 일 휴무)
- 서점 앞 주차장 찾아가기 엉덩물 계곡 자동차로 7분
- 인스타그램 @btwjeju

중문 관광 단지 서북쪽 상예동에 몇 해 전, 작은 책방 하나가 문을 열었다. 책방지기가 습관처럼 중얼거렸던 말, '그건 그렇고'가 책방 이름이 되었다. "세상 모든 것들이 다 의미가 있을 필요는 없을 거야." "살면서 한 번쯤은 그냥 생각나는 대로 해도 괜찮지 않을까?" 이런 상상에서 시작된 책방이다. 문을 열고 들어서면 "각자의 편안한 시간을 위하여 책방지기는 최대한 눈에 띄지 않는 곳에 있습니다."라는 문구가 눈길을 끈다. 책방지기는 큰 책장 뒤 자신만의 공간에 조용히 숨어 있다. 살다 보면 책이나 읽거나, 마냥 놀고 싶은 날이 있지 않던가. 여행 중 그런 날이 온다면, 이곳이 최고의 장소가 되어줄 것이다.

RESTAURANT & CAFE 엉덩물 계곡 주변의 맛집과 카페

윤기가 흐르는 짜장면
류차이

- 서귀포시 중문관광로 330 064-739-4149
- 10:00~21:00(화 휴무) 전용 주차장
- 찾아가기 엉덩물 계곡 자동차로 4분

중문 관광 단지 동쪽 대포동에 있는 중국 음식 전문점이다. 기본에 충실한 중화요리를 선보인다. 윤기가 흐르는 짜장면은 담백하다. 바싹하게 튀겨낸 군만두는 속이 꽉 차 있다. 여행 중 지친 속을 부드럽게 달래준다. 채소와 해산물이 잘 어우러진 잡탕밥은 양이 많고 감칠맛이 뛰어나다. 그밖에 짬뽕, 유산슬, 팔보채 등도 즐길 수 있다. 음식이 화려하진 않지만, 요리사의 내공이 느껴질 만큼 깊고 담백하다. 실내는 넓은 데도 단정하고 분위기가 조용해서 혼자 가도 편안하게 식사할 수 있다. 어릴 적 중국집 추억이 떠오른다. 주차장이 잘 갖추어져 있다.

🍴 흑돼지와 짜장면을 한곳에서
사해방 흑돼지

📍 서귀포시 천제연로 263 📞 064-738-4577
🕐 매일 10:30~22:00 🚗 전용 주차장
ℹ️ 찾아가기 엉덩물 계곡 자동차로 5분

중문 관광 단지 동쪽 중문동에 있다. 제주산 흑돼지 두루치기와 짜장면, 짬뽕 같은 중화요리를 한곳에서 즐길 수 있는 독특한 식당이다. 매콤하게 볶아낸 흑돼지 두루치기는 고기의 육즙과 식감이 살아 있다. 신선한 채소와 어우러져 풍미도 깊다. 중식 메뉴도 많아서 고깃집에 왔는지 중국집에 왔는지 헷갈리지만, 어느 곳으로도 기울지 않을 만큼 중식도, 흑돼지 두루치기도 둘 다 맛이 좋다. 실내는 넓고 깨끗하다. 직원들은 친절하고 응대가 빠른 편이다. 고기도 먹고 싶고, 면도 댕긴다면 사해방 흑돼지를 추천한다. 색다른 맛집에서, 색다른 한 끼를 경험하게 될 것이다.

☕ 예술과 문화가 있는 커피 성소
테라로사 중문
에코 라운지 DT점

📍 서귀포시 일주서로 1166 📞 1668-2764
🕐 매일 09:00~20:00(라스트오더 19:30)
🚗 전용 주차장(드라이브 스루 이용 가능)
ℹ️ 찾아가기 엉덩물 계곡 자동차로 8분
🌐 인스타그램 @terarosacoffee 🐾 반려동물 동반 가능

테라로사가 제주 중문에 선보인 특별한 공간이다. 감각적인 인테리어가 돋보이는 공간으로, 책과 그림이 많아서 혼자 차분한 시간을 보내기에 안성맞춤이다. 루프톱에서는 이국적인 제주 풍경을 눈에 넣으며 커피를 즐길 수 있다. 야외 테이블은 여행의 낭만과 제주의 감성을 더불어 느낄 수 있어서 좋다. 테라로사 중문 에코 라운지 DT점은 문화 공간의 역할도 하는 매력적인 커피숍이다. 전시와 공연 등 다양한 문화 콘텐츠를 제공할 뿐만 아니라, 카페 한편엔 탐나는 아트 북이 가득하다. 수준 높은 회화 작품도 벽 곳곳에 걸려 있다. 아트 북과 예술 작품, 제주의 자연이 융합하는, 커피의 성소로 당신을 초대한다.

귤밭 카페에서 '커피 오마카세'를
중문 별장

- 서귀포시 천제연로 337
- 0507-1439-3427
- 매일 10:00~22:00
- 전용 주차장
- 찾아가기 엉덩물 계곡 자동차로 5분
- 인스타그램 @cafe_jmbj
- 반려동물 동반 가능

혼행족들이 편히 쉬어갈 수 있는 라운지 같은 공간이다. 돌집 형식의 별장을 감성 카페로 리모델링했다. 3,500평의 귤밭과 야자수에 둘러싸여 있다. 이곳의 첫 번째 매력은 '커피 오마카세'다. TV 프로그램 <나 혼자 산다>에 소개되며 이름을 알렸다. 바리스타의 설명을 들으며 에스프레소, 말차를 넣은 에스프레소, 예가체프 원두 커피 등 네 가지 커피를 맛볼 수 있다. 커피 오마카세는 10시부터 예약제로 운영된다. 두 번째 매력은 수제 맥주를 마실 수 있어서 혼자서도 즐겁고 풍성한 시간을 보낼 수 있다는 것이다. 날씨 좋은 날엔 귤나무 옆 벤치와 테이블에서 커피와 맥주를 즐길 수 있다.

중문에서 만난 인생 커피
마노 커피 하우스

- 서귀포시 천제연로188번길 6-6
- 0507-1381-7373
- 매일 09:00~20:30
- 전용 주차장
- 찾아가기 엉덩물 계곡 자동차로 5분
- 인스타그램 @mano_coffee_house

조용히 커피 한 잔 마시며 쉬기 좋은 곳이다. 커피 감정사가 내린 커피를 한 모금 마시면, 지금까지 마셨던 커피를 다시 돌아보게 된다. 최상급 생두를 매일 소량만 로스팅해 신선함을 유지한다. 이렇게 완성된 커피는 진하고 깊은 맛을 낸다. 세계 3대 커피는 물론, 흔히 접하기 어려운 희귀 원두도 이곳에서 만날 수 있다. 앤티크하고 고급스러운 커피잔을 손에 쥐는 순간부터 특별한 시간이 시작된다. 커피를 천천히 음미하는 기분이 남다르다. 그래서일까? 이곳 커피를 마시면 마음이 한결 차분하고 편해진다. 중문을 여행하다가 잠시 쉬어가고 싶을 때, 꼭 들러야 할 곳이다.

PART 6
서귀포 서부권
안덕면·대정읍

오설록 티 뮤지엄
이국적인 차밭과 특별한 차 문화 체험

- 서귀포시 안덕면 신화역사로 15
- 0507-1418-5312
- 매일 09:00~19:00
- 전용 주차장
- **찾아가기** 제주국제공항에서 자동차로 38분
- 반려동물 동반 가능

오설록이 보유한 세 개의 차밭 중 하나로, 안덕면 서광리에 있다. 국내 최초의 차 박물관 오설록 티 뮤지엄이 차밭 안에 있다. 이 지역은 대기가 한라산을 지나며 많은 구름과 안개를 형성하는데, 이는 자연 차광 효과를 내 찻잎의 색을 좋게 만든다. 여기에 온화한 기후까지 더해져 고급 품질의 차를 재배하기에 최적의 조건을 갖추고 있다.

이곳은 원래 곶자왈 돌밭 지대로 작물 재배가 어려운 지역이었으나, 오설록은 이 땅을 개간해 광활한 유기농 차밭을 조성했다. 유기농 차밭을 가까이에서 즐길 수 있도록 티 뮤지엄도 개관했다. 누구나 무료로 입장할 수 있으며, 이제는 연간 200만 명 이상의 관광객이 찾는 명소이다. 녹차밭에는 포르투갈 여성 작가 조애나 바스콘셀로스의 <미스 재스민>과 영국의 개념 미술가 마이클 크레익 마

...
곶자왈 돌밭 지대가 이국적인 유기농 차밭으로! 인생 사진도 찍고 녹차 디저트도 즐기자.

틴의 <우산> 같은 예술 작품이 전시돼 있어서, 차밭을 배경으로 멋진 사진을 찍을 수 있다.

티 뮤지엄은 자연 친화적인 휴식 공간이자, 차 문화를 이해하고 체험할 수 있는 복합 문화 공간이다. 안으로 들어서면 먼저 '로스터리 존'에서 찻잎을 덖어 차를 만드는 과정을 관람할 수 있다. 갓 만들어진 차를 시음하고 구매할 수도 있다. 제주 산지 녹차, 제주 구운 녹차, 제주 화산암 차 등 3종을 잎 차와 피라미드 티백 형태로 판매하는데, 이는 제주에서만 구매할 수 있다.

제주에서만 맛볼 수 있는 디저트도 선보인다. 말차 파베 샌드는 오설록 말차와 100% 카카오버터로 만든 말차 파베 초콜릿을 말차 쿠키 사이에 넣어 즉석에서 만들어 판매하는 메뉴이다. 제주 전통 미숫가루인 '개역'을 활용한 슈페너 음료 2종도 있다. 오설록 녹차 롤케이크는 티 뮤지엄의 시그니처 메뉴이다. 부드럽고 촉촉한 맛 덕분에 자주 매진될 정도로 인기가 많다. 오설록 녹차 밀크 스프레드는 '녹차의 누텔라'로 불릴 만큼 많은 사랑을 받고 있다. 옆 건물인 티스톤은 차를 배우고 체험할 수 있는 공간이다. 1인당 6만 원으로 약 80분 간 차 마시는 법 등을 배울 수 있으며, 체험 후에는 기념품을 챙겨준다.

ONE MORE 여기도 좋아요!

차향 가득한 감성 공간
이니스프리 제주 하우스

- 서귀포시 안덕면 신화역사로 23
- 064-794-5351
- 매일 09:00~18:00 전용 주차장
- 찾아가기 오설록 티 뮤지엄에서 걸어서 2분
- 인스타그램 @innisfree_jejuhouse

오설록 티 뮤지엄 옆에 있다. 이니스프리 제주 하우스는 자연과 감성이 깃든 복합 문화 공간이다. 제주의 자연을 지키고자 하는 브랜드 철학을 반영해 친환경적으로 설계했다. 건물과 주변 경관과 멋진 조화를 이루는 점이 특히 인상적이다. 내부는 자연 채광을 최대한 살려서 밝고 따뜻한 분위기를 자아낸다. 이곳에서는 이니스프리의 다양한 제품을 만나볼 수 있는데, 일부는 제주 하우스에서만 구매할 수 있는 한정판이다.

제주의 자연을 오감으로 체험할 수 있는 프로그램도 다양하게 마련되어 있다. 방문객들은 천연 재료로 비누를 만들어 자신만의 특별한 기념품을 남길 수 있다. 추억을 남기고 싶다면 엽서에 스탬프를 찍어 집으로 보내보자. 카페에서는 제주산 재료로 만든 음료와 디저트를 맛볼 수 있다. 창가 자리에 앉으면 바로 옆에 펼쳐진 오설록 녹차밭의 아름다운 풍경을 감상하며 여유로운 시간을 보내기 좋다. 이니스프리 제주 하우스에서 제주의 자연을 만끽하며 특별한 추억을 만들어보자.

제주 오름에서 즐기는 승마
제주 아리온 승마장

- 서귀포시 안덕면 신화역사로403번길 79
- 0507-1497-2016
- 09:30~17:00(브레이크타임 12:00~13:30, 월 휴무)
- 승마장 앞 찾아가기 오설록 티 뮤지엄에서 자동차로 6분
- 인스타그램 @jeju_arion

넓은 초원과 완만한 오름이 어우러진 목가적인 풍경이 매력적이다. 혼자 방문하면 오히려 더 깊이 몰입할 수 있다. 성인을 위한 언덕 오름 기승 코스에서는 말과 함께 제주의 자연을 천천히 걷는 특별한 경험을 할 수 있다. 말을 처음 타보는 사람도 부담 없이 즐길 수 있도록 친절하고 체계적인 안내가 이루어진다. 말과 교감하는 방법 역시 차근차근 설명해 주어 쉽게 이해할 수 있다. 상업적인 체험장이 아니라, 잘 갖춰진 전문 승마 센터에 온 듯한 인상을 준다. 주변에는 사진 찍기 좋은 스폿도 많아 말을 타지 않아도 산책하며 여유로운 시간을 보내기 좋다.

제주에서 만난 놀이공원
신화 테마 파크

- 서귀포시 안덕면 신화역사로 304번길 38
- 1670-1188 매일 10:00~20:00
- 전용 주차장
- 찾아가기 오설록 티 뮤지엄에서 자동차로 5분

신화 테마 파크는 제주도의 유일한 놀이동산이다. 대형 복합 리조트 신화 월드 안에 있어서 편의시설이 좋다. 테마 파크는 야외 시설이 대부분이다. 따라서 무덥고 비가 많이 오는 여름이나 날이 추운 겨울철에는 날씨의 영향으로 모든 시설을 온전히 즐기기 어려운 점이 있다. 제주에서 가장 큰 규모를 자랑하지만, 수도권의 대형 놀이공원과 비교하면 상대적으로 아담한 편이다. 공원은 인기 캐릭터 '라바'를 테마로 꾸며져 있으며, 시즌별로 다양한 축제와 콘서트도 열린다. 특히 여름철에는 파도 풀, 유수 풀 등 총 18개의 풀과 슬라이드를 갖춘 신화 워터 파크가 인기를 끈다.

RESTAURANT & CAFE 오설록 티 뮤지엄 주변의 맛집과 카페

멕시코의 맛 그대로
뱅인타코 제주본점

- 서귀포시 대정읍 에듀시티로 74 라온프라이빗에듀 상가동 101호
- 064-794-7949
- 11:00~21:30 (라스트오더 21:00, 월 휴무)
- 식당 오른쪽 상가주차장 3자리, 주변 갓길
- 찾아가기 오설록 티 뮤지엄에서 자동차로 4분
- 인스타그램 @bangin.taco

영어 교육 도시에 있는 멕시코 음식 전문점이다. 내부는 아담하지만 깔끔하고 감각적인 인테리어가 이국적인 분위기를 자아낸다. 펑키한 음악이 흐르고, 경쾌하고 편안하게 식사를 즐기기 좋다. 주문 방식은 간단하다. 부리토, 타코, 볼, 샐러드 중 메인 메뉴를 고른 후, 흑돼지, 닭, 새우 등 속 재료를 선택하면 된다. 각 메뉴는 신선한 재료를 아낌없이 사용하며, 고기와 채소, 소스가 조화롭게 어우러진다. 특히 '뱅인나초'는 바삭한 나초 위에 고기, 치즈, 소스, 채소가 푸짐하게 올라가 한 끼 식사로도 손색이 없다. 사이드 메뉴로는 케사디야와 감자튀김이 있다.

요즘 떠오르는 브런치 카페
이보커 본점

- 서귀포시 안덕면 서광사수동로20번길 17
- 0507-1485-5123
- 08:30~17:00 (라스트오더 16:30, 일 휴무)
- 전용 주차장
- 찾아가기 오설록 티 뮤지엄에서 자동차로 4분
- 인스타그램 @evoker.jeju

안덕면 서광리의 조용한 마을 골목 안쪽에 있는 브런치 카페이다. 건물 외관을 노출 콘크리트 기법으로 마감해서 멀리서도 시선을 끈다. 층고가 높은 실내는 감각적인 오브제와 세련된 인테리어가 돋보인다. 브런치 메뉴는 직접 만든 그래놀라에 신선한 요거트와 제철 과일을 더한 그래그릭, 10가지 채소로 구성된 구운 야채, 제주 흑돼지 잠봉과 신선한 채소가 어우러진 이보커 샌드위치, 직접 채취한 고사리로 만든 고사리 스프까지 다양하다. 커피는 라테와 아이스크림의 조화가 매력적인 라테플로트, 에스프레소 한 샷에 약간의 스팀 밀크를 더한 피콜로를 추천한다.

제주 감성의 빈티지 카페
풀베개

- 서귀포시 안덕면 화순서서로 492-4 📞 064-792-2717
- 매일 10:00~20:00 (라스트오더 19:00) 🚗 전용 주차장
- 찾아가기 오설록 티 뮤지엄에서 자동차로 4분
- 반려동물 동반 가능

자연의 향기가 느껴지는 감성적인 카페다. 안덕면 서광리의 전통 가옥을 개조했다. 외관은 가능한 한 그대로 살리고, 내부만 빈티지한 감성으로 리뉴얼했다. 제주의 고즈넉한 분위기를 고스란히 간직해서 더 매력적이다. 카페 이름은 일본 소설가 나쓰메 소세키의 작품 <풀베개>에서 따왔다. 본관과 분관으로 나뉘어 있으며, 통유리창을 통해 계절 따라 변하는 제주 풍경이 실내로 자연스럽게 스며든다. 어느 계절에 찾아가도 제주의 정취를 깊이 있게 느낄 수 있다. 제주의 햇살과 바람, 동백꽃이 흩날리는 풍경, 마당의 고요함, 새소리 같은 일상의 찰나까지 온전히 느낄 수 있다.

안개처럼 깊고 잔잔한 카페
무로이

- 서귀포시 안덕면 동광본동로 21 📞 0507-1412-0008
- 매일 10:30~19:00(라스트오더 18:30) 🚗 전용 주차장
- 찾아가기 오설록 티 뮤지엄에서 자동차로 5분
- 인스타그램 @_muroi
- 반려동물 동반 가능(케이지, 가방 필수)

안덕면 동광리에 있다. 짙은 검정 색조 외관은 미술관을 연상시킨다. '무로이'는 안개가 깊고 오래 머무는 현상을 뜻하는 말로, 이름처럼 카페에 깊고 고요한 분위기가 스며 있다. 정원이 아늑하고 아름답다. 거의 모든 좌석이 통유리를 마주하고 있어, 창밖 정원을 바라보며 여유로운 시간을 보내기 좋다. 시그니처 메뉴는 부드러운 크림 라테와 콜드브루 위에 크림을 얹은 크림 브루이다. 디저트로는 미니 항아리에 담긴 항아리 티라미수와 크림 치즈가 풍부한 레어 치즈 케이크의 인기가 좋다. 제주 녹차와 한라봉을 활용한 다양한 베이커리는 제주의 풍미를 느낄 수 있어서 좋다.

방주 교회
노아의 방주를 닮았다

📍 서귀포시 안덕면 산록남로 762길 113(상천리427)
📞 064-794-0611
ⓘ **외부 개방** 상시 개방 **내부 개방** 월 13:00~17:00, 화~금 09:00~17:00, 토 09:00~12:00, 수요일 오전과 일요일은 예배로 내부 관람 불가
🚗 전용 주차장
ⓘ **찾아가기** 제주국제공항에서 자동차로 40분

물과 빛, 나무의 조화가 빼어난 교회 건축이다. 재일교포 건축가 이타미 준한국 이름 유동룡, 1937~2011이 설계했다. 2010년에는 한국 건축가 협회로부터 건축 대상을 받았다. 성경 속 '노아의 방주方舟'에서 영감을 받아 설계했다. 교회는 인공 연못 가운데에 있다. 물 위에 떠 있는 방주를 현대적으로 재해석한 건축가의 기획력이 돋보인다. 현대 교회 건축이 아름답고 창조적이며 게다가 성경 이야기까지 미학적으로 담아낸 예는 흔하지 않다.

가로로 길게 뻗은 건물은 앞쪽 용마루가 살짝 치켜 올라가 있다. 바라보는 각도에 따라 그 모습이 조금씩 달라 보인다. 이 치켜 올라간 부분이 바다 쪽을 향하고 있어서 바다 위를 항해하는 방주를 자연스럽게 떠올리게 한다. 이타미 준은 평생 인간과 자연의 조화를 추

...
교회가 물 위에 떠 있다. 혹 바람이라도 불면 꼭 노아의 방주처럼 앞으로 나아갈 것 같다.

구해 온 건축가이다. "건축이 자연을 거슬러서는 안 된다."라는 말 속에 이타미 준의 철학이 고스란히 담겨 있다. 방주 교회는 맑은 물과 푸른 하늘이 서로 호응하며 조화를 이루고 있다. 여기에 사원이라는 의미까지 더해져 다른 건축에서는 느낄 수 없는 특별한 감성이 전해진다.

교회 내부 역시 독특하다. 나무 기둥 사이를 유리창으로 마감했는데, 이 중 네 곳엔 아래로 열리는 창문을 설치했다. 그 창을 열면 마치 배에 노가 꽂혀 있는 듯한 느낌이 든다. 단상은 방주의 앞부분에 해당한다. 단상 뒤편에는 십자가가 걸려 있고, 위쪽은 나무지만, 아래쪽은 유리로 마감되어 있다. 유리 너머로 연못을 볼 수 있다. 인공 연못에는 삼각형 돌판이 놓여 있는데, 물줄기가 이 삼각형 돌판 모서리를 따라 흐른다. 그 모습이 마치 건물이 앞으로 나아가며 물을 밀어내는 듯한 착시 효과를 준다. 특히 바람에 물결이 이는 날에는 그 움직임이 더욱 뚜렷하게 느껴진다.

방주 교회는 정적인 교회 건축물에 생동감을 불어넣었다는 점에서 높이 평가받고 있다. 교회를 충분히 둘러본 후에는 맞은편에 있는 카페에 들러 커피 한 잔 마시며, 방주 교회와 하늘이 어우러진 풍경을 눈에 담아보자. 10월 이후에는 베이글 카페도 문을 연다.

ONE MORE 여기도 좋아요!

© 유명종

물, 바람, 돌이 작품이 되는 곳
수풍석 뮤지엄

- 서귀포시 안덕면 산록남로 762번길 79 (상천리 791)
- 010-7145-2366
- 6.1~9.15 1부 10:00, 2부 16:00 / 9.16~5.31 1부 14:00 2부 15:30 (예약 필수, 하루 2회 선착순 25명, 공휴일 휴관)
- 성인 30,000원, 초등학생 15,000원
- 디아넥스 호텔 주차장에 주차 후 셔틀버스로 이동
- 찾아가기 방주 교회에서 자동차로 2분

제주도의 상징인 물, 바람, 돌을 테마로 한 박물관이다. 재일교포 건축가 이타미 준이 설계했다. 그는 일본 도쿄에서 태어나고 자랐지만, 평생 한국 국적을 유지했다. 그는 말년에 제주도에서 그의 건축 혼을 쏟아냈다. 그는 제주의 자연과 풍토, 지역의 고유성을 살리는 작업에 주력했다. 수·풍·석 박물관은 그의 철학이 잘 녹아든 공간이다. 미술관이지만, 이곳은 예술 작품을 전시하는 공간이 아니다. 제주의 물, 바람, 돌, 햇빛을 전시하는 곳이다. 미술관과 제주 고유의 자연이 서로 연결되고 호응하고 품고 어우러진다. 이 공간과 풍경 자체가 하나의 작품이다. 수 뮤지엄은 카메라 렌즈를 연상시키는 원형 건물 안에 물을 채워, 고요한 분위기와 명상적 공간을 연출한다. 풍 뮤지엄은 제주의 햇빛과 바람을 체험할 수 있도록 설계했다. 석 뮤지엄은 현무암을 주제로 빛과 태양의 움직임에 따라 공간 분위기가 자연스럽게 변화하는 모습을 보여준다. 수·풍·석 뮤지엄은 '명상과 사유의 공간으로서의 뮤지엄'을 지향한다. 관람은 예약한 사람만 할 수 있다.

색다르고 차별화한 예술을 선보인다
포도 뮤지엄

- 서귀포시 안덕면 산록남로 788
- 064-794-5115 10:00~18:00 전용 주차장
- 찾아가기 방주 교회에서 자동차로 3분
- 인스타그램 @podomuseum

포도 호텔 근처에 있다. 다양성을 존중하고 서로의 생각을 자유롭게 공유하는 열린 문화 공간을 지향한다. 특별 전시 중심으로 운영되며, 미술을 통해 사회적 인식의 변화를 끌어내는 데 중점을 둔다. 지금까지 진행된 주요 전시로는 독일 민중 미술 판화가이자 조각가인 케테 콜비츠의 작품 세계를 조명한 '아가, 봄이 왔다', 편견과 혐오의 인류사를 다룬 아포브 전시 '너와 내가 만든 세상', 디아스포라와 세상의 모든 소수자minority를 주제로 한 전시 '그러나 우리가 사랑으로', 치매를 주제로 한 전시 '어쩌면 아름다운 날들' 등이 있다. 다양성과 포용성을 깊이 있게 탐구하는 점이 인상적이다.

제주의 숨은 사진 명소
왕이메 오름

- 서귀포시 안덕면 광평리 산 79
- 주차 주변 갓길
- 찾아가기 방주 교회에서 자동차로 8분

완만한 경사와 잘 정비된 탐방로 덕분에 누구나 부담 없이 오를 수 있다. 크고 작은 봉우리들이 어깨를 맞대듯 이어진다. 정상에는 산굼부리를 닮은 커다란 원형 분화구가 자리하고 있다. 가장 인상적인 것은 둘레길을 따라 조성된 삼나무 숲길이다. 하늘을 찌를 듯 곧게 뻗은 삼나무들이 줄지어 선 모습은 압도적인 아름다움을 자아낸다. 숲과 나무 향이 피로와 스트레스를 단숨에 날려준다. 삼나무 숲을 지나면 탁 트인 들판이 펼쳐지며 특별한 풍경을 선사한다. 이 들판은 사계절 내내 '인생 샷'을 남기려는 사람들로 붐빈다. 웨딩 사진을 찍는 풍경도 종종 볼 수 있다.

RESTAURANT & CAFE 방주 교회 주변의 맛집과 카페

항아리 바비큐 전문점
고바진

- 서귀포시 안덕면 신화역사로 578-28 ☎ 0507-1370-2596
- 11:30~21:00(브레이크타임 15:00~17:00, 라스트오더 20:00, 일·월 휴무)
- 전용 주차장 ⓘ 찾아가기 방주 교회에서 자동차로 6분
- 인스타그램 @jeju_gobajin

항아리에 참숯이나 비장탄을 피워 그 열기로 흑돼지 오겹살을 훈연하듯 구워낸다. 뚜껑을 열 때 퍼지는 훈연 향부터 입맛을 자극한다. 불에 직접 닿지 않아 타지 않고 기름이 쫙 빠진 담백한 바비큐를 맛볼 수 있다. 제주 축협에서 도축한 1+ 등급 고기만 사용해 고기의 질도 믿을 만하다. 흑돼지와 백돼지 모두 맛이 좋지만, 두 가지를 조금씩 나눠 주문해 비교하며 즐기는 것도 추천할 만하다. 시원한 열무국수와 함께 곁들이면 감칠맛이 더욱 살아난다. 조리 시간이 20분가량 소요되므로, 미리 전화로 예약하면 기다리는 시간을 줄일 수 있다.

프리미엄 수제 양갱 전문점
소소당 양갱

- 서귀포시 안덕면 신화역사로685번길 236
- 010-3240-2902
- 10:00~18:00(일 휴무) 전용 주차장
- ⓘ 찾아가기 방주 교회에서 자동차로 4분

MZ세대의 취향을 제대로 저격한 수제 양갱 전문점이다. 제주산 우무로 만든 한천과 엄선된 재료로 다양한 양갱을 선보인다. 댕유자, 쑥, 녹차, 통팥 등 제주 특산물을 활용한 독특한 맛이 특징이다. 재료 고유의 풍미가 은은하게 살아 있어서, 천천히 음미하며 먹을수록 깊은 맛이 느껴진다. 설탕은 최대한 줄이고 원재료 본연의 맛을 살려 누구나 즐겁게 먹을 수 있다. 양갱 외에도 단팥죽, 빙수 등 다양한 디저트를 판매한다. 여러 디저트 중에서 풍미가 상큼한 댕유자 팥빙수의 인기가 좋다. 정성스럽게 만든 수제 양갱을 먹으며 달콤한 여행의 추억을 남겨보자.

그 여유로운 시간
카페 방주 메이크 슈어

- 서귀포시 안덕면 산록남로762번길 119
- 매일 09:00~18:00(하절기 ~19:00)
- 전용 주차장
- 찾아가기 방주 교회에서 걸어서 1분

카페 방주메이크 슈어는 방주 교회 바로 옆에 있다. 이타미 준의 작품인 방주 교회 옆으로 넓은 마당과 주차장이 이어진다. 카페는 마당과 주차장 끝에 있다. 유리창을 통해 햇살이 가득 비치는 실내 공간은 그저 머무는 것만으로도 마음에 위로를 준다. 풍경이 자연스럽게 카페 안으로 들어오는 이곳에서는 사진 한 장에도 깊은 감성이 담긴다.

직접 재배한 한라봉으로 만든 착즙 주스, 향긋한 커피, 정성스레 구운 베이커리까지 다양한 메뉴가 준비되어 있다. 음료 하나, 디저트 하나에도 세심한 정성이 느껴져 천천히 음미하게 된다. 통유리창 너머로 보이는 중산간 풍경과 방주 교회의 독특한 곡선미는 커피 한 잔의 여유를 더욱 특별하게 만든다. 실내 곳곳에는 커피와 관련된 다양한 용품과 유물들이 전시되어 있어서 둘러보는 재미가 있다. 초여름엔 몽환적인 수국이, 가을엔 억새와 핑크뮬리가 매혹적인 분위기를 더하고, 멀리 보이는 산방산은 풍경의 아름다움을 완성한다. 날씨가 좋은 날에는 야외로 나가 바람과 햇살을 온전히 느끼기 좋다.

본태 박물관
본연의 아름다움을 담다

📍 서귀포시 안덕면 산록남로762번길 69
📞 064-792-8108
🕐 매일 10:00~18:00
₩ 성인 30,000원, 청소년 20,000원, 어린이 10,000원
🚗 주변 갓길
ℹ️ 찾아가기 제주국제공항에서 자동차로 40분
🌐 인스타그램 @bontemuseum

본태本態는 '본래의 형태와 모습'을 뜻한다. 본태 박물관은 세계적인 건축가 안도 다다오가 설계했다. 그는 건축계의 노벨상이라 불리는 프리츠커 상의 수상자1995년이다. 제주에는 안도의 건축물이 세 개 있다. 섭지 코지에 자리한 유민 미술관과 글라스 하우스, 그리고 안덕의 본태 박물관이다.

본태 박물관 외관은 그의 시그니처 스타일인 노출 콘크리트 기법으로 지어졌다. 길게 뻗은 담장이 두 개의 건물을 나눈다. 두 건물 사이로는 물이 흐른다. 특이한 점은 이 담장이 안도의 건축에서는 보기 드문 한국 전통 기와 담장이라는 것이다. 그는 기와 담장을 따라 흐르는 수로를 만들어 예술과 자연의 조화를 건축적으로 풀어냈다. 건물은 제주의 자연과 잘 어우러져 있다. 맑은 날이면 건물에

© 이다혜

본태 박물관에는
물과 빛, 자연과 예술이 있다.
이들은 건축과 조화를 이루며
본연의 아름다움을 보여준다.

서 산방산을 볼 수 있도록 설계했다.

본태 박물관은 모두 5개의 전시관으로 구성되어 있다. 전시품은 설립자가 40년에 걸쳐 수집한 개인 소장품들이다. 제1관의 전시 주제는 '한국 전통 공예의 가치 재발견'이다. 소반, 보자기, 자수, 목가구 등 전통 민예품을 현대적인 감각으로 재해석하여 전시하고 있다. 제2관에는 살바도르 달리, 페르낭 레제, 이브 클라인, 안젤름 키퍼, 피카소, 백남준 등 세계적인 현대 미술 작가들의 작품과 안도 다다오의 건축 미니어처가 전시되어 있다. 제3관에서는 쿠사마 야요이의 호박을 관람할 수 있고, 제4관에서는 우리나라 전통 상례, 제5관에서는 기획 전시를 만나볼 수 있다. 더욱 깊이 있는 해설을 원한다면 전문 도슨트의 생생한 설명을 들어보는 것도 좋다.

본태 박물관은 '본연의 아름다움'을 공유하기 위한 전시를 꾸준히 이어가고 있다. 야외 조각공원에는 낙산사의 옛 돌담을 본떠 쌓아올린 긴 담장이 있다. 담장 주변으로 로트르 클라인-모콰이, 데이비드 걸스타인 등 현대 작가들의 조형물이 어우러져 있다. 조각공원에서도 주변 환경과 건축의 조화를 중요하게 여기는 안도 다다오의 철학을 찾아볼 수 있다. 전시 감상 후에는 산책로를 걸으며 여유로운 시간을 즐겨보자.

ONE MORE 여기도 좋아요!

형형색색 동백꽃이 가득한
카멜리아 힐

- 서귀포시 안덕면 병악로 166(상창리 271)
- 064-759-0088
- 3~5월·9~10월 08:30~18:30, 6~8월 08:30~19:00, 11~2월 08:30~18:00
- 성인 10,000원, 청소년 8,000원, 어린이 7,000원
- 전용 주차장
- 찾아가기 본태 박물관에서 자동차로 4분
- 인스타그램 @camelliahilljeju
- 반려동물 동반 가능(8kg 이하)

카멜리아 힐은 동양에서 가장 큰 동백 수목원으로 손꼽힌다. 겨울부터 봄 사이, 500여 품종의 동백꽃이 화려하게 만개해 장관을 이룬다. 6만여 평 부지에 전 세계 80개국에서 수집한 500여 종의 동백나무 6,000그루와 제주 자생 식물 250여 종이 어우러져 울창한 숲을 이루고 있다. 카멜리아 힐의 동백나무는 가을부터 봄까지 시기를 달리해 꽃을 피운다. 동백이 지고 난 여름에는 수국이, 가을에는 억새와 핑크뮬리가 정원을 물들이며 계절마다 새로운 풍경을 보여준다. 동화 같은 정원을 산책하는 즐거움도 빼놓을 수 없다. 아기자기한 포토 스폿이 곳곳에 있어서 사진을 찍는 즐거움도 쏠쏠하다.

자동차와 피아노가 만났을 때
세계 자동차 & 피아노 박물관

- 서귀포시 안덕면 중산간서로 1610 (상창리 2065-4)
- 064-792-3000
- 매일 09:00~18:00 (입장마감 17:20)
- 12,000원~13,000원
- 전용 주차장
- 찾아가기 본태 박물관에서 자동차로 9분
- 인스타그램 @automobilepiano

자동차와 피아노를 함께 만날 수 있는 특별한 공간이다. 자동차 박물관에서는 1900년대 초부터 현대까지 각 시대를 대표하는 자동차 100여 대를 감상할 수 있다. 세계 최초의 휘발유 자동차와 희귀한 목재 자동차도 전시되어 있어서, 자동차 애호가들의 관심을 끈다. 피아노 박물관에는 로댕이 조각한 유일한 피아노, 황금 피아노, 하프와 결합한 피아노 등 희귀한 전시물이 가득하다. 베토벤과 쇼팽이 사용했던 피아노도 감상할 수 있다. 피아노 연주나 지휘 체험도 즐길 수 있다. 관람을 마친 후에는 박물관 바로 옆에 있는 곶자왈 힐링 로드를 천천히 걸으며 산책을 즐겨보자.

RESTAURANT 본태 박물관 주변의 맛집

제주 메밀 음식의 모든 것
한라산 아래 첫 마을

- 서귀포시 안덕면 산록남로 675
- 064-792-8259
- 매일 10:30~18:30 (브레이크타임 15:00~16:00)
- 전용 주차장 찾아가기 본태 박물관에서 자동차로 4분
- 인스타그램 @ftown1950

제주도는 현무암과 화산재가 만든 땅이다. 흙이 찰지지 않은 탓에 비가 와도 물이 금세 지하로 빠져나가서 논농사를 지을 수 없다. 따라서 제주도엔 예전부터 밭농사, 그중에서도 메밀 농사가 발전했다. 이효석의 소설 〈메밀꽃 필 무렵〉 때문에 메밀 최대 생산지가 평창이라고 여기겠지만, 사실은 제주도이다. 전국 생산량의 38%를 제주도가 책임지고 있다. 빙떡, 메밀 조배기메밀 수제비, 메밀국수, 메밀묵 같은 메밀 음식도 일찍부터 발달했다.

안덕면 광평리에 가면 제주 메밀로 만든 여러 음식을 두루 즐길 수 있다. 한라산 아래 첫 마을이라는 메밀 전문 맛집이 있기 때문이다. 대표 메뉴는 비빔 자작면이다. 들깨와 다채로운 고명을 곁들여 비벼 먹는 음식이다. 들깨가 메밀의 고소함을 한층 살려준다. 비빔냉면, 물냉면, 메밀전, 메밀만두의 인기도 좋다. 대부분 제주산 식재료를 사용하기에 제주 본연의 맛을 깊게 느낄 수 있다. 음식 플레이팅이 좋아 많은 사람들이 카메라를 꺼내 인증 샷을 찍는다. 5월과 10월, 식당 뒤편 메밀밭에서 열리는 메밀꽃 축제가 제주의 정취를 더해준다.

서귀포
서부권4

사계 해안과 형제 해안 도로
산방산과 푸른 바다가 한눈에

형제 해안도로
- 서귀포시 대정읍 형제해안로 322(상모리 179-4)
- 찾아가기 제주국제공항에서 자동차로 45분

> 형제 해안 도로는 아름답고 운치 있는 드라이브 코스로 손꼽힌다. 사계 해안은 신비롭고 이국적인 풍경을 보여준다.

형제 해안 도로는 사계항에서 산이수항까지 약 3.2km에 이르는 길이다. 사계리 해안 도로, 산방산-송악산 해안 도로 등으로도 불린다. 제주의 수많은 길 중에서도 특히 아름답고 운치 있는 드라이브 코스로 손꼽힌다. 도로를 따라 달리다 보면, 화산 활동이 빚어낸 걸작 산방산이 우뚝 솟아 있어서 사람들의 마음을 설레게 한다. 이른 아침, 사이좋게 마주한 형제섬 사이로 떠오르는 일출은 이 길을 더욱 특별하게 만들어준다.

거리가 길지 않지만, 형제 해안 도로에서 만날 수 있는 풍광은 무척 다채롭다. 웅장한 한라산이 손에 잡힐 듯 보이고, 아름다운 송악산은 가까이서 반겨준다. 그리고 바다 한가운데에는 국토 최남단 마

라도가 아련히 누워있다. 바닷속에서 불쑥 솟은 것 같은 용머리 해안, 일제 강점기 병참 기지의 아픔을 간직한 섯알 오름까지 앞에서, 뒤에서 손을 들어 인사한다.

바람이 좀 부는 날이면 짙푸른 바다 위로 이는 하얀 물결이 푸른 하늘과 어우러져 더욱 황홀한 풍경을 자아낸다. 형제 해안 도로는 드라이브 코스로도 좋지만, 걷기 여행의 명소이기도 하다. 이 길을 따라 제주 올레 10코스가 조성되어 있어서, 천천히 걸으며 제주의 자연을 만끽하기에 그만이다. 자전거 도로도 잘 갖추어져 있다.

산방산 쪽으로 조금 더 가다 보면, 조수 간만의 차에 따라 색다른 모습을 보여주는 사계 해안에 닿게 된다. 썰물 때 물이 빠져 드러나는 바위가 독특하다. 검은빛을 띠는, 시루떡처럼 생긴 곡선형 바위들이 쭉 이어지는데, 바위에 숭숭 구멍이 뚫린 광경이 신비롭고 기묘하다. 화산 분출로 생겨난 용암 지대가 오랜 시간 파도와 바람에 깎이고 침식되면서 생경하면서도 독특한 지질 구조를 갖게 되었다. 해가 질 무렵, 석양빛이 내리는 풍경이 특히 매혹적이다. 사계 바다의 이국적이고도 독특한 해안 풍경이 입소문을 타면서, 지금은 인기 포토 존으로 자리 잡았다.

ONE MORE 여기도 좋아요!

절경과 상처가 공존하는
송악산과
송악산 둘레길

📍 서귀포시 대정읍 송악관광로 421-1
🚗 전용 주차장
ℹ️ 찾아가기 사계 해안에서 자동차로 4분

송악산은 제주 절경을 한눈에 담을 수 있는 해발 104m의 야트막한 오름이다. 송악산은 아름다운 해안 경관은 물론, 역사·문화·지질학적으로도 높은 가치를 지닌 곳이다. 수월봉, 성산 일출봉과 함께 바닷속에서 화산이 폭발하면서 생긴 수성 화산으로, 이중 분화구 구조를 지녀 특히 지질학적으로도 주목받고 있다. 동서남 삼면이 바다로 불쑥 튀어나온 형태로, 해안 절벽이 화산 활동의 단면을 생생히 보여준다. 원래 분화구 정상까지 이어지는 올레 10코스가 있었으나, 지금은 둘레길 따라 올레길이 나 있다. 다행히 송악산 탐방로 일부가 다시 열려서 정상까지 갈 수 있다. 동쪽의 탐방로 1코스와 2코스를 통해 정상의 일부인 송악산 제1전망대까지 오를 수 있다. 주차장에서 약 20분 걸린다. 정상에 오르면 한라산, 산방산, 형제섬, 가파도, 마라도까지 차례로 감상할 수 있다. 송악산 둘레길 주변엔 일제 강점기 군사 시설의 흔적이 남아 있다. 이곳은 또 제주 4·3사건 당시 양민이 희생된 현장이기도 하다. 아름다운 풍경을 눈에 담으며 제주의 아픈 역사도 되새길 수 있다.

RESTAURANT 형제 해안도로 주변의 맛집

스페인 가정식 요리 맛집
바다 마르마레

서귀포시 대정읍 송악관광로411번길 26-8
064-792-6025 11:00~21:00(월 휴무)
전용 주차장 찾아가기 사계 해안에서 자동차로 3분, 송악산에서 자동차로 2분
인스타그램 @badamarmare

송악산과 형제섬이 보이는 바닷가에 있는, 지중해 요리를 선보이는 레스토랑이다. 서울 홍익대 인근의 스페인 레스토랑 '숲으로 간 물고기'를 운영하던 셰프가 제주로 내려와 새롭게 문을 열었다. 메뉴는 스페인과 이탈리아 남부 스타일로 구성되어 있다. 감바스, 파스타, 피자, 양갈비 스테이크 등 다양한 음식을 즐길 수 있다. 고즈넉한 섬의 분위기에 세련된 감각이 더해져 식사하는 풍경이 여행의 한 장면처럼 느껴진다.

제주산 토마토, 루콜라, 멸치, 삿갓조개 등 신선한 현지 재료를 아낌없이 사용하는 점도 인상적이다. 입맛을 돋우는 안초비 샐러드는 물론 직접 구운 따뜻한 식빵도 훌륭하다. 멜 피자, 금귤 피자처럼 이곳에서만 맛볼 수 있는 메뉴는 여행의 즐거움을 더해준다. 특히 제주산 토마토로 만든 차가운 토마토 파스타는 스페인식 비빔면처럼 맛이 산뜻하다. 요리마다 올리브유가 절묘하게 어우러져 지중해의 풍미가 살아 있다. 바다를 바라보며 한 끼를 즐기고 나면, 마치 제주의 맛과 자연을 깊이 공유한 듯하여 특별한 기분이 든다.

서귀포
서부권5

비밀 역
레트로 감성의 기찻길 카페

- 서귀포시 안덕면 화순중앙로124번길 26-1
- 0507-1421-9766
- 매일 10:30~18:00(라스트오더 17:30)
- 주변 공영주차장 찾아가기 제주국제공항에서 자동차로 40분
- 인스타그램 @a_secret.station
- 반려동물 동반 가능

...
기찻길 옆에 있는 지브리 감성 카페에서 여행의 낭만을 제대로 느껴보자.

레트로 감성을 느낄 수 있는 기찻길 카페다. 입구부터 범상치 않다. 제주에는 철도가 없어서 기차가 다니지 않지만, 이곳만큼은 예외다. 가장 먼저 눈에 띄는 건 제주에서는 보기 드문 철로와 건널목 차단기이다. 철로를 따라 골목 안쪽으로 걸어 들어가면 '비밀 역'이라는 간판이 붙은 건물이 나타난다. 외관만 봐도 마치 지브리 영화 속 한 장면처럼 애니메이션 감성이 물씬 풍긴다. 목조 주택부터 자판기와 표지판까지, 옛날 분위기를 그대로 옮겨놓은 듯하다.

조심스럽게 문을 열고 들어서면 파란 제복을 입은 역무원이 반겨준다. 마치 1970~80년대의 서울로, 혹은 동경으로 기차 여행을 떠나온 듯한 기분을 느낄 수 있다. 다이얼식 공중전화, 다양한 한국과 일본 간식, 아기자기한 소품들까지, 출입문 하나 열었을 뿐인데 전

혀 다른 세계가 펼쳐진다. 아늑한 레트로 분위기에 금세 빠져든다. 창문엔 스크린 영상이 돌아간다. 영상을 보고 있으면 기차가 실제로 달리는 것 같다. 내가 지금 앉아 있는 곳이 카페가 아니라 흔들리는 기차 안처럼 느껴진다. 은은한 조명, 나무 테이블, 감성을 자극하는 음악까지 어우러져 이곳이 제주인지, 100년 전 서울이나 동경인지 헷갈릴 정도다.

비밀 역에는 기차 카페 말고도 건물 두 개가 더 있다. 하나는 목조 건물에 일본과 유럽의 레트로 분위기를 융합한 곳이다. 넓은 창 너머로 펼쳐진 대나무 정원을 바라보며 운치 있는 시간을 보내기 좋다. 돌로 만든 욕조와 창밖의 대나무가 무척 잘 어울린다. 세 번째 카페는 입구에 빨간 우체통을 달고 있다. 라탄 조명, 토토로가 생각나는 큰 나무, 비가 내리는 영상, 창밖의 정원 풍경까지, 세 곳 중에서 분위기가 제일 낭만적이다.

판매되는 메뉴 역시 기차 여행의 감성과 잘 어울린다. 맥반석 달걀, 갖가지 토핑으로 꾸며진 추억의 파르페와 소다 아이스크림, 일본식 화과자를 제주식으로 재해석한 안미츠가 잊고 있던 기차 여행의 추억을 되살려 준다. 이곳에서는 예약하면 교복도 대여해준다. 오랜만에 레트로 여행을 마음껏 즐겨보자.

용머리 해안

한국의 그랜드 캐니언

- 서귀포시 안덕면 사계리 112-3
- 064-760-6321(방문 전 전화 확인)
- 09:00~17:00(만조 및 기상 악화 시 통제)
- 성인 2,000원, 청소년·어린이 1,000원
- 산방산 용머리 해안 제1공영주차장
- 찾아가기 제주국제공항에서 자동차로 50분
- 인스타그램 @6sot_official

용머리 해안 천연기념물 제526호은 제주도 서남부, 산방산 앞바다에 펼쳐진 기묘한 해안 절벽이다. 이름 그대로, 마치 거대한 용이 산방산에서 바다를 향해 내려오다 머리를 치켜든 형상을 하고 있다. 이 신비로운 절벽의 역사는 약 180만 년 전으로 거슬러 올라간다. 당시 바닷속에서 화산이 분출하면서 생긴 암벽이 파도와 바람, 풍화작용에 의해 침식되어 지금의 형태가 되었다. 자연의 조각칼이 빚어낸 위대한 조형물인 셈이다.

절벽의 높이는 약 20미터, 길이는 약 600미터에 이른다. 아래에서 올려다보면 절벽이 마치 살아 움직이는 듯한 착각을 일으킬 만큼 생동감 있는 곡선과 주름을 갖고 있다. 용머리 해안은 해안가를 따

꿈틀거리는 용을 닮은 기묘하고 웅장한 절벽. 바람과 파도와 180만 년의 세월이 조각한 감동적인 대지의 예술

라 조성된 탐방로를 통해 쉽게 접근할 수 있다. 탐방로가 해안선과 거의 맞닿아 있어서, 걸을 때마다 파도 소리가 귓가에 울린다. 절경을 감상하며 천천히 걷다 보면 시간 가는 줄 모르고 빠져든다. 한 걸음 한 걸음마다 절벽의 표정이 달라지고, 그에 따라 느끼는 감동도 깊어진다.

용머리 해안은 시간대에 따라 분위기가 달라진다. 낮에는 기묘하고 압도적인 절벽의 피부까지 속속들이 드러내는가 하면, 늦은 오후엔 태양 빛에 노랗게 물든 절벽이 황홀할 만큼 아름답다. 용머리 해안은 단순한 자연 명소를 넘어, 제주가 간직한 지질의 역사, 바다의 생명력, 풍경의 깊이를 모두 보여주는 특별한 자연유산이다.

이렇듯 장엄하고 압도적으로 아름다운 곳이지만, 여행자에게 쉬이 발길을 허락하지는 않는다. 바람이 심하거나 풍랑과 태풍이 불 때는 안전을 위해 관람객 출입을 통제한다. 그러므로 사전 개방 여부를 반드시 확인하는 것이 좋다. 바다 바로 옆 탐방로를 따라 관람해야 하므로, 미끄럼 방지 기능이 있는 안전한 신발을 싣는 게 중요하다. 슬리퍼나 구두보다는 트레킹화나 운동화를 추천한다. 암벽 절경과 푸른 바다를 천천히 감상하다 보면 예상보다 긴 시간이 걸린다. 한두 시간은 예상해야 한다.

ONE MORE 여기도 좋아요!

바다를 품은 웅장한 산
산방산

- 서귀포시 안덕면 사계리 산 16
- 064-794-2940
- 09:00~18:00 (입장 마감은 일몰 시간에 따라 변동)
- 산방산 용머리 해안 제1공영주차장
- 찾아가기 용머리 해안에서 자동차로 1분

제주 서남부 어디에서도 보이는 독특하고 웅장한 산이다. 산방산·용머리 해안 지질 트레일에 속해 있다. 실제 높이는 395m에 불과하지만, 바닷가에 불쑥 솟아오른 데다가 자태가 워낙 특별해서 유독 눈에 띈다. 산방산은 80만 년 전, 뜨거운 용암이 대지를 뚫고 솟아오르며 형성된 산이다. 점성이 높은 용암이 멀리 흐르지 못하고 주변에 쌓이고 또 쌓여, 종鐘 모양의 봉긋한 형태로 굳어졌다. 암벽에는 풍란, 석곡 등 다른 곳에서는 보기 힘든 희귀식물이 자라고 있다. 산방산은 천연기념물 제376호이자, 국가 지정 명승 제77호로 지정되어 보호받고 있다. 산 중턱에는 산방굴이라는 자연 석굴이 있다. 그 안에 불상이 안치되어 있어서, 사람들은 이 굴을 '산방굴사山房窟寺'라고 부른다. 산방굴에서 바라보는 풍경은 그야말로 압권이다. 용머리 해안과 형제섬, 가파도와 마라도까지 한눈에 담을 수 있어서, 제주 최고의 조망 명당으로 꼽힌다. 그 아름다운 풍광 덕분에 추사 김정희도 유배 생활 중 이곳에 올랐다고 전해진다.

RESTAURANT & CAFE 용머리 해안 주변의 맛집과 카페

분위기와 맛을 함께 즐기다
젠 하이드 어웨이 제주점

- 서귀포시 안덕면 사계남로 186-8(젠)
- 064-794-0133(젠)
- 매일 11:00~21:00(젠) 전용 주차장
- 찾아가기 용머리 해안에서 자동차로 4분

젠 하이드 어웨이는 산방산과 푸른 바다를 품은 레스토랑이다. 시야를 가리는 것 없이 탁 트인 테라스에 앉아 있으면, 영원히 기억될 순간이 지금인 것 같다. 라탄 의자와 라탄 조명으로 꾸민 인테리어는 이국적이고 휴양지 느낌이 나서 마음이 설렌다. 퓨전 이탈리안 요리와 태국 요리를 함께 선보이는데, 태국 본토의 향을 살리면서도 한국인의 입맛에 맞춰 놓아 부담 없이 즐길 수 있다. 크림 소스에 고추 기름을 더하거나, 자작한 국물로 얼큰한 풍미를 살린 구성도 인상적이다. 특히 제주산 딱새우, 한치, 광어 등 신선한 해산물을 아낌없이 사용한다, 음식에 대한 진심이 느껴진다.

가성비 좋은 갈치 음식 끝판왕
제주 산방산 나들목

- 서귀포시 안덕면 사계남로 189
- 064-792-2354
- 09:00~21:00(목 휴무) 전용 주차장
- 찾아가기 용머리 해안에서 자동차로 1분

산방산 자락 아래, 바다와 산이 어우러진 곳에 자리한 로컬 맛집이다. 깔끔한 실내와 넓은 주차 공간에 전기차 충전 시설까지 갖추고 있다. 대표 메뉴는 은갈치 돌솥 정식과 전복 돌솥밥이다. 1인 정식 구성이 있어서 혼자 여행하는 이도 부담 없이 즐길 수 있다. 은갈치 돌솥 정식은 구이 또는 조림 중 선택할 수 있다. 갈치구이는 특제 양념을 발라 구워내 깊고 풍부한 풍미를 자랑한다. 조림에 사용된 갈치는 먹기 좋은 크기로 손질되었고, 양념이 속까지 잘 배어있다. 고슬고슬한 솥 밥의 식감과 제주 바다의 맛이 어우러져 한 끼 식사가 특별한 기억으로 남는다.

정성스러운 삼계탕 맛집
머그낭 식당

- 서귀포시 안덕면 화순재남로 41
- 064-792-0006
- 09:00~21:00 (첫째·셋째 일요일 휴무) 주변 갓길
- 찾아가기 용머리 해안에서 자동차로 5분

안덕면 화순리에 자리한 삼계탕 맛집이다. 대표 메뉴인 흑미 삼계탕은 푸짐한 양과 깊은 국물 맛을 자랑한다. 뽀얗고 진하게 우러난 육수에는 정성스러운 시간의 흔적이 담겨 있다. 삼계탕 본연의 맛이 살아 있어 담백하고 속이 편하다. 깊고 뜨끈한 국물이 여독을 풀어준다. 밑반찬도 담백해 삼계탕 맛을 해치지 않는다. 이모님 혼자 운영하시는 곳이라 음식이 천천히 나올 수 있지만, 마음 편히 기다리면 그만큼 따뜻한 한 끼를 대접받는 기분이 든다. 식당 위치가 눈에 잘 띄지 않아 무심코 지나치기 쉽다. 노포 특유의 정겨운 분위기라 세련미는 없지만, 오랜 세월의 내공이 느껴진다.

절경 앞에서 따뜻한 커피 한 잔
오라디오라

- 서귀포시 안덕면 사계로114번길 54-102
- 064-794-0340 매일 10:00~21:00
- 전용 주차장 찾아가기 용머리 해안에서 자동차로 5분
- 인스타그램 @ora_di_ora

산방산을 정면으로 마주한 카페이다. 붉은 벽돌 외관과 시계탑이 인상적이다. 우드 톤 인테리어와 주황빛 조명이 어우러져서 실내 분위기가 아늑하다. 곳곳에 놓인 식물들이 생기를 더하고, 넓은 창 너머로는 산방산의 풍경이 시원하게 펼쳐진다. 이곳의 자랑은 직접 구워내는 베이커리이다. 소금빵, 스콘, 피낭시에 등 다양한 디저트를 판매한다. 특히 소금빵은 바삭한 식감과 고소한 맛으로 인기가 좋다. 음료는 제주 말차 라테, 수제 자몽 티 등이 있다. 옥상에는 벽돌로 꾸민 포토 존이 있어서 산방산을 배경으로 사진찍기 좋다. 봄철이면 카페 맞은편에 유채꽃이 만개한다.

🍵 마운틴 뷰에 오션 뷰까지
원 앤 온리

📍 서귀포시 안덕면 산방로 141
📞 064-794-0117
🕙 매일 10:00~18:40(라스트오더 18:30)
🚗 전용 주차장 ℹ️ 찾아가기 용머리 해안에서 자동차로 2분
🌐 인스타그램 @jejuoneandonly
🐾 반려동물 동반 가능(야외공간만, 목줄 필수)

서귀포시 안덕면, 산방산 아래에 자리한 카페다. 원 앤 온리의 가장 큰 강점은 장소성이다. 상호 자체가 그 입지를 말해준다. '원 앤 온리One and Only'는 세계에서 단 하나뿐인 뷰와 분위기를 지녔다는 의미를 담고 있는데, 이 자신감은 허세가 아니다. 뒤로는 웅장한 산방산이 병풍처럼 카페를 감싸고 있고, 앞으론 황우치 해안의 모래밭과 에메랄드빛 바다가 펼쳐진다. 여기에 파릇파릇한 잔디와 이국적인 야자수가 어우러진 넓은 마당이 휴양지 정취를 완성해 준다.

1층 실내와 야외 테이블에서도 멋진 풍경을 감상할 수 있다. 하지만, 날씨가 좋다면 2층 루프톱에 올라가 보자. 고요한 황우치 해안과 푸른 바다를 한 프레임에 담다 보면, 저절로 휴대전화를 꺼내 사진을 찍게 된다. 카페를 내려다보는 산방산을 배경으로 멋진 포즈도 남겨보자.

원 앤 온리는 커피와 음료, 디저트는 물론 브런치 메뉴도 잘 갖추고 있다. 파스타, 에그 베네딕트, 수제 리코타 샐러드 등 다채로운 식사를 즐길 수 있고, 산방산을 닮은 케이크도 준비되어 있다. 성수기에는 대기 시간이 필요할 수 있다.

서귀포
서부권7

어떤 바람
따뜻한 쉼터 같은 책방

- 📍 서귀포시 안덕면 산방로 374 📞 064-792-2830
- 🕐 화~토 10:00~16:00, 목 13:00~19:00(일, 월 휴무)
- 🚗 서점 앞 갓길이나 주변 골목
- ℹ️ 찾아가기 제주국제공항에서 자동차로 45분
- 🌐 인스타그램 @jeju.windybooks

제주 서쪽, 산방산 자락 아래 자리한 사계리는 아름다운 해안과 푸른 언덕, 오밀조밀 밭이 이어지는 평화로운 마을이다. 바다에는 형제섬이 떠올라 있고, 해안가에는 하얗고 검은 모래밭이 펼쳐진다. 제주에서도 손꼽히는 드라이브 코스 형제 해안 도로도 품고 있다. 이 아름다운 풍경 사이에서 담쟁이넝쿨로 둘러싸인 책방이 조용히 마을을 지키고 있다. 사계 마을 중심에 있는 동네 책방 어떤 바람이다.

낡은 문을 삐걱 열고 들어서면, 따스한 조명과 나무 향 가득한 공간이 여행자를 맞이한다. 창으로 스며든 햇살이 서가 위를 천천히 훑고 지나고, 곳곳에 퍼진 책의 온기가 마음을 포근히 감싼다. 진열대, 탁자, 작은 소품들까지 모두 책방지기 부부가 손수 만든 것이다. 오래된 동네 가게에서 느낄 수 있는 정감과 손맛이 책방에 고스란히

> 어떤 바람은 제주 여행 중 잠시 쉬어가고 싶을 때 조용히 기댈 수 있는 쉼터 같은 아늑한 책방이다.

배어있다.

어떤 바람이라는 책방 이름은 중의적이다. '공기의 이동을 뜻하는 바람'과 '꿈, 소망을 의미하는 바람', 두 가지 뜻이 다 담겨 있다. 많은 사람이 바람처럼 자유롭게 서점을 드나들고, 서점이 사람들에게 따뜻한 영향을 주기를 바라는 마음에서 붙인 이름이다.

서가에는 문학, 생태, 여성, 교육을 비롯하여 대안적 삶에 관한 책들이 가지런히 꽂혀 있다. 제주를 다룬 책들도 만나볼 수 있다. 몇몇 책에는 책방지기가 직접 쓴 손 글씨 메모가 붙어 있다. 책을 추천하는 이유, 짧은 감상 등 다정한 문장이 조용히 마음을 두드린다. 책을 팔기보다는, 책을 건네고 싶은 마음을 메모에 담았다. 서점에서는 독서 모임, 그림책 원화 전시, 지역 작가와 함께하는 드로잉 클래스, 마을을 함께 걷는 역사 탐방 등 다양한 문화 프로그램이 열린다. 제주 지역 작가들이 만든 굿즈도 전시·판매한다.

서점엔 따뜻한 차와 커피가 준비되어 있다. 햇살이 비추는 창가에 앉아 책을 펼쳐보자. 커피를 옆에 놓고 책을 읽는 모습만큼 아름다운 풍경이 또 있을까 싶다. 책방의 보물 같은 다락 창가에도 가보자. 창밖의 꽃과 푸른 하늘, 부드러운 바람…. 일상에 지친 마음이 금세 가벼워질 것이다.

ONE MORE 여기도 좋아요!

톡 쏘는 치유의 물
산방산 탄산 온천

📍 서귀포시 안덕면 사계북로 41길 192
📞 064-792-8300
🕐 실내 온천 06:00~23:00, 찜질방 06:00~22:00,
   노천탕 10:00~22:00
₩ 5,000원~14,000원 🚗 전용 주차장
ℹ️ 찾아가기 책방 어떤 바람에서 자동차로 5분

제주에서 유일한 천연 탄산 온천이다. 탄산 온천은 국내에서도 보기 드문 곳으로, 이곳은 약알칼리성 탄산수이다. 온천수에 포함된 탄산가스는 피부로 흡수되어 모세혈관을 자극해 혈관을 확장해 준다. 피부 미용, 성인병, 고혈압 치료에 효과가 있는 것으로 알려져 있다. 탄산 원수를 그대로 사용하는 탄산 온천탕과 미온탕, 열탕, 온탕, 냉탕 등 욕탕이 다양하므로, 취향에 따라 온천을 다채롭게 즐길 수 있다. 실내 욕탕과 야외 노천탕을 모두 갖추고 있어서 사계절 내내 방문할 수 있다.

산방산 탄산 온천은 미온수이기에 뜨거운 김이 수면 위로 피어오르는 일반 온천과 모습이 조금 다르다. 탕에 몸을 담그면 기포가 피부에 달라붙어, 마치 파스를 붙인 듯 따끔따끔한 자극을 느낄 수 있다. 탕의 온도가 체온보다 낮아 처음 들어갈 때는 차갑게 느껴진다. 온천욕을 마치고 나면 피부가 한층 매끈해진 것을 느낄 수 있다. 2층의 대형 실내 탄산 온천탕은 천장과 벽이 유리로 설계되어 있어서, 산방산과 한라산을 바라보며 온천욕을 즐길 수 있다.

전통의 숨결이 깃든
대정 향교

- 서귀포시 안덕면 향교로 165-17
- 064-794-7944
- 전용 주차장
- 찾아가기 책방 어떤 바람에서 자동차로 2분

조선 태종 16년1416년에 세워진 유서 깊은 향교이다. 본래 대정현 성안에 있었으나 지세가 나쁘다는 이유로, 효종 4년1653년에 현재의 단산 아래로 이전되었다. 향교는 공자와 유교 성현들에게 제사를 지내고, 백성을 교육하기 위해 세운 국가의 지방 교육 기관이다. 매년 음력 2월과 8월에는 지역 유림이 모여 성현들에게 제를 올리는 석전제釋奠祭가 열린다.

건축은 유교 양식의 기본 구조인 '전학후묘前學後廟' 배치 원칙에 따라 앞쪽에는 강학 공간인 명륜당이, 뒤쪽 높은 곳에는 제례 공간인 대성전이 자리하고 있다. 명륜당은 중앙에 큰 대청을, 양쪽에 유생들의 기숙사인 동재와 서재를 두고 있다. 명륜당 반대편에는 팔작지붕의 기와 건물 대성전이 고즈넉하게 서 있다. 대성전에는 공자를 비롯한 안자, 증자, 자사, 맹자의 위패와 송나라 유학자 4현, 조선 유학자 18현 등 모두 27위를 모시고 있다. 대성전은 장중하면서도 분위기가 조용하다. 제주의 푸르른 자연과 전통이 어우러진 곳에서 사색의 시간을 가져보자.

RESTAURANT & CAFE 책방 어떤 바람 주변의 맛집과 카페

진심을 담은 인생 장어덮밥
사계의 시간

- 서귀포시 안덕면 사계남로 214
- 010-4758-2480　09:00~14:00(월 휴무)
- 식당 뒤편 주차장, 주변 갓길
- 찾아가기 책방 어떤 바람에서 자동차로 2분

사계항 근처에 있는 장어 덮밥집이다. 벽에 붙은 빛바랜 메모지들이 눈에 띈다. 이곳을 거쳐 간 사람들의 흔적이자 작은 이야기들이다. 사계의 시간은 아침 9시에 문을 열고, 하루 50인분을 준비한다. 그날 손질한 신선한 장어만을 사용한다. 재료가 모두 소진되면 문을 닫는다. 흰쌀밥 위에 달큰하게 볶은 양파를 얹고, 그 위에 정성껏 구운 장어를 올려 내온다. 장어 위에는 참깨와 잘게 썬 파가 고명으로 올라가 있다. 한입 베어 물면 부드러운 장어의 식감이 그대로 느껴진다. 참깨, 볶은 양파, 고명으로 올린 파가 씹는 즐거움을 더해준다. 장어탕도 판매한다.

유럽 감성의 빈티지 카페
오 마이 살롱

- 서귀포시 안덕면 덕수회관로74번길 32
- 0507-1468-3035　12:00~17:00(라스트오더 16:30, 일 휴무)
- 전용 주차장 및 주변 길가　찾아가기 책방 어떤 바람에서 자동차로 6분　인스타그램 @ohmysalon_jeju
- 반려동물 동반 가능(케이지 필수)

유럽의 동화에 나오는 작은 집을 옮겨 놓은 것 같다. 돌담으로 둘러싸인 옛 시골집을 정성껏 손질해 카페로 만들었다. 풀 한 포기, 돌 하나까지 주인의 손길이 닿지 않은 곳이 없다. 입구에 들어서면 꽃과 나무로 가득한 정원이 가장 먼저 여행자를 반긴다. 포토 존이 있어서 사진을 남기기 좋다. 카페 내부는 따뜻한 나무 색조에 아이보리 색감이 어우러져 포근하고 아늑한 분위기를 자아낸다. 곳곳에 놓인 앤티크 가구와 직접 제작한 빈티지 소품들이 구경하는 재미를 더해준다. 일부 소품은 구매도 가능하다. 메뉴는 커피와 꽃차, 밤 라테와 밤 조림 같은 디저트로 구성돼 있다.

정직하고 건강한 쌀빵의 향연
빵 사계

- 서귀포시 안덕면 향교로 151 ☎ 0507-1343-9684
- 09:00~16:00(라스트오더 15:30, 토 09:00~15:00, 일 휴무)
- 주변 길가 ⓘ 찾아가기 책방 어떤 바람에서 자동차로 2분
- 인스타그램 @bread_4season

서귀포시 안덕면 사계리, 단산 아래에 자리한 비건 베이커리 카페다. 모든 빵은 백밀가루 대신 국내산 쌀가루로 만든다. 쌀로 만든 빵은 식감이 쫄깃하고 글루텐 부담이 적어서 좋다. 밀가루 빵보다 당연히 소화도 더 잘 된다. 방부제나 인공 향료도 사용하지 않는다. 한입 베어 물면, 금세 건강한 맛이 느껴진다. 이 집의 빵은 우유, 달걀, 버터 없이도 아주 깊고 풍부한 맛을 낸다.

담백한 쌀 식빵은 언제나 인기가 많다. 어린 유기농 쑥 가루로 만든 쑥 치아바타는 풍미가 좋고, 아침 식사용으로 인기가 높다. 토마토와 블랙 올리브가 풍성하게 올라간 포카치아는 씹을수록 감칠맛이 살아나 자꾸 손이 간다. 시각적으로도 아름다워 사람들의 시선을 끈다. 대정 마늘을 넣은 베이글은 고소함과 짭조름한 맛이 조화를 이루고 있다. 유기농 사과와 시나몬, 무스코바도를 넣고 조린 사과 크럼블은 단맛을 줄이는 대신 과일 본연의 풍미를 잘 살렸다. 이밖에 식감이 쫀득한 브라우니, 고소함이 남다른 검은깨 피낭시에, 유기농 채소와 수제 비건 소스로 만든 샌드위치도 인기가 좋다.

서귀포
서부권8

박수기정과 대평 포구
기암절벽과 제주 바다가 어우러진 풍경

📍 서귀포시 안덕면 창천리 914-5
ⓘ 찾아가기 제주국제공항에서 자동차로 45분

박수기정은 서귀포시 안덕면 대평리에 있는 수직 절벽이다. 주상절리대 박수기정이 대평 마을과 대평 포구를 병풍처럼 둘러싸고 있다. 절벽 높이는 무려 100m이다. 박수기정은 대포 주상절리와 용머리 해안과는 또 다른 위용을 자랑한다. 박수기정이라는 이름은 '박수'와 '기정'이 합해진 말이다. '박수'는 암반에서 맑은 샘물이 솟아난다는 뜻이고, '기정'은 제주 방언으로 벼랑을 말한다. 곧 박수기정은 '샘물이 솟는 벼랑'이라는 뜻이다. 옛날에는 이 맑은 물을 바가지로 퍼마시며 목을 축였다고 한다. 지금은 물 대신 바다와 매혹적인 풍경이 여행자의 갈증을 채워준다.

2008년 올레길이 생기기 전까지만 해도 대평 마을은 제주도 사람도 잘 모르는 오지였다. 북쪽은 군산이 수문장처럼 지키고 있고, 남쪽은 바다가 앞을 막고 있는 까닭이었다. 이런 지리적 환경 때문

...
100미터 수직 절벽과
노을이 내린 대평 포구
지중해풍 해변 카페에서
석양을 감상하는 여행자들.
이곳에선 사람도 풍경이 된다.

에 제주도에서도 보기 드물게 군산 아래는 중산간 풍경을 보여주고, 해안가는 전형적인 어촌을 닮았다. 고려 시대에는 군산 아래 넓은 초원에서 품종 좋은 제주 말을 길렀다. 이 말들은 '몰질'이라 불리는, 말을 몰고 다니는 길을 따라 대평 포구에 모였다가 배에 실어 몽골로 보냈다. 시간이 흘러 말은 온데간데없지만, 포구는 여전히 남아 여행자를 반겨준다.

대평 포구는 박수기정을 가장 가까이에서 마주할 수 있는 곳이다. 포구에 차를 세우고 해안으로 조금 더 걸어가면, 갑작스럽게 우뚝 솟은 수직 절벽이 모습을 드러낸다. 그 웅장함이 입을 다물지 못하게 한다.

대평 포구와 박수기정 일대는 제주를 대표하는 일몰 명소 중 하나이다. 바닷가 물웅덩이에 낙조가 비칠 때, 그 반영은 모네의 그림처럼 아름답다. 시간이 조금 더 지나면 일몰이 더 황홀하다. 붉은 해가 수평선에 걸리면 바다와 절벽을 온통 붉은색으로 칠한 듯 마법 같은 풍경이 펼쳐진다. 대평 포구 주변에는 감성적인 카페가 몇 개 들어섰다. 카페에서 석양을 감상하는 기분은 퍽 낭만적이다. 지중해풍 하얀 카페와 의자를 바다 쪽으로 돌려 석양에 감상하는 여행자들. 대평 마을에서는 당신도 풍경이 된다.

ONE MORE 여기도 좋아요!

사방으로 탁 트인 풍경
군산 오름

- 서귀포시 안덕면 창천리 564
- 전용 주차장
- 찾아가기 대평 포구에서 자동차로 11분
- 반려동물 동반 가능

군산 오름은 산방산과 더불어 서귀포시를 대표하는 오름이다. 제주의 368개의 오름 중 가장 젊은 오름으로, 고려 목종 10년1007년에 분화했으니까 1,000년이 조금 넘었다. 생김새가 군막軍幕을 펼친 것과 비슷해서 제주도에선 '군뫼군메'라고 부르기도 한다. 화산이 폭발해 성스러운 산 하나가 생겼다고 하여 '서산瑞山'이라 불리기도 한다.

대부분 오름엔 정상 중앙이 푹 들어간 분화구가 있지만, 이 오름엔 분화구 흔적이 뚜렷하지 않다. 대신 정상에 큰 바위가 있고, 머리까지 치켜든 형상이라, 마치 꿈틀거리는 용의 머리를 연상시킨다. 오름 중에서 순수 높이가 높은 오름이지만, 정상 바로 아래까지 차량으로 접근할 수 있어 비교적 쉽게 탐방할 수 있다. 대평리, 감산리, 창천리, 예래동 등 다양한 방향에서 오를 수 있으며, 탐방로 중 일부에는 일제 강점기에 연합군에 대항하기 위해 만든 동굴진지가 있다. 정상에 오르면 한라산을 시작으로 서귀포 시내와 중문 관광 단지, 범섬이 한눈에 들어온다. 맑은 날에는 형제섬, 가파도, 마라도까지 선명하게 조망할 수 있다.

CAFE 박수기정 주변의 카페

바다, 노을, 그리고 박수기정
카페 루시아

- 서귀포시 안덕면 난드르로 49-17
- 064-738-8879
- 3~10월 09:30~20:00, 11월~2월 09:30~19:30
- 전용 주차장 찾아가기 대평 포구에서 자동차로 2분
- 인스타그램 @jeju_lucia_

노을 명소로 유명한 대평리에 있다. 깎아지른 기암절벽 박수기정과 에메랄드빛 바다를 조망할 수 있어서 많은 사람이 찾는다. 바로 앞이 꽃밭이라서 봄이면 유채가 노란 파도를 이룬다. 유채꽃과 푸른 바다, 수직 절벽 박수기정을 한 프레임에 넣고 감상할 수 있다. 셋 중 하나만 있어도 명당인데, 이 셋을 한눈에 담을 수 있으니, 제주도에서 이보다 전망이 멋진 곳을 찾기 어렵다. 이곳은 노을 명소이기도 하다. 해가 질 무렵이면 바다도, 하늘도, 우리의 마음도 붉게 물든다. 커피와 에이드, 스무디 같은 음료, 그리고 베이커리 메뉴가 있다. 앙버터와 스콘은 인기가 좋아 주말에는 빠르게 떨어진다.

마음이 쉬어 가는 곳
이정의 댁

- 서귀포시 예례로144번길 22-1
- 0507-1413-8086 매일 11:00~19:00
- 주변 길가 찾아가기 대평 포구에서 자동차로 8분
- 인스타그램 @jeongui_ 반려동물 동반 가능

서귀포시 상예동, 낮은 돌담 너머로 아담한 집 한 채가 모습을 드러낸다. 귤나무와 동백나무가 여행자를 반겨준다. 이정의 댁은 오래된 집을 정성껏 고쳐 만든 디저트 카페이다. 카페 이름은 주인의 외할머니 이름에서 따왔다. 카페 앞에는 넓은 마당이 펼쳐져 있다. 햇살이 좋은 오후, 나무 테이블에 앉아 있으면 모든 근심이 스르르 사라진다. 노을이 질 무렵이면 하늘빛이 카페를 붉게 물들인다. 그 풍경은 마치 영화 속 한 장면처럼 오랫동안 마음에 남는다. 이정의 댁은 단순한 카페가 아니다. 세월의 흔적과 사람의 온기, 그리고 그리움이 머무는 특별한 공간이다.

서귀포
서부권9

올레 10코스
바다를 품고 걷는 특별함

📍 출발지 서귀포시 안덕면 화순해안로 85(올레 10코스 공식 안내소)
📞 070-4152-1754
ℹ️ 찾아가기 제주국제공항에서 자동차로 40분

올레 10코스는 제주 올레길 중 인기가 높은 길로 손꼽힌다. 올레길 완주자를 대상으로 한 설문조사에서도 항상 상위권에 오른다. 탁 트인 풍경이 끊임없이 이어지는 이 길은 걷기 여행자들에게는 로망 같은 코스다. 길이는 15.6km로, 약 5~6시간이 걸린다. 난이도는 중급이지만 초보자도 충분히 걸을 수 있다. 누구든 여유롭게 제주의 자연을 만끽하기 좋다.

10코스는 안덕면의 검은 모래 해변인 화순 금모래 해수욕장에서 시작해, 썩은 다리 전망대-황우치 해안-산방 연대-사계 포구-송악산 주차장-송악산 전망대-섯알 오름-하모 해수욕장을 거쳐 대정읍 하모 체육공원까지 이어진다. 이 중 백미는 단연 송악산이다. 완만한 둘레길을 따라 걷다 방향을 바꿔 정상 탐방로를 오르면 봉긋 솟

··· 올레 10코스는
제주 해안 풍경의
참모습을 보여주는
찬란하게 아름다운 길이다.

은 송악산 분화구가 모습을 드러낸다. 고개를 바다 쪽으로 돌리면, 밥그릇을 엎어놓은 듯한 산방산과 사계 포구, 그리고 멀리 한라산까지 어우러진 풍경이 한눈에 들어온다. 풍경 하나하나가 제주의 참모습을 보여준다.

10코스는 또한 '다크 투어리즘'의 핵심 루트이다. 태평양 전쟁 말기, 일본군은 전황이 불리해지자 제주를 최후의 방어기지로 삼고 제주도민을 강제로 동원해 진지동굴을 파기 시작했다. 송악산에는 무려 15개의 일본군 진지동굴이 남아 있다. 송악산 능선과 해안 일대에서는 60개가 넘는 동굴 흔적도 발견됐다. 말 그대로 송악산은 일제의 손에 만신창이가 되었다.

송악산 둘레길을 빠져나와 대정 방향으로 틀면, 일제 강점기 당시 전투기 비행장이었던 알뜨르가 나타난다. 알뜨르는 '아래에 있는 넓은 들'을 뜻하는 제주 방언이다. 비행장은 약 80만 평의 규모이다. 지금도 비행기 격납고와 지하 벙커 등이 남아 있다. 알뜨르로 가기 전, 섯알 오름으로 향하는 길목에는 검은 비석 하나가 세워져 있다. 제주 4·3 당시 예비 검속 희생자들을 위한 추모비로, 이곳은 참혹한 학살의 현장이었다. 10코스를 걸으면 제주의 찬란한 풍경은 물론, 그 속에 스며든 아픈 역사도 함께 만나게 된다.

ONE MORE 여기도 좋아요!

산과 섬이 어우러진 풍경
화순 금모래 해수욕장

- 서귀포시 안덕면 화순리 776-8
- 전용 주차장
- 찾아가기 올레 10코스 공식 안내소에서 걸어서 2분
- 반려동물 동반 가능

화순 금모래 해수욕장은 뒤로는 산방산을, 앞으론 가파도와 마라도, 형제섬까지 한눈에 담을 수 있는 아름다운 풍경을 자랑한다. 주변 풍경이 너무 아름다워 잘 찍은 여행 엽서를 떠올리게 한다. 모래는 검은빛을 띠면서도 부드러워서 맨발로 걷기에 무척 좋다. 여름철에는 해변 옆에 야외 수영장이 문을 열어서, 해수욕과 담수욕을 동시에 즐길 수 있다. 시원한 용천수를 사용하는 수영장에는 미끄럼틀도 설치돼, 아이들과 함께 물놀이를 즐기기에 안성맞춤이다. 교통, 숙박, 식당 등 편의시설도 인근에 잘 갖추어져 있다. 화순 금모래 해수욕장에서 올레 10코스가 시작된다.

평화로운 들에 새겨진 아픔
알뜨르 비행장

- 서귀포시 대정읍 상모리 1670
- 전용 주차장
- 찾아가기 송악산에서 자동차로 7분, 도보 30분

서귀포시 대정읍에 있다. 일제 강점기, 일본이 전쟁 준비를 위해 조성한 군사기지다. '알뜨르'는 제주어로 '아래쪽 들판'이라는 뜻이다. 지금은 평범한 농지처럼 보이지만, 곳곳에 전투기 격납고 20개, 벙커, 관제탑, 대공포 진지 같은 군사시설의 흔적이 남아 있다. 일부 격납고 안에는 일본 전투기 '제로센'을 본뜬 실물 크기 조형물도 전시되어 있어서 당시의 분위기를 생생히 느낄 수 있다. 제주 올레 10코스가 알뜨르 비행장을 지난다. 비행장 동쪽의 섯알 오름에는 대공포 진지와 탄약고의 흔적이 남아 있으며, 지금도 오름 한쪽이 폭격으로 인해 움푹 꺼져 있다.

RESTAURANT & CAFE 올레 10코스 주변의 맛집과 카페

제주 바다를 담은 한 상
수눌음

- 서귀포시 대정읍 하모항구로 50 📞 064-794-0025
- 🕐 11:00~21:30(브레이크타임 14:30~16:00, 월 휴무)
- 🚗 주변 길가 ℹ️ 찾아가기 송악산에서 자동차로 10분

겨울철 방어를 제대로 즐길 수 있는 맛집이다. 모슬포항 바로 옆에 있다. 10kg 이상의 특방어와 5kg 이상의 대방어를 맛볼 수 있는데, 도톰한 회의 식감과 고소한 풍미가 일품이다. 기름이 고르게 퍼진 살점은 씹을수록 고소하고 깊은 단맛이 살아난다. 바다 내음을 느끼며 즐기는 방어회는 그 자체로 제주의 겨울철 별미이다. 방어철이 아닐 때는 고등어, 한치, 자리돔 등 신선한 해산물 요리를 다양하게 즐길 수 있다. 회 정식 세트는 회, 회국수, 지리탕 등 음식 구성이 푸짐해 손님들의 만족도가 높다. 포장 서비스를 제공하므로 혼자라도 편안하게 이용할 수 있다.

분위기와 맛을 함께 즐기다
트로피컬 하이드 어웨이

- 서귀포시 대정읍 형제해안로 284 📞 0507-1348-1461
- 🕐 09:00~19:00(토) 🚗 전용 주차장
- ℹ️ 찾아가기 송악산에서 자동차로 1분, 도보 6분

트로피컬 하이드 어웨이는 용머리 해안 항목에서 소개한 젠 하이드 어웨이의 세컨드 브랜드이다. 송악산 주차장 근처 형제 해안도로 옆의 트로피컬 하이드 어웨이 호텔 안에 있다. 큰 유리창 너머로 형제섬과 푸른 바다가 시원하게 펼쳐진다. 빈티지와 휴양지 분위기를 가미한 인테리어도 매력적이다. 이곳은 브런치와 베이커리를 중심으로 운영되며, 저녁에는 가벼운 펍 분위기를 즐길 수 있다. 브런치로는 피자, 샐러드, 햄버거, 파스타, 단호박 수프 등을 즐길 수 있다. 수제 맥주와 독일 맥주, 맥주와 어울리는 피시앤드치프스도 판매한다. 커피와 주스, 베이커리도 다채롭게 즐길 수 있다.

송악산과 가파도가 한눈에
사일리 커피

- 서귀포시 대정읍 최남단해안로 412
- 0507-1369-3382
- 매일 10:00~18:00
- 전용 주차장 | 찾아가기 송악산에서 자동차로 2분
- 인스타그램 @jeju_cyily_cafe | 반려동물 동반 가능

알뜨르 비행장 남쪽 끝, 최남단 해안로 바로 옆 해안가에 있다. 바다와 하늘, 섬과 산이 한눈에 들어오는, 전망이 압도적으로 매력적인 카페다. 시선을 왼쪽으로 돌리면 송악산이 다가오고, 앞으로는 푸른 바다가 시야 가득 펼쳐진다. 날이 맑은 날에는 가파도까지 선명하게 보인다. 마당에는 야자수가 가득해 남국의 휴양지에 온 기분이 든다. 야외 좌석에 앉으면 바람 소리와 파도 소리가 반갑게 달려온다. 실내엔 키 큰 식물이 곳곳에 있어서 분위기가 상쾌하다. 게다가 커다란 창을 통해 바다 풍경이 카페 안으로 가득 들어온다.

이 집의 대표 메뉴는 카페 이름을 딴 사일리 커피이다. 카페 바로 앞의 검은 해변을 흑임자로 표현한 크림이 들어간 커피이다. 제주의 에메랄드빛 바다를 표현한 바다 라테도 인기 메뉴이다. 맛은 비주얼을 닮아 달콤쌉싸름한 듯 깔끔하다. 제주산 청보리를 갈아 만든 미숫가루도 맛있고 고소하면서 건강한 느낌을 준다. 바삭한 쿠키와 꾸덕한 크림 치즈 빵, 구좌 당근을 넣은 촉촉한 케이크까지 디저트 메뉴도 다양하다.

햇살과 초록이 머무는 감성 카페
이때

- 서귀포시 대정읍 최남단해안로29번길 10
- 0507-1388-3560
- 10:00~18:00(매달 둘째·넷째 월 휴무)
- 전용 주차장 찾아가기 송악산에서 자동차로 8분
- 인스타그램 @ittae_jeju
- 반려동물 동반 가능(케이지 필수)

제주 서남쪽, 한적한 대정읍의 하모 체육공원 한편에 자리한 대형 감성 카페이다. 화이트와 브라운 색조가 어우러진 인테리어는 모던하면서도 밝은 분위기를 연출해주고, 카페 곳곳에 놓인 싱그러운 식물과 창문을 통해 들어오는 맑은 햇살이 카페에 생기를 불어넣는다. 창가 자리에 앉아 있으면, 하모 체육공원과 대정읍의 소박한 시내 풍경이 시야에 들어와 마음이 더 여유로워진다. 잔잔한 음악과 커피 내음이 여행자의 마음을 편안하게 해준다. 창가에 앉아 혼자 조용히 책을 읽고 싶은 공간이다.

이 카페의 대표 메뉴는 부드러운 카페라테와 구운 옥수수 빵이다. 카페라테는 폭신한 우유 거품과 고소한 풍미가 여행자의 감각을 깨운다. 옥수수 빵은 갓 구운 고소함과 은은한 단맛이 매력적이다. 빵 위에 살짝 녹아내린 버터가 풍미를 더해 입안 가득 행복이 퍼진다. 카페 구석구석에는 감성적인 포토 존이 마련돼 있어서 여행의 추억을 남기기에 좋다. 송악산과 모슬포항 여행 후, 또는 올레길을 걸은 뒤 들르기 딱 좋은 카페이다.

무해

새로운 영감을 주는 책방

📍 서귀포시 대정읍 보성구억로 217, 106동
📞 0507-1352-5401
🕐 월 11:00~16:00, 화~금 08:30~16:00, 토 10:30~15:30 (수·일 휴무)
🚗 책방 앞 대로변, 아파트 주차장 모두 가능
🧭 찾아가기 제주국제공항에서 자동차로 40분
🌐 인스타그램 @muhe.jeju 🐾 반려동물 동반 가능

...
책, 커피 그리고
온전히 나를 만나는 시간,
무해는 제주 여행 중
잠시 멈춰 조용히
나를 돌아볼 수 있는 곳이다.

여행 작가이자 에세이스트가 운영하는 동네 책방 겸 카페다. '당신께 영감을 주는 무해한 시공간'이라는 캐치프레이즈 아래, 큐레이션을 통해 선정한 도서와 굿즈를 소개한다. 무해는 단순한 책방을 넘어, 제주에서의 일상과 여행이 교차하는 따뜻한 공간이다. 실내는 아담한 편이다. 은은한 조명과 나무 가구가 아늑하고 편안한 분위기를 자아낸다.

서가에는 책방지기가 직접 고른 책들이 정갈하게 진열되어 있다. 에세이, 인문, 문학, 철학, 독립 출판물 등 장르를 편중하지 않고 골고루 다양하게 구성하고 있다. 제주에서만 만날 수 있는 한정판 도서도 제법 갖추어 놓았다. 작가가 운영하는 독립 책방만의 특별한 큐레이션 덕분에 책을 고르는 시간이 은근히 설렌다. 선물용 책은

포장 서비스를 해준다.

책방 한쪽에 자리한 카페에서는 커피와 차, 아이스 티, 레모네이드 등을 즐길 수 있다. 커피는 고소한 맛과 경쾌한 산미 중에서 취향에 따라 고를 수 있다. 도서를 구매하면 커피는 2,000원 할인된다. 쿠키와 베이글 같은 간단한 디저트도 있다. 무해에는 숨은 공간 '숨숨방' 두 곳이 있다. 문과 커튼으로 여닫을 수 있는 독립 공간이다. 혼자 조용히 책을 읽고 싶은 이들에게 제격이다. 조금 큰 방에서는 독서 토론 등 다양한 모임을 할 수 있다. '숨숨방'은 대여도 해준다.

무해는 단순히 커피를 마시고 돌아가기보다는, 자연스레 책을 펼치게 되는 공간이다. 북 클럽과 글쓰기 강좌, 필사 모임, 키즈 북 클럽 등 다양한 문화 프로그램을 운영한다. 북 클럽은 선정된 도서를 중심으로 책방지기가 준비한 질문을 바탕으로 토론하는 형식이며, 1회 체험도 가능해 여행자들도 참여할 수 있다. 글쓰기 강좌는 제주에서 느낀 감정을 글로 풀어내는 시간을 제공한다. 책방 무해는 지역 사회와도 긴밀히 연결되어 있다. 작가와의 만남, 독립 출판물 전시, 계절별 테마 책 전시 등 다양한 행사가 열린다. 때때로 예술가들과 협업해 전시회를 열기도 한다. 무해는 감각과 교양을 넓히는 문화 아지트를 지향한다.

ONE MORE 여기도 좋아요!

포레스트 테라피 즐기기
제주 곶자왈 도립공원

- 서귀포시 대정읍 에듀시티로 178 (보성리 산1)
- 064-792-6047
- 3~10월 09:00~18:00, 11~2월 09:00~17:00 (마감 2시간 전까지 입장)
- 성인 1000원, 청소년 800원, 어린이 500원
- 전용 주차장 찾아가기 책방 무해에서 자동차로 6분

인기 많고, 걷기 좋은 곶자왈 숲길이다. 습지를 품고 있는 이 숲은 보온성과 보습 효과가 뛰어나 여름에는 청량하고, 겨울에는 상대적으로 따뜻하다. 특히 한겨울에도 푸르름을 간직하고 있어서 풍경이 아름답다. 공원에는 여러 갈래 탐방로가 있다. 탐방로 전체 길이는 6.5km이다. 탐방로는 테우리 길 1.5km·30분, 오찬이 길 1.5km·30분, 빌레 길 0.9km·20분, 한수기 길 0.9km·20분, 가시낭 길왕복 2.2km·45분로 구성되어 있으며, 서로 연결되어 있다. 전 구간을 모두 걸으려면 약 3시간이 걸린다. 휴게 쉼터, 생태 전망대도 갖추고 있다. 개인의 취향과 시간에 맞춰 코스를 선택해 보자.

세한도의 탄생지에서 추사를 만나다
제주 추사관과
추사 유배길

- 서귀포시 대정읍 추사로 44(제주 추사관)
- 064-710-6865
- 09:00~18:00(월 휴무) 전용 주차장
- 찾아가기 책방 무해에서 자동차로 4분

추사 김정희의 삶을 깊이 들여다볼 수 있는 곳이다. <세한도>를 닮은 전시관은 건축가 승효상이 설계했다. 전시 유물 중 단연 눈길을 끄는 작품은 <세한도>이다. 제주 유배 시절, 제자 이상적이 책을 보내준 것에 대한 감사의 마음으로 추사가 그려준 것이다. 전시관 출구를 따라 나오면, 초가집 형태로 복원된 추사의 거주지 '귤중옥橘中屋'이 자리하고 있다. 추사는 1840년부터 제주에서 무려 9년이라는 긴 세월을 유배객으로 보냈다. 추사의 삶과 내면을 느껴보고 싶다면, 제주 서남쪽 일대를 따라 조성된 '추사 유배길'을 걸어보는 것을 추천한다.

RESTAURANT·CAFE·SHOP 무해 주변의 맛집·카페·숍

근사한 정통 스테이크 하우스
자올 스테이크

- 서귀포시 대정읍 글로벌에듀로 390 B동 101호
- 0507-1398-4258
- 11:00~22:00(브레이크타임 14:30~16:30, 라스트오더 21:30, 일 휴무)
- 주변 길가
- 찾아가기 책방 무해에서 자동차로 5분

대정읍 영어 교육 도시에 있는 정통 스테이크 하우스다. 부챗살, 갈빗살, 살치살 등 고급 부위를 정성껏 구워낸다. 스테이크는 육즙이 풍부하고 부드럽다. 불향 가득한 고기 위에 고추냉이를 곁들이면 풍미가 깊어지고, 입안에 깔끔한 여운이 남는다. 스테이크와 함께 제공되는 구운 채소는 바비큐 그릴에서 정성껏 익힌 것으로, 채소만으로도 만족스러운 맛을 낸다. 사이드 메뉴인 양송이 알리오 올리오는 담백하고 고소해 스테이크와 조화를 이룬다. 해물 플래터는 새우, 홍합 등 다양한 해산물에 살짝 매콤한 소스를 더해 느끼함 없이 즐길 수 있다. 와인이나 맥주와 곁들이면 식사가 더욱 풍성해진다.

연어에 진심인 도민 맛집
연어로만

- 서귀포시 대정읍 추사로 38번길 136
- 0507-1393-2260
- 11:30~20:00(브레이크타임 15:00~16:00, 라스트오더 19:00, 일.월.수 휴무)
- 전용 주차장
- 찾아가기 책방 무해에서 자동차로 1분
- 인스타그램 @jeju_onlysalmon

제주의 돌 창고를 개조한 맛집이다. 아늑한 분위기에서 정통 연어요리를 즐길 수 있다. 저온 숙성한 노르웨이산 최상급 연어로 만들기에 음식이 부드럽고 깊은 풍미를 자아낸다. 대표 메뉴로는 생연어 정식, 모듬 초밥 정식, 불맛 연어 초밥을 꼽을 수 있다. 초밥에 사용하는 쌀은 국내산 특등급 쌀이다. 연어와 쌀밥의 조화가 뛰어나다. 이 외에도 칼칼한 우동, 돈가스 등 연어와 곁들여 즐길 수 있는 다양한 사이드 메뉴가 마련되어 있다. 은은한 조명에 따뜻한 나무 인테리어가 더해져서, 마치 연어 다이닝 바에 온 듯한 기분이 든다. 조용하고 여유롭게 식사를 즐기기에 안성맞춤이다.

이국적인 빈티지 카페
벨진밧

- 서귀포시 대정읍 보성구억로 220-1
- 064-794-0121
- 매일 09:00~17:30
- 전용 주차장
- 찾아가기 책방 무해에서 걸어서 2분
- 인스타그램 @beljinvat
- 반려동물 동반 가능(야외와 별관 가능, 별관 실내 케이지 필수)

대정읍 안성리의 조용한 마을 안쪽에 있다. 제주로 이주한 배우 박한별이 문을 연 곳으로, 벨진밧은 '별이 떨어진 밭'이라는 뜻의 제주 방언이다. 오래된 집을 개조해서 소박하면서도 정감이 느껴진다. 붉은 흙이 깔린 마당엔 야자수가 자라고 있어서 해외의 작은 휴양지를 연상케 한다. 마당 한가운데 놓인 그네 의자는 벨진밧의 시그니처 포토 존이다. 대표 메뉴는 벨진밧 블렌딩 우유로 만든 고소한 카페 라테와 '벨'을 모티프로 한 달콤하고 부드러운 벨라테이다. 크루아상을 눌러 바싹하게 구운 디저트 크룽지도 많은 이들이 찾는다. 벨진밧의 귤 로고를 활용한 굿즈도 구경할 수 있다.

귤 창고에서 피어나는 커피 향
크래커스

- 서귀포시 대정읍 보성구억로126번길 34
- 064-792-8900
- 매일 08:30~17:30 (라스트오더 17:00)
- 전용 주차장
- 찾아가기 책방 무해에서 자동차로 2분
- 인스타그램 @crackerscoffeeroasters
- 반려동물 동반 가능

감귤 창고를 감각적으로 개조한 로스터리 카페다. 외관은 거칠고 투박하지만, 은은한 조명이 감도는 안으로 들어서면 세련되고 섬세한 공간이 펼쳐진다. 현무암 내벽, 아열대 식물, 인더스트리얼한 분위기가 어우러져서 제주만의 색다른 매력을 보여준다. 커피 맛도 일품이다. 직접 로스팅한 원두를 사용해 커피 본연의 풍미를 정성스럽게 끌어올린다. 주문할 때 다양한 원두 중에서 취향에 맞게 고를 수 있어서, 커피를 잘 아는 이들에게도 큰 만족을 준다. 대표 메뉴인 섬머 라테이다. 진한 라테에 아이스크림을 더한 음료로, 부드럽고 달콤한 맛이 조화를 이룬다. 직접 구운 빵과 쿠키도 맛있다.

귤빛 카페의 감성 한 잔
청춘 부부

- 서귀포시 대정읍 추사로38번길 181
- 070-8887-1529
- 평일 08:30~17:00, 주말 10:00~17:00(목, 금 휴무)
- 전용 주차장
- 찾아가기 책방 무해에서 자동차로 1분
- 인스타그램 @jeju_booboo
- 반려동물 동반 가능

감귤밭을 품은 소담한 로스터리 카페다. 오래된 감귤 창고를 리모델링해 카페로 만들었다. 원두를 직접 로스팅하고, 에그타르트, 귤 치즈 케이크, 소금빵 같은 디저트도 모두 수제로 만든다. 커피 중에서는 향과 질감이 좋은 아메리카노를, 디저트 중에서는 제주산 귤의 상큼함에 치즈의 부드러움을 더한 귤 치즈 케이크를 제일 많이 찾는다. 카페 안엔 다양한 책이 놓여 있어서, 천천히 머물기 좋다. 이 공간을 만들기까지 이야기를 담은 책도 책장에 꽂혀 있어서, 청춘 부부의 진심이 자연스럽게 전해진다. 밖으로 나가면 감귤밭이 당신을 기다린다. 늦가을과 겨울이면 감귤 따기 체험도 할 수 있어서, 특별한 추억을 만들 수 있다.

감각적인 빈티지 편집숍
벤더 마켓

- 서귀포시 대정읍 추사로38번길 150
- 064-792-0640
- 매일 11:00~18:00
- 전용 주차장
- 찾아가기 책방 무해에서 자동차로 2분
- 인스타그램 @vender_market_
- 반려동물 동반 가능

낡은 창고를 리모델링한 감각적인 빈티지 편집숍이다. 갖가지 옷들이 리듬감 있게 정리되어 있다. 국내외 브랜드의 의류는 물론, 하이엔드 세컨핸즈 제품과 감각적인 소품들까지 두루 만나볼 수 있다. 직원들의 친절한 안내도 이곳의 또 다른 매력이다. 여러 벌을 입어봐도 부담 없이 응대해 주고, 아이템에 대한 설명도 세심하게 곁들인다. 그래서 옷을 고르는 시간이 단순한 소비 행위가 아니라 하나의 경험처럼 느껴진다. 흔히 보기 어려운 스트리트 감성의 트렌디한 아이템들도 많다. 바로 옆에는 스페셜티 카페 크래커스 대정점이 있어서 쇼핑 후 커피 한 잔의 여유까지 즐길 수 있다.

서귀포 서부권11

어나더 페이지
사람과 사람 사이에 책방이 있다

📍 서귀포시 대정읍 동일하모로220번길 19
📞 0507-1334-4276
🕐 10:00~18:00(월 17:00까지, 목, 일 휴무)
🚗 산방식당 옆 공영주차장(대정읍 하모리 861)
ℹ️ 찾아가기 제주국제공항에서 자동차로 45분
📷 인스타그램 @anotherpage_books

...
어나더 페이지는
세상 사람들이 함께
잘 살 수 있는 방법을
찾고자 애쓰는
'지구 시민'의 책방이다.

모슬포는 대정읍의 중심지이다. 오일장이 서는 날이면 주민과 여행자들로 북적이고, 골목마다 활기가 돈다. 모슬포항엔 배들이 바쁘게 드나들고, 이에 따라 항구 주변 식당들도 분주해진다. 여름에는 자리돔, 가을엔 갈치, 겨울이면 방어를 찾는 사람들로 붐빈다. 특히 방어 철이면 항구는 하루 종일 분주한 리듬으로 움직인다. 세상은 날마다 변화하고 있지만, 이 마을은 여전히 바다 냄새와 제주 사람들의 삶을 품고 있다.

어나더 페이지는 모슬포의 분주함과 소박함, 온기를 고스란히 품은 책방이다. 삐걱거리는 문을 열고 안으로 들어서면, 책과 향긋한 커피 내음이 여행자를 반겨준다. 책방지기는 모슬포에서 나고 자

랐다. 국제 개발 협력 분야에서 일하며 몽골에서 생활한 적이 있고, 그곳에서 환경과 인권이 얼마나 밀접하게 연결되어 있는지를 실감했다. 선진국의 실천 없이는 지구 반대편의 삶도 바꿀 수 없다는 사실을 뼈저리게 느꼈다. 고향으로 돌아온 그는 '지구 시민'으로 함께 살아갈 방법을 찾기 시작했다.

어나더 페이지는 그렇게 시작된 책방이다. 환경, 로컬, 다양성, 인권, 마음을 주제로 한 책이 많은 까닭이다. 생태적 삶과 윤리적 소비를 담은 소품들도 시선을 끈다. 책방지기는 어나더 페이지라는 공간을 통해 제주는 물론 이 세상 사람들과 깊이 연결되고자 한다. 동네 책방이지만 활동은 꽤 왕성하다. 북 토크와 글쓰기 모임, 환경과 지역 사회 관련 강연, 심야 책방까지 다양한 프로그램이 꾸준히 열린다. 책방은 이런 활동을 통해 마을과도 연결되어 함께 숨 쉬고 있다.

제주도는 아름다운 풍경에 카페와 맛집도 많은 편이다. 하지만 여행하다 보면 유독 동네 책방 앞에서 발걸음을 멈추게 되는 순간이 있다. 아마도 그건 책방에서 살아 숨 쉬는 사람들의 이야기가 있기 때문일 것이다. 제주 서남부를 여행 중이라면 어나더 페이지에 잠시 들러보자. 지구 시민으로서 지금 내가 할 수 있는 일이 무엇인지, 이곳에서 힌트를 찾을 수 있을지도 모르니까.

ONE MORE 여기도 좋아요!

신선한 해산물과 먹을거리
모슬포 중앙시장

- 서귀포시 대정읍 영서중로 13번길 9-8
- 064-794-2586 ⓒ 08:00~20:00(점포마다 상이)
- 전용 주차장 ⓘ 찾아가기 책방 어나더 페이지에서 자동차로 1분, 걸어서 3~4분

모슬포 중심부에 있는 상설 전통 시장이다. 시계탑 앞 입구로 들어서면 좌우로 늘어선 가게들이 소소한 구경거리를 펼쳐 보여준다. 주로 동네 주민들이 찾는 시장이라 전체적인 분위기는 조용하고 여유롭다. 시장 규모는 크지 않지만, 모슬포항을 가까이 둔 덕에 신선한 해산물을 많이 구경할 수 있다. 감귤을 비롯한 제주산 농산물도 다채롭다. 반찬가게도 눈에 띈다. 떡집, 순댓국집, 분식집도 있어서 넉넉하게 배를 채울 수 있다. 몇 해 전, TV 예능 프로그램 <바퀴 달린 집>에 소개된 뒤로 여행객들의 발길도 점차 늘고 있다. 모슬포항과 가까워 산책 코스로 들르기 좋다.

소박한 제주 전통시장
대정 오일장 모슬포 오일장

- 서귀포시 대정읍 신영로 36길 65(하모리 1089-20)
- 장날 끝자리 1일, 6일 09:00~18:00 주변 길가
- ⓘ 찾아가기 책방 어나더 페이지에서 자동차로 2분

대정 오일장은 제주 서남부 지역을 대표하는 장터로, 모슬포 오일장이라고 부르기도 한다. 1과 6이 들어가는 날에 맞춰 5일 간격으로 열린다. 단, 31일까지 있는 달에는 31일에 장이 열리고 다음 날인 1일에는 열리지 않는다. 제주시나 서귀포시의 오일장보다 규모는 작지만, 구성은 이에 못지않게 알차다. 물건이나 먹거리의 품질도 모두 적당한 수준이며, 가격 또한 합리적이다. 제주산 마늘, 감귤, 한라봉, 옥돔, 갈치 등 특산물을 저렴하게 구매할 수 있고, 제주 전통 장터의 소박한 분위기도 경험할 수 있다. 시장에서 모슬포항까지 걸어서 1~2분 거리이므로, 같이 둘러보기 좋다.

RESTAURANT & CAFE 어나더 페이지 주변의 맛집과 카페

얼큰하고 시원한 해물짬뽕
홍성방

- 서귀포시 대정읍 하모항구로 76 064-794-9555
- 매일 09:00~21:00 (라스트오더 20:00) 전용 주차장
- 찾아가기 책방 어나더 페이지에서 자동차로 1분

모슬포항 근처 방어 축제 거리 초입에 있다. 모슬포에서 가장 유명한 중화요리 전문점으로, 점심시간이면 손님들로 가득 찬다. 현지인과 관광객 모두에게 사랑받는 곳이다. 대표 메뉴는 해물이 푸짐하게 들어간 해물짬뽕이다. 큼직한 꽃게 한 마리가 통째로 들어가고, 오징어·새우·홍합 등 다양한 해산물이 아낌없이 더해진다. 산처럼 쌓인 해물만으로도 한 끼를 든든하게 해결할 수 있다. 보통 맛, 매운맛, 하얀 국물 등 세 가지 버전 중에 선택할 수 있다. 국물은 얼큰하고 시원하다. 탕수육도 인기 메뉴이다. 짬뽕과 함께 즐기기에 제격이다. 탕수육이 포함된 1인 세트도 있다.

작지만 진심이 담긴 카페
와토 커피

- 서귀포시 대정읍 동일하모로 238 0507-1407-1452
- 08:00~18:00(라스트오더 17:50, 일 휴무)
- 주변 골목, 점심시간에는 카페 앞 도로
- 찾아가기 책방 어나더 페이지에서 자동차로 1분 인스타그램 @watocoffee 반려동물 동반 가능(가방, 케이지 필수)

진한 커피 향으로 여행자의 발길을 붙잡는 카페이다. 상호 '와토WATO 커피'. We Are The One의 첫글자에서 따왔다. 커피 대회에서 여러 차례 수상한 실력 있는 커피 맛집이다. 서너 개의 테이블만 놓인 아담한 공간이지만, 커피 맛을 아는 사람들로 늘 북적인다. 여행객은 물론, 동네 주민들도 일부러 시간을 내 찾아올 만큼 사랑받는 곳이다. 로스터리 카페답게, 블렌드 브라운, 에티오피아 아바야, 인도네시아 디카페인 등 다양한 원두를 취향에 따라 고를 수 있다. 그중 가장 인기 있는 메뉴는 와토 알프스이다. 부드러운 크림과 아이스크림이 올라간 비엔나 스타일 커피이다.

일몰 감상하기 좋은 오션 뷰 빵집
수애기 베이커리

- 서귀포시 대정읍 동일하모로98번길 48-59
- 064-792-7997
- 매일 09:00~21:00(라스트오더 20:40) 전용 주차장
- 찾아가기 책방 어나더 페이지에서 자동차로 3분
- 인스타그램 @bakerycafe_suaggy 반려동물 동반 가능

제주올레 11코스 초반, 대정읍 동일리 바닷가에 있다. 독특한 원형 건물이 시선을 끈다. 굽이진 해안도로의 경관에 순응하듯 둥글게 지은 건물이 인상적이다. 안으로 들어가면 중앙의 커다란 수조가 눈에 띈다. 수조에서는 비단잉어가 자라고 있다. 수애기 베이커리는 해가 질 무렵 노을을 바라보며 여유롭게 커피 한 잔을 즐기기 좋은 카페다. 빵은 매일 매장에서 직접 굽는다. 커피 한 잔을 손에 들고 창밖을 바라보면, 제주의 해안 풍경이 한눈에 들어온다. 해가 수평선으로 천천히 내려앉을 때, 하늘은 주황빛과 보랏빛으로 물든다. 그 황홀한 풍경을 오래 잊지 못할 것이다.

바다를 품은 한옥 베이커리
미쁜제과

- 서귀포시 대정읍 도원남로 16
- 070-8822-9212 매일 09:00~20:00(라스트오더 19:30) 전용 주차장 찾아가기 책방 어나더 페이지에서 자동차로 14분 인스타그램 @mippeun_jeju 반려동물 동반 가능(케이지 필수)

대정읍 신도리, 해변에서 가까운 곳에 자리한 한옥 베이커리이다. '미쁜'이라는 이름은 순우리말 '미쁘다'에서 유래한 것으로, '믿음직스럽다'라는 뜻을 담고 있다. 전통의 멋이 살아 있는 한옥과 넓은 정원이 어우러진 곳에서 다양한 베이커리를 즐길 수 있다. 대표 메뉴는 소금빵, 마약 빵, 옛날 팥빵으로, 유기농 밀가루를 사용해 3~7일간 자연 숙성한 천연 발효종으로 만든다. 카페 뒤편에 연못과 그네, 분수가 있는 정원이 있다. 운이 좋다면 정원 너머로 바다를 유영하는 돌고래 무리를 볼 수 있다. 돌고래는 주로 오후 3시 무렵에 모습을 드러낸다.

바람과 커피가 머무는 곳
모아시

- 서귀포시 대정읍 무릉중앙로24번길 16
- 064-794-9995
- 매일 10:00~18:00(라스트오더 17:30)
- 전용 주차장
- 찾아가기 책방 어나더 페이지에서 자동차로 13분
- 인스타그램 @moasi.le.rocher
- 반려동물 동반 가능(캐리어나 유모차 필수)

제주 서남쪽, 대정읍 무릉리에 있는 카페로, '무릉'과 '오아시스'를 조합하여 카페 이름을 만들었다. 모아시는 자연과 건축의 조화를 잘 보여주는 감성적인 공간이다. 삼각형 형태의 독창적인 외관과 콘크리트 특유의 질감, 중정에 흐르는 잔잔한 물소리는 모아시를 특별한 공간으로 만들어준다. 높은 천장과 넓은 공간이 개방감을 느끼게 해준다. 커다란 창을 통해 보이는 소나무 숲은 한 폭의 풍경화를 떠올리게 한다. 제주 서쪽의 이국적인 전경과 인피니티 뷰가 어우러진 이곳은 단순한 카페를 넘어, 하나의 여행지로 다가온다. 루프톱에서는 탁 트인 제주 서쪽 풍경을 감상할 수 있다. 곳곳에 마련된 포토 존은 추억을 남기기에 안성맞춤이다.

대표 커피로는 에스프레소, 콘파냐, 피스타로쉐 등을 꼽을 수 있다. 커피는 대부분 쓰고 고소한 맛뿐 아니라 은은한 산미가 느껴져서 풍미가 좋다. 카넬레를 비롯한 디저트도 즐길 수 있다. 수작업으로 제작한 라이프 스타일 굿즈도 판매한다. 반려동물과 함께 입장할 수 있지만, 옥상은 출입을 제한하고 있다.

PART 7
서귀포시 동부권
성산읍·표선면·남원읍

성산읍1

빛의 벙커
미디어 아트의 압도적인 몰입감

- 서귀포시 성산읍 서성일로 1168번길 89-17 A동
- 1522-2653
- 매일 10:00~18:20(입장 마감 17:30)
- 11,000~19,000원
- 전용 주차장
- 찾아가기 제주국제공항에서 자동차로 1시간
- 인스타그램 @bunkerdelumieres

오래된 벙커가 몰입형 미디어 아트 전시관으로 변모했다. 벙커는 원래 국가의 기간 통신시설이 들어선, 축구장 절반 크기의 대형 콘크리트 구조물이었다. 2018년, 이 거대한 콘크리트 구조물이 유명 작가들의 작품을 미디어 아트로 감상할 수 있는 몰입형 전시관으로 다시 태어났다. 해외 거장뿐 아니라, 국내 작가, K팝, 건축 등 여러 분야와 협업해 다채로운 전시를 선보이고 있다. 빛의 벙커는 제주를 대표하는 예술 랜드마크로 자리매김했다.

빛의 벙커는 혁신적인 전시 기법을 도입하여 예술에 몰입하는 경험을 선사한다. 혁신적인 전시 기법이란 모네, 르누아르, 샤갈 등 거장의 작품을 빛과 음악, 첨단 디지털 기술을 통해 몰입형 영상 예술

모네, 샤갈, 르누아르…. 거장의 작품에 빛과 음악, 첨단 디지털 기술을 입히면 전시장 벽과 바닥이 거대한 스크린으로 변한다.

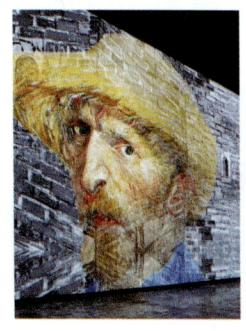

로 새롭게 창조하는 것이다. 전시실에 입장하는 순간, 관람객은 수십 대의 빔프로젝터가 투사하는 예술 작품과 스피커가 내보내는 아름다운 음악에 빠져들게 된다. 거장의 작품이 전시장 벽과 바닥을 가득 채우고 있다. 압도적이고 이색적이다.

거장들의 작품을 한자리에서 감상해서 즐거운데, 아름다운 음악이 흘러나와 더 깊은 감동을 준다. 클로드 드뷔시, 모리스 라벨의 클래식 음악과 조지 거슈윈, 빌리 홀리데이, 엘라 피츠제럴드의 아름다운 재즈 선율에 듬뿍 취하게 된다. 예술의 기운이 가득한 바로 그 순간, 시공간을 초월해 마치 그림의 주인공들과 함께 그림 속 풍경의 일부가 되어 걷고 있는 듯하여 행복해진다.

영상 예술을 감상하며 작품 배경이 된 풍경 속을 산책해 보자. 유럽의 정통 와인을 음미하고 풍류를 즐기는 인물들을 만나보자. 샤갈이 그렸다는 파리 오페라 가르니에의 천장화와 뉴욕 링컨 센터 로비의 대형 벽화는 감탄을 자아낸다. 거장의 작품을 새롭게 해석한 영상을 감상하다 보면, 그가 살았던 시대의 삶의 모습과 시대상도 더불어 엿보게 된다. 덕분에 그의 예술 작품을 더 쉽게 이해할 수 있다. 전시를 관람하는 내내 일상 속 분주했던 마음이 여유를 찾아가는 기분이 든다.

ONE MORE 여기도 좋아요!

© 제주도청

제주 여행 1번지
성산 일출봉

📍 서귀포시 성산읍 성산리 1   📞 064-783-7482
🕐 1~2월·11~12월 06:00~18:00, 3~4월·9~10월 05:00~19:00, 5~8월 04:30~20:00(첫째 주 월 휴무)
₩ 성인 5,000원, 청소년·군인 2,500원 🚗 전용 주차장
ℹ 찾아가기 제주국제공항에서 자동차로 1시간 5분

성산 일출봉해발 179m, 순수 높이 174m은 유네스코 세계 자연 유산이자 세계 지질 공원에 등재된 명소이다. 특이하게 바닷속에서 폭발했으나, 그 위력이 엄청나 지금과 같은 멋진 오름이 되었다. 멀리서 보면 바다 위로 우뚝 솟은 웅장한 성곽 같다. 이 장엄하고 특별한 아름다움 덕분에 많은 여행객이 찾는다. 지난 2000년, 국가유산청은 성산 일출봉을 중심으로 한 성산포 해안 일대를 천연기념물 제420호로 지정했다.

입구부터 정상까지는 가파른 계단이 이어진다. 천천히 걸으면 약 25분이 걸린다. 생각보다 경사가 심하다. 운동량이 많으므로 물을 꼭 준비하는 것이 좋다. 가파른 계단이 계속되지만, 탐방로는 잘 정비되어 있다. 정상에 오르면 8만 평 규모의 사발 모양 분화구가 장엄하게 펼쳐진다. 성산 일출봉의 해돋이는 '영주십이경瀛州十二景' 중 첫 번째로 꼽힌다. 매년 새해 첫날 일출 축제도 열린다. 하지만 하산하며 마주하는 낙조 또한 장관이다. 시간이 맞는다면 제주 바다를 붉게 물들이는 노을도 놓치지 말자.

숨비소리 들으러 가자
성산포 해녀 물질 공연

- 서귀포시 성산읍 일출로 284-34
- 064-783-0959, 1135 / 매일 14:00
- 무료 / 성산 일출봉 주차장(서귀포시 성산읍 성산리 1)
- 찾아가기 성산 일출봉 매표소에서 걸어서 5분
- 홈페이지 https://www.visitjeju.net/kr

성산 일출봉 매표소에서 무료 탐방 코스 방향으로 약 5분 정도 이동하면, 해녀들이 실제로 물질을 하던 '우뭇개' 해안에 도착하게 된다. 이곳에 유네스코 인류 무형 문화유산으로 등재된 해녀 문화의 정수를 볼 수 있는 물질 공연장이 있다. 공연은 매일 오후 2시에 진행된다. 해녀들이 바다에 직접 들어가 전통 방식의 물질해산물 채취를 시연하고, 그 과정을 관람객에게 설명해 준다. 물질 중 해녀가 내뿜는 독특한 호흡 '숨비소리', 잠수 장비와 도구 설명, 해산물 채취 시범 등 해녀 문화를 다양하게 체험할 수 있다. 우천 시와 파도가 높을 땐 공연이 취소될 수 있으므로, 홈페이지에서 확인하는 것이 좋다.

용암이 만든 해안 절경
광치기 해변

- 서귀포시 성산읍 고성리 224-33
- 광치기 해변 공영주차장
- 찾아가기 성산 일출봉에서 자동차로 3분

성산 일출봉으로 가는 길목에 있다. 성산 일출봉의 가장 드라마틱한 모습을 이곳에서 조망할 수 있다. 성산 일출봉이 탄생할 때 용암이 식으며 만들어 낸 독특한 화산 지질이 인상적이다. 썰물 때 속살이 그대로 드러나는데, 평평한 현무암이 겹친 모습이 커다란 시루떡을 여러 겹 포개놓은 것 같다. 물이 빠져나가면 굽이굽이 물길과 작은 물웅덩이가 생긴다. 여기에 동터오는 하늘과 일출봉이 더해지면, 마치 원시의 자연을 보고 있는 듯 신비롭다. 봄이면 해안 사구를 따라 유채꽃이 만발하여 장관을 이룬다. 광치기 해변은 제주 올레 1코스의 종점이자 2코스의 시작점이다.

오름과 해안도로 걷기
올레 1코스

- 시작점 시흥초등학교(서귀포시 성산읍 시흥상동로 113)
- 도착점 광치기 해변(서귀포시 성산읍 고성리 224-33)
- 주변 갓길
- 찾아가기 성산 일출봉에서 자동차로 5분

2007년 9월 제주 올레 중에서 가장 먼저 열렸다. 시흥초등학교에서 시작해 말미 오름두산봉, 순수 높이 101m과 알 오름 정상 거쳐 종달리 해안도로와 광치기 해변까지 이어진다. 거리는 약 15.1km이다. 4~5시간 정도 소요되는 중급 코스로, 초반 두 개의 오름 외에는 평탄한 마을 길과 해안도로가 연속으로 이어진다. 완만한 말미오름 탐방길을 조금 오르면 전망대에 도착한다. 성산 일출봉이 손에 잡힐 듯 다가온다. 오름에서 내려와 소금밭이 유명한 종달리 마을 길을 걷고 있으면, 어느덧 해변 풍경이 눈에 들어온다. 성산 일출봉 아래를 지나면 이윽고 종착지 광치기 해변에 닿는다.

성산일출봉을 한눈에 담다
오조 포구

- 서귀포시 성산읍 오조리 311
- 064-782-3182(오조리 사무소)
- 주변 빈 공터
- 찾아가기 성산 일출봉에서 자동차로 9분

고즈넉한 바다 풍경과 성산 일출봉의 장엄한 전경을 한눈에 담을 수 있는 숨겨진 명소다. 바다 위에 떠 있는 듯한 일출봉의 풍경이 감탄을 자아낸다. 오조 포구는 제주 올레길 2코스의 일부이기도 하다. 돌담이 이어지는 마을 길을 따라 걷다 보면, 어느새 나무 덱과 다리가 놓인 해안 길이 펼쳐진다. 마치 바다 위를 걷는 듯한 기분을 느낄 수 있는 이 코스는 약 30분 정도면 한 바퀴를 돌 수 있어서 산책 삼아 들르기 좋다. TV 드라마 <웰컴 투 삼달리>의 주요 촬영지로, 럭키수퍼로 나왔던 돌담집과 계단 포토 존이 지금도 그대로 남아 있다. 포구 옆 아담한 오름 식산봉60m도 꼭 올라 보자.

제주 동부의 최고 전망대
두산봉 말미 오름

- 서귀포시 성산읍 시흥리 산1-5
- 오름 초입에 제주올레 안내소가 있다. 이곳에 차를 세울만한 공간이 있다.
- **찾아가기** 성산 일출봉에서 자동차로 10분

제주 동쪽 바다와 우도, 성산일출봉을 한눈에 담을 수 있는 오름이다. 올레 1코스의 시작점인 시흥초등학교에서 출발해 잠시 밭담 길을 따라 걷다 보면, 두산봉 입구가 나타난다. 섬의 동쪽 끝자락에 위치해 '말미尾'라는 별명을 얻었다. 해발 고도는 101m로 높지 않고, 오르는 길도 완만하다. 15분 남짓이면 정상 전망대에 도착한다. 들이는 수고는 적지만, 눈 앞에 펼쳐지는 풍경은 압도적이다. 섭지코지, 성산 일출봉, 우도, 종달리 해안이 파노라마처럼 펼쳐진다. 이른 새벽에 오른다면, 장엄한 일출 장면까지 눈에 담을 수 있다.

오름 아래로는 오밀조밀 조각보를 이어 붙인 듯, 아름다운 밭 풍경이 한눈에 내려다보인다. 마치 예술가가 일부러 만든 대지 예술 같다. 짙은 푸른색이면 당근밭이고 조금 연한 푸른색이면 무밭이다. 두산봉의 안쪽에는 2차 분화로 생겨난 '새끼' 화산 알 오름말산메이 있다. 두산봉이 낳은 '알'과 같다고 해서 얻은 이름이다. 두산봉과 알 오름 사이는 환상적인 숲길이다. 시간 여유가 있다면 알 오름까지 걸어보자.

RESTAURANT & CAFE 성산 일출봉 주변의 맛집과 카페

🍴 입소문 자자한 해물라면
경미네 집

📍 서귀포시 성산읍 일출로 259 📞 0507-1326-2671
🕒 08:30~16:00(매월 마지막 화 휴무) 🚗 맞은편 방파제에 주차 후 도보 이동 ℹ️ 찾아가기 성산 일출봉에서 걸어서 5분
🌐 인스타그램 @gyeongminejib

입소문만으로 유명해진 성산 일출봉 아래의 작은 식당이다. 변변한 주차장도, 눈에 띄는 입간판도 없지만, 여행객들로 늘 붐빈다. 가장 유명한 메뉴는 해물라면과 성게 밥이다. 양은 냄비에 내오는 해물라면에는 싱싱한 문어, 오징어, 바지락, 미역이 가득 들어 있다. 시원하고 칼칼한 국물 맛이 일품이다. 성게가 가득 올라간 성게 밥도 많이 찾는다. 김이 모락모락 올라오는 갓 지은 밥에 성게와 김 그리고 참기름만 넣고 비벼 먹으면 된다. 당일 잡은 신선한 해산물을 이용해 만든 전복죽, 멍게 밥, 한치 덮밥, 해물 모둠 등도 수준급이다. 재료의 맛을 최대한 살려 중독성이 있다.

🍴 가마솥에서 튀긴 피시앤드칩스
World Class Fish & Chips

📍 서귀포시 성산읍 성산중앙로 33
📞 0507-1404-5120 🕒 매일 10:00~17:00 🚗 주변 길가
ℹ️ 찾아가기 성산 일출봉에서 걸어서 5분
🌐 인스타그램 @ddoraoknim

원래 '윌라라'라는 이름으로 운영되던 피시앤드칩스 맛집이다. 얼마 전 'World Class Fish & Chips'로 상호를 바꾸었다. 이 집은 제주 특산물 생선인 달고기를 사용해 한국식 피시앤드칩스를 탄생시켰다. 달고기는 보름달을 닮아 이런 이름을 얻었다. 대구보다 살이 촘촘하고 식감이 좋아 영국에서는 비싼 생선으로 손꼽힌다. 가마솥에 넣고 양파기름으로 튀겨 비린 맛 없고 식감이 잘 살아 있다. 시그니처 메뉴는 당연히 달고기 피시앤드칩스이다. 쉬림프 앤드 치프스, 감자 튀김도 맛이 훌륭하다. 재료가 소진되면 문을 일찍 닫는다. 방문하기 전에 꼭 확인하자.

우도와 성산일출봉을 품은 휴양카페
해일리 카페

- 서귀포시 성산읍 한도로 269-37(성산리 308)
- 0507-1370-9189
- 매일 09:00~21:00
- 전용 주차장 ⓘ 찾아가기 성산 일출봉에서 자동차로 5분
- 인스타그램 @haeilri_coffee 반려동물 동반 가능

포토 존 '천국의 계단'으로 유명해진 휴양 카페이다. 성산 일출봉 바로 옆에 있어서 전망이 환상적이다. 평소에 보기 힘든 오밀조밀한 일출봉의 뒷모습과 우도를 품은 바다를 한눈에 조망할 수 있다. 야외 정원에 그늘막 좌석과 등받이 쿠션을 갖춘 평상형 좌석까지 갖추고 있어서, 편안하게 누워서 쉬기 좋다. 덕분에 실내보다 야외 좌석의 인기가 높다. 커피와 디저트를 시켜놓고 오래 머물고 싶은 곳이다. 바다를 바라보며 편안히 휴식하기도 좋고, 포토 존에서 추억의 사진을 남기기도 좋다. 천국의 계단 외에 대형 그네, 수영장 같은 포토 존이 준비되어 있다.

통창 너머로 성산일출봉이
프릳츠 제주 성산점

- 서귀포시 성산읍 일출로 222 0507-1468-2045
- 매일 08:00~20:00 전용 주차장
- 찾아가기 성산 일출봉에서 자동차로 6분
- 인스타그램 @fritzcoffeecompany 반려동물 동반 가능

제주산 해산물을 팔던 식당을 리모델링했다. 1980년대 다방 스타일의 디자인을 입혀 레트로한 분위기를 연출했다. 실내로 들어서면 통창 너머로 성산 일출봉과 바다 풍경이 한눈에 들어온다. 덕분에 오픈과 동시에 핫플레이스로 등극했다. 핫플답게 메뉴도 훌륭하다. 치즈 치아바타, 제주 말차 크림 도넛, 시트러스를 더한 아마레티는 제주에서만 맛볼 수 있는 메뉴이다. 진하게 뽑아낸 에스프레소나 드립으로 내린 커피와 상당히 좋은 조합을 보여준다. 카페라테도 인기 메뉴이다. 매장 정문으로 나오면 성산 일출봉까지 연결되는 산책로가 있고 계단 아래로 내려가면 바로 해변이다.

우도와 성산일출봉을 한눈에
오른

- 서귀포시 성산읍 해맞이해안로 2714
- 0507-1401-1559
- 10:30~20:00(라스트오더 19:30)
- 전용 주차장
- 찾아가기 성산 일출봉에서 자동차로 6분
- 인스타그램 @orrrn_official
- 반려동물 동반 가능

성산 일출봉을 향해 해맞이 해안도로를 달리다 보면, 종달리와 성산포 사이에 있는 감각적인 노출 콘크리트 건물 하나가 눈에 들어온다. 카페 오른이다. 입지가 명당이다. 오른쪽으로는 성산 일출봉이, 왼쪽으로는 우도가 시야에 잡힌다. 돌담, 유채꽃, 푸른 바다, 그리고 섬과 푸른 하늘. 카페 앞으로 차례대로 펼쳐지는 풍경을 보고 있으면 절로 행복해진다. 건물 구조도 매력적이다. 물이 흐르는 수로와 하늘이 비치는 작은 연못은 마음을 차분하게 해준다. 시그니처 메뉴는 우도 땅콩 크림이 올라간 오른 라테이다. 커피 향이 진한 플랫 화이트도 인기 메뉴이다. 디저트도 다양하다.

바리스타의 정성이 만든 커피
도렐 제주 본점

- 서귀포시 성산읍 동류암로 20(고성리 297-1)
- 0507-1437-3011
- 매일 08:00~17:00
- 전용 주차장
- 찾아가기 성산 일출봉에서 자동차로 6분
- 인스타그램 @dorrell_coffee
- 반려동물 동반 가능

자유로운 여행자를 위한 공간 성산 플레이스 캠프 안에 있다. 커피 맛이 훌륭하다는 평을 받는다. 질 좋은 원두, 청량한 물, 그리고 바리스타의 정성이 만든 맛이다. 대표 메뉴는 너티 클라우드다. 잘 추출한 커피의 강렬한 바디 감과 땅콩 크림의 고소함이 조화를 이룬다. 첫맛은 쌉쌀하고, 뒤이어 달콤하고 고소한 맛이 은근하게 혀를 자극한다. 디저트도 인기가 높다. 특히 단팥 소스를 발라서 먹는 오메기 베이글이 이색적이면서도 맛있다. 넓은 창, 채광 좋은 개방감, 모던한 인테리어 그리고 편집숍과 전시를 겸한 공간. 다채로운 실내 분위기도 이 카페만의 매력이다.

정감 가득한 레트로 빵집
보룡제과

- 서귀포시 성산읍 고성오조로 48-1
- 064-782-5472 매일 08:00~22:00
- 주변 골목 찾아가기 성산 일출봉에서 자동차로 6분
- 인스타그램 @jeju_boryong_bread

성산읍 시내를 걷다 보면, 외관이 소박한 '보룡제과'가 눈에 들어온다. 규모는 크지 않지만, 오랜 세월을 품은 클래식한 분위기가 정겹다. 보룡제과는 제주에서 보기 드문 착한 가격과 친절한 서비스 그리고 맛까지, 삼박 자를 고루 갖춘 레트로 빵집이다. 시그니처 메뉴는 마늘 바게트이다. 겉은 바삭하고 속은 쫄깃한 바게트에 고소한 마늘 버터가 듬뿍 발라져 있어서, 한입 베어 물면 입안 가득 풍미가 퍼진다. 튀김 소보로, 한라봉 파이, 단 팥빵 등 다양한 빵이 준비되어 있다. 특히 단팥빵은 어릴 적 먹던 그 맛을 그대로 간직하고 있어서 은근히 향수를 자극한다.

'나 혼자 산다'에 나온 가맥집
목화 휴게소

- 서귀포시 성산읍 해맞이해안로 2526
- 064-782-2077
- 11:30~18:00(수 휴무)
- 가게 옆 공터 및 도로 갓길
- 찾아가기 성산 일출봉에서 자동차로 8분

제주 올레길 1코스가 지나는 해맞이 해안도로에 있다. 반건조 준치반건조 오징어를 파는 가맥집으로, 바다 건너로 우도와 성산 일출봉이 보인다. 가게 앞 바닷가에 널어 말린 오징어를 맥반석 돌 위에서 구워준다. 우도와 성산 일출봉을 바라보며 먹는 맛이 꽤 괜찮다. 원래는 올레 1코스 스탬프를 찍는 곳이어서 준치를 먹으며 잠시 쉬어가는 올레꾼들의 휴식처였다. 그런데 <나 혼자 산다>에서 장도연이 제주에 왔다가 들러 화제가 되었다. TV에 나온 이후로 바다를 바라보며 맥주 한잔하려는 사람들로 붐빈다. 편의점 음료, 기타 주류, 컵라면 등도 사 먹을 수 있다.

섭지 코지

바람의 언덕, 시가 되는 풍경

📍 서귀포시 성산읍 고성리 62-4
🚗 휘닉스 제주 섭지코지 주차장(유료 30분 1,000원)
ℹ️ **찾아가기** 제주국제공항에서 자동차로 1시간 10분
🐾 반려동물 동반 가능

...
제주 동쪽 끝
바람이 머무는 섭지 코지
초원, 유채꽃, 조랑말이
시처럼 아름다운 풍경을
선물처럼 보여준다.

제주도 동쪽 끝, 성산 일출봉 남쪽 바다로 머리를 쑥 내민 땅, 제주 어로 이곳을 섭지코지라 부른다. '섭지'는 좁은 땅, '코지'는 곶이라는 뜻이다. 바다 쪽으로 돌출된 마름모꼴의 넓은 들판은 제주의 풍경 중에서도 유독 극적이다. 봄이면 유채꽃이 드넓은 들판을 뒤덮고, 그 사이로 조랑말이 풀을 뜯는 모습은 한 폭의 동화 같다. 하지만 해안으로 가면 파도와 기암괴석이 맞부딪히며 섭지 코지만의 매력적인 야성적 풍경을 연출한다. 섭지 코지에 발을 딛는 순간, 특별한 풍경 속에 들어선 느낌이 강하게 든다.

섭지 코지의 절경을 한눈에 담고 싶다면 땅끝에 불쑥 솟아 있는 방

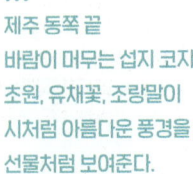

두포 등대로 가자. 등대에 올라서면 기암괴석과 하얗게 부서지는 파도, 푸른 바다 너머의 성산 일출봉이 차례로 눈앞에 펼쳐진다. 섭지코지엔 늘 바람이 분다. 그래서 '바람의 언덕'이라는 별칭을 얻었다. 섭지코지는 매력적인 풍경 덕에 <올인>을 비롯한 수많은 드라마에 등장했다. 산책로 중간에는 <올인>의 촬영지로 이름난 코지 하우스가 있다. 이곳에 있으면 문득, 드라마 속으로 들어온 기분이 든다.

섭지 코지엔 산책로가 잘 조성돼 있다. 일부 산책로엔 붉은색 화산 송이가 깔려 있어서 걷는 기분이 더 특별하다. 어른 걸음으로 왕복 두 시간 남짓이면 충분히 돌아볼 수 있다. 섭지 코지의 자연도 매혹적이지만, 이제는 또 하나의 풍경이 된 아름다운 건축물도 꼭 둘러봐야 한다. 방두포 등대 북쪽에 있는 휘닉스 제주 글라스 하우스는 섭지 코지에서 가장 현대적인 풍경을 보여준다. 세계적인 건축가 안도 다다오가 설계한 건축물이다. 글라스 하우스는 안팎의 경계가 없는 듯 이어진다. 동서남북 어느 곳에서도 바깥 풍경을 바라볼 수 있다. 특히 글라스 하우스 너머로 푸른 바다와 성산 일출봉이 깊고 조용하게 다가온다. 그 옆엔 유민 아르누보 뮤지엄이 있다. 아르누보 유리 공예품을 감상하며 우아한 순간을 경험할 수 있다. 아르누보는 1800년대 말과 1900년대 초 약 20년 동안 유럽 전역에서 일어났던 예술 운동이다. 새로운 예술이라는 뜻으로 자연물, 특히 꽃이나 식물 덩굴에서 영감을 받아 장식적이고 곡선적인 표현을 추구하였다. 섭지 코지 남쪽 끄트머리엔 유리 피라미드 형태의 독특한 건축물 아고라가 있다. 강남 교보빌딩, 리움미술관, 남양 성모 성지 성당을 설계한 마리오 보타가 디자인했다. 섭지 코지에 들어선 리조트 휘닉스 아일랜드의 클럽 하우스와 야외 수영장, 피트니스센터로 사용하고 있다.

동화 같은 풀밭, 노란 유채꽃, 야성을 보여주는 해안의 기암괴석, 바다를 건너 다가오는 성산 일출봉, 여기에 미학적인 건축과 아름다운 유리 공예까지, 섭지 코지에선 눈은 즐겁고 마음은 행복해진다. 유채꽃이 절정인 3~4월이 섭지 코지의 황금기지만, 어느 계절에 가도 영화 같은 시간을 보낼 수 있다. 섭지 코지는 산책, 풍경, 예술에 조용히 빠져들고 싶을 때, 가장 먼저 떠올려야 하는 곳이다.

ONE MORE 여기도 좋아요!

우아한 유럽 유리 공예 관람
유민 아르누보 뮤지엄

- 서귀포시 성산읍 섭지코지로 107
- 064-731-7791 / 매일 09:00~18:00
- 성인 20,000원 어린이·청소년 17,000원
- 전용 주차장
- 찾아가기 섭지 코지 글라스 하우스에서 걸어서 2분

섭지 코지의 글라스 하우스 옆에 있는 유리 공예 전문 미술관이다. 글라스 하우스와 마찬가지로 안도 다다오가 설계했다. 이곳에선 아르누보 작가들의 유리 공예품 50여 점을 감상할 수 있다. 대표적인 작가로는 에밀 갈레, 돔 형제, 외젠 미쉘, 르네 랄리크 등이다. 이들은 자연에서 얻은 소재와 영감을 바탕으로 작업했다. 특히 꽃과 식물의 덩굴을 작품 소재로 많이 사용했다.

미술관은 현무암 등 제주의 자연과 지형적 특징을 잘 살려 건축되었다. 특히 프레임형 뷰파인더View Finder를 통해 성산 일출봉과 유채꽃밭을 조망할 수 있어 인상적이다. 전시실은 지하에 있어서 내적인 몰입감을 준다. 영감의 방, 명작의 방, 아르누보 전성기의 방, 램프의 방 등 4개의 전시실을 갖췄다. 입구에 설치된 샤이닝 글라스도 퍽 인상적이다. 미러 글라스로 제작해서 비추는 기능과 빛나는 기능을 동시에 갖췄다. 샤이닝 글라스 앞에서 사진을 찍으면 섭지 코지 등대와 안도 다다오가 설계한 글라스 하우스를 한 프레임에 담을 수 있다.

성산 일출봉을 품은 인생 샷 명소
섭지 코지 그랜드 스윙

- 서귀포시 성산읍 고성리 46
- 휴닉스 제주 섭지코지 주차장(유료 30분 1,000원, 그랜드 스윙까지 도보 15분) 혹은 갓길 주차
- 찾아가기 섭지 코지 글라스 하우스에서 걸어서 2분

섭지 코지 언덕 위에 안도 다다오가 설계한 글라스 하우스가 자리하고 있다. 그 앞에는 넓고 푸른 민트 가든이 펼쳐져 있다. 정원 한가운데에 있는 대형 그네 '그랜드 스윙'이 시선을 사로잡는다. 그네의 높이는 6m이다. 주황색 라운드 형태 조형물에 길게 줄을 달아 그네를 설치했다. 멀리서도 단번에 눈에 띌 만큼 크고 독특하다. 그네에 앉으면 정면으로 성산 일출봉과 푸른 바다가 시원하게 펼쳐진다. 풍경과 그랜드 스윙이 하나로 어우러져 인생 사진을 남기기에 좋다. 이곳은 단순한 포토 존이 아니다. 햇살과 바람, 풍경이 만든 무대에서 오롯이 나만의 한 컷을 남길 수 있는 특별한 곳이다.

해양 생물이 가득한 테마 파크
아쿠아플라넷 제주

- 서귀포시 성산읍 섭지코지로 95
- 1833-7001 / 매일 09:30~18:00
- 성인 44,600원 / 전용 주차장
- 찾아가기 섭지 코지 글라스 하우스에서 걸어서 15분

섭지 코지 초입에 있는 해양 테마 파크다. 형형색색 산호초와 귀여운 열대어가 관람객을 반긴다. 이어서 파이브 오션스, 주상절리 터널, 물범 플라넷, 펭귄 플라넷, 아쿠아 사파리, 터치 풀 등이 지루할 틈 없이 이어진다. 파이브 오션스는 오대양을 대표하는 생물을 전시한 5개의 대형 수조이다. 공연장인 오션 아레나에서는 바다코끼리, 오타리아 물개, 돌고래 등이 화려한 쇼를 펼친다. 해녀 물질 공연과 인어공주 쇼도 관람할 수 있다. 대표 볼거리는 바닷속 생태계를 그대로 재현해 놓은 가로 23m 세로 8.5m의 대형 수족관이다. 1층에는 섭지 코지와 성산 일출봉이 보이는 레스토랑이 있다.

RESTAURANT & CAFE 섭지 코지 주변의 맛집과 카페

🍽 정갈한 해산물 밥상
해왓

📍 서귀포시 성산읍 신고로 30-1 📞 0507-1439-5690
🕘 09:00~21:00(라스트오더 19:50, 수 휴무)
🚗 전용 주차장 ℹ️ 찾아가기 섭지 코지에서 자동차로 5분
🌐 인스타그램 @haewat 🐾 반려동물 동반 가능

성산읍 섭지 코지와 아쿠아플라넷 제주에서 가깝다. 해왓은 합성한 제주어로, 바다를 뜻하는 '해'와 밭을 뜻하는 '왓'을 합쳐 지은 이름이다. 싱싱한 해산물과 청정한 농산물로 정성껏 음식을 만들겠다는 의지를 식당 이름에 담았다. 이름에 걸맞게 제주의 신선한 해산물과 직접 재배한 채소를 이용해 요리한다. 메뉴가 다양해 선택의 폭이 넓다. 갈치조림, 우럭 조림, 성게미역국, 전복 해물 뚝배기, 물회, 갈치구이, 고등어구이 그리고 한치회와 고등어회 같은 생선회까지 있다. 고등어구이와 물회, 성게미역국의 인기가 좋다. 특히 성게가 듬뿍 들어간 미역국의 인기가 제일 높다.

☕ 최고의 오션 뷰
하와이안 비치 카페

📍 서귀포시 성산읍 신양로122번길 57, 2층 📞 0507-1350-3349 🕘 11:00~19:00(라스트오더 18:30, 첫 번째, 세 번째 수 휴무)
🚗 전용 주차장 ℹ️ 찾아가기 섭지 코지에서 자동차로 5분
🌐 인스타그램 @hawaiianbeach_cafe 🐾 반려동물 동반 가능

성산읍 섭지 코지 옆 해변 바로 앞에 있는 카페이다. 입구부터 범상치 않은 이국적인 분위기를 강하게 풍긴다. 낯설면서도 신선하다. 아기자기한 인테리어가 인상적이다. 이 카페의 매력은 시원한 바다 전망이다. 2층에 올라가 오션 뷰를 보고 나면 입에서 저절로 감탄사가 흘러나온다. 조용히 바다를 감상하기 더없이 좋다. 대표 메뉴인 '하와이안 햄버거'와 시원한 '청귤 에이드'는 하와이 감성과 잘 맞는다. 유쾌한 사장님은 사진이 가장 나오는 스폿에서 손님들 사진을 찍어주느라 바쁘다. 하와이 비치와 묘하게 닮아있는 제주의 바다가 이국적으로 아름답게 느껴지는 곳이다.

혼인지
수국과 연꽃이 피는 사랑의 연못

- 서귀포시 성산읍 혼인지로 39-22(온평리 1693)
- 064-710-6798
- 매일 08:00~17:00
- 전용 주차장
- **찾아가기** 제주국제공항에서 자동차로 1시간
- 반려동물 동반 가능

제주 동쪽 성산읍 온평리에 있다. 연못의 규모는 약 500평이다. 혼인지는 신화 속 사랑 이야기가 현실처럼 살아 숨 쉬는 곳이다. 혼인지婚姻池라는 이름은 말 그대로 '혼인한 연못'을 뜻한다.

혼인지는 제주 건국 신화와 깊이 연결되어 있다. 전해 내려오는 이야기에 따르면, 혼인지는 고·양·부 삼신인이 혼례를 올린 장소로, 탐라국이 시작된 신성한 공간이다. 삼신인은 벽랑국에서 온 공주 세 명과 결혼했다. 삼신인은 삼성혈에서 태어난 탐라국의 시조 세 사람, 즉 고, 양, 부를 말한다. 삼신인은 세 공주가 가지고 온 온 송아지와 망아지를 기르고, 오곡의 씨앗을 들에 뿌리고 가꾸며 태평

한 생활을 누렸다. 벽랑국의 공주가 송아지와 망아지, 오곡의 씨를 가지고 왔다는 점이 이채롭다. 이 이야기로 미루어 탐라국에선 세 공주를 농사의 신으로 여겼음을 알 수 있다.

혼인지 마을의 옛 이름은 '열운이'이다. '연 곳' 또는 '맺은결혼한 곳' 이라는 뜻이다. 풀어서 설명하면 탐라국을 연 곳, 탐라국의 시조들이 결혼한 곳이다. 연못 이름이 그대로 마을의 이름이 될 만큼, 온 평리에선 지금도 전설과 현실의 삶이 공존한다. 혼인지 옆에는 작은 굴이 있다. 삼신인이 벽랑국 공주들과 혼례를 올린 뒤 밤을 보냈다는 곳이다. 이렇듯 혼인지는 단순한 관광지가 아니라 개천, 곧 탐라의 탄생과 결혼 이야기, 더불어 목축과 농사 이야기가 깊이 스며든 역사 관광지이다.

이런 배경 때문일까? 제주도는 혼인지를 공공 예식장 시설로 지정하였다. 실제로 혼인지에선 제주도 전통 형식으로 결혼식을 올리는 장면을 종종 목격할 수 있다. 신화 속 사랑 이야기가 현대의 결혼식으로 이어지는 장면은 그 자체로 낭만적이다. 매년 11월 이곳에서는 혼인지 축제가 열린다. 제일 중요한 행사는 삼신인과 세 공주의 혼인 장면을 재현하는 것이다. 부대 행사로 여러 공연이 곁들여진다. 혼인지에서는 여행자들을 위해 전통 혼례 체험 프로그램도 운

...
탐라국의 결혼 신화가
조용히 스며든 사랑의 연못.
몽환적인 하늘빛 수국이
옛사랑을 다시 빛내주는
제주의 숨겨진 로맨틱 스폿

영하고 있다. 이 프로그램은 온평리 마을회에서 운영한다.

혼인지는 제주 올레길 2코스의 일부이다. 광치기 해변에서 출발한 2코스는 식산봉, 오조리 사무소, 대수산봉, 혼인지를 거쳐 온평 포구에서 닻을 내린다. 혼인지 구역에선 후문으로 들어와 전통 혼례관과 탐라 사료관, 혼인지를 지나 정문으로 빠져나간다. 올레길 코스를 따라 혼인지를 가볍게 산책해 보자. 길은 사계절 다 아름답지만, 특히 수국이 피는 5월 말부터 6월 중순 사이가 가장 매력적이다. 연못과 돌담, 산책로를 따라 순백과 핑크, 옥빛 수국이 몽글몽글 피는 모습이 더없이 몽환적이다. 낮은 돌담과 고풍스러운 한옥을 배경으로 인생 사진을 남겨보자. 여름엔 붉은 연꽃이 왕관을 이어받는다. 수국이 몽환적이라면, 연꽃은 우아하고 고혹적이다.

ONE MORE 여기도 좋아요!

바닷가의 목장
신풍 목장

- 서귀포시 성산읍 일주동로 5417(신풍리 33)
- 010-6623-3322(신풍승마장)
- 목장 입구의 비포장 공터나 갓길 주차
- 찾아가기 혼인지에서 자동차로 13분

제주 동부 바닷길을 달리다 보면, 바다와 초원이 맞닿은 이색적인 풍경이 눈에 들어온다. 신풍목장이다. 신풍목장은 제주에서 유일하게 바다를 낀 목장으로, 신천 목장 또는 신풍·신천 바다 목장으로도 불린다. 겨울이면 약 5만 평의 들판 위에 노란 감귤 껍질이 펼쳐져 특별한 장관을 이룬다. 한약재와 화장품 원료로 쓰이는 귤피를 말리는 광경이다. 이 장면은 신풍목장을 대표하는 풍경이 되었다. 제주에서만 볼 수 있는 독특한 겨울 풍경이다. 목장 옆으로 올레길 3코스가 지나간다. 길이 바다 가까이에 있어서 파도가 들려주는 음악 소리 들으며 즐겁게 산책할 수 있다.

제주를 사랑한 작가의 숨결
김영갑 갤러리 두모악

- 서귀포시 성산읍 삼달로 137
- 064-784-9907 09:30~18:00(월 휴관)
- 성인 5,000원 청소년·도민 3,000원 전용 주차장
- 찾아가기 혼인지에서 자동차로 11분

두모악은 한라산의 옛 이름이자, 사진작가 김영갑1957~2005의 갤러리 이름이다. 김영갑은 반평생을 제주의 바람과 구름과 함께 살았다. 충남 부여 태생이지만 제주도에 매료되어 아예 정착한 것이다. 한라산과 중산간, 오름과 바다, 들녘과 구름, 억새와 소나무 숲, 노인과 해녀 등 제주의 모든 것이 그에게는 표현의 대상이었다. 그렇게 자신만의 독특한 기법으로 제주의 외로움과 평화로움을 렌즈에 담았다. 안타깝게도 루게릭병을 앓다가 48세의 젊은 나이로 생을 마감했다. 그는 투병하면서 갤러리를 꾸몄다. 그의 작품을 오래 바라보고 있으면 마치 내가 제주 풍경의 일부가 된 느낌이 든다.

CAFE 혼인지 주변의 카페

건축, 바다, 그리고 쉼
카페 아오오

📍 서귀포시 성산읍 환해장성로 75
📞 0507-1394-0078 🕐 매일 09:00~19:00
🅿️ 전용 주차장 ℹ️ 찾아가기 혼인지에서 자동차로 7분
🌐 인스타그램 @cafe.ooo 🐾 반려동물 동반 가능(야외 테라스)

제주 올레길 3-B 코스가 지나는 환해장성로를 달리다 보면, 마치 큐브를 반쯤 틀어놓은 듯한 회색빛 건물을 만나게 된다. 이 평범하지 않은 외관의 건물이 카페 아오오이다. 'Out Of Ordinary'의 앞 글자를 따서 카페 이름을 지었는데, 일상을 벗어나 자연경관을 만끽하는 공간이라는 의미를 담고 있다. 카페 아오오의 건축물은 이름처럼 독특하여, 2020년 제주 건축문화 대상에서 특선을 받았다. 외부의 자연과 내부의 인공적인 공간이 조화를 이루는 특별한 건축물이다. 카페 건물 곳곳에서 자연을 감상하는 즐거움을 만끽할 수 있다. 키가 큰 야자수가 휴양지 이미지를 풍긴다. 미로 같은 1층 야외 공간에는 의자를 놓았다. 의자에 앉아 바다에서 불어오는 바람을 맞으며 식물과 나무를 감상할 수 있다. 예쁜 사진을 찍을 수 있는 포토 존도 있다. 1층에서 주문을 하고 2층으로 올라가면, 3면이 통창이다. 넓은 창을 통해 하늘과 맞닿은 곳까지 펼쳐진 푸른 바다가 한꺼번에 밀려든다. 시그니처 메뉴인 올디 음료를 비롯하여 여러 가지 디저트를 즐길 수 있다. TV 드라마 <우리들의 블루스>의 몇몇 장면을 이곳에서 촬영했다.

☕ 커피 애호가들의 성지
레이트벗 커피 로스터스

📍 서귀포시 성산읍 서성일로 621 📞 0507-1350-9436
🕐 매일 08:30~18:00 (라스트오더 17:00) 🚗 전용 주차장
ℹ️ 찾아가기 혼인지에서 자동차로 10분
🌐 인스타그램 @latebutcoffee 🐾 반려동물 동반 가능

커피 애호가들 사이에서 '커피의 성지'로 불리는 곳으로, 스페셜티 커피의 진수를 경험할 수 있다. 30여 종의 싱글 오리진 원두를 상시 갖추고 있으며, 파나마 게이샤와 같은 희귀한 원두도 취급한다. 시즌별로 새로운 원두를 테스트하고 업데이트하여 방문할 때마다 새로운 커피를 만날 수 있다. 내부는 쇼룸처럼 꾸며져 있다. 다양한 커피 도구와 장식품에서 커피에 대한 애정을 느낄 수 있다. 커피를 주문할 때는 고객의 취향을 세심하게 파악하여 원두를 추천한다. 레몬과 라임, 청포도와 적포도 등 세세한 맛의 차이를 물어보며, 고객에게 맞는 커피를 제공한다.

☕ 우유, 아이스크림, 요구르트
어니스트 밀크 본점

📍 서귀포시 성산읍 중산간동로 3147-7 📞 070-7722-1886
🕐 매일 10:00~18:00, 송아지 우유 주기 체험
    (11시, 14시, 16시, 매시간 선착순 3팀)
🚗 전용 주차장 ℹ️ 찾아가기 혼인지에서 자동차로 10분
🌐 인스타그램 @honest_milk 🐾 반려동물 동반 가능

성산읍 수산리에 있는 목장 카페이다. 세 자매가 운영하는 한아름 목장에서 직영한다. 목장에서 생산한 신선한 원유로 만든 우유, 아이스크림, 요구르트를 즐길 수 있다. 우유갑 모양을 형상화한 건물 외관이 인상적이다. 매장 안도 우유처럼 깔끔하다. 날씨가 좋은 날이면 유리창 너머로 광치기 해변과 성산 일출봉까지 눈에 담을 수 있다. 대표 메뉴는 한아름 목장 유기농 우유의 맛을 최대한 살린 순수 밀크 아이스크림이다. 아이스크림이 진하면서도 담백하고 깔끔하다. 천혜향 요구르트, 유기농 생크림 등 이용한 다양한 메뉴도 만나 볼 수 있다. 송아지 우유 주기 체험도 진행한다.

사려니 숲길

걷기 좋은 명품 숲길

📍 **붉은 오름 입구** 서귀포시 표선면 가시리 산 158-4
　비자림로 입구 제주시 봉개동 산64-5
🚗 **붉은 오름 입구** 한라산 둘레길 숲길 센터(서귀포시 표선면 가시리 산158-4)
　비자림로 입구 사려니 숲 주차장(제주시 봉개동 2750-2)
ℹ️ **찾아가기** 제주국제공항에서 자동차로 42분

> 편백과 삼나무가 울창한 사려니 숲길을 걸으면 상쾌한 숲의 기운이 마음 깊이 스며든다. 토닥토닥, 숲의 위로에 마음이 한결 가벼워진다.

사려니 숲길은 표선면 가시리의 붉은 오름에서 시작해 제주의 동쪽 비자림로까지 이어지는 약 10km의 숲길이다. '사려니'는 제주어로 '신성하다'라는 뜻이다. 이 깊고 조용한 길에는 삼나무, 졸참나무, 편백 등이 울창하게 자란다. 그래서 숲길을 걷는 내내 마음이 차분해지고 때로는 숲의 정령이 느껴져 경건한 기분도 든다.

사려니 숲길은 제주의 곶자왈 지형과 온대성 산림이 공존하는 곳이다. 다양한 식물과 생물이 살아가는 생태계의 보고이기도 하다. 숲길 양옆으로는 조릿대와 산딸나무가 자라고, 초여름이면 수국이 안개 속에서 피어 신비로운 풍경을 자아낸다. 길은 완만해 누구나 천천히 걷기 좋다. 걷다 보면 오소리, 제주 족제비, 팔색조, 참매 등 다양한 동물의 흔적을 만날 수 있다. 맑은 공기 속에서 숲이 내는

소리에 귀 기울여보자. 어느새 마음이 가벼워진다.

사려니 숲길은 유네스코 생물권 보전지역으로 지정되어 있다. 원시의 자연이 잘 보존된 곳으로, 사계절 내내 각기 다른 풍경을 선사한다. 봄부터 여름까지는 짙은 녹음이 시원한 그늘을 만들고, 가을에는 울긋불긋 단풍이 곳곳을 수놓는다. 겨울이 깊어지면 하얗게 눈 덮인 설국으로 변한다.

숲 깊숙한 곳에는 사려니 오름이 자리하고 있으며, 한남 사려니 오름 숲(옛 한남 연구 시험림, https://www.foresttrip.go.kr) 등 일부 구간은 사전 예약을 통해서만 탐방할 수 있다. 사려니 숲길 중 일부는 자연휴식년제에 따라 출입이 제한되기도 하며 특별한 시기에는 에코힐링 행사로 잠시 개방되기도 한다.

사려니 숲길은 영화 <마녀2>의 촬영지로도 유명하다. 영화 속에 등장했던 삼나무 숲길은 지금도 안개가 자욱하게 낀 날 몽환적인 분위기를 자아내 여행자들의 발길을 붙잡는다. 사려니 숲길을 걸을 때는 무엇보다 너무 서두르지 말자. 잠시 멈춰 나무에 다가가, 바람이 나뭇가지 사이를 스치는 소리를 들어보자. 일상의 복잡한 생각이 정리되면서, 마음이 한결 가벼워질 것이다. 사려니 숲길에선 시간도 천천히 흐른다.

ONE MORE 여기도 좋아요!

힐링과 **치유의 발걸음**
붉은 오름 자연 휴양림

- 서귀포시 표선면 남조로 1487-73
- 064-782-9171
- 매일 하절기 08:00~18:00, 동절기 09:00~17:00
- 일반 1,000원, 청소년·군인 600원
- 전용 주차장
- 찾아가기 사려니 숲길(붉은 오름 쪽 입구)에서 자동차로 1분

바로 옆에 있는 사려니 숲길이 워낙 유명해서 붉은 오름 자연 휴양림은 그냥 지나치는 경우가 많다. 하지만 제주 도민들은 붉은 오름 자연 휴양림도 자주 찾는다. 매표소에서 휴양림으로 발걸음을 뗀 순간 바로 숲속에 들어선 느낌이 든다. 시원한 공기. 새소리와 풀벌레 소리는 오롯이 나를 위한 연주처럼 들린다. 솔솔 불어오는 바람을 맞으며 숲길을 걷다 보면 몸과 마음에 불현듯 여유가 생긴다. 자연에서 머무는 이 시간이 그대로 휴식이 된다.

탐방로는 전 구간 덱 로드로 조성돼 있다. 다른 숲보다 비교적 경사가 완만하여, 누구나 편안하게 산책할 수 있다. 1km가 조금 넘는 무장애 숲길도 있고, 맨발 걷기 체험장도 준비돼 있다. 도마, 책꽂이, 보물 상자, 연필꽂이 등을 만들 수 있는 목공 체험 프로그램도 운영한다. 운이 좋으면 숲속 힐링 음악회에도 참여할 수도 있다. 시간 여유가 있다면 붉은 오름 정상에 도전해 보자. 15~20분 정도 걸린다. 붉은 화산암 알갱이인 화산송이Scoria가 많아 붉은 오름이라는 이름을 얻었다. 실제로 겨울철에 멀리서 보면 오름이 붉게 보인다.

람사르 습지를 품은 오름
물영아리 오름

📍 서귀포시 남원읍 수망리 산188
📞 064-728-6200
🚗 전용 주차장
ℹ️ 찾아가기 사려니 숲길(붉은 오름 쪽 입구)에서 자동차로 5분

물영아리 오름은 신령스러운 산이다. 이름부터 그렇다. '영아리'는 제주어로 '신령이 깃든 곳'이라는 뜻이다. '물'은 말 그대로 물이다. 풀어서 말하면 물영아리 오름은 물을 품은 신령스러운 산이다. 오름의 해발 높이는 508m이지만, 순수 높이는 128m이다. 입구에서 정상까지는 45분쯤 걸린다. 이 오름은 실제로 정상 분화구에 신비로운 물, 구체적으로는 고요한 원형 습지를 품고 있다. 비가 많이 오면 호수가 되고, 물이 빠지면 습지로 변한다. 분화구 습지는 생태학적으로 매우 귀한 지형이다. 2000년 국내 최초로 습지 보호지역으로 지정되었고, 2006년엔 제주에서 처음으로 람사르 습지에 등재되었다. 이슬비가 내리거나 안개가 낀 날이라면 꼭 물영아리로 가야 한다. 안개가 몽글몽글 습지를 감싸는 풍경은 말로 다 표현할 수 없을 만큼 신비롭다. 멀리서 보면 평범한 오름이지만, 가까이 가서 보면 이렇듯 신비롭고 몽환적이다. 정상에 오르는 순간, 물영아리는 '보는 산'이 아니라 '느끼는 산'임을 절감하게 된다. 영화 <늑대소년>이 이 오름에서 촬영됐다.

RESTAURANT 사려니 숲길 주변의 맛집

현지인이 알아주는 김밥 맛집
물영아리 오름 휴게소

- 서귀포시 남원읍 남조로 996
- 010-5696-9687
- 06:00~15:00 (라스트오더 14:30, 화 휴무)
- 전용 주차장
- 찾아가기 사려니 숲길(붉은 오름 쪽 입구)에서 자동차로 5분

물영아리 오름 입구 옆에 있다. 현지인들 사이에서 김밥과 라면 맛집으로 알려진 곳이다. 대표 메뉴는 유부 김밥과 해장라면이다. 김밥과 라면의 조합은 특히 오름을 오르내린 후 출출할 때 안성맞춤이다. 유부 김밥은 달콤하게 양념한 유부를 바싹 튀겨 넣어 독특한 식감을 자랑한다. 겉은 바삭하고 속은 촉촉하며, 한 줄만으로도 속이 든든해진다. 해장라면은 콩나물과 대파가 듬뿍 들어가 국물 맛이 칼칼하고 시원하다. 해장라면답게 속이 확 풀린다. 한번 먹고 나면 그 맛이 오래 기억에 남아 다시 찾게 된다.
반찬으로 제공해 주는 깍두기와 무말랭이도 정갈하고 맛있어 식사의 만족도를 높여준다. 특히 바삭하고 새콤한 깍두기는 라면과 궁합이 최고이다. 인기 메뉴인 유부 김밥은 재료 소진 시 조기 마감된다. 오후 1시 이후 방문하거나 포장을 원한다면 미리 전화로 확인하는 것이 좋다. 제주엔 여행자들 사이에서 김밥 맛집으로 알려진 식당이 많다. 하지만 이곳은 아직 덜 알려진 숨은 고수의 김밥 맛집이다.

밀푀유나베 맛집
랑이 식당

- 서귀포시 남원읍 남조로 996 ☎ 0507-1330-7332
- 10:30~20:00(브레이크타임 15:00~17:30)
- 전용 주차장
- 찾아가기 사려니숲길(붉은오름 쪽 입구)에서 자동차로 5분
- 인스타그램 @rang2_15

랑이 식당은 배추와 소고기를 주재료 하여 만드는 밀푀유나베 전문점이다. 밀푀유나베는 '천 개의 잎사귀'라는 뜻을 가진 프랑스어 밀푀유Mille-Feuille와 일본식 전골을 뜻하는 나베를 합친 말이다. 이름처럼 여러 채소와 얇은 고기를 겹겹이 쌓아 냄비 가득 채워 끓여 먹는 요리다. 랑이식당의 밀푀유나베는 채소로 우려낸 담백한 국물에 부드러운 한우와 매일 직접 만드는 수제 만두가 들어가 그 조화가 특별하다. 옹골찬 만두는 전골에 넣고 끓여도 퍼지지 않고 식감이 잘 살아 있다.

전골이 끓는 동안 육수와 채수가 계속 나와 특별한 양념을 하지 않아도 감칠맛이 난다. 얼큰한 국물을 좋아한다면 다진 고추를 넣어 매운 정도를 조절하면 된다. 마지막에는 육수와 채수가 어우러진 국물에 칼국수를 넣어 먹는다. 준비된 만두가 모두 팔리면 영업을 종료한다. 시원한 맥주와 함께 먹으면 더욱 맛이 좋은데 운전이 걱정이라면 포장을 추천한다. 바로 끓여 먹을 수 있는 용기까지 준비해 주므로 무척 편하다.

녹산로
유채와 벚꽃이 함께 피는 환상 풍경

- 서귀포시 표선면 녹산로 381-15(가시리 3149-33)
- 주변 갓길
- 찾아가기 제주국제공항에서 자동차로 50분

서귀포시 표선면의 가시리 사거리에서 제주시 조천읍 교래리 제동 목장 입구까지 이어지는 길이다. 길이는 약 10km이다. 조선 후기, 가시리 대록산과 따라비오름 일대엔 '녹산장'이라는 대규모 말 목장이 있었다. 이 녹산장에서 도로 이름을 따왔다. 지금도 녹산로 옆으로 난 넓은 초지에서 조랑말들이 뛰어논다. 옛 목장길을 따라 지금은 자동차가 달린다. 매년 봄이면 유채꽃과 벚꽃이 어깨를 나란히 하며 환상적인 풍경을 만들어낸다. 3월 말에서 4월 초 사이, 유채꽃의 노란 물결과 벚꽃의 연분홍빛이 나란히 드리워진 녹산로는 제주에 봄이 왔음을 알려주는 길이다. 특히 가시리 마을 입구에서 정석항공관까지 이어지는 약 4km 구간은 이 길의 하이라이트로,

> 벚꽃과 유채꽃이 동시에 활짝 피어나는 최고의 봄 드라이브 코스. 녹산로를 따라 달리면 먼저 도착한 봄이 당신을 환하게 반겨준다.

© 빈충권

벚나무 가로수와 해마다 파종하는 유채꽃이 봄의 절정을 이룬다. 노란 꽃물결이 펼쳐지는 도로는 그 자체로 한 폭의 그림 같고, 그 속을 천천히 달리다 보면 마음까지 꽃처럼 피어난다.

녹산로는 '한국의 아름다운 길 100선'에 선정될 만큼 매력적이고 완성도 높은 자연풍경을 보여준다. 길 양옆으로 가지런히 핀 벚꽃은 보는 이의 발걸음을 자꾸만 멈추게 만든다. 차를 멈추고 잠시 걷거나 사진을 찍다 보면, 도로를 따라 제주의 봄이 조용히 다가온다. 이 길을 따라 달리다 보면 조랑말 체험 공원이 나오고, 그 안에 조성된 약 10만㎡ 규모의 유채꽃 광장은 반드시 들러야 할 봄 명소다. 광활한 유채밭 사이로 조랑말이 유유히 지나가기도 하고, 여행자들은 꽃길을 배경으로 추억을 담는다. 탁 트인 들판과 멀리서 돌아가는 풍력 발전기, 그 위의 푸른 하늘이 배경이 되어 영화 같은 공간으로 만들어준다. 이곳에는 매년 3월 말부터 4월 초까지는 제주 유채꽃 축제가 열린다. 이때는 녹산로 일부 구간을 차 없는 거리로 전환한다. 축제 현장에서는 지역 먹거리와 문화 공연, 유채꽃을 주제로 한 다양한 체험 프로그램까지 함께 즐길 수 있다. 녹산로에 머무는 동안, 여행자들은 노란 봄이 마음 안까지 스며든 걸 즐겁게 확인하게 된다.

ONE MORE 여기도 좋아요!

승마 체험과 환상적인 유채꽃밭
조랑말 체험 공원

- 서귀포시 표선면 녹산로 381-17 064-787-0960
- 매일 09:00~18:00 조랑말 박물관 무료, 승마 체험 12,000원~100,000원, 먹이 주기 3,000원 전용 주차장
- 찾아가기 녹산로 유채꽃 축제장에서 걸어서 1분

가시리에는 약 225만 평의 공동목장이 있다. 조랑말 체험 공원은 이 넓은 초지 위에 주민들이 조성한 공원으로, 제주의 말 문화와 목축 역사를 자연스럽게 품고 있다. 조선 시대 왕에게 진상하는 명마를 기르던 '갑마장' 터에 세워졌다는 점에서도 의미가 깊다. 공원 중심에는 조랑말 박물관이 있다. 제주의 말 생태와 목동의 삶 관련 유물과 예술 작품 등을 감상할 수 있다. 특히 박물관 3층에 오르면 가시리 풍력발전 단지와 올록볼록한 오름들, 돌담이 있는 마을 풍경까지 한눈에 들어온다. 넓은 초지에서 승마 체험도 할 수 있다. 카페와 굿즈를 판매하는 아트 숍도 갖추고 있다.

녹산로의 복합문화공간
유채꽃 프라자

- 서귀포시 표선면 녹산로 464-65 0507-1416-1669
- 매일 09:30~17:00 전용 주차장
- 찾아가기 조랑말 체험 공원에서 자동차로 5분

표선면 가시리는 제주에서도 인적이 드문 중산간 마을이다. 조선 시대에는 국영 목장인 '갑마장'이 이곳에 있었다. 유채꽃 마을로 유명해지면서 가시리 사람들이 녹산로 한가운데에 복합문화공간 유채꽃 프라자를 열었다. 카페, 세미나실, 숙박시설, 야외 잔디광장, 족구장, 야외무대 등을 갖추고 있다. 봄날에 유채꽃 프라자에 가면 아름다운 유채꽃과 풍력 발전기가 어우러진 제주 동부 중산간의 아름다운 풍광을 한눈에 담을 수 있다. 카페 바로 뒤 억새 숲 너머에는 큰사슴이 오름(대록산)이 있다. 가을이면 오름에 억새가 바람 따라 춤을 추며 한 폭의 풍경화 같은 장관을 만들어낸다.

제주의 목가적인 풍경 즐기기
쫄븐 갑마장길

📍 서귀포시 표선면 녹산로 381-15
🅿 조랑말체험공원 주차장
ℹ 찾아가기 조랑말 체험 공원에서 걸어서 1분

가시리와 목장길을 연결하는 트레킹 코스이다. 조선 시대 최고 등급의 말을 '갑마'라 불렀는데, 가시리 일대 초원에 최고 등급 말을 키우기 위한 '갑마장'을 설치해 100여 년간 운영했다. 갑마장 길은 유채꽃 프라자, 큰사슴이 오름, 따라비 오름, 목장길 등 가시리의 마을 길과 목축지 흔적을 따라 걷는 약 20km의 트레킹 코스이다. 그 중 '쫄븐짧은 갑마장길'은 갑마장 길의 절반 거리인 10km 코스로, 부담 없이 걷기 좋다. 길은 녹산로의 조랑말 체험 공원 맞은편에서 시작한다. 4월에는 유채꽃이 피고, 7~8월엔 해바라기가 만개한다. 그리고 10월에는 억새가 장관을 이뤄 언제나 아름답다.

폐교에 들어선 미술관
자연 사랑 미술관

📍 서귀포시 표선면 가시로613번길 46 📞 064-787-3110
🕐 매일 10:00~17:00 ₩ 성인 3,000원 🅿 전용 주차장
ℹ 찾아가기 조랑말 체험 공원에서 자동차로 6분

2004년 폐교된 가시초등학교 건물을 리모델링한 사진 갤러리이다. 관장은 제주 출신 언론인 서재철 작가이다. 그가 30년 넘게 촬영한 작품을 전시하고 있다. 전시장은 5개이다. 제1전시장 '바람 자리'에는 한라산 사계절과 제주의 신비로운 풍광이 전시되어 있다. 제2전시장 '따라비'에서는 가장 제주다운 것을 주제로 1년에 두 번 기획전이 열린다. 제3전시장 '흑백 사랑'은 해녀, 옛 포구, 제주 사람들의 생활 등을 담은 흑백사진 전용 전시장이다. 제4전시장 '화산탄 갤러리'는 화산섬 제주의 형성과 연관된 크고 작은 화산탄들이 전시되어 있다. 제5전시장은 '옛 카메라 전시장'이다. 작품은 정기적으로 교체된다.

매일 커피 볶는 집
모드락 572

- 서귀포시 표선면 가시로 572
- 064-787-5827
- 10:00~22:00(화요일 휴무) 주변 길가
- 찾아가기 조랑말 체험 공원에서 자동차로 7분

표선면 가시리의 따라비 오름 근처에 있는, 핸드드립 커피를 전문으로 하는 갤러리 카페이다. 실내로 들어서면 고소한 커피 향이 가득하다. 큼직한 창가 자리에 앉으면 귤밭이 다가온다. 바리스타는 정성스럽게 커피를 내리고, 좋은 원두가 있으면 손님들에게 시음을 권하기도 한다. 인심도 좋아 커피를 다 마시면 원하는 만큼 더 내어준다. 시그니처 메뉴는 모드락 스페셜이다. 향기롭고 깨끗한 맛으로 인기가 좋다. 이 외에도 핸드드립, 에스프레소, 더치커피, 밀크티, 허브차 등 다양한 음료를 즐길 수 있다. 햇살 드는 창가에 앉아 커피 한 잔의 여유를 만끽해 보자.

음악, 커피, 아름다운 풍경
택하다, 커피

- 서귀포시 표선면 원님로652번길 118
- 0502-1908-1031
- 11:00~18:00(라스트오더 17:40, 목 휴무)
- 카페 앞 주차   찾아가기 조랑말 체험 공원에서 자동차로 9분
- 인스타그램 @baristag_coffee_jeju   반려동물 동반 가능

제주 밭담과 감귤밭, 그 너머 푸른 하늘과 오후의 햇살이 창문 가득 들어오는 멋진 곳이다. 특히 오후 내내 아무 생각 없이 시간을 보내고자 한다면 이곳이 딱 맞다. 거기에 재즈, 클래식, 팝 등 다양한 장르의 음악을 감상할 수 있고, 직접 로스팅을 한 원두로 추출한 핸드드립 커피까지 맛볼 수 있다. 이곳은 음악 맛집은 물론, 커피 맛집으로도 유명하다. 대표 메뉴는 카페 라테, 에스프레소, 에스프레소 그라니타, 카페 콘파냐 등이다. 이 집만의 독특한 블렌딩 커피도 맛볼 수 있다. 핸드드립 커피를 주문하면 잔을 선택할 수 있는 점도 독특해서 좋다.

연극이 있는 감성 카페
모먼트 아트

- 서귀포시 표선면 가시로 326　　☎ 0507-1360-4246
- 평일 09:00~15:00, 주말 10:00~16:00(화 휴무)
- 전용 주차장　찾아가기 조랑말 체험 공원에서 자동차로 10분　인스타그램 @m.art_jeju　반려동물 동반 가능

표선면 가시리의 샤인빌 파크 CC 근처에 있다. 모먼트 아트는 배우 김민재, 최유라 부부가 운영하는 가드닝 카페이자, 예술가들이 활동할 수 있는 공간을 지원하는 플레이그라운드이다. TV 예능 프로그램에 카페와 부부의 제주 생활이 방영되면서 방문객이 늘었지만, 여전히 분위기는 조용한 편이다. 정기적으로 연극 공연을 하고, 더불어 관객과 대화도 진행한다. 실내 공간은 제주에서 나는 돌과 꽃, 식물로 세심하게 장식해서 어떤 자리에 앉아도 편안함을 느낄 수 있다. 시그니처 메뉴는 제주의 푸르름과 현무암을 표현한 제주 오름 라테와 제주 돌 라테이다.

아담하지만 감성 가득한
카페 깡

- 서귀포시 표선면 가시로565번길 18
- ☎ 0507-1346-7687
- 10:00~21:00(월 휴무)
- 주변 길가　찾아가기 조랑말 체험 공원에서 자동차로 7분
- 인스타그램 @kkang_cafe　반려동물 동반 가능

가시리 마을 중심부에 있는 카페이다. 가시리 사무소 바로 앞에 있던 제주 고택을 리모델링해서 만들었다. 카페가 사방으로 밭과 오름이 둘러싸고 있는 마을 분위기와 잘 어울린다. 창문이 넓은 카페로 들어가면, 이 집 개 '로이'와 사장님이 수집한 장난감 프라모델들이 손님을 반겨준다. 시그니처 메뉴는 라테와 아포카토 중간쯤 되는 깡 커피와 흑돼지 피자이다. 날이 흐리거나 비가 오는 날에는 수제 청으로 담근 한라봉차와 레몬 생강차가 상큼하고 달콤해서 좋다. 카페 한구석엔 옛날 게임기에 게임팩이 준비되어 있다. 시간 여유가 있다면 추억의 게임을 즐겨보자.

표선면3

보롬왓
바람이 머무는 힐링 화원

- 서귀포시 표선면 번영로 2350-104
- 010-7362-2345
- 매일 09:00~18:00
- ₩ 4,000원~6,000원 전용 주차장
- 찾아가기 제주국제공항에서 자동차로 55분
- 인스타그램 @boromwat 반려동물 동반 가능(6kg 이하, 목줄 필수)

...
튤립, 유채, 수국, 라벤더, 메밀꽃….
보롬왓은 사계절 내내 색채의 향연이 펼쳐지는 중산간의 힐링 화원이다.

표선면 중산간에 있는 드넓은 꽃의 정원이다. 바람을 뜻하는 제주어 '보롬'과 밭을 의미하는 '왓'이 합쳐진 이름처럼, 사계절 내내 꽃이 바람에 흔들리는 감성 가득한 힐링 화원이다. 규모는 약 10만 평에 이른다. 이곳은 단순한 꽃 농장이 아니라 꽃과 자연을 감상하고 체험하고 즐기는 관광형 농장이다.

튤립, 유채, 수국, 라벤더, 해바라기, 메밀꽃…. 보롬왓에는 사계절 내내 색채의 향연이 펼쳐진다. 3월과 4월엔 노란 유채꽃과 형형색색 튤립이 들판 가득 피어나 봄이 왔음을 알린다. 그 풍경은 봄날의 절정처럼 화사하고 찬란하다. 해가 길어지는 여름엔 라벤더와 수국이 먼저 꽃망울을 터뜨리고, 뒤이어 해바라기까지 더해져 온 정원

이 향기로운 그림책 같다. 여기서 끝이 아니다. 가을이 오면 메밀꽃이 하얀 눈처럼 중산간의 넓은 들을 뒤덮는다. 순수의 상징 같은 메밀꽃은 보롬왓을 영화 속 풍경으로 만들어준다. 특히 보롬왓의 메밀꽃밭은 드라마 <도깨비>에서 공유와 김고은이 눈부신 장면을 남긴 곳이다. 지금도 많은 이들이 그 장면을 떠올리며 이곳을 찾는다.
꽃밭 사이로 오솔길이 이어진다. 천천히 걸으면 10분, 사진을 찍으며 둘러보면 20분 정도 걸린다. 어느 방향으로 발길을 돌려도 그림 같은 풍경이 이어져 걷는 일 자체가 곧 기쁨이고 즐거움이다. 잊지 못할 추억이 될 것이다. 꽃을 배경 삼아 인생 사진을 남기기 좋은 포토 존이 여러 곳이다. 이런 까닭에 웨딩 촬영 장소로도 인기가 많다. 조금 더 재미있는 경험을 원한다면 깡통 기차나 농기구를 타고 꽃밭을 둘러볼 수 있다. 보롬왓은 카페도 운영하고 있다. 아름다운 꽃밭 풍경을 눈에 담으며 여유를 즐기기 좋은 곳이다. 자체 재배한 메밀로 만든 보롬 라테가 인기 메뉴이다.
바람이 지나간 자리마다 꽃이 피는 들녘, 보롬왓은 제주의 바람을 느끼고, 꽃을 깊이 체험하는 무척 감각적인 관광지이다. 아마도 제주도에서 순수하지만 가장 호사스러운 여행지가 아닐까 싶다. 아쉽지만 방문객이 많아져, 카페만 이용해도 입장료를 내야 한다.

ONE MORE 여기도 좋아요!

자연과 디자인이 어우러진 감성 공간
노바운더리 제주

- 서귀포시 표선면 번영로 2610
- 0507-1493-8810
- 매일 09:30~18:30(라스트오더 18:00)
- 전용 주차장
- 찾아가기 보롬왓에서 자동차로 4분
- 인스타그램 @no_boundary_jeju
- 반려동물 동반 가능

그룹 코요태 출신 빽가가 운영하는 대형 복합 문화 공간이다. 약 5,000평 규모의 넓은 부지에 브런치 카페, 와인 마켓, 갤러리, 편집숍 등이 조화롭게 어우러져 있다. 실내는 아르텍, 비트라, 프리츠 한센 등 세계적인 디자인 가구로 꾸며져 있어서, 공간 자체가 하나의 예술 작품처럼 느껴진다. 탁 트인 창으로 아름다운 풍경이 한눈에 들어오는 데다 공간이 여유롭고 쾌적하여 느긋한 시간을 보내기에 제격이다. 카페에서는 브런치와 커피를 즐길 수 있다. 갤러리에서는 다양한 예술 작품을 감상하며 사유의 시간을 가질 수 있고, 편집숍에서는 감각적인 소품과 디자인 제품을 구경할 수 있다.

녹차밭 옆 동백, 유채, 수국
와일드 오차드

- 서귀포시 표선면 성읍이리로57번길 34
- 064-787-7811
- 월~목 10:00~18:00, 금~일 10:00~21:30
- 전용 주차장
- 찾아가기 보롬왓에서 자동차로 8분
- 인스타그램 @wildorchard.farm
- 반려동물 동반 가능(목줄 필수)

산과 오름이 병풍처럼 둘러싸고 있는 대형 유기농 차 농장이다. 농장 전체 규모는 260만 평으로, 축구장 1,000개와 맞먹는다. 이 중에서 차밭은 15만 평 정도이다. 제주도에서 가장 넓은 차밭이다. 1999년 씨앗을 심은 이후 농약·화학비료 없이 생태계를 보호하며 차를 재배해 왔다. 2022년 세계 최초로 재생 유기농 인증을 받았다. 드넓은 들판엔 동백, 유채꽃, 수국, 메밀꽃이 계절마다 피어나 여행자를 반긴다. 매년 5월이면 녹차밭을 공개하는 축제가 열린다. 와일드 오차드의 대표 제품인 재생 유기농 녹차를 비롯해 다양한 녹차 베이스 블렌디드 티를 맛볼 기회가 제공된다.

100가지 약초가 자라는 오름
백약이 오름

- 서귀포시 표선면 성읍리 산 1
- 전용 주차장
- 찾아가기 보롬왓에서 자동차로 12분

서귀포시 표선면 금백조로 옆에 있다. 쑥, 방아풀, 꿀풀, 쇠무릎 등 100여 종의 약초가 자생하고 있어서 백약이 오름이라는 이름이 붙었다. 오름 높이는 356.9m이다. 주변에 좌보미 오름, 동검은이 오름, 문석이 오름을 거느리고 있다. 정상으로 오르는 길에 진한 갈색의 친환경 야자 매트가 깔려 있어 걷기 편하다. 약 15분이면 정상에 닿을 수 있으며, 경사가 완만해 누구나 쉽게 오를 수 있다. 정상에 오르면 제주 동부의 여러 오름과 성산 일출봉, 우도, 그리고 푸른 바다가 시원하게 펼쳐진다. 아쉬운 점은, 정상부 봉우리는 식생 복원이 늦어지고 있어서, 현재는 정상 직전까지 오를 수 있다.

제주의 옛 정취가 숨 쉬는 마을
성읍 민속 마을

- 서귀포시 표선면 성읍리 3294 064-710-6797
- 해설 문화관광해설사 무료 운영(예약·문의 064-787-7914)
- 전용 주차장 찾아가기 보롬왓에서 자동차로 10분
- 반려동물 동반 가능

조선 시대 정의현의 옛 소재지이다. 500년이 된 민속 마을로, 1,200명이 실제 거주하고 있다. 수령 600~1000년 된 느티나무와 팽나무는 천연기념물로 지정돼 있다. 일관헌과 고평오 고택, 고창환 고택, 한봉일 고택 등에서 당시의 생활상을 엿볼 수 있다. 하루 세 차례 문화 해설 프로그램064-787-7914을 운영한다. 제주 술 익는 집, 성지 도예 등에서 전통 체험을 즐길 수 있고, 전통 팥죽과 시락국밥을 먹을 수 있는 식당도 있다. 민박도 가능하다. 예약은 성읍 민속 마을 누리집에서 할 수 있다. 이른 아침이나 해 질 무렵 방문하면 고즈넉한 풍경과 함께 제주의 옛 정취를 깊이 느낄 수 있다.

RESTAURANT & CAFE 보롬왓 주변의 카페

목장 체험도 하고 커피도 마시고
목장 카페 밭디

- 서귀포시 표선면 번영로 2486
- 0507-1371-6019
- 09:00~18:00 (라스트오더 17:30, 수 휴무)
- 전용 주차장
- 찾아가기 보롬왓에서 자동차로 3분
- 인스타그램 @batti_jeju 반려동물 동반 가능

목장과 카페를 함께 운영하여 다양한 체험을 즐길 수 있는 곳이다. '밭디'는 제주도 방언으로 '밭에'라는 뜻이다. 울타리 너머로 조랑말이 보이고, 순백의 카페 건물 너머로는 끝없이 초원 뷰가 펼쳐져서 마음까지 시원해진다. 목장에서는 말과 교감을 할 수 있는 승마 체험이나 말 먹이 주기 체험을 할 수 있다. 특히 승마 체험을 놓치지 말자. 말이 순해서 겁먹을 필요가 없다.

이 카페의 또 다른 매력 가운데 하나가 산책로이다. 호젓한 산책로가 목장을 크게 한 바퀴 둘러싸고 있다. 바닥에 화산암의 알갱이인 화산송이가 깔려 있어서 길이 붉은 편이다. 가볍게 산책하기 좋다. 목장 곳곳에는 사진 찍기 좋은 포토 스폿이 여럿이다. 카페에서는 아치형 창문을 통해 평화로운 목장 풍경을 바라보며 차 한 잔의 여유를 즐길 수 있다. 대표 메뉴는 목장 아이스크림 라테와 호지차 크림 라테이다. 특히 호지차 크림 라테는 달콤하고 묵직한 크림과 쌉싸름한 제주산 호지차가 어우러져 독특하고 맛있다. 호지차는 차나무의 잎을 덖어서 만든 차이다. 색이 붉은 갈색을 띤다.

커피, 승마, 카트, 동물 체험 다 있다
목장 카페 드르쿰다

- 서귀포시 표선면 번영로 2454 (성읍리 2873)
- 064-787-5220 / 매일 09:00~18:00(라스트오더 17:30)
- 전용 주차장 / 찾아가기 보롬왓에서 자동차로 3분
- 인스타그램 @delekoomda / 반려동물 동반 가능

목장을 주제로 한 체험형 카페로 표선면 성읍리 중산간 마을에 있다. 목장 카페 밭디 바로 옆에 있다. '드르'넓은 초원과 '쿰다'품다라는 제주어 그대로, 광활한 초원을 품은 대형 테마 카페이다. 단순히 보는 여행에서 벗어나 체험을 통해 더 깊이 느끼고 즐기려는 사람들이 늘어나면서 동부의 핫플레이스로 떠올랐다. 카페를 넘어 테마파크 혹은 포토 스튜디오 같다. 커피, 승마 체험, 카트, 동물 먹이 주기 체험을 한 곳에서 할 수 있고, 인생 사진도 얻을 수 있다. 천국의 계단과 아름다운 조형물을 배경 삼아 인생 사진을 남겨보자. 청명한 공기와 푸른 하늘은 덤이다.

아이스 아메리카노에 달콤한 기름떡
초가헌

- 서귀포시 표선면 중산간동로 4628 / 0507-1423-1707
- 09:30~18:00(격주 화 휴무) / 전용 주차장
- 찾아가기 보롬왓에서 자동차로 8분
- 인스타그램 @cafe_chogaheon / 반려동물 동반 가능(외부)

성읍 민속 마을에 있는, 초가집을 리모델링해 만든 카페이다. 제주 전통 초가집 구조에 검은 돌담, 빈티지 소품, 나무 질감 인테리어가 어우러져 아늑하고 편안한 분위기를 연출해 준다. 제주 전통의 멋과 아늑한 정원을 감상하며 여유로운 시간을 보내기 좋다. 기름떡이 인기 메뉴다. 기름떡은 제주에서 명절이나 특별한 날 먹는 찹쌀로 만든 달콤한 떡이다. 아메리카노와 세트로 주문하면 할인해 준다. 아이스 아메리카노에 달콤한 기름떡을 함께 먹으면 여행으로 쌓인 피로가 금방 날아가는 것 같다. 감귤 에이드와 청귤 차, 한라봉차도 하나같이 상쾌해 몸에 생기를 북돋아 준다.

책계일주
책과 함께 즐기는 술 한잔

- 서귀포시 표선면 토산중앙로49번길 41, 1층 (진초록 건물)
- 14:00~22:00 (라스트오더 21:00, 수 휴무)
- 송천교 옆 정자 부근 넓은 공터 (토산리 469)
- 찾아가기 제주국제공항에서 자동차로 1시간
- 인스타그램 @thebookdrunkers
- 반려동물 동반 가능 (야외공간)

책의 세계로 여행을 떠나고자 하는 이들을 위한 북 카페이다. 표선면의 서남쪽 끝, 토산리 바닷가에 있다. 책계일주冊界一酒? 이름이 독특하다. '책계'는 책의 세계를 뜻하는 조어이다. '일주'는 한 잔의 술을 뜻한다. 풀어서 설명하면 책계일주는 '책의 세계에서 즐기는 한 잔의 술'이라는 뜻을 담고 있다.

책계일주에 다 온 거 같은데 북 카페가 보이지 않는다. 내비게이션은 도착했다고 알려주지만, 입구를 찾지 못해 주변을 몇 바퀴 도는 예도 있다. 입구는 토산 교회와 노란색 건물 사이에 있다. 초록색 건물 외관이 얼핏 보면 가정집처럼 보여 그냥 지나치기 쉽다. 책계일주 앞에 도착하면 가장 먼저 책꽂이처럼 생긴 회전문이 눈에 들어온다. 이미 SNS에서 유명한 책계일주의 대문 포토 존이다. 이색

…
북 카페 책계일주는 여행자들이 온전한 시간을 보내길 바라는 마음에서 인테리어와 조명, 음악에도 정성을 들였다.

적인 책꽂이 회전문은 마치 또 다른 세계로 들어가는 문 같아서, 무슨 세상이 펼쳐질지 호기심과 기대감을 동시에 키워준다.

'책계일주'라는 이름에 걸맞게 책장이 세계지도 모양으로 꾸며져 있다. 서가엔 세계 각국의 여행 관련 도서와 문학, 사진, 술, 제주에 관한 책이 빼곡하다. 모두 판매하는 도서이다. 카페에서 읽을 수 있는 대여 도서는 맞은편에 있는데, 읽고 싶었던 책들로 가득하다.

북 카페도 특징적이지만, 판매하는 술과 음료도 독특하다. 메뉴 대부분이 카페 주인이 세계 곳곳을 여행하며 먹고 마셔본 것들이다. 브라질의 국민 증류주 카이피리냐, 마추픽추에서 먹은 쿠스코 피스코 등 세계 각지의 술이 시선을 끈다. 중동 지역의 대추야자와 견과류로 만든 만수르 간식, 체코의 국민 디저트 말렌카 꿀 케이크 같은 독특한 간식도 판매한다. 바라나시 짜이, 모로칸 민트 티, 오르차타 같은 무알콜 음료도 갖추고 있어서 술을 즐기지 않는 이들도 편안하게 머물 수 있다. 처음 듣는 이름의 메뉴가 많지만, 친절한 설명이 곁들여져 있어서 고르는 데 부담이 없다.

책계일주엔 여러 좌석이 있다. 크게 통창 자리, 1인석, 1인용 방 옵션이 있는데, 좀 더 프라이빗 하게 혼자만의 시간을 보내고 싶다면 네이버를 통해 1인용 방을 예약하면 된다.

ONE MORE 여기도 좋아요!

ⓒ 송인희

넓은 백사장, 호수 같은 바다
표선 해수욕장

- 서귀포시 표선면 민속해안로 620
- 064-760-4992
- 바로 앞 공영주차장(무료)
- **찾아가기** 제주국제공항에서 자동차로 1시간, 책계일주에서 자동차로 10분

제주에서 가장 넓은 백사장을 가지고 있다. 모래밭 규모가 3만 평이 넘는다. 썰물 때는 커다란 원형 백사장이 만들어지는데, 그 모습이 장관이다. 맨발로 걸어 다니면 하얀 모래의 부드러운 촉감을 느낄 수 있다. 조개류가 잘게 부숴져 만들어진 하얀 모래로 신경통과 무좀 예방에 특효가 있다고 알려져 있다. 모래밭에 물이 가득 차는 밀물 때도 평균 수심이 1m 정도밖에 안 된다. 게다가 바다가 호수처럼 잔잔해 물놀이 즐기기에 아주 좋다. 해수욕장에 샤워장, 탈의실, 공중화장실, 음수대, 그늘 쉼터, 산책로, 파고라, 공연장 및 잔디 광장, 행정 봉사실 같은 편의 시설을 갖추고 있다. 해변에 설치한 해녀 상, 십이지신상 등 다양한 조각상이 여행자의 눈길을 잡는다. 해수욕장 주변엔 야외 잔디 캠핑장도 있다. 아름다운 파도 소리를 즐기며 캠핑할 수 있는 최적의 장소이다. 캠핑장은 무료로 개방된다. 매년 여름 표선 해변 하얀 모래 축제가 열린다. 씨름 대회, 맨손으로 광어 잡기 같은 다양한 콘텐츠로 여행자들에게 특별한 추억을 선사한다.

자연 그대로의 모습
가세 오름

- 서귀포시 표선면 토산리 산 1
- 주변 길가
- 찾아가기 제주국제공항에서 자동차로 1시간

산봉우리가 두 갈래로 나누어진 말굽형 오름이다. 형태가 가위제주 방언으로는 가세처럼 생겼다 하여 '가세오름'이라 부르기 시작했다. 오름 주변은 곶자왈 숲과 초지가 어우러져 있어서 풍경이 다채롭다. 덩굴이 얽히고설킨 곶자왈 숲길을 지나면 오름이 모습을 드러낸다. 오름 초입에 탐방로 안내판이 있다. 길을 따라가다 보면 북쪽 봉우리에 세운 통신 기지국과 남쪽 봉우리에 있는 초소가 이정표처럼 보인다. 초소가 있는 봉우리에 오르면 가시리 일대 오름 군락이 시원하게 한눈에 들어온다.

정상까지는 그리 높지 않다. 하지만, 가시덤불이 많으므로 긴 바지를 입는 것이 좋다. 오름 일부는 목장이라서 길가에 말과 소의 흔적이 남아 있다. 가세 오름에는 숨골왓, 염통 오름, 족은 염통, 진동산, 달모루 등 다섯 개의 봉우리가 있다. 하지만 대부분 덤불에 가려 눈에 잘 띄지 않는다. 다른 오름처럼 정비된 탐방로는 없지만 자연 그대로의 오름을 걷는 묘미가 있다. 길을 잃을 수 있으니 정해진 길을 벗어나지 않는 것이 좋다.

남원읍1

모카 다방과 푸근한 곰 아저씨
올레길 옆 해변 카페와 무인 독립 서점

- 서귀포시 남원읍 태신해안로 125
- 모카 다방 0507-1492-8915 책방 0507-1495-1035
- 10:00~19:00 카페 앞 갓길
- 찾아가기 제주국제공항에서 자동차로 1시간 5분
- 인스타그램 모카 다방 @mochadabang 책방 @unclewarmgom

무인 독립 책방과 복고 감성 가득한 카페가 나란히 바다를 보고 있다. 레트로와 뉴트로가 공존하는 선물 같은 공간!

제주 올레길 4코스가 지나가는 남원읍의 태신 해안로를 따라 달리다 보면, 문득 노란색 건물이 시선을 잡아당긴다. 햇살을 머금은 듯 선명하게 빛나는 모카 다방, 맥심 커피의 CF 한 장면이 머물던 그 장소다. 2015년, 동서식품이 모카 골드 홍보를 위해 세운 팝업 카페가 이제 여행자들의 아지트가 되었다. 이벤트 종료 후 개인이 인수해 카페로 다시 태어났다.

외관만큼 실내도 사랑스럽다. 작은 공간 안엔 추억의 물건들이 알맞게 채워져 있어 마치 오래된 다방에 들어온 듯하다. 레트로 유리컵과 음료수병, 철제 식기와 오래된 타자기, 브라운관 TV까지 시간의 기억이 구석구석 배어 있다. 유리창 너머로는 제주 바다가 손에 닿을 듯 펼쳐지고, 파도 소리와 커피 향이 공간을 가만히 감싼다.

커피와 디저트뿐 아니라 유기농 청귤차, 유기농 녹차, 유기농 청귤에이드, 가파도 청보리 미숫가루 같은 제주산 재료로 만든 메뉴도 많아서, 제주의 감성을 깊이 감각할 수 있다. 햇빛 좋은 날엔 바깥 벤치에 앉아 바람을 맞으며 느긋하게 머무는 것도 추천할 만하다.

모카 다방 옆에는 똑 닮은 노란색의 별관 건물이 하나 더 서 있다. 이 건물 2층에는 독립 서점 '푸근한 곰 아저씨'가 숨어 있다. 이곳은 무인으로 운영되는 책방이다. 모카 다방에서 예약금을 5천 원을 내고 30분 동안 단독으로 이용하는 방식이다. 예약금은 5천 원 이상의 도서나 굿즈를 구매하면 그대로 돌려준다. 신발을 벗고 책방으로 들어서면, 마치 과거로 돌아간 듯한 감성 공간이 반겨준다. 책방 내부는 1980년대 초등학교를 떠올리게 하는 낡고 정겨운 교실 모습 그대로다. 나무 책상과 의자, 삐걱거리는 마룻바닥, 오래된 영화 포스터와 비디오 테이프가 눈에 들어온다. 오래된 카세트와 중고 LP, 낡은 필름 카메라와 오디오 장비는 우리를 추억의 학창 시절로 데리고 간다. 옛날 소품 옆엔 고심해 고른 에세이, 그림책, 시집 등이 다정한 표정으로 당신의 손길을 기다린다. 모카 다방도 그렇지만, 푸근한 곰 아저씨는 우리를 잠시나마 추억 속에 머물게 하는 따뜻한 시간 여행지다.

ONE MORE 여기도 좋아요!

손때 묻은 여행 이야기가 머무는 곳
제주 디어 & 여행 가게

- 서귀포시 남원읍 태위로 929 📞 070-4578-9290
- 11:00~18:00(월 휴무) 🚗 주변 골목 주차(가게 앞 주차단속 지역) ℹ️ 찾아가기 모카 다방에서 자동차로 3분
- 🌐 인스타그램 @travelshop_jeju 🐾 반려동물 동반 가능

제주 디어 & 여행 가게는 남원읍 태흥리에 있는 북 카페이자 소품 가게다. 노란 알루미늄 새시 문을 열면 이국적인 분위기가 나는 아지트 같은 공간이 펼쳐진다. 한 걸음 들어서면 잠시 잊고 지냈던 여행자의 감성이 되살아난다. 구석구석 천천히 들여다보고 싶은 이야기로 가득하다. 세계 여러 나라에서 수집한 찻잔과 소품들이 시선을 잡아당기고, 다른 쪽에서는 에세이와 시집, 소설 1,000여 권이 눈짓한다. 핸드드립 커피는 여행자의 본성을 깨우고, 밀크 티는 마음을 따뜻하게 해준다. 차, 찻잔, 문구류, 엽서, 사장님이 직접 만든 바다 유리sea glass 액세서리, 뜨개 소품도 판매한다.

세계의 연필과 문구류가 가득
제주 디어 & 연필 가게

- 서귀포시 남원읍 태위로 929 📞 010-9619-8992
- 11:00~18:00(월 휴무) 🚗 주변 골목 주차(가게 앞 주차단속 지역) ℹ️ 찾아가기 모카 다방에서 자동차로 3분 🌐 인스타그램 @pencilshop_jeju 🐾 반려동물 동반 가능

세계 각국의 연필과 문구류를 구경하고 더불어 구매도 할 수 있는 특별한 공간이다. 가게 안으로 들어서면 연필에서 풍기는 흑연 특유의 향기가 코끝을 간질인다. 형형색색의 연필들이 정갈하게 진열되어 있어 구경하는 즐거움이 있다. 주인 부부가 세계를 여행하며 수집한 연필들도 구경할 수 있다. 진열된 상품들은 한번 사용해 본 후 구매할 수 있다. 연필 말고도 자, 지우개, 색연필, 연필깎이, 연필깍지, 노트, 컬러 북 등 다양한 문구류도 함께 판매한다. 바로 옆의 '카페 제주 디어 & 여행 가게'와 연결되어 있어서, 차 한 잔과 함께 아날로그 감성을 만끽할 수 있다.

제주의 아열대 과일 관광농원
열대과일 농장 유진 팡

- 서귀포시 남원읍 원님로399번길 31-7
- 0507-1383-6896 / 매일 10:00~18:00
- 입장료 9,500원 무농약 바나나 따기(500g) 6,000원, 수제 잼 만들기(260g) 15,000원
- 전용 주차장 / 찾아가기 모카 다방에서 자동차로 19분
- 인스타그램 @jeju_yujinfang_official / 반려동물 동반 가능

이국적인 제주에서 한층 더 이국적인 분위기를 느낄 수 있는 특별한 농장이다. 하우스 안에는 바나나, 파파야, 파인애플, 망고스틴 등 50여 종의 아열대 과일이 탐스럽게 자라고 있다. 무농약 재배 원칙을 지키며 키우는 건강한 과일들이다. 농장 안에는 동백꽃 길과 소나무 언덕, 수국 정원 같은 포토 존도 곳곳에 있다. 천천히 걷기만 해도 마음이 느긋해진다. 시즌에 따라 바나나, 감귤, 금귤을 직접 수확하는 체험 프로그램을 운영하고 있다. 과일 잼이나 파파야 장아찌 만들기 같은 간단한 가공 체험도 할 수 있다. 네이버로 예약하고 방문하면 체험을 더 원활하게 할 수 있다.

감귤 창고에 들어선 빈티지 카페
알맞은 시간

- 서귀포시 남원읍 신흥앞동산로35번길 2-2
- 070-7799-2741 / 10:00~18:00(목·금 휴무) / 전용 주차장
- 찾아가기 제주국제공항에서 자동차로 1시간 5분
- 인스타그램 @egg_hit_time

남원읍 신흥리에 자리한 빈티지 카페다. 감귤 창고를 개조해서 돌담의 질감과 감성이 그대로 살아 있다. 외관은 소박하지만, 내부로 들어서면 분위기가 아늑하다. 작은 창으로 들어오는 자연광이 실내를 부드럽게 채운다. 카페 간판에 '음료 간식 취급소'라는 문구가 적혀 있다. 커피와 차 외에도 시나몬 우유 라테 등 다양한 음료와 디저트를 즐길 수 있다. 특히 감자를 넣어 만든 감자 한모 케이크는 이곳의 시그니처 메뉴다. 카페 한쪽에서 수채화 작품도 판매한다. 책이 있고, 음악이 은은하게 흘러나와 사색에 잠기기 좋은 카페이다. 올레 4코스 중간쯤에 있어서 걷다가 쉬어가기 좋다.

남원읍2

올레 5코스
해안 따라 걷기 좋은 길

📍 **시작점** 남원읍 남태해안로 140(제주 올레 5코스 공식 안내소)
📞 064-762-2190
ℹ️ **찾아가기** 제주국제공항에서 1시간 5분

올레 5코스는 남원 포구에서 시작해 서귀포시 쇠소깍까지 이어진다. 바다, 숲, 마을이 어우러진, 걷기 쉬운 코스이다. 거리는 약 13km이다. 바다를 왼쪽에 두고 걷는 해안 길로, 오름을 지나지 않아 걷기에 익숙하지 않은 이들도 부담 없이 도전해 볼만하다. 남원 포구의 제주 올레 5코스 공식 안내소가 출발점이다. 안내소에서 지도를 챙기고 천천히 걷기 시작하면 검은 용암과 푸른 바다가 만들어낸 이색적인 풍경이 펼쳐진다. 이어서 해안도로를 따라 걸어가면 바닷바람에 오징어 말리는 광경도 눈에 들어온다. 햇살에 반쯤 투명해진 오징어들이 줄마다 나란히 매달려, 지나는 이에게 말없이 인사를 건넨다.

> 바다, 숲, 동백, 마을이 어우러진 올레길. 큰엉 경승지 산책로는 우리나라에서 가장 아름다운 해안 산책로로 대접받는다.

바닷바람을 벗 삼아 계속 걷다 보면 곧 큰엉 해안 경승지에 닿는다. 큰엉이라는 이름은 '큰 바위가 입을 벌리고 있는 언덕'이라는 뜻의 제주어에서 유래했다. 바다를 향해 입을 벌린 듯한 기암절벽 옆으로 대한민국에서 가장 아름다운 해안 산책로인 큰엉 경승지 산책로가 이어진다. 큰엉 산책로에는 우거진 난대식물이 터널을 이루고 있다. 산책로를 따라 걷다 보면 저마다의 형상을 뽐내는 바위들도 눈에 들어온다. SNS에서 유명한 한반도 포토 존도 만날 수 있다.

큰엉 산책로가 끝나면 바닷가 마을이 다시 이어진다. 걷다 보면 마주하게 되는 조배머들 코지는 한라산 정기가 모여든다는 전설을 간직한, 기묘한 돌들이 모여 있는 정원이다. 바람에 깎이고 파도에 다듬어진 바위들이 장중하게 늘어서 있어서, 잠시 발걸음을 멈추고 바라보게 된다. 조배머들 코지에서 멀지 않은 곳에 있는 위미항과 어촌 풍경도 발길을 붙잡는다. 위미의 해안 올레에서 마을 올레로 접어들면 동백나무 군락지가 나온다. 위미1리 서쪽 해안가의 '넙빌레'는 용천수가 샘솟는 곳이다. 여행자에게는 잠시 발을 담그며 쉬어가기 좋은 쉼터다. 차가운 물에 발끝을 적시고 나면 다시 걷고 싶은 마음이 자연스레 생긴다. 이어 민물과 바닷물이 만나는 쇠소깍에 닿는다. 누워 있는 소를 닮은 계곡은 맑고 푸르고 고요하다.

ONE MORE 여기도 좋아요!

해안 절벽과 푸른 바다가 어우러진 장관
큰엉 해안 경승지

- 서귀포시 남원읍 태위로 522-17
- 064-760-4181
- 금호 리조트 주변 주차
- 찾아가기 남원 포구에서 자동차로 3분
- 반려동물 동반 가능

서귀포시 남원읍 금호 리조트 옆에 있다. 큰엉 해안 경승지는 검은 용암으로 이루어진 해안 절벽과 푸른 바다가 어우러져 장관을 이루는 곳이다. '큰엉'은 '큰 언덕' 또는 '해식동굴이 있는 바윗덩어리'를 뜻하는 제주어다. 검은 용암 절벽 위에 1.5km에 이르는 산책 코스가 있는데, 제주도뿐 아니라 우리나라에서 가장 아름다운 해안 산책로 중 하나로 꼽힌다. 오르막 없이 평탄해 가볍게 걷기 적당하지만, 용암이 만들어낸 주변 풍광은 기묘하고 환상적인 절경을 이룬다. 인디언 추장 얼굴 바위, 호두암호랑이 머리 바위, 유두암젖가슴 모양 바위 등 생김새가 재미있는 바위가 많아서 자연이 만든 오브제처럼 감상할 수 있다.

큰엉 해안 경승지가 유명해진 또 다른 이유는 산책로 중간쯤에 있는 숲 터널 때문이다. 울창한 나무 사이로 뚫린 터널 끝이 한반도 지형처럼 또렷하게 보이는데, 이른바 '한반도 포토 존'이다. 포토 존 틈으로 제주 바다의 푸른 해안선과 하늘이 보인다. 인생 사진을 남기기 위해 많은 여행자가 줄을 서서 차례를 기다린다.

오션 뷰 드라이브 코스
남태 해안로

◎ **시작점** 서귀포시 남원읍 남태해안로 13
　종점 서귀포시 남원읍 남태해안로 508
ⓘ **찾아가기** 남원 포구에서 자동차로 2분(시작점)

제주 서귀포 남원에 있는, 아는 사람만 아는 드라이브 명소다. 남원 큰엉 해안 경승지 입구부터 태흥 포구까지 이어진 해안 길이다. 올레 4·5코스 일부가 이 길과 겹친다. 바다와 더불어 전형적인 제주 어촌 마을 풍경이 펼쳐져 있다. 어촌의 여유로운 풍경과 더불어 해안을 따라 펼쳐지는 천혜의 자연경관이 절경을 자아낸다. 바다를 배경으로 신나게 달리는 것보다 바다 풍경 감상하며 여유롭게 드라이브를 즐기고 싶다면 이곳을 추천한다. 남태 해안로는 태신 해안로태흥-신흥와 연결된다. 두 해안 도로를 합치면 총 7.1km로 꽤 멋진 드라이브 코스이다. 자전거 라이딩 코스로도 인기가 좋다.

바닷물로 만든 물놀이장
남원 용암 해수 풀장

◎ 서귀포시 남원읍 남태해안로 140
🕐 **개장** 7월 중순~8월 말
　운영시간 10:30~17:30(주중), 10:00~18:00(주말)
🚗 **전용 주차장** ⓘ **찾아가기** 남원 포구에서 걸어서 1분

바닷속 60m에서 끌어올린 청정 암반 해수를 이용해 운영하는 물놀이 시설이다. 좀 더 안전하게 물놀이를 즐기고 싶다면 이곳이 제격이다. 물의 온도는 가장 더운 여름에도 15~17도를 유지한다. 물에 발을 담그자마자 여름 더위가 한순간에 사라진다. 유아용 풀과 성인용 풀로 나누어져 있다. 에어 슬라이드와 물 미끄럼틀 등 물놀이 시설도 있다. 그밖에 파고라, 평상, 샤워실 같은 부대시설과 매점도 갖추고 있다. 안전요원도 상시 배치되어 있어서, 안심하고 물놀이를 즐길 수 있다. 올레 5코스 안내소 바로 옆에 있다. 올레 4코스의 끝자락이자 5코스의 출발점이어서 도보 여행자도 쉬어가기 좋다.

RESTAURANT & CAFE 올레 5코스 주변의 맛집과 카페

영혼이 담긴 반미와 김치볶음밥
취향의 섬

📍 서귀포시 남원읍 태위로398번길 7　📞 0507-1408-4797
🕐 11:00~16:00(라스트오더 15:00, 일·월 휴무)
🚗 식당 앞 한 줄 주차　ℹ️ 찾아가기 남원 포구에서 자동차로 4분
🌐 인스타그램 @chwihyang.wimi　🐾 반려동물 동반 가능

취향의 섬은 제주 남쪽, 위미리 바닷가 마을에 있다. 어디서도 맛보기 쉽지 않은 독특한 퓨전 음식을 선보인다. 고등어 오일 파스타, 흑임자 파스타, 된장 라구 파스타 같은 메뉴들이다. 익숙한 식재료라 친근한데, 이국적인 맛을 낸다. 한식의 감각이 자연스럽게 스며들어 있어 낯설지 않고 오히려 편안하다. 이 집의 요리는 단순한 한 끼 식사가 아니라, 온전한 '취향'이다. 소스부터 피클까지 모든 것을 직접 만든다. 모든 메뉴에는 주인 부부의 취향과 이야기, 제주에서의 시간이 고스란히 배어 있다. 빠르게 여행하고 다니다가, 이곳에 오면 천천히 머무르고 싶어진다.

빵지 순례 필수 코스
백한철 꽈배기 & 식빵

📍 서귀포시 남원읍 남한로21번길 56
🕐 07:30~15:00(화 휴무, 재료 소진시 조기 마감)
🚗 골목 및 마을 입구　ℹ️ 찾아가기 남원 포구에서 자동차로 2분

신라 호텔에서 30년 근무한 백한철 제과장이 운영하는 곳이다. 제주 빵지 순례 필수 코스로, '오픈 런' 맛집으로 알려져 있다. 오픈 키친 형태로 운영해서 더 믿음이 간다. 일반 가정집을 개조해서 조그맣게 운영하는 곳인데, 이른 아침부터 꽈배기를 사려는 사람들로 북새통을 이룬다. 대기표를 받았더라도 안심하기는 이르다. 그때부터 최소 30분은 더 기다려야 실물 꽈배기를 영접할 수 있다. 자꾸 손이 가고 두고두고 생각나는 맛이다. 시그니처 메뉴인 찹쌀 꽈배기를 비롯해 대파 꽈배기, 마늘 꽈배기, 팥 도넛, 크로켓, 한라봉 도넛, 핫도그 등 다양한 메뉴를 판매한다.

통나무 산장 감성의 펍
로빙화

- 서귀포시 남원읍 남태해안로 13 ☎ 0507-1433-1955
- 매일 10:00~23:00 (라스트오더 22:30)
- 가게 주변 갓길 찾아가기 남원 포구에서 자동차로 2분
- 인스타그램 @the.dull_ice_flower 반려동물 동반 가능

남원 큰엉 해안 경승지 바로 앞에 있다. 소나무와 야자수가 빙 둘러싸고 있는 통나무 산장 콘셉트의 펍이다. 유럽의 깊은 산속 산장을 찾아온 듯한 느낌이 든다. 문을 열고 들어서면 더 숲속 캠핑장 분위기가 난다. 이 매력적인 공간의 주인은 김형욱 사진가와 그의 아내이다. 김형욱 사진가는 여행과 사진을 통해 네팔의 여러 오지에 도서관을 지어 책을 기부하고 있다. 그의 아내는 그림을 그린다. 이 집의 시그니처 메뉴는 수제 버거와 로빙화 피자이다. 수제 버거는 프라임 등급의 소고기와 제주산 흑돼지만을 사용해 만들고, 로빙화 피자는 자연 생치즈로 만든다. 다양한 차와 커피, 라임 모히토나 시원한 칵테일, 맥주, 와인도 갖추고 있다.

달콤하고 바삭한 파이
뭄미

- 서귀포시 남원읍 태위로441번길 7
- 인스타 공지 주변 길가
- 찾아가기 남원 포구에서 자동차로 4분
- 인스타그램 @_mummi

서귀포시 남원읍 남원리에 있는 테이크아웃 파이 전문점이다. '뭄미'는 핀란드어로 할머니라는 뜻이다. 독특하게 매주 1~2일 정도만 문을 연다. 방문 전 공식 인스타그램을 통해 영업 여부를 꼭 확인해야 한다. 매장 앞에는 오픈 전부터 대기하는 손님들이 많다. 준비한 파이가 다 판매되면 문을 닫을 수 있으므로 되도록 일찍 방문하자. 대표 메뉴는 펌킨 파이다. 단맛이 적고 부드러운 호박 맛이 풍부하다. 파이 위에 올린 생크림이 입안에서 사르르 녹아내린다. 그밖에 감자 파이, 딸기 피스타치오 파이, 라즈베리 크림 쇼콜라, 말차 쇼콜라 등 다양한 메뉴가 있다. 시즌에 따라 라인업이 달라진다.

남원읍3

제주 동백 수목원
걷기만 해도 힐링이 되는 곳

📍 서귀포시 남원읍 위미리 929-2
📞 0507-1374-4473
🕘 09:00~17:00(12월~2월, 개화 시기에 따라 조금 유동적)
₩ 5,000~8,000원 🚗 전용 주차장
🚘 **찾아가기** 제주국제공항에서 자동차로 1시간
🌐 인스타그램 @jeju_camellia_arboretum

위미 동백 군락지 근처에 있다. 약 1만㎡의 땅에 애기동백 500여 그루가 자라는 수목원이다. 위미 동백 군락지를 가꾼 현맹춘 할머니의 손자가 운영하고 있다. 원래 동백 농장이었던 곳을 정원으로 가꿔 개방했기 때문에, 자연 그대로의 건강한 동백나무를 만날 수 있다. 이곳의 동백나무는 동글동글하다. 거대한 솜사탕 같고, 어찌 보면 거대한 꽃다발 같다. 그래서일까? 제주 동백 수목원을 걷고 있으면 동화 속의 미로를 걷고 있는 느낌이 든다.

동백은 추운 겨울에 꽃을 피우고, 자태는 더없이 고고해 더 특별하다. 자라는 곳에 따라 11월에 꽃망울을 터뜨리기도 하고, 해를 넘겨 3월에 꽃을 피우기도 한다. 제주 동백 수목원의 동백은 '사상가'라

제주 동백 수목원에 가면 거대한 꽃다발처럼 생긴 애기동백 500여 그루가 몽환적인 분위기를 겨우내 연출해 준다.

는 별명이 붙은 외래종인 애기동백이다. 애기동백은 겹꽃잎을 가진 산다화로, 늦동백 혹은 서리 동백이라 불리기도 한다. 수목원에는 거대한 꽃다발처럼 둥글게 다듬은 애기동백이 빽빽하게 자라고 있다. 토종 동백보다 훨씬 더 빨리 자라고 꽃도 더 화려하게 피어 조경용으로 인기가 좋다. 여러 장의 꽃잎을 활짝 열어젖히고 나무를 온통 붉게 뒤덮으면서 그 화려함을 뽐낸다.

동백은 보통 7m 정도 자란다. 이곳 동백은 5m 남짓으로 제법 장대하다. 예로부터 제주에선 동백의 쓰임이 많았다. 화력이 좋아 땔감으로 쓰이고, 잎이 단단하고 풍성해 방품림으로도 심었다. 재질이 단단해 생활 가구를 만들기도 했고, 잎을 태워 자색을 내는 유약으로 썼다. 동백기름은 머리에 바르면 그 모양새가 단정해지고 냄새도 나지 않아 여성들의 필수품이었다. 동백은 제주 4·3 사건의 상징이기도 하다. 강요배 화백은 그림 <동백꽃 지다>에서 붉은 낙화를 제주 4·3 항쟁 때 스러져 간 제주 사람들의 상징으로 묘사했다.

수목원을 산책하고, 멋진 사진도 찍었다면 이번에는 전망대에 올라 보자. 붉은 동백숲 너머로 탁 트인 제주의 쪽빛 바다가 시원하게 펼쳐진다. 고개를 반대로 돌리면 한라산이 손에 잡힐 듯 가까이 와 있다. 수목원의 개화 상황은 SNS 계정에서 확인할 수 있다.

RESTAURANT 제주 동백 수목원 주변의 맛집

🍴 일본인 주부가 차린 가정식 밥상
미나미 비 요리

📍 서귀포시 남원읍 태위로 268 📞 0507-1352-4054
🕐 11:00~17:30(라스트오더 17:00, 목 휴무) 🚗 전용 주차장
📌 찾아가기 제주 동백 수목원에서 자동차로 1분, 걸어서 3분
🌐 인스타그램 @minamibiyori

제주 동백 수목원 근처에 있는 일본 가정식 전문점이다. 도쿄 출신 마키 씨가 정갈하고 담백한 음식을 만든다. 혼밥을 즐기는 여행자가 많이 찾는다. 대표 메뉴는 우동 정식과 니쿠자가 정식이다. 우동 정식에 나오는 우동은 다시마와 가스오부시로 국물을 우려내 맛이 맑고 깊다. 탱탱한 면발은 자극적이지 않고 담백하다. 니쿠자가는 감자와 돼지고기에 간장과 설탕, 미림 등을 넣고 조린 일본식 찜 요리이다. 제주산 재료를 사용하며, 깊고 은은한 단맛이 난다.

정식에는 마키 씨가 고향에서 자주 먹던 반찬 두세 가지가 함께 나온다. 반찬은 그때그때 바뀌지만 그중 '톳'은 제주와 일본을 이어주는 독특한 반찬이다. 제주 바다에서 채취한 톳을 일본식 조미료로 간해 두 지역의 식문화를 하나로 묶었다. 정식 외에 간단히 즐길 수 있는 우동 단품 메뉴도 있다. 여름철에는 냉 우동 세트도 선보인다. 식사를 마치면 말차 푸딩이나 일본식 푸딩과 차를 곁들인 후식 세트를 주문할 수 있다. 일본에서 들여온 젓가락, 양말, 타올, 드립백 커피, 차 등을 구매할 수 있다.

만 원의 행복
위미 모녀 분식

서귀포시 남원읍 태위로 257
0507-1346-1398
11:00~18:00(라스트오더 17:30, 일 휴무)
전용 주차장
찾아가기 제주 동백 수목원에서 자동차로 2분, 걸어서 4분
인스타그램 @wimi_monyeo

남원읍 위미리의 태위로 길가, 고소하고 매콤한 음식 냄새가 코를 자극한다. 제주 동백 수목원 근처에 있는 위미 모녀 분식에서 나오는 냄새다. 작은 간판 너머에서 딸과 어머니가 김밥을 말고 떡볶이를 끓인다. 이 집은 원래 동네 주민들이 사랑하는 분식집이었다. 하지만 여행자들 사이에서도 입소문이 나기 시작해 이제는 외지 손님도 많이 찾는다. 이 분식집은 브레이크 타임 없이 묵묵하게 하루를 채워간다. 모락모락 김이 나는 잔치국수와 정성껏 말아낸 김밥, 자극적이지 않은 양념 떡볶이가 여행자의 입맛을 붙든다. 청귤이 올라간 토스트와 뚝딱 끓여내는 라면에도 따뜻한 마음이 담겨 있다.
떡볶이는 국물이 많다. 간이 심심할 것 같은데 막상 먹어 보면 매콤달콤한 게 자꾸 손이 간다. 김밥은 소담스럽게 말아 담백한 손맛이 느껴진다. 라면과 함께 먹으면 더 맛있다. 만원도 되지 않는 금액으로 누구나 배불리 먹을 수 있다. 테이블 몇 개가 전부인 작은 공간이지만, 여행자는 그 안에서 배와 온기를 더불어 채울 수 있다.

남원읍4

북 타임
동화처럼 따뜻하고 다정한 책방

◎ 서귀포시 남원읍 위미중앙로 160 📞 064-763-5511
🕙 10:00~19:00(월 휴무) 🚗 책방 앞 갓길
ℹ️ 찾아가기 제주국제공항에서 자동차로 1시간 5분
🌐 인스타그램 @booktime_jeju 🐾 반려동물 동반 가능

남원읍 위미 우체국 인근에 있는 다정한 책방이다. 제주 올레길 5코스가 근처로 지난다. 원래 이 공간은 위미리에서 나고 자란 집주인이 3대에 걸쳐 살아온 소박하고 정겨운 옛집이었다. 책방지기는 이곳을 직접 섬세하게 손을 보아, 책방으로 새 생명을 불어넣었다. 원래 '북 타임'은 서귀포 시내에서 오랫동안 문화 사랑방 역할을 하던 곳이었다. 그러다가 고향인 남원읍 위미리로 돌아오게 되었다. 책방은 크고 작은 건물 세 개로 구성되어 있다. 가운데에 있는 돌로 지은 아담한 집은 원래 소가 살던 외양간이었다. 지금은 '비프 로그 빈티지'라는 이름의 구제 의류 가게로 변신했다. 메인 건물인 안거리는 복합 문화 공간이다. 방 세 개를 터서 공간 하나로 만들었다. 먼저 이곳엔 제주 관련 도서들을 전시해 놓았다. 그 어떤 책방보다도 제주에 관한 책이 많다. 남은 공간은 상설 갤러리와 무인 카페로

책방 곳곳에 방석과 간이 의자가 놓여 있다. 손님이 편안하게 책을 읽기를 바라는 책방지기의 작은 배려이다.

운영된다. 북 콘서트나 음악회, 전시회, 영화 상영회 등이 열리는 문화 공간 역할도 톡톡히 해내고 있다.

입구 왼쪽에 있는 마지막 건물이 책방이다. 책방 한쪽 벽에는 옛 위미리 사진이 붙어 있다. 이 사진을 보며 책방지기의 어린 시절 이야기를 듣는 일도 재밌다. 책방은 오래전 시골 학교 교실을 떠오르게 한다. 특히 마룻바닥을 걸을 때마다 삐걱거리는 소리가 기분 좋게 들려와 무척이나 정겹다. 인테리어 대부분은 동화책에서 영감을 받아 책방지기가 직접 제작한 것이다. 책 냄새와 나무 내음, 아기자기한 소품들, 입구를 지키는 피노키오 목각 인형, 아치형 책장, 터널 모양 둥근 책장, 책 모양 조명까지. 이 모든 것이 잊고 지냈던 동심을 불러일으킨다.

이곳에는 특별한 풍경이 하나 더 있다. 책방 곳곳에 놓인 방석과 간이 의자가 그것이다. 누구나 편하게 책을 읽다 갈 수 있게 준비했다. 책방지기의 세심한 배려가 마음을 따뜻하게 해준다. 책방지기는 이곳을 찾는 모든 손님이 편안함을 느끼길, 책방이 쉼표 같은 곳, 느낌표 같은 공간이 되길 소망한다. 번잡한 관광지에서 벗어나 소박한 여행을 즐기고 싶다면, 북 타임만큼 좋은 곳도 많지 않다. 조용한 마을 위미리에서, 조용한 시간을 보내는 건 어떨까?

ONE MORE 여기도 좋아요!

남쪽 마을의 작은 책방
라바 북스

📍 서귀포시 남원읍 태위로 87, 1층
📞 0507-1477-0444 🕐 12:00~18:00 (수 휴무)
🚗 주변 공영주차장이나 갓길
📍 찾아가기 북 타임에서 자동차로 1분, 걸어서 9분
🌐 인스타그램 @labas.book 🐾 반려동물 동반 가능

남원읍 위미리는 제주 남쪽의 조용한 바닷가 마을이다. 겨울 동백 시즌을 제외하면 비교적 여행객들의 발길이 뜸한 동네였다. 하지만 책방 북 타임과 라바 북스가 들어서면서 사계절 여행자들이 찾는 마을로 변모했다. 라바(LABAS)는 프랑스어로 '그곳', '저기'라는 말이다. 사진을 좋아하는 책방지기는 'LABAS'라는 여행 사진집을 출판했고, 자연스럽게 책방의 이름도 '라바'로 정했다. 라바를 찾는 손님 대부분은 여행자이다.

서가는 화이트 톤으로 꾸며서 분위기가 깔끔하다. 구석구석 배치된 레고 등 소소한 디자인 소품들이 라바만의 감성을 더해준다. 책장에는 사장님의 취향과 감각이 드러나는 독립 출판물, 에세이, 그림책, 소설책, 시집, 베스트 셀러 등 500여 종의 책이 손님을 기다린다. 독립 출판물들이 가장 좋은 자리를 차지하고 있다는 점이 눈길을 끈다. 제주 풍경이 담긴 엽서와 스티커 등 라바에서만 구매할 수 있는 굿즈도 다채롭다. 굿즈만으로도 방문할 이유가 충분해 보인다. 라바북스는 다양한 작가들과의 협업으로 여행 사진집도 직접 발간한다. 라바 북스는 책과 여행을 좋아하는 사람들에겐 아지트 같은 곳이다.

RESTAURANT & CAFE 북 타임 주변의 맛집과 카페

🍴 정갈하고 소박한 한 끼
뙤미

📍 서귀포시 남원읍 태위로 86 📞 064-764-4588
🕘 09:00~13:30 (라스트오더 13:20, 일 휴무)
🚗 식당 옆 또는 위미항 주변 ℹ️ 찾아가기 북 타임에서 자동차로 1분, 걸어서 10분 🌐 인스타그램 @ttoemi_jeju

서귀포시 남원읍 위미리에 있다. 식당 이름 '뙤미'는 과거 위미리의 마을 이름에서 따왔다. 귤색 외관이 눈에 띄는 아담한 식당으로, 대표 메뉴는 제주 고사리 비빔밥이다. 제주산 고사리, 신선한 채소, 고소한 참기름이 어우러져 담백하면서도 깊은 맛을 낸다. 반찬으로는 계절에 따라 다양한 나물과 김치가 정갈하게 나온다. 식당 내부는 마치 제주 시골집에 온 듯 편안하다. 창밖으로는 감귤밭이 펼쳐져서 제주의 자연을 느끼며 식사할 수 있다. 영업시간은 오전 9시부터 재료 소진 시까지이며, 저녁 영업은 하지 않는다. 비정기적으로 휴무하므로 방문 전 인스타그램으로 확인하는 것이 좋다.

🍴 하루 30인분, 메뉴는 오직 하나
바공 식당

📍 서귀포시 남원읍 태위로 87 📞 0507-1415-3938
🕘 11:00~15:00 (월 휴무, 매월 마지막주 화 휴무)
🚗 식당 주변 ℹ️ 찾아가기 북 타임에서 자동차로 1분, 걸어서 9분 🌐 인스타그램 @bagyong

하루 30인분만 정성껏 준비하는 작은 식당이다. 메뉴는 오직 하나, 깔끔한 한식 정식이다. 매주 화요일이면 재료를 바꾸어 새로운 정식 메뉴를 내어놓으며, 인스타그램 계정에 공지한다. 혼밥도 할 수 있지만, 주문은 2인분부터 가능하다. 사장님 혼자 운영하는 식당이기에 문은 오전 11시에 열고, 준비된 식사가 모두 소진되면 영업을 마친다. 멀리서 찾아온다면 조금 서두르는 것이 좋다. 고기를 중심으로 한 메인 요리에 밥, 국, 계절 반찬이 곁들여진다. 치즈 탄두리 치킨 볶음, 우삼겹 숙주 미나리볶음, 살치살 스테이크 등 매주 색다른 메뉴가 준비된다. 담백하면서도 깊은 맛이 즐거움을 준다.

서귀포 빵지 순례 필수코스
수와래 베이커리

- 서귀포시 남원읍 태위로 17
- 064-805-0006
- 10:00~17:00(월,화 휴무)
- 주변 길가
- 찾아가기 북 타임에서 자동차로 3분
- 인스타그램 @suwaraebakery
- 반려동물 동반 가능

남원읍의 조용한 마을 위미리에 자리한 작은 빵집이다. '빵지 순례'를 즐기는 이들에게 꼭 들러야 할 곳으로 알려져 있다. 외벽에 큼직하게 검정 글씨로 '빵'이라고 써 놓아서 쉽게 찾을 수 있다. 안으로 들어서면 다양한 빵들이 소담스럽게 진열되어 있다. 가게 안은 고소한 냄새로 가득하다.

수와래 베이커리는 유기농 밀가루를 사용하여 건강하고 소박한 맛의 빵을 만든다. 인기 메뉴는 소금빵과 크루아상이다. 소금빵은 겉은 바삭하고 속은 촉촉하며, 단순하지만 깊은 맛을 자랑한다. 크루아상은 결이 살아 있어서 한입 베어 물면 고소한 풍미가 입안 가득 퍼진다.

빵은 오전에 대부분 동나므로 일찍 방문하는 것이 좋다. 수와래 베이커리는 테이크아웃만 가능하다. 빵을 구매한 후, 근처 바닷가나 위미항, 오름에서 제주 자연을 만끽하며 맛보는 것을 추천한다. 소박하지만 진심이 담긴 빵을 맛보고 싶다면 수와래 베이커리로 가자. 빵을 통해 따뜻한 마음을 전해 받을 수 있다.

하이커를 위한 베이스 캠프
하이커 하우스 보보

- 서귀포시 남원읍 태위로 87
- 0507-1358-5503
- 11:00~18:00(월 휴무)
- 주변 골목
- 찾아가기 북 타임에서 자동차로 1분, 걸어서 9분
- 인스타그램 @hikerhaus_vovo
- 반려동물 동반 가능

하이커들을 위한 특별한 공간으로 남원읍 위미리에 있다. 작은 규모이지만, 핸드드립 커피와 직접 만든 스콘 그리고 백패커들을 위한 다양한 아웃도어 용품을 만나볼 수 있다. 핸드드립 커피는 커피 본연의 맛을 간직하고 있다. 시그니처 메뉴인 대파 스콘은 고소한 풍미와 독특한 맛으로 많은 사랑을 받고 있다. 이곳에서는 케일, 하이커 워크숍, 마운틴 로버, 무어 랜드 같은 다양한 아웃도어 브랜드 상품을 구매할 수 있다. 하이커 하우스 보보는 카페를 넘어, 하이킹과 자연을 사랑하는 이들에게 특별한 경험을 제공한다. 카페 한쪽엔 걷기와 자연, 여행에 관한 책들이 꽂혀 있다.

추억을 담은 시골 빵집
오뚜기 빵집

- 서귀포시 남원읍 태위로 129
- 064-764-1888
- 매일 08:00~20:00
- 맞은편 하나로마트 주차장
- 찾아가기 북 타임에서 자동차로 1분, 걸어서 3분

남원읍 위미리의 하나로 마트 옆에 있는 작은 시골 빵집이다. 겉모습에 아날로그 감성이 잔뜩 묻어 있다. 옛날 동네 느낌 그대로의 소박하고 정겨운 동네 빵집 분위기지만, 빵지 순례 명소이다. 이 집의 '사라다 햄버거'를 추천한다. 양배추와 케첩, 마요네즈가 어우러진 옛날 스타일로, 학교 앞 빵집의 추억을 떠올리게 한다. 맘모스 빵, 꽈배기, 도넛 등 다양한 옛날 빵들도 판매한다. 양은 푸짐한데 가격은 옛날 빵값 그대로이다. 요즘 유행하는 세련된 빵은 없지만, 소박한 정취와 따뜻한 맛이 매력이다. 옛 추억을 되새기고 싶다면 오뚜기 빵집을 방문해 보자.

남원읍5

카페 담 소요
한라산을 품은 정원 카페

- 서귀포시 남원읍 신례천로 193
- 0507-1312-4039
- 09:00~17:30 (라스트오더 17:00, 화 휴무)
- 전용 주차장
- 찾아가기 제주국제공항에서 자동차로 1시간 5분
- 인스타그램 @damsoyo / 반려동물 동반 가능

중산간과 한라산까지 이어지는 아름다운 풍경과 여백의 미를 품은 곳, 담 소요는 여행자들에게 특별한 시간을 선물한다.

서귀포시 남원읍 신례리에 있는 대형 카페이다. 정원, 카페, 숍 등이 어우러진 곳으로, 아름다운 한라산 풍경을 조망할 수 있다. 정원에는 잔디밭이 있다. 초록빛의 잔잔함이 여행자의 마음을 차분하게 해준다. 여백의 미가 느껴지는 정원은 사색을 부르고, 계절마다 다른 표정을 지으며 자연의 리듬을 전한다. 비가 오는 날이면 빗방울 소리가 정원을 더욱 촉촉하게 물들인다.

정원에는 연못도 있다. 연못에 사는 모짜, 렐라, 체다라 불리는 오리가 방문객에게 소소한 즐거움을 준다. 정원 곳곳에는 테이블과 의자가 마련되어 있어서 자연 속에서 편안한 휴식을 즐길 수 있다.

특히, 정원 한쪽에는 유리온실형 좌석 공간인 그린 하우스가 있다. 내부에는 초록 식물이 가득하고 자연광이 잘 들어와 따뜻하고 아늑하다. 조용히 힐링하기 좋다. 좌석 수가 많지 않으므로 주말이나 휴일엔 자리 잡기가 쉽지 않다. 되도록 평일 오전에 방문할 것을 추천한다.

본관 카페는 두 면이 통창이라서 정원을 감상하기 좋다. 커피와 차, 바스크 치즈 케이크, 단호박 파이, 메이플 피칸 브레드 같은 메뉴가 준비되어 있다. 가볍게 식사로 즐기기 좋은 구성이다. 입구에 있는 감성 편집숍도 눈길을 끈다. 자체 제작한 굿즈, 정성스레 고른 책, 손 글씨 엽서, 자연을 닮은 도자기 소품, 정원용품, 문구류 등 큐레이션한 기념품을 둘러보는 재미가 쏠쏠하다. 이 중에서 책이 특별히 눈길을 끈다. 편집숍에 진열된 책은 웬만한 독립 서점만큼 알차다. 단순한 책 전시가 아니라 세심하고 감각적으로 진열돼 있다.

담 소요는 반려동물과 함께 입장이 가능하며, 넓은 주차장이 있어서 주차 걱정 없이 편리하게 이용할 수 있다. 제주 여행 중 여백의 미를 느끼고 싶다면 담 소요를 추천한다. 담 소요의 아름다운 풍경은 멀리 보이는 한라산까지 이어지며 자연과 사람이 조화 이루는 법을 조용히 일깨워준다.

ONE MORE 여기도 좋아요!

제주의 힐링 여행지
이승이 오름 삼나무 숲길

📍 서귀포시 남원읍 신례리 산7
🚗 전용 주차장
ℹ️ 찾아가기 담 소요에서 자동차로 9분

이승이 오름539m은 제주 동남쪽 중산간에 있다. 말굽형 분화구를 지닌 오름이다. 봄이 오면 이승이 오름 입구 주차장에서 신례천 생태 탐방로 종합 안내소까지 이어진 길 양옆으로 벚꽃이 만발한다. 벚꽃잎 날리는 그 길을 걸으면 마음이 들뜨지 않을 수 없다. 벚꽃은 3월 말에 만개해 4월 초에 진다. 벚꽃이 매력적이지만, 10일 넘기지 못하고 사라지는 건 늘 아쉽다. 다행히 이승이 오름엔 늘 푸른 삼나무 숲이 있어서 아쉬움을 달랠 수 있다. 이승이 오름 입구에서 오른쪽 산책로를 따라 15분 정도 걸어가면 그림 같은 삼나무 숲이 나온다. 1970년대에 조림된 우량 삼나무 숲이 31.5ha 면적에 펼쳐져 있다. 수직으로 수십 미터씩 곧게 뻗은 거목들 사이로 진한 적토색 길이 일직선으로 놓여 있다. 피톤치드 뿜어내는 삼나무 군락 틈으로 파란 하늘이 보인다. 하늘은 햇빛에 따라 빛깔과 풍광이 달라지는데, 이 또한 이 숲의 묘미다. 아름다운 경관을 카메라에 담으려고 손길이 분주해진다. 운이 좋으면 삼나무 사이로 유유히 걸어가는 한라산 노루를 카메라에 담을 수도 있다.

비경을 간직한 비밀의 숲
한남 사려니 오름 숲

- 서귀포시 남원읍 서성로651번길 235
- 070-4253-1100
- 09:00~17:00(17시 전 하산 완료, 월·화 휴무), 숲 해설 프로그램(09시, 13시)
- 전용 주차장
- 찾아가기 담 소요에서 자동차로 9분
- 이용 안내 사전 예약 필수 https://jbs.foresttrip.go.kr

한남 사려니 오름 숲옛 한남 시험림은 한라산 동남쪽 자락의 비경을 볼 수 있는 비밀의 숲이다. 줄지어 자라는 나무들이 하늘을 가릴 만큼 울창하게 들어서 있다. 2017년 산림청으로부터 '보전·연구형 국유림 명품 숲'으로 지정되어 국립산림과학원과 난대·아열대산림연구소에서 관리하고 있다. 매년 5월 중순부터 10월 말까지만 개방하며, 하루 300명으로 탐방 인원을 제한하므로, 사전 예약이 필수다.

입구에 들어서자마자 50~70년 된 장대한 삼나무 숲의 매력에 빠져들게 된다. 열심히 걷다 보면 어느새 박하사탕 수백 개를 먹은 듯한 상쾌함이 온몸을 가득 채운다. 붉가시나무, 황칠나무, 고사리를 비롯한 439종의 식물과 천연기념물인 팔색조와 원앙, 국제적 멸종 위기종인 긴꼬리딱새 등 130종의 동물들이 자라고 있다. 숲길 끝에는 국내 최대 규모의 삼나무 전시림7㏊이 펼쳐진다. 일제 강점기인 1933년 삼나무 1,850그루를 일본에서 가져와 심은 것이다. 이국적인 풍경에 감탄사가 절로 나온다. 나무의 높이는 평균 28m, 지름은 평균 63㎝에 이른다.

신비로운 숲, 미지의 원시림
머체왓 숲길

- 서귀포시 남원읍 서성로 755(머체왓 숲길 방문객 지원센터)
- 0507-1327-3113 매일 09:00~18:00
- 전용 주차장 찾아가기 담 소요에서 자동차로 8분
- 인스타그램 @cafe.meochewat

머체왓 숲길은 남원읍 한남리에서 태흥리까지 12km를 흐르는 서중천 바로 옆에 있는 힐링 도보 여행지이다. 사람의 발길이 적어 한가롭게 걸을 수 있다. '머체왓'은 제주 방언으로, 돌과 나무가 빼곡한 숲이나 밭을 의미한다. 머체왓 숲길은 세 개의 코스로 구성돼 있다. 1코스는 '머체왓 숲길'로 6.7km 거리에 약 2시간 30분 소요되는 순환형 코스이다. 드넓은 초원과 원시림을 지난다. 2코스는 '소롱콧길' 6.3km, 2시간 소요이다. 편백과 삼나무가 우거진 숲길로, 방사탑·옛 올레길·중잣성 등 역사적 유산이 곳곳에 남아 있다. 3코스는 서중천 탐방로로, 계곡과 기암괴석, 다양한 식물을 감상할 수 있다.

원시림을 그대로
고살리 숲길

- 서귀포시 남원읍 하례리 산54-2(남서교 방향)
- 선덕사 및 주변 길가
- 찾아가기 담 소요에서 자동차로 8분

고살리 숲길은 제주 남쪽 끝 남원읍 하례리에 있다. 조용히 걷고 있으면 제주 자연의 숨결이 고스란히 느껴지는 곶자왈 산책로이다. 제주의 원시림을 그대로 간직하고 있다. 출발점은 고살리라고 부르는 샘이다. 숲길은 2.1km로, 사시사철 물이 흐르는 효돈천을 따라 이어진다. 왕복 두 시간 정도 소요된다. 고살리 숲길에는 난대림의 상록수와 희귀식물들이 자생하고 있다. 혼자 걷는 게 부담스럽다면 하례리 생태관광 프로그램에 참여해보자. 오전 10시와 오후 2시 두 차례 운영된다. 하례리 생태관광 마을 홈페이지 http://www.ecori.kr에서 신청할 수 있다. 여유를 가지고 천천히 걸어보자.

RESTAURANT 담 소요 주변의 맛집

제주 고사리를 듬뿍 넣은 비빔밥
머체왓 식당

- 서귀포시 남원읍 서성로 755
- 070-8680-8141
- 09:00~18:00(월 휴무)
- 전용 주차장
- 찾아가기 담 소요에서 자동차로 8분
- 반려동물 동반 가능

머체왓 식당은 머체왓 숲길 방문객 지원센터와 같은 건물에 있다. 숲길 트레킹 후 바로 들르기 좋은 위치다. 근처에 마땅한 식당이 없어서 선택의 여지가 적지만, 그 부족함을 단숨에 채워줄 만큼 음식의 수준이 좋다. 제철 나물과 곁들여 먹는 머체왓 비빔밥은 숲길 탐방 뒤 텁텁해진 입안을 상쾌하게 씻어주는 대표 메뉴로 꼽힌다. 흑돼지 김치찌개, 성게미역국, 고등어구이, 옥돔구이 같은 단품 메뉴들도 다양하게 준비되어 있어서 취향에 따라 고르기 좋다.

미리 예약해야 먹을 수 있는 음식도 있다. 오리백숙이나 한방 닭백숙이 그렇다. 2시간 전에 예약하면 든든한 한 끼를 여유롭게 즐길 수 있다. 본 음식뿐만 아니라 반찬도 맛이 좋다. 조미료로 맛을 내기보다 식재료 본연의 맛을 살려내 정갈하고 깊은 인상을 남긴다. 머체왓 식당은 숲길 여행의 마침표를 찍기 좋은 맛집이다. 굳이 숲길을 걷지 않고 일부러 찾아가도 아깝지 않은 집이다. 반려동물 동반할 수 있는 것도 이 집의 큰 장점이다.

되었다고 한다. 그가 돌아가지 못한 섬이라 하여 '차귀도遮歸島'라는 이름이 붙었다.

섬 주변은 참돔, 돌돔, 벵에돔 등이 잡히는 바다낚시 명소로도 유명하다. 유람선 선착장 근처에서 해풍에 말린 반건조 오징어를 판매하는 정겨운 모습도 찾아볼 수 있다. 차귀도 주변에서 잡히는 오징어는 제주에서 으뜸으로 쳐준다.

Travel Tip 차귀도 가는 방법

유람 상품 종류 섬 탐방 투어, 섬 탐방 노을 투어, 돌고래 유람 투어

유람선 운항
시간 매일 08:50~16:30(섬 탐방 투어 기준. 유람선이 1시간 남짓 간격으로 운행한다. 소요 시간은 섬 탐방 60분을 포함해 90분이다. 섬 탐방 노을 투어와 돌고래 유람 투어는 계절 한정으로 하루 1회 운항한다. 세 상품 모두 계절과 날씨에 따라 유람선 운항 시간에 변동이 생길 수 있으므로 미리 전화로 확인해야 한다. 064-738-5355)

왕복 요금
섬 탐방 투어 어른 20,000원, 어린이 13,000원
섬 탐방 노을 투어 어른 22,000원, 어린이 17,000원
돌고래 유람 투어 어른 35,000원, 어린이 23,000원

준비물 승선 신고서(현장 작성) 신분증(주민등록증, 운전면허증, 주민등록등본과 초본, 가족관계증명서, 국가자격증, 건강보험 카드, 학생증)

홈페이지 http://www.chagwidocruise.co.kr/

섬 속의 섬
차귀도

차귀도
기암괴석과 아름다운 해안 절경

차귀도는 제주에서 가장 큰 무인도이다. 본섬인 죽도대섬를 중심으로 지실이 섬, 와도, 장군여 등의 작은 섬과 암초들이 모여 있는데, 이를 통틀어 차귀도라 한다. 차귀도는 제주의 아름다운 노을을 볼 수 있는 수월봉의 지질 트레일과 연결된 화산섬이다. 덕분에 독특한 해안 풍경과 기암괴석을 찾아볼 수 있다. 고산리 자구내포구에서 유람선을 타고 약 10분이면 닿는다. 유람선을 타고 둘러보거나, 섬에 내려 산책을 즐겨도 된다.

차귀도는 섬 전체가 천연기념물 제422호로 지정된 보호구역으로, 아름다운 자연의 원형이 잘 보존되어 있다. 섬에 내리면 억새 언덕과 대숲이 어우러진 산책길이 펼쳐진다. 짧은 오르막길을 따라 오르면, 1957년 주민들이 세운 하얀 무인 등대가 나온다. 등대가 있는 언덕은 '볼래기 동산'이라 불리며, 여행객의 쉼터 역할을 하고 있다.

차귀도에는 전설도 전해진다. 고려 시대 송나라의 풍수지리사 호종단이 제주 땅의 기운을 끊기 위해 배를 타고 왔다가, 하늘에서 내려온 매에 의해 돌아가지 못하고 배가 침몰하여 차귀도 앞바다에 수장

© 문신기

제주 본섬과 푸른 바다가 한눈에
비양봉

📍 제주시 한림읍 협재리 산100-1
ℹ️ 찾아가기 비양봉 입구에서 걸어서 20분

섬 한가운데에 화산 활동 때 솟아난 봉우리 비양봉이 우뚝 솟아 있다. 섬이 작아서 비양봉이 곧 비양도라 해도 과언이 아니다. 비양봉의 표고는 114.1m이고, 비고는 104m이다. 비양봉 입구에서 정상까지 20분 정도 걸린다. 비양봉 정상에는 쌍 분화구가 있다. 큰 것은 둘레가 800m이고, 작은 것은 500m이다. 분화구에는 우리나라에서 유일하게 이곳에서만 자생하는 비양 나무 군락지가 있다. 봉우리는 4개이며, 등대가 있는 봉우리가 주봉이다. 정상에 오르면 섬을 둘러싸고 있는 바다가 푸른 카펫처럼 보인다. 그리고 제주 본섬과 푸른 바다의 그림 같은 풍경이 한눈에 들어온다. 맑은 날에는 한라산까지 조망할 수 있다.

☕ 비양도 최강 뷰 카페
쉼 그대 머물다

📍 제주시 한림읍 비양도길 274-2
📞 0507-1427-2871
🕐 월~목 09:00~16:00, 금~일 09:00~21:00
ℹ️ 찾아가기 비양도 항에서 걸어서 3분
🌐 인스타그램 @biyangdo.shim

비양도에서 가장 인기 있는 카페이다. 국가대표 로스터가 직접 볶은 신선한 원두를 사용해 커피 맛도 뛰어나다. 에이드와 각종 차는 직접 과일을 손질하고 청을 담아 만든다. 그래서 과일 본연의 맛을 오롯이 느낄 수 있다. 2층 카페 건물에 옥상 테라스까지 있어 어디서든 탁 트인 바다 풍경을 시원하게 감상할 수 있다. 또 귀여운 비양봉도 마음껏 바라볼 수 있다. 아무 생각 안 하고 무작정 아름다운 바다만 바라보기 좋은 곳이다. 카페 이용 시 자전거를 무료로 대여해준다. 음료도 마시고 자전거도 무료로 이용할 수 있으니 그야말로 일거양득이다.

푸른 바다를 품은 둘레길
비양도 둘레길

📍 **시작점** 제주 제주시 한림읍 협재리 3032-3(비양도 항)
🕐 **소요 시간** 90분, 난이도 하
길이 3km
코스 상세 경로 비양도 항→펄랑못(0.4km)→암석 소공원(0.6km)→코끼리 바위(0.3km)→비양도 등대(0.6km)→비양도 항(1.1km)

비양도 둘레길은 해안을 따라 섬 둘레를 한 바퀴 도는 길이다. 일반적으로 해안 둘레길 코스와 비양봉 정상 코스를 합쳐 비양도 둘레길이라고 한다. 거리는 약 3km로, 천천히 걸으면 90분 정도면 완주할 수 있다. 해안 둘레길을 한 바퀴 돌고 비양봉 정상까지 등반해도 되고, 비양봉 정상에 먼저 올랐다가 해안 둘레길을 걸어도 된다. 어떻게 걸어도 아름다운 바다와 어우러진 멋진 천상의 풍경을 감상할 수 있다.

비양도는 고려 시대 화산 활동으로 생겨난 화산섬이다. 그래서 특이한 모양의 기암괴석이 많다. 물이 빠지면 화산석 해변은 온통 먹빛이다. 해변을 따라가면 염습지 펄랑못, 코끼리 바위, 애기 업은 돌 등을 감상할 수 있다. 이 중에서 애기 업은 돌은 흐르는 용암 위에 생긴 화덕 모양의 가스 분출구인데, 아기를 업고 있는 형상이라 이런 이름을 얻었다. 천연기념물 제439호로 지정되어 보호받고 있다. 유모차, 킥보드, 자전거와 함께라면 해안 둘레길로만 이동해도 된다. 도로포장이 잘 되어 있어 이동이 편리하다.

© 제주도청

많이 유명해졌다. 이후 제주가 배경인 드라마에 종종 모습을 드러내며 여행자들의 사랑을 받고 있다. TV 드라마 <우리들의 블루스>에서는 비양도가 보이는 금능리의 해안가 도로에서 이병헌이 만물트럭을 세워놓고 물건을 파는 모습이 촬영되었다. 넷플릭스 드라마 <폭싹 속았수다>에서는 협재 해수욕장의 비양도가 보이는 풍경을 배경으로 주인공들의 로맨틱한 산책 장면이 촬영되기도 했다.

Travel Tip 비양도 가는 방법

한림항에서 비양도까지 가는 배 하루 4회 운항(수요에 따라 증편)

배 운항 정보
- 한림항 출발 09:20, 11:20, 13:20, 15:20
  비양도 출발 09:35, 11:35, 13:35, 15:35
- 왕복 요금 어른 12,000원, 소인(만2~11세) 6,000원
- 예약 http://ok114.co.kr/0647963515 (전화 예약 010-9621-7823)
- 준비물 승선 신고서(현장 작성) 신분증(주민등록증, 운전면허증, 주민등록등본과 초본, 가족관계증명서, 국가자격증, 건강보험 카드, 학생증)

한림항 찾아가기 제주시 한림읍 한림해안로 196(한림항 도선 대합실)
찾아가기 제주국제공항에서 자동차로 40분

비양도
꿈처럼 떠 있는 신비의 섬

제주 서쪽에는 아름다운 해변 협재 해수욕장과 금능 해수욕장이 있다. 이 두 해변이 특별한 것은 물빛이 아름답고 물놀이하기 좋아서이기도 하지만, 앞바다에 귀여운 작은 섬 비양도가 꿈결처럼 떠 있기 때문이다. 비양도는 제주도에서 우도, 가파도 다음으로 큰 부속 섬이다. 크기는 약 15만 평이고, 섬 둘레는 약 3.15km이다. 섬 중앙에 높이 114m의 비양봉이 솟아 있다. 현재 200여 명이 거주하며 아름다운 섬을 지키고 있다.

제주 사람들 사이에서 비양도는 중국에서 날아온 섬이라는 전설이 전해지기도 한다. <신증동국여지승람>에 보면 "물길이 5리이고, 섬에 양목장이 있다."라는 기록이 나온다. 실제로 가까워서 한림항에서 배로 약 15분이면 도착한다. 여행객의 승용차는 섬 안에 들어갈 수 없다.

비양도는 고현정 주연 드라마 <봄날>에 배경 촬영지로 등장한 뒤

대한민국 최남단에서 만난 비석
최남단 기념비

📍 서귀포시 대정읍 마라로 131
ℹ️ **찾아가기** 마라도 선착장에서 걸어서 18분

마라도 성당에서 남쪽으로 3~4분 정도 걸어가면 검은색 비석이 눈에 들어온다. 우리나라 영토의 가장 남쪽 끝자락을 상징하는 곳에 세워진 '최남단 기념비'이다. 1985년에 남제주군(지금의 서귀포시)에서 제주 특유의 돌 검은 현무암으로 제작하여 세웠다. 기념비에는 '대한민국 최남단'이라는 문구가 한자로 새겨져 있다. 태평양에서 불어오는 바람을 맞으며 꿋꿋하게 서 있는 비를 보고 있으면 여러 감정이 밀려든다. 혼자 서 있게 해서 미안하기도 하고, 고맙기도 하고, 감동적이기도 하다. 기념비까지 이어지는 해안 산책로는 잘 정비되어 있어, 바다를 바라보며 가볍게 걷기 좋다.

마라도에서 맛보는 특별한 한 그릇
원조 마라도 해물 짜장면집

📍 서귀포시 대정읍 마라로101번길 46
📞 064-792-8506
🕐 10:20~16:00(일 휴무)
ℹ️ **찾아가기** 마라도 선착장에서 걸어서 9분

제주도 최남단 섬, 마라도에서 특별한 맛을 찾는다면 이 집을 추천한다. 마라도에서 성업 중인 열 개 남짓한 짜장면집 중에서 최초로 해물 짜장면을 선보인 원조 맛집이다. TV 프로그램 '무한도전'의 짜장면 투어에 나오면서 알려지기 시작했다. 풍경이 아름다운 마라도를 즐기며 맛있는 짜장면을 맛볼 수 있다. 이 집 짜장면에는 해산물이 푸짐하게 들어간다. 톳 같은 특산물을 이용한 톳 짜장면도 있어 시원한 맛을 더해준다. 짜장면 못지않게 해산물을 듬뿍 넣은 짬뽕도 맛이 좋다. 해물 짜장면 11,000원, 해물짬뽕 17,000원이다. 언제나 맛있고, 서비스도 좋다.

대한민국 최남단을 밝히는 등대
마라도 등대

- 서귀포시 대정읍 마라로 165
- 064-792-8507
- 매일 09:00~18:00
- 찾아가기 마라도 선착장에서 걸어서 13분

제주 최남단, 마라도 절벽 위에 우뚝 선 하얀 등대이다. 섬 동남쪽 잔디밭 끝에 있다. 1915년 처음 불을 밝혔고, 1987년 지금의 모습으로 개축되었다. 동중국해와 제주 남부 해역을 오가는 선박의 선원들에게 육지의 방향을 알려준다. 희망의 불빛을 밝혀주는 것이다. 현재 등대는 높이 16m의 팔각형 콘크리트 구조물이다. 10초마다 한 번씩 빛을 반짝이며, 약 48km 거리에서도 확인할 수 있다. 긴 시간 이곳을 항해하는 모든 배의 희망이고 나침반이고, 친구이다. 등대 앞에는 세계 각국의 유명 등대를 축소한 모형들이 전시되어 있어 포토 스폿으로도 인기가 높다.

귀엽고 앙증맞은 마라도 핫플
마라도 성당

- 서귀포시 대정읍 마라로 153
- 070-4210-3200(미사 예약)
- 개방 시간 배 운항 시간
- 찾아가기 마라도 선착장에서 걸어서 15분

전복 껍데기를 닮은 지붕과 해삼 모양의 종탑이 있는 독특한 외관의 성당이다. 2000년, 故 민성기 신부와 부산 대연동 성당 신자들의 도움으로 건립되었다. 현재는 제주교구에 기증되어 모슬포 성당에서 관리하고 있다. 사제가 상주하지 않아 경당經堂, 부속 성당으로 운영된다. 정기 미사는 없지만, 사전 연락을 통해 신부님을 모시고 오면 미사를 올릴 수 있다. 마라도 성당은 마라도의 평화로운 풍경과 어우러져 여행자들에게 고요한 위안을 선사한다. '성경 이어 쓰기'와 '방문 기념 기도 글 남기기'를 진행하고 있으니 천주교 신자라면 참여해 보자.

Travel Tip 마라도 가는 방법

마라도로 가기 위해서는 대정읍 운진항과 송악산 선착장에서 여객선을 타야 한다. 운진항과 송악산 선착장에서 각각 하루 4~5편 운행한다. 주말이나 성수기엔 운행 편수가 늘어나기도 한다. 늘 손님이 많아 예약 필수이며, 날씨 때문에 편수가 줄어들 수 있으므로 사전에 꼭 확인해야 한다.

마라도 배에 타기 위해서는 신분증이 있어야 한다. 승선 신고서도 작성해야 한다. 주민등록증, 운전면허증 외에 주민등록등본과 초본, 가족관계증명서, 국가자격증, 건강보험 카드, 학생증을 신분증으로 대신할 수 있다.

운진항 서귀포시 대정읍 최남단해안로 120 064-794-5490
어른 21,000원, 청소년 20,800원, 어린이 10,500원 홈페이지 wonderfulis.co.kr
송악산 선착장 서귀포시 대정읍 송악관광로 424(상모리 133-2)
064-794-6661 어른 20,000원, 청소년 20,000원, 어린이 10,000원
홈페이지 www.maradotour.com

마라도
대한민국 최남단, 바람의 섬

대한민국 최남단의 작은 섬, 마라도. 서귀포시 대정읍 모슬포항에서 배를 타고 약 30분이면 넓은 축구장 같은 마라도에 도착한다. 동서 길이 500m, 남북 길이 1,250m, 면적 10만 평, 섬 둘레 4.5km. 섬에 머물 수 있는 시간은 90분이다. 숙박 등 특별한 예외 사유가 없다면 90분 후에 제주도로 돌아오는 배에 몸을 실어야 한다. 섬 전체를 둘러보는 데는 1시간 남짓이면 충분하지만, 그 속에 담긴 풍경과 이야기는 오래도록 마음에 남는다.

이 섬은 복잡하지 않아 매력적이다. 넓은 초원과 억새밭, 그리고 바다와 맞닿은 절벽이 어우러져 자연 그대로의 아름다움을 선사한다. 그 틈에 성당과 절, 교회, 마라도 등대, 마라분교, 파출소, 편의점, 식당, 민박집 등이 듬성듬성 자리하고 있다. 바람에 실려 오는 파도 소리와 함께, 마음도 탁 트이는 기분이 든다. 자전거나 스쿠터를 빌려 섬을 둘러볼 수 있다. 하지만 천천히 걸으며 바람을 느끼고, 풍경을 눈에 담는 것도 좋은 방법이다. 걷다가 최남단 기념비를 만나면 세상의 끝에 서 있는 듯한 감동이 밀려온다.

쉬어가기 좋은 예쁜 카페
가파도 봄날에

- 서귀포시 대정읍 가파로67번길 47-2
- 0507-1435-8970
- 가파도 여객선 운항 시간에 맞춰 운영
- 찾아가기 상동 포구 가파도 선착장에서 걸어서 11분

가파도 중앙의 가파초등학교 옆에 있는 카페이다. 벽화가 그려진 골목길을 따라가면 카페가 나온다. 외관과 내부 모두 제주 감성 가득하여 사진 찍기 좋다. 섬의 고요함과 따스함을 고스란히 담은 공간이다. 바다를 바라보며 여유로운 시간을 보낼 수 있다. 특히 창밖으로 펼쳐지는 청보리밭의 풍경은 계절마다 다른 매력을 선사한다. 이 집 아이스아메리카노는 시원하여 갈증을 해소하기 좋다. 옥수수 찐빵은 달콤하고, 청보리 아이스크림과 시원한 청보리 미숫가루는 고소하고 맛있다. 가파도를 걷다 살짝 출출해지거나 휴식이 필요할 때 들리면 딱 좋은 곳이다.

섬의 전경을 한눈에
전망대 카페

- 서귀포시 대정읍 가파로67번길 58
- 010-8474-8519
- 매일 09:00~17:00
- 찾아가기 상동 포구 가파도 선착장에서 걸어서 10분

상동 포구에서 도보 10분 거리에 있다. 소망 전망대 바로 아래의, 바다와 하늘이 맞닿는 곳에 있는 카페이다. 창가 좌석에서는 탁 트인 가파도의 풍경을 시원하게 즐길 수 있다. 전망대형 카페라 섬의 전경과 아름다운 바다를 한눈에 담기 좋다. 산책하거나 자전거 투어 하다가 잠깐 들러 쉬었다 가자. 청보리 아이스크림, 커피, 청보리 호떡 등의 메뉴가 있다. 인기 메뉴인 '청보리 아이스크림'은 달지 않고 고소하다. '청보리 호떡'은 겉은 바삭하고 속은 쫄깃하며, 담백하고 달콤한 맛이 일품이다. 카페 앞 넓은 정원에서 청보리밭을 배경으로 인생 사진을 남겨보자.

알차고 푸짐한 식사
전망대 식당

- 서귀포시 대정읍 가파로67번길 58
- 010-9622-5033
- 매일 09:00~18:00
- 찾아가기 상동 포구 가파도 선착장에서 걸어서 10분

전망대 카페 바로 옆에 있다. 신선한 해산물과 제철 재료로 만든 한식 메뉴를 맛볼 수 있는 식당이다. 주요 메뉴로는 가정식 백반, 해물짬뽕, 생선조림 등이 있다. 특히 가정식 백반은 생선구이, 돼지고기볶음에 각종 제철 반찬까지, 구성이 알차고 푸짐하다. 맛도 좋지만, 가격도 합리적이다. 2인 이상 주문할 수 있다. 식당 안 넓은 통창에서는 한라산, 바다, 보리밭, 코스모스 등의 풍경을 볼 수 있다. 그래서 창가 자리가 인기가 좋다. 근처에, 가파도에서 가장 높은 곳에 있는 소망 전망대가 있다. 식사 후에 소망 전망대에 올라 제주 본섬과 한라산, 마라도를 조망해 보자.

새싹 보리 수제 핫도그 맛집
오멍 가멍 쉬멍

- 서귀포시 대정읍 가파로67번길 13
- 064-794-0205
- 매일 09:00~18:00(배 안 뜨는 날 휴무)
- 찾아가기 상동 포구 가파도 선착장에서 걸어서 16분

이름처럼 '보며, 가며, 쉬며'를 실천하는 곳이다. 올레길 코스 근처에 있어 걷다가 잠시 들러 쉬어가기 좋다. 청보리밭 사이에 위치해 바람과 햇살을 온전히 느낄 수 있다. 시그니처 메뉴는 '새싹 보리 수제 핫도그'이다. 바삭한 식감과 보리의 진한 고소한 맛으로 여행자들의 입맛을 사로잡는다. 축제 기간에는 한 손에 핫도그를 들고, 청보리밭을 배경으로 사진을 찍으려는 사람들로 북적인다. 가파도에서만 맛볼 수 있는 핫도그 맛이 궁금하다면 이곳에서 잠시 멈춰보자. 청보리 아이스크림, 보리 미숫가루 라테 등도 인기 메뉴이다. 야외 테이블도 있다.

청보리 물결 따라 섬 한 바퀴
가파도 올레
제주 올레 10-1 코스

코스 상동 포구-하동포구(길이 4.2km, 1~2시간 소요, 난이도 하)
상세 경로 상동 포구→냇골챙이(1.6km)→가파초등학교(2km)→개엄주리 코지(2.9km)→큰옹진물(3.4km)→하동 포구(4.2km)
문의 및 안내 064-762-2190 및 제주 올레 스마트폰 애플리케이션

4.2km의 트레킹 코스로 제주 올레길 중 가장 짧다. 천천히 걸어도 90분 정도면 충분하다. 가파도의 보리밭 사잇길 지나 마을 안길과 해안, 밭담 따라 한 바퀴 돌며 섬의 매력을 고스란히 느낄 수 있다. 가파도는 해발 20.5m로 한국의 유인도 중 가장 낮은 섬이다. 작은 섬인 데다가 평탄하여 '놀멍 쉬멍' 걷기 좋다. 전 구간 휠체어 이용이 가능할 정도로 평탄하다.

트레킹 코스는 북쪽의 상동 포구에서 시작해 해안가의 개엄주리 코지를 지나, 남쪽의 가파 치안센터에 이르는 길로 구성되어 있다. 보리밭 사이로 바람이 지나갈 때마다 초록 물결이 일렁이며 걷는 이의 발걸음을 가볍게 해준다. 특히 4~5월에는 넘실대는 청보리밭이 장관을 이루어 방문객들에게 특별한 경험을 선사한다. 자전거 대여소도 있어 자전거를 타고 가파도의 아름다운 풍경을 즐길 수도 있다. 상동 포구와 가파 포구(하동 포구)에 식당이 몰려 있어 식사 해결도 수월하다. 해가 질 녘에는 보리의 푸른빛이 황금빛으로 변하면서 바다와 하늘이 뒤섞여 또 다른 매력을 발산한다.

넘실넘실 초록의 향연
가파도 청보리밭

청보리 축제
- 3월 중순부터 5월 중순까지
- 찾아가기 상동 포구 가파도 선착장에서 걸어서 5분

가파도의 봄은 청보리와 함께 시작한다. 청보리밭이 섬 면적의 60%를 차지한다. 가파도 청보리는 제주 향토 품종인 '향맥'으로, 3월 중순부터 5월 초까지 푸르게 자라난다. 그래서 봄이 오면 초록 물결로 일렁인다. 특히 4월 초부터 5월 초까지 열리는 청보리 축제 기간에는 보리밭 걷기, 청보리 막걸리 마시기, 소망 기원 돌탑 쌓기 같은 체험을 할 수 있다.

청보리밭 사이로 걷다 보면 바람에 흔들리는 보리 이삭 소리에 마음이 맑게 정화된다. 섬 전체가 평탄하여 해안가를 따라 걸어도 부담이 없다. 또 섬 중심을 가로질러 마을과 청보리밭을 함께 둘러보는 코스를 걸어도 된다. 섬 곳곳에는 소망을 담은 돌탑과 아기자기한 장식물이 있어 사진 찍기 좋다. 가파도에서 바라보는 한라산과 산방산, 송악산의 풍경은 한 폭의 그림처럼 아름답다. 청보리밭 너머로 펼쳐지는 푸른 바다와 하늘, 그리고 그 사이를 수놓은 노란 유채꽃은 가파도의 봄을 더욱 특별하게 만든다.

Travel Tip 1 가파도 가는 방법

대정읍 운진항에서 여객선을 타야 한다. 보통 하루 7편 운행한다. 주말이나 성수기엔 편수가 더 늘어나기도 한다. 청보리 축제가 열리는 3월 말부터 5월 초까지는 손님이 많아 예약 필수이다. 날씨가 안 좋을 땐 편수가 줄어들 수 있으므로 사전에 꼭 확인해야 한다. 숙박 등 특별한 경우를 제외하면 체류 시간이 정해져 있다. 출발하는 배에 따라 2~3시간이다. 가파도행 여객선을 타려면 신분증이 있어야 한다. 승선 신고서도 써야 한다. 주민등록증, 운전면허증 외에 주민등록등본과 초본, 가족관계증명서, 국가자격증, 건강보험 카드, 학생증을 신분증으로 대신할 수 있다.

운진항 📍 서귀포시 대정읍 최남단해안로 120 📞 064-794-5490 ₩ 왕복 요금 어른 15,500원, 청소년 15,300원, 어린이 7,800원 🌐 홈페이지 wonderfulis.co.kr

Travel Tip 2 가파도 자전거 대여

가파도는 대부분이 평지라서 자전거로 둘러보기 편하다. 도보 여행보다 시간을 절약할 수 있는 장점도 있다. 자전거는 상동 선착장 가파도 마을회관에서 대여할 수 있다.

₩ 대여비(1시간 기준) 1인승 5,000원, 2인승 10,000원
*전기 자전거 대여비는 일반 자전거의 두 배

가파도
청보리 물결 따라 낭만 산책

송악산 건너, 옥빛 바다 위에 꿈결처럼 떠 있는 섬, 가파도. 위에서 내려다보면 가오리(가파리)의 형상을 닮았다고 하여 이런 이름을 얻었다. 면적은 약 27만 평이고, 섬 주민은 약 150명이다. 서귀포시 대정읍 운진항에서 배로 약 10분이면 닿는다. 가파도는 느릿느릿 즐기기 좋은 곳이다. 섬을 한 바퀴 도는 데 1~2시간 정도면 충분하다. 매년 4월에서 5월 초까지 열리는 청보리 축제 기간에는 드넓은 청보리밭이 바람에 일렁이며 장관을 이룬다. 그밖에 고인돌 유적과 선돌, 조개무지 등이 있어 여행자의 호기심을 자극한다. 9월~10월엔 해바라기와 코스모스가 피어난다.

섬은 대체로 평지라 걷기에 부담이 없다. 자전거를 대여해 둘러볼 수도 있다. 섬의 동쪽과 서쪽 해안 길은 각기 다른 매력을 가지고 있다. 어느 길을 선택하든 가파도 풍경은 환상적이다. 특히, 섬의 서쪽 해안도로를 따라가다 보면 보름 바위와 고냉이 돌을 지나며 자연의 아름다움을 만끽할 수 있다. 5km의 올레길 10-1코스는 제주 올레 중에서 표정이 풍부한 길로 유명하다. 보리밭 사잇길 지나 마을 안길과 해안, 밭담 따라 '놀멍 쉬멍' 걷기 좋다.

우도의 아름다운 해안 풍경 감상하기
우도 망루 등대 득생곶 등대

- 제주시 우도면 연평리 798
- 등대 앞 주차장
- 찾아가기 천진항에서 자전거로 15분, 하우목동항에서 자전거로 9분

우도 동쪽 해안가에는 '우도 망루 등대'가 있다. '득생곶 등대'라고도 불리는 예쁘게 생긴 하얀 등대이다. 우도의 아름다운 해안 풍경을 감상할 수 있는 인기 명소 중 하나이다. 하얀 원형 등대와 주변의 바위 해안이 어우러져 아름다운 풍경을 이룬다. 그래서 인생샷 촬영지로도 유명하다. 등대 옆에는 조선 시대의 군사적 통신수단이었던 봉수대망루의 흔적도 남아있다. 봉수대에 올라가면 맹렬하기로 소문난 우도 바람 때문에 금세 뺨이 얼얼해진다. 한바탕 바람이 온몸을 훑고 가면 기분이 좋아진다. 우도의 거센 바람을 기꺼이 맞이해보자.

바다 전망 감성 카페
안녕 육지 사람

- 제주시 우도면 우도해안길 796
- 0507-1387-0186
- 매일 10:00~21:00(라스트오더 20:30)
- 카페 앞
- 찾아가기 천진항에서 자전거로 10분, 하우목동항에서 자전거로 8분
- 반려동물 동반 가능

우도에서 자란 땅콩을 활용한 수제 메뉴를 맛볼 수 있다. 카페 내부는 아담하지만, 아기자기하고 감각적인 소품으로 꾸며져 사진이 예쁘게 나온다. 카페는 하고수동 해수욕장 바로 앞에 있다. 바다 전망을 즐길 수 있는 감성 카페이다. 카페 안에는 바다가 보이는 통창이 있고, 카페 밖에는 루프톱이 있다. 통창에서든 루프톱에서든 땅콩 아이스크림 먹으며 바다를 보고 있으면 여행의 즐거움은 배가 된다. 메뉴 중에는 특히 우도 땅콩 아이스크림이 유명하다. 그밖에 흑돼지 땅콩 버거, 땅콩잼 토스트, 상큼한 감귤이 통째로 들어간 감귤 톡톡 에이드 등이 있다.

우도 서쪽의 흰모래 해변
산호 해수욕장

- 제주시 우도면 연평리 2515-5
- 주변 갓길
- 찾아가기 천진항에서 자전거로 7분, 하우목동항에서 자전거로 5분

우도 서쪽에 있는 해변이다. 우도 8경 중 하나로 예전엔 '서빈백사'라 불렸다. 서빈백사란 우도 서쪽 해변의 하얀 모래라는 뜻이다. 해조류의 일종인 홍조류가 광합성을 통해 석회화되면서 새하얀 백사장을 연출한 것이다. 소금을 뿌려 놓은 듯 모래가 신기할 정도로 새하얗다. 백사장을 이룬 하얀 알갱이는 세계적으로도 희귀하다. 우리나라에서는 우도에만 존재하여 천연기념물 제438호로 지정되어 보호받고 있다. 하얀 백사장과 에메랄드빛 바다, 파란 하늘이 어우러진 풍경을 감상하고 있으면, 우도 바다에서만 볼 수 있는 아름다움의 진수가 느껴진다.

 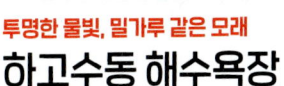  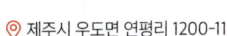

투명한 물빛, 밀가루 같은 모래
하고수동 해수욕장

- 제주시 우도면 연평리 1200-11
- 주변 갓길
- 찾아가기 천진항에서 자전거로 10분, 하우목동항에서 자전거로 8분

우도 동북쪽에 있는 에메랄드빛 해변이다. 모래가 밀가루처럼 부드럽고 수심이 얕다. 게다가 파도가 잔잔해 여름철이면 여행객들에게 인기 만점이다. 또한, 이 아름다운 해수욕장은 환상적인 풍광으로도 유명하다. 너무 아름다워서 사람들은 이곳을 '사이판 해변'이라 부르기도 한다. 부드러운 모래가 살랑거리는 바람에 휘날리면 마치 커튼이 펄럭이는 듯한 광경을 연출한다. 모래 입자가 워낙 작고 부드러워 맨발로 걷기도 좋다. 6~7월경 하고수동 해수욕장을 찾았다면 집어등을 밝힌 멸치잡이 배의 '어화'를 챙겨보자. 하고수동 해수욕장에서 바라보는 '어화' 풍경이 가장 아름답다.

파도 소리 들으며 우도 한 바퀴
올레 1-1코스

📍 A 코스 시작점·종착점 천진항(제주시 우도면 연평리 1737-15)
B 코스 시작점·종착점 하우목동항(제주시 우도면 연평리 2395-8)

제주 올레 1-1코스는 바다를 옆에 두고 우도를 서-북-동-남으로 원을 그리며 한 바퀴 도는 둘레길이다. 걷는 내내 바다가 곁에서 웃어주고, 바람이 발걸음을 가볍게 해준다. 차를 이용하면 결코 만날 수 없는 우도의 내밀한 속살이 길 곳곳에서 펼쳐진다.

출발점은 배가 닿는 곳이다. 천진항에 내리면 이곳에서 북쪽으로 방향을 잡는다. 산호 해수욕장과 독생이 코지를 지나면 하우목동항이 나온다. 하우목동항에 내렸다면 여기서부터 북쪽으로 출발하면 된다. 산물통 입구와 득생곶 등대우도 망루 등대, 파평 윤씨 공원을 지나면 길은 남쪽으로 내려간다. 하고수동해수욕장과 비양도 입구를 지나면 우도 동쪽 해변에 있는 중국집 띠띠빵빵에 이르고 여기에서 남쪽으로 2분쯤 걸으면 우도 특별시 펜션에 닿는다. 길은 이곳에서 내륙으로 들어간다. 족은 소낭길과 우도 담수장을 지나면 우도봉이 반겨준다. 정상에서 바라보는 풍광이 장관이다. 코스는 바닷길과 밭담 길, 푸른 초원을 거쳐 출발했던 항구로 이어지며 원을 완성한다. 전체 길이는 13.2km이고 완주하는데 4~5시간 걸린다.

어쩌면, 가장 먼 책방
밤수지맨드라미 북스토어

- 제주시 우도면 우도해안길 530
- 010-7405-2324
- 10:00~17:00(비정기 휴무, 인스타그램 확인)
- 전용 주차장
- 찾아가기 천진항에서 자전거로 15분, 하우목동항에서 자전거로 7분
- 인스타그램 @bamsuzymandramy.bookstore

서울을 기준으로 하면, 한국에서 가장 먼 책방이다. 책방 이름은 제주 바다에 사는 분홍색 희귀 산호 이름에서 따왔다. 멸종위기 산호와 책의 운명이 닮았다고 생각해 이런 이름을 붙였다. 비행기를 타고, 차를 타고, 다시 배를 타고 책방을 찾아오는 사람들. 그들의 발걸음은 단순히 소비를 위한 발걸음이 아니다. 그것은 책과 여유를 위해 섬 끝까지 찾아오는 다정한 마음을 담은 걸음이다.

책방은 옛집을 그대로 살려 만들었다. 천장은 낮고 창도 작다. 조명은 어둡고, 벽은 낡았다. 하지만 그 모든 것이 책방에 잘 어울린다. 서가에는 에세이, 여행, 그림, 여성, 채식 같은 다양한 주제의 책이 진열되어 있다. 벽에는 제주에서 활동하는 작가들의 그림, 사진, 드로잉이 걸려 있다. 우도에서 하루 머무를 계획이라면 밤수지맨드라미에서 열리는 심야 책방 행사나 작은 전시, 음악회 일정에 맞춰보는 것도 좋다. 밤수지맨드라미에서는 책을 사는 일, 책방을 찾는 일마저도 삶의 위로가 되어준다. 이것이 또다시 우도에 가야 하는 이유인지도 모른다.

목동항에 대여 업체가 있다. 운전면허증이 필요 없다. ₩ 일반 자전거 하루 5,000원, 1인용 전기 자전거 하루 10,000원, 2인용 전기 자전거 하루 20,000원

사이드 카 차가 예뻐서 낭만적이지만, 겨울철엔 추워서 이용하기 불편하다. 천진항과 하우목동항에 대여 업체가 있다. 운전면허증이 필요하다. ₩ 하루 20,000원

스쿠터 50cc 스쿠터이다. 겨울철엔 추워서 이용하기 불편하다. 천진항과 하우목동항에 대여 업체가 있다. 운전면허증이 필요하다. ₩ 1인승 하루 20,000원, 2인승 하루 25,000원

Travel Tip 4 우도의 맛집과 카페

우도는 제주도보단 작지만 그래도 넓이가 190만 평에 가깝고, 둘레는 17km에 이른다. 주요 관광지를 둘러보는데 반나절은 족히 걸린다. 따라서 먹고 마실 곳 몇 군데는 알아놓는 게 좋다. 맛이 좋기로 소문난 우도 맛집과 전망이 좋은 카페를 간단히 소개한다.

소문난 맛집

우도 해녀 식당(보말 전복 칼국수, 성게미역국) ⊙ 제주시 우도면 우도해안길 440 ☎ 010-9090-3509
파도 소리 해녀촌(보말 칼국수, 해물 뚝배기) ⊙ 제주시 우도면 우도해안길 510 ☎ 064-782-0515
띠띠빵빵(해물 짜장, 해물짬뽕) ⊙ 제주시 우도면 우도해안길 982 ☎ 064-782-5959
우도 밥상(갈치조림, 고등어조림) ⊙ 제주시 우도면 우도해안길 170 ☎ 064-782-5204
풍원(한치 주물럭, 한라산 볶음밥) ⊙ 제주시 우도면 우도해안길 340 ☎ 064-784-1894
해와 달 그리고 섬(해물 뚝배기, 성게비빔밥) ⊙ 제주시 우도면 우도해안길 946 ☎ 010-7152-4284
소섬 전복(전복죽, 전복 버터구이) ⊙ 제주시 우도면 우도해안길 1158 ☎ 064-782-0062
호로락(해물라면, 전복 내장 볶음밥) ⊙ 제주시 우도면 우도해안길 1132 ☎ 010-7658-5632
우도로 93(새우 토마토 우동, 새우 샐러드 우동) ⊙ 우도면 우도로 93 ☎ 0507-1329-2329

전망 좋은 카페

안녕 육지 사람 ⊙ 제주시 우도면 우도해안길 796 ☎ 0507-1387-0186
블랑로쉐 ⊙ 제주시 우도면 우도해안길 783 ☎ 0507-1398-9154
카페 살레 ⊙ 제주시 우도면 우도해안길 816 ☎ 0507-1317-8409
카페 훈데르트 윈즈 ⊙ 제주시 우도면 우도해안길 32-2 ☎ 064-782-8882
카페 톨칸이 ⊙ 제주시 우도면 우도해안길 32-24 ☎ 064-766-6000
말 차이트 ⊙ 제주시 우도면 우도해안길 32-24 ☎ 064-766-6030

Travel Tip 1 우도 가는 방법

성산항과 구좌읍의 종달항, 이렇게 두 곳에서 우도행 배가 출발한다. 성산포에서는 10~30분 간격으로 배가 출발한다. 종달항에서는 하루 4~7편이라 배 시간 맞추기가 쉽지 않다. 여객선은 섬 남쪽의 천진항 또는 서쪽의 하우목동항에 여행자를 내려준다. 내리는 곳에서 곧바로 여행을 시작하면 된다.

배에 타기 위해서는 신분증과 승선 신고서 2부가 필요하다. 주민등록증, 운전면허증 외에 가족관계증명서, 국가자격증, 건강보험 카드, 학생증 등으로 신분증을 대신할 수 있다. 표를 사기 전에 매표소에 신분증과 승선 신고서를 작성해 보여주어야 한다.

성산포 종합여객터미널 ◎ 서귀포시 성산읍 성산등용로 112-7 📞 064-782-5670, 5671
⏰ 08:00~18:00(겨울철은 17:00, 여름철은 18:30까지) 운항 간격 10~20분
₩ 왕복 요금 성인 10,500원, 중고생 10,100원, 초등학생 3,800원, 3~7세 3,000원
🌐 홈페이지 http://www.udoship.com

종달항 ◎ 제주시 구좌읍 종달리 484-10 📞 064-782-5670, 5671
⏰ 4~9월 09:00부터 17:00까지 하루 7회, 10월~3월 09:30부터 15:30까지 하루 4회
₩ 왕복 요금 성인 10,500원, 중고생 10,100원, 초등학생 3,800원, 3~7세 3,000원 🌐 홈페이지 http://udoship.com

Travel Tip 2 렌터카, 가지고 갈까? 놓고 갈까?

우도는 섬 환경을 보호하기 위해 자동차 입도를 제한하고 있다. 다만, 다음의 경우엔 자동차 진입을 허용해 준다. 우도 숙박 예약자, 65세 이상 노인, 임산부, 또는 7세 미만 영 유아 동반자, 그리고 대중교통 이용 약자에게는 렌터카 진입을 허용한다. 우도에 숙소를 예약했을 땐 숙소에서 모바일로 전송해 준 예약 확인 메시지를 매표 시 제시해야 한다. 자동차 입도가 허용되면 차량 이용 허가 스티커를 발부해 준다. 이 스티커를 자동차 앞면 유리에 부착하면 된다.

Travel Tip 3 우도 내 교통편 비교

해안도로 순환 버스 15분 간격으로 해안도로 27개 정류장을 순환한다. 27개 구간 통합권(1일권)을 사면 마음 내키는 곳에 내려 구경하다가 어디서든 순환 버스를 다시 탈 수 있다. 한 번만 타고 내릴 수 있는 1회권도 있다. 주요 관광지에 모두 정차한다. 기사 아저씨가 주요 명소와 우도 이야기를 구수하게 설명해 준다. 짝숫날은 시계 방향, 홀숫날은 시계 반대 방향으로 운행한다. 📞 064-782-6000 ₩ 1일권 어른 8,000원, 청소년 7,000원, 어린이 5,000원 1회권 카드 950원, 현금 1,000원(성인)

전기 렌터카 다인승 전기 렌터카이다. 어디든 원하는 곳이면 빠르게 이동할 수 있어서 좋다. 운전면허증이 필요하다. ₩ 3시간 40,000원, 24시간 150,000원

2인승 전기차 전기차가 장난감처럼 앙증맞아 타는 기분이 즐겁다. 대여비가 비싼 편이다. 천진항과 하우목동항에 대여 업체가 있다. 운전면허증이 필요하다. ₩ 2시간 25,000원, 하루 50,000원

자전거 일반 자전거와 전기 자전거가 있다. 낭만적이나 겨울철엔 추워서 이용하기가 불편하다. 천진항과 하우

성되기 시작했다. 면적은 약 190만 평, 인구는 약 1,500명이다. 한 해 200만 명이 이 섬을 찾는다. 성산항과 종달항에서 배로 15분이면 닿는다. 우도에서는 자전거나 스쿠터를 빌려 타고 섬을 둘러볼 수 있다. 하지만 천천히 걸으며 바람을 느끼고, 풍경을 눈에 담는 것도 좋다. 작은 섬이라 섬 한 바퀴 도는 데 반나절이면 충분하다. 혼자 걷고 있으면 발걸음을 멈추게 하는 예쁜 풍경들이 곳곳에 숨어 있다 튀어나온다.

산호 해변의 하얀 모래는 햇살에 반짝이며 에메랄드빛 바다와 어우러져 이국적인 풍경을 선사한다. 검멀레 해변은 푸른 바다와 검은 현무암 절벽의 강렬한 색 대비가 매력적이다. 섬 남쪽 끝 소머리에 해당하는 곳에 우도봉 132m이 있다. 정상에 오르면 제주 본섬과 성산일출봉이 한눈에 들어온다.

이렇듯 우도는 곳곳이 절경이다. 우도 팔경 중 '천진관산'과 '야항어범'은 한 번쯤 챙겨볼 만하다. 천진관산은 천진항에서 바라보는 성산일출봉과 제주 동부의 오름들, 한라산의 아름다운 풍경을 말한다. 야항어범은 여름밤 집어등을 밝힌 고깃배의 불빛, 곧 어화를 뜻한다. 어화를 보려면 우도에서 하룻밤 묵어야 한다. 아름다운 이 섬을 두 눈 가득 담고 나면 당신의 인생 풍경으로 오래 기억될 것이다.

섬 속의 섬
우도

우도

인생 풍경, 그 섬에 가고 싶다

우도는 제주 동쪽, 성산 일출봉 앞바다에 떠 있는 작은 섬이다. 소가 평화롭게 누운 모습을 닮아서 우도牛島라는 이름을 얻었다. 18세기부터 사람이 살기 시작했고, 1840년대 이후 본격적으로 마을이 형

© 제주도청

PART 8
섬속의 섬
우도·마라도·가파도 비양도·차귀도